丛书主编　丁见民
丛书副主编　付成双　赵学功

美 洲 史 丛 书

拉丁美洲史若干问题研究

洪国起　著

南开大學出版社

天　津

图书在版编目(CIP)数据

拉丁美洲史若干问题研究 / 洪国起著. －天津 ：
南开大学出版社，2023.5
（美洲史丛书 / 丁见民主编）
ISBN 978-7-310-06415-1

Ⅰ.①拉… Ⅱ.①洪… Ⅲ.①拉丁美洲－历史－文集
Ⅳ.①K730.7－53

中国国家版本馆 CIP 数据核字(2023)第 013420 号

拉丁美洲史若干问题研究
LADINGMEIZHOUSHI RUOGAN WENTI YANJIU

南开大学出版社出版发行
出版人:陈　敬
地址:天津市南开区卫津路 94 号　　邮政编码:300071
营销部电话:(022)23508339　营销部传真:(022)23508542
https://nkup.nankai.edu.cn

天津创先河普业印刷有限公司印刷　全国各地新华书店经销
2023 年 5 月第 1 版　　2023 年 5 月第 1 次印刷
238×170 毫米　16 开本　19.5 印张　4 插页　337 千字
定价:158.00 元

如遇图书印装质量问题,请与本社营销部联系调换,电话:(022)23508339

南开大学中外文明交叉科学中心
资助出版

编者的话

　　自从 1492 年哥伦布发现"新大陆"，美洲开始进入全世界的视野之内。不过，哥伦布认为他所到达的是东方的印度，故误将所到之地称为印度群岛，将当地原住民称为"印地人"。意大利航海家阿美利哥在随葡萄牙船队到南美洲探险后，于 1507 年出版的《阿美利哥·维斯普西四次航行记》中宣布哥伦布所发现的土地并非东方印度，而是一个新大陆。稍后学者为了纪念新大陆的发现，将这一大陆命名为"亚美利加"，即美洲。此后很长时期内，欧洲人，无论是西班牙、葡萄牙还是英国、法国的探险家，都将这一大陆称为美洲。葡萄牙航海家费迪南德·麦哲伦，西班牙探险家赫尔南·科尔特斯、弗朗西斯科·皮萨罗，英国探险家弗朗西斯·德雷克、沃尔特·雷利无论在发给欧洲的报告、书信还是出版的行记中，都将新大陆称为美洲。甚至到 18 世纪后期，克雷夫科尔撰写的《一位美国农夫的来信》使用的依然是"America"，而法国人托克维尔在 19 世纪 30 年代出版的名著《论美国的民主》也是如此。可以说，在"新大陆"被发现后的数百年中，美洲在欧洲人的观念中都是一个整体。

　　1776 年，随着英属北美 13 个殖民地的独立，美洲各区域开始走上不同的发展道路。首先独立的美国逐渐发展壮大，西进运动势如破竹，领土扩张狂飙猛进，到 19 世纪中期已经俨然成为美洲大国。接着，原在西班牙、葡萄牙殖民统治之下的广大拉丁美洲地区，也在 19 世纪 20 年代纷纷独立，建立了众多国家。不过，新独立的拉美各国在资源禀赋极为有利的情况下，却未能实现经济快速发展，社会问题丛生，现代化之路崎岖缓慢。现代学者在谈及拉美问题时，屡屡提及"现代化的陷阱"。最后，加拿大在 19 世纪中期经过与英国谈判才获得半独立地位，但此后其"国家政策"不断推进，经济发展和国家建设稳步提升，于 20 世纪初跻身经济发达国家之列。

　　表面上看，似乎美洲各国因为国情不同、发展道路各异而无法被等同视之，但当历史进入 19 世纪末期以后，美洲一体化的趋势却日渐明显，似乎应了"分久必合"的老话。1890 年 4 月，美国同拉美 17 个国家在华盛顿举行第一次美洲会议，决定建立美洲共和国国际联盟及其常设机构——美洲共和国商务局。1948 年在波哥大举行的第九次美洲会议通过了《美洲国家组织宪章》，联盟遂改称为"美洲国家组织"。这一国际组织包括美国、加拿大与拉丁美洲大部分国家。

除了国际政治联合外，美洲经济一体化也在第二次世界大战后迅速发展。美洲区域经济一体化首先在拉丁美洲开启。拉美一体化协会（Latin American Integration Association）是最大的经济合作组织，其前身是拉丁美洲自由贸易协会，主要成员国包括阿根廷、玻利维亚、巴西、智利、哥伦比亚、厄瓜多尔、墨西哥、巴拉圭、秘鲁、乌拉圭和委内瑞拉。此外，1969 年成立的安第斯条约组织（又称安第斯集团），由玻利维亚、智利、哥伦比亚、厄瓜多尔和秘鲁组成。1994 年，安第斯条约组织正式组建自由贸易区。1997 年，安第斯条约组织更名为安第斯共同体，开始正式运作。与此同时，加勒比共同体、中美洲共同市场、南方共同市场等区域经济一体化组织纷纷出现。其中，1995年建立的南方共同市场是拉美地区发展最快、成效最显著的经济一体化组织。北美自由贸易区的建立，则是美洲一体化的里程碑。1992 年，美国、加拿大和墨西哥三国正式签署《北美自由贸易协定》。1994 年 1 月 1 日，协定正式生效，北美自由贸易区宣布成立。

时至今日，美洲各国在经济和政治上的联系日益紧密，美洲在政治、经济和文化等诸多方面依然是和欧洲、亚洲、非洲迥然不同的一个区域。无论是被视为一个整体的美洲，还是走上不同发展道路的美洲各国，抑或走向一体化的美洲，都值得学界从历史、文化、外交、经济等多维度、多视角进行深入研究。

南开大学美洲史研究有着悠久的历史和深厚的学术传统。20 世纪二三十年代，曾有世界史先贤从美国学成归来，在南开大学执教美国史，为后来美国史的发展开启先河。不过，南开美国史研究作为一个具有影响的学科则可以追溯到杨生茂先生。先生 1941 年远赴海外求学，师从美国著名外交史学家托马斯·贝利，1947 年回国开始执教南开大学，他培养的许多硕士生和博士生成为国内高校美国史教学和科研的骨干。1964 年，根据周恩来总理的指示，国家高教委在南开大学设立美国史研究室，杨生茂先生任主任。这是中国高校中最早的外国史专门研究机构。此后，历经杨生茂先生、张友伦先生和李剑鸣、赵学功教授三代学人的努力，南开大学美国史学科成为中国美国史研究一个颇具影响的学术点。2000年，美国历史与文化研究中心成立，成为南开大学历史学院下属的三系三所三中心的机构之一。2017年，以美国历史与文化研究中心为基础组建的南开大学美国研究中心，有幸入选教育部国别与区域研究（备案）基地，迎来新的发展机遇。不过，南开大学美国研究中心并非仅仅局限于历史学科。南开美国研究在薪火相传中一直都具有跨学科的多维视角特色，这可以追溯到冯承柏先生。冯先生出身于书香世家，数代都是南开学人。他一生博学多才，在美国研究、博物馆学与图书情报等数个领域都建树颇丰，在学界具有重要的影响，他为美国研究进一步开辟了交叉学科的宽广视野。在冯先生之后，南开美国研究的多学科合作传统也一直在延续，其中的领军者周恩来政府管理学院的韩召颖教授、美国研究中心的罗宣老师都是冯先生的杰出弟子。

南开大学拉丁美洲史是国家重点学科"世界史"主要分支学科之一，也是历史学院的特色学科之一。南开大学历史系拉丁美洲史研究室建立于1964年，梁卓生先生被任命为研究室主任。1966年，研究室一度停办。1991年，独立建制的拉丁美洲研究中心成立，洪国起教授为第一任主任，王晓德教授为第二任主任，董国辉教授为现任主任。2000年南开大学实行学院制后，拉美研究中心并入历史学院。1999年，中心成为中国拉丁美洲史研究会秘书处所在地。洪国起教授在1991—1996年任该研究会副理事长，1996—1999年任代理理事长，1999—2007年任理事长。2007—2016年，王晓德教授担任研究会理事长，韩琦教授担任常务副理事长；2016年后，韩琦教授担任理事长，王萍教授、董国辉教授担任副理事长。

此外，加拿大史研究也一直是南开大学世界史学科的重要组成部分。20世纪90年代，张友伦先生带队编著并出版《加拿大通史简编》，开启研究先河。杨令侠、付成双教授分别担任中国加拿大研究会会长、副会长，先后担任南开大学加拿大研究中心主任。南开大学加拿大研究中心是中国加拿大研究的重镇之一，出版了众多加拿大研究成果，召开过数次大型学术研讨会。

深厚的学术传统结出丰硕的学术成果，而"美洲史丛书"就是前述研究成果的一个集中展现。这套丛书计划出版（或再版）18部学术著作，包括杨生茂著《美国史学史论译》、张友伦主编《加拿大通史简编》、冯承柏著《美国历史与中美文化交流研究》、洪国起著《拉丁美洲史若干问题研究》、陆镜生著《美国社会主义运动史》、韩铁著《美国历史中的法与经济》、王晓德著

《拉丁美洲对外关系史论》、李剑鸣著《文化的边疆：美国印第安人与白人文化关系史论》、韩琦著《拉丁美洲的经济发展：理论与历史》、赵学功著《战后美国外交政策探微》、付成双著《多重视野下的北美西部开发研究》、董国辉著《拉美结构主义发展理论研究》、杨令侠著《加拿大与美国关系史纲》、丁见民著《外来传染病与美国早期印第安人社会的变迁》、张聚国著《上下求索：美国黑人领袖杜波依斯的思想历程》、罗宣著《美国新闻媒体影响外交决策的机制研究》、王翠文著《文明互鉴与当代互动：从海上丝绸之路到中拉命运共同体》与董瑜著《美国早期政治文化史散论》。

　　与其他高校和科研机构的相关成果相比，这套丛书呈现如下特点：第一，丛书作者囊括南开大学老中青三代学者，既包括德高望重的前辈大家如杨生茂、张友伦、冯承柏、洪国起，又包括年富力强的学术中坚如王晓德、李剑鸣、赵学功、韩琦等，还包括新生代后起之秀如付成双、董国辉和董瑜等；第二，丛书研究的地理区域涵盖范围宽广，涉及从最北端的加拿大到美国，再到拉丁美洲最南端的阿根廷；第三，涉猎主题丰富广泛，涉及政治、经济、文化、外交、社会和法律等众多方面。可以说，这套丛书从整体上展现了南开大学美洲史研究的学术传统特色和专业治学水平。

　　为保证丛书的编写质量，南开大学历史学院与南开大学出版社密切合作，联手打造学术精品。南开大学中外文明交叉科学中心负责人江沛教授在担任历史学院院长时启动了"美洲史丛书"的出版工作，并利用中外文明交叉科学中心这个学术平台，提供学术出版资助。余新忠教授继任历史学院院长后，十分关心丛书的后续进展，就丛书的编辑、出版提出了不少建设性意见。南开大学世界近现代史研究中心主任杨栋梁教授对丛书的出版出谋划策，鼎力支持。此外，美国研究中心、拉丁美洲研究中心的博士及硕士研究生出力尤多，在旧版书稿与扫描文稿间校对文字，核查注释，以免出现篇牍讹误。

　　南开大学出版社的陈敬书记、王康社长极为重视"美洲史丛书"的编辑出版工作，为此召开了专门的工作会议。项目组的编辑对丛书的审校加工倾情投入，付出了艰巨的劳动。在此向南开大学出版社表示衷心的感谢！

丁见民

2022 年 4 月

前　言

1937 年 8 月，我出生在卢沟桥事变爆发地——北京郊区的一个回族家庭，至今已在人生道路上走过了八十四个年头。这一路走来，我的学业生涯可说是先天不足，后天途殊。年幼时，我不曾受过正规的初小教育，而被父亲送进了距家四十多里地以外的薛家营回族清真古寺习读阿拉伯语经文。北京解放后，我走出了清真寺插班进入了本村小学四年级。小学毕业后我考入了全国唯一的北京回民学院（现北京市回民学校），开始了全新的生活。

1958 年，我慕名考入南开大学历史系，天津成了我的第二故乡。几十年来，南开大学以其博大精深和绵延百年的文化底蕴哺育了我的学术生命，教会了我做人做事应有的信仰和追求。南开大学是我的家，我为自己成为"南开人"深感自豪。

几年前，弟子们为我筹办八十岁生日时曾打算给我出个拉丁美洲史研究方面的文集，被我婉拒。原因是，虽说我大学毕业后留校任教工作，不久随即加盟了拉丁美洲史的研究队伍，但由于多种原因，我专职从事拉丁美洲历史研究的时间不算长，科研成果有限，难以系统梳理。去年，南开大学拉丁美洲研究中心被国家作为世界一流学科进行建设，亟待总结每位同志们的科研成果，提出了编辑一套拉丁美洲历史丛书的设想。于是老话重提，在同志们盛情推动下，作为拉丁美洲研究中心的一个老成员，我只好接受大家的好意不再推辞，随即把我过去写就的有关拉丁美洲历史方面的文章和译文收集起来，稍加整理交给了他们。

提起"拉丁美洲史研究"，使我不能忘怀的是，20 世纪 60 年代中期，在南开历史系最初创立拉丁美洲史研究室前后的那一幕幕往事。"文化大革命"前的历史系，以郑天挺先生和雷海宗先生等为代表的老一辈史学大师，在课堂和各种会议上强调最多的是，要做一个合格的史学工作者，至少要具备三方面的基本功：基本理论、基本知识和基本技能。郑老说："研究历史，要详细占有材料，尤其占有第一手原始资料，必须攻下古文和外文两座大山。"雷老也强调，"不会外语不能搞世界史"。1963 年，我毕业留校任教。1964 年，我有幸从中国近现代史教研室调往新创建的拉丁美洲史研究室工作，历史系领导随即把我派往上海外国语大学西班牙语系进修学习两年。临行前，我去探望正在柳林养病的研究中心主任梁卓生先生，他谆谆叮嘱我，一定要以只争朝夕的精神把西语拿下来，为将来搞科学研究打好基础。我到上海进修的第二年，他就叫我锻炼用西语和他通信。我深深地为他的使命感和责任感所感动，两年间我放弃一切休息时间刻苦学习。万万没有想到的是，当我两年进修期满返回学校时，南开园内已经成了"大字报""大批判"的海洋。"文化大革命"十年的破坏，使得拉丁美洲史研究室这个刚刚出世不久的"婴儿"遭遇到灭顶之灾。由此梁卓生先生调离了南开大学，我也被调整到世界现代史教研室从事教学工作。1991 年，原国家教委（即今日教育部）在暨南大学召开全国高校科研工作会议，建议南开大学重建拉丁美洲研究中心，就此南开大学恢复了"文化大革命"前的建制，并指派我负责筹建拉丁美洲研究中心的工作。经过两年的筹备，先后招收了三位年轻的专职研究人员（一位博士、两位硕士），于 1993 年 11 月在学校大力支持下，南开大学拉美研究中心正式挂牌。时隔 27 年，南开拉丁美洲研究中心又焕发了青春。然而，由于多种原因，当时我未能全职从事拉美史研究工作，由此决定了我这里收录的文章只能是一些探索性的研究成果。例如，关于哥伦布航行美洲的问题，我从探讨"发现美洲的价值判断体系"立论，进行了一些历史考察与思考；关于西蒙·波利瓦尔对拉美独立战争的贡献及其坚持大陆团结联合反殖的内外政策课题，我试图进行一些梳理，认为在二百多年前，西蒙·波利瓦尔能够针对当时拉丁美洲的社会现实和国际环境，明确提出西属美洲各国交往要以"美洲公法"为准绳，对域外国家交往要以"国际法"为依据，打破欧洲的霸主地位，反对用战争解决国际争端，维护国际社会持久和平等一系列治理理念和原则，堪称是波利瓦尔登高望远、掷地有声的战略杰作，至今仍具有重大理论意义和现实意义；关于独立后的墨西哥在拉美国家发展中的特点，我通过对墨西哥《1917 年宪法》和同时代的《中华民国临时约法》中的核心条款进行比对，指出墨西哥《1917 年宪法》所具有的时代特征及其应有的世界历史地位；在此基础上，我对 20 世纪拉美国家历史的变迁和发展路径进行了一些探索和概括，指出"革命、改革、融入国际社会"的历史大趋势，试图从中找出某些带有规律性的东西；此外，我对拉美研究中的若干热点问题，如拉美国家一体化、各国发展不平衡、社会贫困化的根源及拉美国家现代化与美洲国际秩序民主化等问题也做了一些初步探讨。这些文章的完成，虽说阅读了一些原始资料，也参考了相关文章，但总的来说还比较粗糙，其中不免有挂一漏万之处。这次收录前也来不及充实内容、做进一步订正工作，只好洗耳恭听同行们的批评指正了。

这里我还要指出的是，1979 年 12 月，我有幸应邀出席在武汉市召开的中国拉丁美洲史研究会成立大会，见到了我国老一辈拉美史研究的专家和学者。当时正值我国"文化大革命"结束不久，学术界百废待兴，尤其拉美史这一年轻学科，从研究队伍到图书资料可说是"一穷二白"，一切都要从头做起。在拉美史学术讨论会上，我聆听了李春辉、罗荣渠、沙丁、梁卓生、王春良等先生们铿锵有力的发言深受启发，坚定了我毕生从事拉美史研究的信念。这次会上宣布成立的中国拉丁美洲史研究会，在会长李春辉老先生的领导和秘书长黄邦和先生的具体组织下，研究会做的第一件基础性建设工作是组织全国从事拉美史研究的同志分工合作，搜集、整理全国各大图书馆和高校现有的拉丁美洲历史图书资料并将其打印成册（油印稿），供全国高校和研究单位参考。与此同时，研究会秘书处还组织人力翻译了国内缺少的一些重要史料，在研究会会刊《拉美史研究通讯》上刊出，供同行们研究参考。我有幸在黄邦和、乔明顺两位老先生的指导下参与了这项工作。其中有几篇关于拉丁美洲古代文明的西班牙文资料，交给了我们天津高校负责翻译、校对（见《拉美史研究通讯》，一九八四年十二月，第九、十期合刊，湖北大学印制）。当时，研究会还拟订了编写拉丁美洲通史的计划，后由于种种原因未能付诸实施。这些工作凝聚着老一辈拉美史专家们希图开创中国拉美史研究新局面的心血，为我们后来开展教学科研工作创造了有利条件。本书收录的由吴宏甫和我译校的几篇有关拉美古代文明的资料，就是作为研究会秘书处交给天津高校的任务来完成的。老一辈学者所具有的这种高风亮节、顾全大局、团结合作的精神是我们学习的榜样。我把在他们指导下由我们译校的几篇拉丁美洲古代文明的资料也收入本书，以示我们对李春辉等老一辈拉美史专家们的纪念和崇敬。

本书得以与读者见面，凝聚着我的启蒙老师梁卓生先生和杨生茂先生的心血，是他们把我领进拉丁美洲史这个全新的分支学科，使我能有机会做一点自己力所能及的工作。这令我永生难忘。同样，没有南开大学历史学院的鼎力资助和拉丁美洲研究中心董国辉教授、韩琦教授等几位同志的策划与协助，本书是不可能完成的。有些手稿需要重新打印、校对，在校的一些研究生也帮了很多的忙。此外，在收集文章、手稿的过程中，我给老伴李淑兰老师也添了不少事儿。在此，我一并表示对他们的深深敬意和感谢。

2021 年初春于南开大学西南村寓所

目　录

第一章　哥伦布开辟新航路问题 ·· 1

哥伦布横渡大西洋的动机、动因和条件 ······················· 1

哥伦布四渡大西洋的历史考察 ····································· 5

殖民者的征服战争和殖民帝国的形成 ························· 7

关于哥伦布航行美洲的几点思考 ································· 9

哥伦布"发现"美洲价值判断体系初探 ····················· 11

第二章　西蒙·玻利瓦尔思想研究 ·· 22

西蒙·玻利瓦尔生平简介 ··· 22

拉丁美洲民族独立解放斗争的一面旗帜 ····················· 25

西蒙·玻利瓦尔的政治思想 ··· 43

玻利瓦尔坚持大陆团结、联合反殖的对外政策 ············ 56

西蒙·玻利瓦尔的理想及其国际社会治理原则 ············· 62

第三章　玻利瓦尔主义与美洲区域一体化 ·································· 69

玻利瓦尔主义与拉丁美洲一体化 ······························· 69

2010 年墨西哥"团结峰会"的历史解读 ···················· 87

拉美国家现代化与美洲国际秩序民主化 ····················· 100

中美洲政局和美国的政策 ·· 110

第四章　墨西哥历史问题 ·· 122

浅谈墨西哥《1917 年宪法》 ····································· 122

略论墨西哥《1917 年宪法》的特点和意义 ················ 125

墨西哥《1917 年宪法》和《中华民国临时约法》的比较与思考 ··· 145

墨西哥社会转型中文化方位的战略选择 ····················· 156

第五章　拉美国家发展问题 ··· 170

拉美国家发展模式危机刍议 ······································· 170

当代拉丁美洲民族民主运动道路问题刍议
　　——兼论古巴革命的性质 ································· 184
拉美国家现代化进程中政府职能的定位 ················· 191
20 世纪拉丁美洲社会变迁的路径及思考 ················· 196
关于拉美左派上台执政的一些思考 ····················· 209
第六章　拉美史学科建设问题 ···························· 214
发展中拉关系与拉美史学科建设 ······················· 214
30 年改革开放与中国拉丁美洲史研究的走向 ············· 224
20 世纪拉丁美洲史学研究与中国社会的变迁 ············· 247
牢记罗荣渠先生的教诲　以科学的方法研究历史 ········· 266
附　　录 ··· 273
怀念梁卓生先生 ····································· 273
曲折发展五十年　守正纳新追梦圆
　　——纪念拉丁美洲史研究室建立 50 周年 ··········· 277
南开哺育了我的学术生命 ····························· 281
恩师杨生茂先生永铸我心中 ··························· 293
后　　记 ··· 296

第一章　哥伦布开辟新航路问题[①]

有关哥伦布的历史文献资料和各种文本的传记比同时代的其他任何历史人物都丰富。然而，关于哥伦布的国籍、出生地、出生日期和履历等基本史实，至今尚无定论。笔者无意探讨这些问题。因为避开这些枝节问题，并不影响对这位"世界公民型"人物的评价。本书所探讨的是，关于哥伦布开历史先河、成功四渡大西洋和促成欧美两大文明汇合的问题。

哥伦布横渡大西洋的动机、动因和条件

500 多年前，哥伦布执意要冒险西航探寻通往东方的新航路，其动机是什么？其动机背后的动因是什么？为什么他的探险能获得成功？这是首先需要讨论的问题。

中外学者在论及哥伦布远航动机时，强调的重点有所不同。有的学者认为，哥伦布远航的"初衷"是"要从海上沟通中西交通"；有的学者认为，是受黄金的"物质贪欲"的驱使；有的学者则认为，他的远航"只是为了和某些基督教国家发生贸易关系"；还有的学者认为，推动哥伦布西航的原因，既有"直接的经济和政治因素"，也有"直接的宗教因素"，等等。事实上，哥伦布在首次西航时写的《航海日记》及致国王和王后的书简中曾多次谈及他远航的动机。他在《航海日记》序言中写道："国王与王后二位陛下决意派臣——克里斯托弗·哥伦布前往上述印度各地，拜谒该地诸君王，察访民情，观光名胜，了解风土并使其人民皈依吾神圣宗教。二位陛下还令臣一反昔日之旧径，勿由陆路东行而另辟新途，专取海路西行，……前往印度地区，以

---

① 本章内容原载于《拉丁美洲研究》1991 年第 6 期和 1988 年第 5 期，收入本书时进行了修改。

便将陛下之诏书面呈当地诸位国王，履行君命。"①1492 年 11 月 1 日，哥伦布船队在古巴海岸登陆时曾向土著居民明确表示："远征军司令来此目的乃寻找黄金。"②11 月 27 日，船队行至坎帕纳角附近一个秀丽村庄时，哥伦布触景生情地写道："臣向二位陛下保证，普天之下，无任何地方比这里景色更美丽，……这里的一切都应置于其统治之下，臣以为此地除天主教徒外，陛下不应准许任何异国人染指其间。因为发扬光大基督教乃吾人此行之初衷和目的。"③

如果我们把哥伦布的上述说法（即君命另辟新径、寻找黄金宝物、发扬光大基督教）同 1492 年 2 月他与西班牙国王签订的《圣菲协议书》联系起来，并将其四次远航的实践活动置于当时的历史大背景中去考察，不难看出，哥伦布之所以要冒险远航，是希图探出一条通往东方的新航路，找到马可·波罗描述过的黄金、珠宝和香料之国。至于他所说的"传教布道"，只不过是自觉或不自觉地为其尘世间的行为涂上一层"上天的灵光"。这种把上天的神意与尘世间的渴望融为一体的做法，恰恰是那个"君权神授"思想占支配地位的时代给哥伦布的思想打下的烙印。哥伦布的亲笔日记为我们的这种判断提供了证据。1492 年 11 月 12 日，哥伦布在航行到古巴角附近时写的日记中说："吾坚信，彼等不信任何宗教，也不崇拜偶像。彼等非常顺从，不知邪恶，……胆子甚小，……鉴于此，仰祈二位陛下尽早圣断，将彼等变成基督徒。臣认为，一旦发轫，毋须多久，大批居民即会信奉吾人之天主教，二位陛下即能取得大片领土和财产，这里所有人皆会成为西班牙臣民。"他还写道，"当地黄金甚丰"，"盛产宝石、珍珠及无数香料"，"还产大量的棉花，臣以为，无须送回西班牙，在当地即可卖好价钱"。④很显然，哥伦布敦促国王早日"发轫"，利用土著居民的善良愿望和胆小心理，"将彼等变成基督徒"，都是为达到其"取得大片领土和财产"这一目的而采取的手段。

在哥伦布看来，占有黄金宝物要比传播福音重要得多，因为黄金的神通要比上帝大得多。"谁占有黄金，谁就能获得他在世界上所需要的一切。同

---

① 哥伦布. 哥伦布《航海日记》[M]. 孙家堃，译. 上海：上海外语教育出版社，1987：7-8，51-52.
② 哥伦布. 哥伦布《航海日记》[M]. 孙家堃，译. 上海：上海外语教育出版社，1987：7-8，51-52.
③ 哥伦布. 哥伦布《航海日记》[M]. 孙家堃，译. 上海：上海外语教育出版社，1987：76-77.
④ 哥伦布. 哥伦布《航海日记》[M]. 孙家堃，译. 上海：上海外语教育出版社，1987：60.

时也就取得把灵魂从炼狱中拯救出来并使灵魂重享天堂之乐的手段。"①在这里，拯救灵魂免遭炼狱之苦的万能者已不是上帝，而是黄金。这个信条恰恰是对基督教神灵的亵渎！

哥伦布如此看重黄金的作用，这是由 15 世纪欧洲的经济和政治大背景决定的。当时，欧洲各主要国家的封建制度内部，先后出现了资本主义生产关系。资本主义原始积累正在进行；手工业、商业特别是贸易空前发展，大商人们在整个已知的世界上到处扩展贸易市场，随着地主阶级的削弱，资产阶级正在兴起，民族趋于统一，思想文化正在更新，知识界正酝酿着一场深刻的变革。这一切都标志着人类历史正处于大变动的进程之中。随着商品经济的发展和贸易的扩大，欧洲迫切需要更多的交换手段，因而黄金便成为当时人们追求的宝物。

正如恩格斯指出的："美洲的发现是在此以前就已经驱使葡萄牙人到非洲去的那种黄金梦所促成的。"②由此可见，哥伦布远航的动机不是孤立存在的，隐藏在他的动机背后并且构成历史真正的最后动力的动力，是当时正在变动中的经济政治上的动因和新兴资产阶级的要求。

然而，当时正在形成的这股要求扩大东西方贸易的潮流，却由于 1453 年土耳其人攻占君士坦丁堡（今伊斯坦布尔）而受阻，东西方贸易通道被切断。欧洲显贵们大量需要、欧洲商人极为感兴趣的中国丝绸、东南亚香料、印度珠宝和其他奢侈品贸易遭到破坏。因此，寻找一条从欧洲向西通往东方的新航路，就成为西欧商人和达官贵人们的希望所在。哥伦布的出现满足了他们的要求。

哥伦布诞生在中世纪和文艺复兴两个时代交替之际，在他身上表现出两个时代的特征。虽然他是一个虔诚的天主教徒，思想上保留对中世纪神权的信仰，但他又执着地追求科学知识，后来居然不自觉地成为一个实际上批判神权的理性主义者；他所从事的航海事业，虽然是在封建生产方式支配下完成的，但是他的行动却得到大商人的资助，客观效果上更多地体现了商业资产阶级的利益。因此，大变革时代在他身上深深打下了封建主义和资本主义的双重烙印。

① 哥伦布. 致西班牙国王和王后书（1503 年）[M]//齐思和，林幼琪. 中世纪晚期的西欧. 北京：商务印书馆，1962：41.

② 马克思恩格斯选集：第 4 卷[M]. 北京：人民出版社，1972：481.

　　哥伦布少年时就迷恋各种有关航海知识的书籍。他研读过古希腊哲学著作和当时流行的一些天文学、地理学名著，也批注过一些有关描述东方大国盛况的游记和故事，熟悉并相信被当时学者们普遍接受的"地圆说"。不过，应当指出，尽管当时许多人都赞同"地圆说"，然而在如何寻找通往亚洲的新道路的问题上，却存在着两种不同的看法：一种认为，绕非洲航行比向西航行近得多；另一种认为，横渡大西洋西行是最短的路。后一种看法是通过天文学家保罗·托斯卡内利的信函表明的。1474 年，托斯卡内利写信给他在葡萄牙里斯本的朋友斐尔南·马亭什，劝他说服国王派一支探险队向西航行到"黄金最多的日本国"，到中国的曼吉省①去。哥伦布获悉后，曾两次写信给托斯卡内利，请求说明详情。大约在 1481 年或 1482 年初，托斯卡内利在复信中说："地球之形状，实为圆球。由里斯本向西直行，即可抵达东方大国，那里有金、银、珠宝、香料等物，都是世人所需要的东西。如能取得成功，必定在所有基督教国家当中博得非常荣誉，获得巨大利益。"②他还寄给哥伦布一张自己绘制的标有启程地点、途经之地和目的地的航海图。托斯卡内利的信函和地图成为哥伦布横渡大西洋的主要依据。

　　哥伦布之所以能实现自己的宏伟理想，还由于他在长期的航海生涯中积累了丰富的实践经验。哥伦布年轻时就在地中海上谋生，25 岁时（1476 年）来到当时全欧最先进的航海业中心里斯本。他发现了具有决定意义的"磁力现象"，并把这种技术应用到航海上。在里斯本，他广泛接触了各国的航海家，查阅了当时最具权威性的地理学资料，并同他的弟弟巴托洛梅·哥伦布一起精心绘制了 14 世纪初马可·波罗想描绘而未能绘出的到中国和日本的地图③。1485—1492 年，他制定了远航探险的具体计划，并收集了远航所必备的技术资料和物质生活资料④。为了取得官方的支持和资助，哥伦布还多次游说葡萄牙国王和西班牙国王。经过几年的执着追求，他的远航探险计划终于在 1492 年初得到西班牙女王的支持。西班牙国王非常支持哥伦布的冒险行动，这是同西班牙所处的国际环境、西班牙统一民族国家的形成、专制主义

---

　　① 所谓"曼吉省"，是 Mangi 一词的音译，是指当时北京附近的区域。见张星烺. 中西交通史料汇编：第 1 册［M］. 北京：中华书局，2003：441.

　　② 出自曼努埃尔·罗德里格斯·拉普恩特 1978 年在巴塞罗那出版的《伊比利亚美洲史》，见张星烺. 中西交通史料汇编：第 1 册［M］. 北京：中华书局，2003：437-441.

　　③ 出自卢西奥·科隆纳·普鲁蒂的《对"发现者"的新发现》，载于秘鲁《商报》周刊（1968 年 7 月 30 日）。

　　④ 出自安·拉德罗·格萨达 1990 年在马德里出版的《哥伦布远航的国际环境》（第 2 页）。

王权政治的建立及具备远洋航行所必备的技术和物质条件分不开的。

哥伦布四渡大西洋的历史考察

1492 年 8 月 3 日拂晓,哥伦布携带西班牙国王签发的护照和致中国皇帝的国书,率领由"圣玛丽亚"号、"平塔"号、"尼尼亚"号 3 艘帆船和 90 名水手组成的远航船队,从西班牙的帕洛斯港启航,开始了横渡大西洋的首次航行。他们历尽千难万险,终于在 10 月 12 日发现一个小岛。哥伦布率队上岸,并命名这个岛为"圣萨尔瓦多"岛(今巴哈马的华特林岛)。10 月 28 日哥伦布抵达古巴岛,取名为"胡安"岛,继而转向东行,于 12 月 5 日抵达海地岛,取名为"伊斯帕尼奥拉"岛(意为"小西班牙")。12 月 24 日夜,"圣玛丽亚"号指挥船触礁破裂。哥伦布利用其残骸在海地岛上建起名为"纳维达德"的碉堡,架起大炮,由自愿留下的炮手、船工和工匠共 39 人负责守卫,并在岛上寻金探宝。这是哥伦布在新大陆建立的第一个殖民据点。在他看来,他已经到达印度,故称土著居民为"印度人"。

作为新大陆探险者,哥伦布每到一处都要捕捉土著人做向导,帮助他寻找黄金产地。一旦他的要求遭到拒绝,他便以武力相恫吓,甚至下令屠杀印第安人。

哥伦布在攫取到一些黄金宝物之后,于 1493 年 1 月 9 日开始返航,向西班牙国王报告他的最新发现。然而,返航途中遇到的风险和考验比最初航行中的更严峻。他指挥的"尼尼亚"号和"平塔"号在最初一个月里,大都是迎着变化莫测的冬季狂风,在波涛汹涌的大海上漂荡。2 月 13 日,两艘帆船被怒涛分开,再也不能互救。3 月 15 日,"尼尼亚"号船化险为夷,驶进帕洛斯港。不久,"平塔"号船也进港停泊。历时 224 天的远航探险终于获得成功。虽然这一事件在当时并未引起世人瞩目,但实际上它已经揭开了人类历史新的一页。

1493 年 9 月 25 日,哥伦布带着大规模殖民和寻找黄金的使命,率领 17 艘帆船、1500 人,满载牲畜、农具和农作物种子等,从加的斯港出发,开始了第二次远航。这次航行仅用一个多月的时间就于 11 月 3 日"发现"[①]多米

---

① 发现加引号,是考虑印第安人立场的一种表达方式,也是学术界接受的一种表述。

尼加岛，接着又"发现"瓜德罗普岛和波多黎各岛等几十个大小岛屿。11月27日，哥伦布率队来到他首次航行时在海地岛上建立的"纳维达德"据点，然而这个据点已被奋起反抗的印第安人摧毁，守卫据点的西班牙人也全部被杀。1494年1月，哥伦布在"纳维达德"堡以东海岸附近另建起新的殖民据点——伊萨贝拉城，并令其弟迭戈·哥伦布管辖。而后，哥伦布继续西行沿古巴岛探险，途中杀害不少印第安人。9月底，当他返回伊萨贝拉城时，正值当地印第安人与殖民者展开殊死的战斗。哥伦布惊恐万状，遂发动了历时9个多月的征服海地的第一次殖民战争。大批印第安人惨遭杀戮，而幸存者则被驱赶到矿场和种植园从事奴隶劳动，有的甚至被装进船舱运回欧洲贩卖。

与此同时，殖民者内部矛盾日趋尖锐，对哥伦布兄弟的不满情绪日益增长，形势对哥伦布兄弟极为不利。1496年3月10日，哥伦布被迫回国。动身前，他把伊萨贝拉城的统治权交给其弟弟巴托洛梅·哥伦布。巴托洛梅·哥伦布又在海地岛南岸新建了圣多明各城。6月11日，哥伦布返抵加的斯港。他委曲求全，再次提出横渡大西洋的请求，国王恩准了他。

1498年5月30日，哥伦布率300人，分乘6艘船，从圣卢卡尔启程，开始第三次远航。他们经佛得角群岛向西航行，于8月1日"发现"特立尼达岛；8月5日，首次登上南美大陆帕里亚半岛，发现奥里诺科河口；8月31日抵达海地圣多明各城。由于在此之前圣多明各的西班牙小贵族发动叛乱，而哥伦布抵达后所采取的安抚政策又未能奏效，1500年8月23日抵达圣多明各调查的王室视察员博瓦迪利亚没收了哥伦布的全部财产和文件，并于当年将哥伦布及其两个弟弟押送回国。哥伦布虽然很快获释，但却被免去西印度总督职务。不久，他再次上书国王，要求第四次西航。国王出于同葡萄牙争夺对西印度等地控制权的考虑，又应允了他。

1502年5月9日，哥伦布率150人，分乘4艘船，从塞维利亚出发，开始第四次远航。6月15日，他先"发现"马提尼克岛，而后沿海地南岸，过牙买加驶向中美洲，先后"发现"洪都拉斯、尼加拉瓜、哥斯达黎加和巴拿马。由于船体破损严重，1503年6月他被迫返回牙买加。1504年6月哥伦布离开牙买加，经圣多明各，于11月7日返回西班牙圣卢卡尔港。不久，支持他远航的伊萨贝拉王后病逝。1506年5月20日，哥伦布在巴利亚多利德默默地死去。

然而，哥伦布的4次远航及"发现"在西班牙、葡萄牙、意大利、英国、法国和荷兰等欧洲国家中激起一股渡海探险的热潮。1513年9月1—26日，西班牙人巴尔沃亚率船队穿过巴拿马地峡，成为历史上第一位"发现"东太平洋的欧洲人。由此，哥伦布最先到达美洲新大陆的伟大意义，才逐渐被欧洲人所认识。1519 年 8 月至 1521 年 4 月，葡萄牙人麦哲伦率船队横渡大西洋，绕南美洲南端，再渡太平洋，到达菲律宾群岛，成为横渡两大洋的第一人。1525 年，西班牙人又沿大西洋海岸抵达那拂斯科舍（今加拿大新斯科舍省）。1497 年，英国委令意大利籍海员约翰·卡伯特赴北美海岸探险。1524 年，法国也委令意大利海员约翰·韦朗佐到中部大西洋海岸探险。俄罗斯委令丹麦籍海员维图斯·白令到美洲最北部探险，并于 1725 年"发现"阿拉斯加半岛和白令海峡。至此，人们才算比较完整地认识美洲这个新大陆。

殖民者的征服战争和殖民帝国的形成

随着新大陆的"发现"，欧洲早期殖民者向土著居民发动了一连串的征服战争，最终在这个大陆建立起远离他们本土的庞大的殖民帝国。

最初的征服性殖民战争，是从西印度群岛开始的。从 1492 年 12 月哥伦布在海地岛建立第一个殖民据点算起，到 1511 年迭戈·贝拉斯克斯占领古巴为止，前后经历了 19 年。这是西班牙殖民者用火与剑征服加勒比人的 19 年。起初，过着氏族部落生活的加勒比人，把陌生的殖民者当作朋友来款待，然而得到的报答却是欺骗、掠夺、屠杀和战火。殖民者的种种暴行，激起加勒比人的强烈反抗。加勒比人在氏族酋长率领下同殖民者展开殊死战斗。这是弓箭与刀枪、石器与铁器的较量，归根结底是两大生产方式的较量。在这种力量悬殊的较量中，土著人被征服的命运是可想而知的。据殖民暴行的目击者、天主教神父拉斯·卡萨斯估计，在数十年内，约有 1200 万到 1500 万印第安人被杀害[①]。尽管学术界有人认为这个数字有些夸大，然而早期殖民者在征服战争中残杀了当地大批土著居民的确是不容否认的事实。

对墨西哥地区的征服是在西班牙驻古巴总督贝拉斯克斯的秘书埃尔南·科尔特斯率领下进行的。1519 年 2 月，科尔特斯率 11 艘船只驶离古巴，4 月在墨西哥湾的韦拉克鲁斯登陆，并以此为据点，对当时正处于阿兹特克文化全盛期的墨西哥发动了两次大规模的征服战争。阿兹特克人对西班牙殖

---

① Las Casas. *The Tears of the Indians*[M]. London: J.C. for Nath. Brook, 1656: 130.

民者进行了顽强的抵抗，并一度击退殖民者的进犯。最后，科尔特斯利用阿兹特克最高统治者蒙特苏马二世的弱点，对其所属各部落分化瓦解，恩威兼施，占领了特诺奇蒂特兰（今墨西哥城），并将其洗劫一空，付之一炬。其后，殖民者又分别向南北扩张，在阿兹特克文化的废墟上建起一块殖民地，取名为"新西班牙"。

墨西哥被征服后，以弗朗西斯科·皮萨罗为首的西班牙殖民者又开始了对南美大陆印加帝国的征服战。这个冒险家先后 3 次率船队南下远征，最终于 1531 年在秘鲁西北部通贝斯登陆。他乘当时印加帝国内讧，采取软硬兼施的手段，抓获了印加王阿塔瓦尔帕。皮萨罗厚颜无耻地声称，印加人只有付出巨额金银，才能换取阿塔瓦尔帕的人身自由。为营救国王，印加人付出了价值 1700 万—2000 万美元的金银。然而皮萨罗却背信弃义，竟于 1533 年绞死了阿塔瓦尔帕。而后，他又派兵南下，于同年 11 月攻占印加首府库斯科，并由此开始了在印加全国大规模的掠夺。

印加帝国被征服后，西班牙殖民者以此为基地，南下攻打智利（1535—1540），北上征服哥伦比亚和委内瑞拉（1536—1538），东进亚马孙丛林（1540—1542），东南远征阿根廷、乌拉圭和巴拉圭（1534—1580）。至此，西班牙殖民者在整个南美洲建立起自己的殖民统治。

西班牙对美洲的探险和征服，不但引发殖民者同印第安人之间的矛盾和斗争，而且造成欧洲殖民者，首先是西班牙与葡萄牙之间的摩擦和冲突。1494年，西、葡两国签订《托德西利亚斯条约》，把美洲的巴西划归葡萄牙所有。1530 年，葡萄牙国王若昂三世派阿丰索·德·索萨率 400 名移民进占巴西，并于 1532 年 1 月在圣维森特建立了葡萄牙第一块殖民地。葡萄牙在巴西的探险和征服活动，曾受到法国和荷兰的严重挑战。后来，经过长期的较量，葡萄牙才把法国人和荷兰人赶出巴西。

在征服巴西过程中，由于印第安人大量死亡和逃亡，葡萄牙殖民者日益感到劳动力之不足，于是一方面加紧向巴西贩运非洲黑奴，另一方面则从 17世纪下半叶开始组织所谓"猎奴队"，向巴西内地扩展。1750 年，葡、西两国签订《马德里条约》，正式确认两国在南美势力范围的界线。葡萄牙殖民帝国在征服印第安人的血与火中、在同欧洲殖民者的角逐中建立起来。葡萄牙在美洲所进行的殖民探险和征服战争，虽然在时间和空间上与西班牙有所不同，但是它们的目的、活动的性质、采用的手段，以及最终结局都是一样的。

这场殖民征服战争，是美洲印第安人历史上持续时间最长、波及面最广、破坏性最大的一次民族灾难。在这场征服与反征服的搏斗中，印第安人虽然进行了顽强抵抗，但都以失败告终。

关于哥伦布航行美洲的几点思考

在前文中，笔者已对哥伦布四次远航美洲的动因、实践活动，以及欧洲早期殖民者在美洲进行的探险活动和征服战争，进行了简略的历史考察。笔者想再略微从宏观上谈几点看法。

（一）从宏观上看，在人类历史的长河中，任何一个历史人物和由他引发的历史事件，都不是孤立存在的。它们之间是互相联系、互相影响、互相依存的，体现着一切社会关系的总和。评价哥伦布这个具体人物，既要考虑他与其同时代人的某些共性，更要考虑其本人的经历、素质和气质等特性；既要考察他个人的动机，更要考察隐藏在其动机背后的动因和实践结果；既要探索他一生实践活动的意义，更要探索其开创性实践活动对后人的影响；既要看到他的实践活动对欧美两个大陆文明汇合的影响，更要看到两个大陆文明汇合对世界历史进程所产生的重大作用。评价哥伦布一生实践中的每一问题，都应将其放在这个全方位、多层面的总框架（即社会关系的总和）中的适当位置，否则很难对他做出全面、科学的评价。

（二）哥伦布生活在伟大变革的时代，他执着追求并努力掌握当时最先进的航海技术，有着不同于同时代其他航海家的气质和经历。他的思想和抱负"不但反映出中世纪的衰落，而且也反映出理性主义和资本主义新时代的兴起"[①]。他开辟新航路、探险新大陆的成功，无疑促成了新、旧大陆之间的沟通和联系。这对于资本主义世界市场的形成和世界经济中心的转移，对于加速资本主义原始积累、加速欧洲封建主义的瓦解和资本主义的形成与发展，对于两个大陆不同文化的汇合与民族的融合，以及对于"一个新的种族和文化的共同体"[②]的形成都起了促进作用。正如美国史学家威廉·福斯特所指出的，"美洲的发现，对于人类各方面的进步曾起了一种巨大的刺激作用"，

[①]　Benjamin Keen. *Readings in Latin-American Civilization: 1492 to the Present*[M]. Boston: Houghton Mifflin, 1955: 49.

[②]　出自巴莱里·塞穆斯科夫的《16 世纪有关新大陆和拉丁美洲人文主义传统的起源的论战成果》，载于苏联《拉丁美洲》杂志（1985 年第 3 期，第 26 页）。

"尽管新世界的成长也产生了并且推进了种种危险的反动潮流，……但是它基本上却是一种十分进步的发展"①。

（三）评价哥伦布，不能回避他和他的部下在探险与征服活动中杀害印第安人的罪行。有些史学家为殖民者辩解，说印第安人是"一个好战、野蛮和奇特的种族，他们仍处于石器时代"，"几乎没有征服自然的能力"。言外之意就是,征服和杀害这些"野蛮好战"的"没有征服自然能力"的印第安人，算不上什么破坏，更算不上什么暴行。还有人把许多印第安人死于欧洲人带来的传染病这一事实解释为，这是由于印第安人与世隔绝几千年，没有经历过流行病考验、缺乏免疫力造成的。上述观点显然是不成立的、不公正的。

笔者认为，一个比较先进的民族或国家，跑到异国他乡，用先进的武器杀害无辜的土著居民，不论从哪种意义上说，都是违背人性、破坏生产力的非正义行为。今天，广大印第安人和有正义感的美洲人，每当谈起 500 多年前印第安人惨遭杀害这段史实时，总是情不自禁地表现出对欧洲早期殖民者的极大义愤，这是理所当然的。

当然，作为史学工作者，如果对印第安人的这种不幸遭遇，仅仅"从纯粹的人的感情上"感到悲伤是不够的,还应当认真研究造成这种悲剧的原因。

在阶级对抗的社会，剥削阶级代表人物在卑劣的贪欲支配下干出种种罪行，有其历史必然性。哥伦布作为资本主义原始积累时代的一位代表人物，他的背后是一个跃跃欲试的新兴资产阶级，面临的是发展极不平衡的新、旧两个世界。他的行动反映了那个变革时代新兴资产阶级的意志和利益。而支配和体现新兴资产阶级意志与利益的是任何人都无法改变的经济规律。恩格斯指出："生产的每一进步，同时也就是被压迫阶级即大多数人的生活状况的一个退步。对一些人是好事的，对另一些人必然是坏事，一个阶级的任何新的解放，必然是对另一个阶级的新的压迫。"②只有从这种视角上对哥伦布杀害印第安人的问题进行历史唯物主义的分析，才能理解早期殖民者的恶行产生的历史必然性及其对历史发展所起的杠杆作用。马克思指出："美洲金银产地的发现，土著居民的被剿灭、被奴役和被埋葬于矿井，对东印度开始进行的征服和掠夺，非洲变成商业性猎获黑人的场所：这一切标志着资本主义生产时代的曙光。"③

---

① 威廉·福斯特. 美洲政治史纲[M]. 冯明方，译. 北京：生活·读书·新知三联书店，1956：3.

② 马克思恩格斯选集：第 4 卷[M]. 北京：人民出版社，1972：173.

③ 马克思恩格斯选集：第 2 卷[M]. 北京：人民出版社，1972：255.

（四）哥伦布四次远航美洲的成功，产生了双重的"历史后果"。一方面，以科尔特斯、皮萨罗为代表的一批欧洲殖民者，以征服性的战争把特诺奇蒂特兰和库斯科等著名古都洗劫一空，在印第安古文明的废墟上构筑起殖民主义大厦；另一方面，殖民者既然要在这块新大陆生存下去，他们就不得不把欧洲先进的生产方式和生活方式带到美洲去。大授地制、大地产制、黑奴制和米达制在美洲的推行，加重了对印第安人的超经济剥削，但却为劳动生产率的提高和美洲经济的发展奠定了基础；殖民政治制度的确立和发展，强化了对殖民地人民的民族压迫，但却为拉美走向相对的政治上的统一创造了前提；从哥伦布第二次远航开始先后移植到美洲的各种农作物，带去的农具、家畜，以及为解决劳动力缺乏而贩运来的黑奴（这对黑人来说无疑是场灾难），都为美洲的开发和各民族的融合开辟了道路。然而，在殖民统治时期逐渐生成的这些新的社会因素，绝不是殖民者恩赐给美洲人民的，而是在经济规律支配下欧、美两种生产方式冲撞的结果。

（五）哥伦布之所以能"发现"新大陆，这是多少世纪以来，人类对自然界和人类社会规律性认识积淀的结果。假若没有多少代人的认识与实践，很难设想哥伦布能远航成功。然而，从认识世界到改造世界是个质的飞跃。哥伦布之所以能获得成功，就在于他善于总结前人的经验，大胆地进行探索与实践。15世纪90年代为所有航海家提供了相同的机遇和条件，究竟谁能抓住这一历史机遇，充分利用这些历史条件，完全取决于航海家们对时势理解的深度和对事业追求的强度，以及他们本身的素质。哥伦布适应了时代的要求，并凭借历史提供的舞台，充分发挥出自己的胆略和才智，从而他能在世界史上写下四次成功远航美洲这一划时代的篇章。

哥伦布"发现"美洲价值判断体系初探

科学判断历史是非的标准，是评价历史人物功过的首要问题，也是正确阐明历史发展规律、充分发挥史学的社会功能、繁荣历史科学的理论前提。

马克思指出："'价值'这个普遍的概念是从人们对待满足他们需要的外界物的关系中产生的。"[①]克里斯托弗·哥伦布（1451—1506）在500多年前

---

① 马克思. 评阿·瓦格纳的《政治经济学教科书》[M]//马克思恩格斯全集：第19卷. 北京：人民出版社，1962：406.

以他的科学知识和实践活动满足了时代的需要,至今受到人们的重视和纪念。这足以表明他存在于世的社会价值。值得注意的是,自 20 世纪 30 年代意大利热那亚档案馆文件公开以来,中外学者评价哥伦布所依据的基本资料虽无多大变化,但是对他的评价却褒贬不一。评价上的分歧,归根结底是人们的价值观念不同所致。在当前这个多元的、开放的世界,没有必要也不可能要求学者们只有一种价值观念,而对于马克思主义史学工作者来说,则有可能通过讨论找到一个共同的参照系,确立一个评价历史人物的价值判断体系。笔者认为,所谓价值判断体系,是一个包括对历史人物评价的价值概念、价值判断目标的选择、价值判断尺度的确定及价值判断方法等内容的理论系统。本书力图结合评价哥伦布,就价值判断体系中的几个问题提出一些看法,以求教于学术前辈和同行。

一、分歧的实质是价值判断目标和判断尺度的差异

对于哥伦布这位"世界公民型"人物,赞誉者、非难者、怀疑者、迫害者,自他在世时就大有人在。近代史上,中外学者围绕新大陆最早"发现权"问题的争论持续了 200 多年。哥伦布虽非"发现"新大陆的第一人,但是人们都承认:先于哥伦布的所有美洲"发现者",都未能对世界地理观念和历史发展产生重大影响。德国学者朗格说:"哥伦布的功绩不仅在于他能勇敢地横渡大西洋并详尽地描写了他所发现的陆地,而是主要在于他的发现所产生的历史后果。"[1]

然而,就其所产生的历史后果而言,中外学者也众说纷纭。其倾向性意见主要有以下四种:(一)哥伦布作为资产阶级的先驱者是历史时代的产物,应充分肯定其对历史发展做出的贡献[2]。(二)哥伦布"发现"美洲有功有过,功大于过,不失为一位杰出的历史人物[3]。(三)哥伦布"发现"美洲有功有过,功过相当,可说是"功魁祸首"。(四)哥伦布对印第安人实行种族灭绝,

---

① 保罗·维尔纳·朗格. 哥伦布传[M]. 张连瀛,李树柏,译. 北京:新华出版社,1986:2.

② 我国学者朱寰认为,哥伦布做出的两大贡献是:第一,开辟横渡大西洋到达美洲的新航路;第二,开创通过掠夺殖民地进行资本原始积累的新方式. 详见朱寰. 应该怎样评价哥伦布[J]. 世界历史,1979(2).

③ 朗格认为,哥伦布是"一个伟大时代的杰出代表","他的功绩影响整个大陆的历史",但是"他对异教徒的态度并不公正","新大陆的当地居民却完全有理由把 1492 年 10 月 12 日这一天称作该诅咒的日子". 详见保罗·维尔纳·朗格著. 哥伦布传[M]. 张连瀛,李树柏,译. 北京:新华出版社,1986:2,281.

无功可言，应该全盘否定①。需要特别指出的是，在全世界纪念"发现"美洲500 周年的 1992 年，最后这种观点在北美易洛魁人、智利马普切人、阿根廷科亚人、厄瓜多尔苏阿尔人和巴拿马库纳人当中是较为普遍的。1988 年 2 月，他们的代表在意大利米兰讨论会上尖锐提出：1992 年不应该是"发现"美洲500 周年，而应该是哥伦布对美洲土著人实行"种族灭绝征服"的 500 周年。为此，他们发起组织一个"抵制纪念"委员会，并要求联合国宣布 1992 年为"声援美洲土著人国际年"②。这说明，评价哥伦布不单是学术界的一件大事，它直接涉及千万人的政治生活。

我们从上述种种分歧意见中可以看出，实际上存在着两种价值判断目标和两种价值判断尺度：其一，以全人类社会为主体需要的综合目标；其二，以被压迫被奴役民族为主体需要的单一目标。前者主张从历史人物所依存的（非自己所能随意选择的）客观历史条件出发，对历史人物"进行全面的、历史的、阶级的分析"③，凡能在一定程度上满足全人类社会发展需要的思想和行动都应予以肯定，反之应予否定。基于此种价值目标和价值尺度，有些学者认为哥伦布是应该加以充分肯定的历史人物。后者主张站在美洲印第安人的立场上对哥伦布进行阶级分析，凡损害被奴役人民的民族感情和民族利益者一概予以否定。基于此，有的学者认为，对哥伦布"必须全盘否定，坚决骂倒"④。

上述两种价值判断目标和尺度，反映着评价历史人物中两种不同的价值观念。在分别评价哥伦布时，自然要得出两种不同的结论。

二、关键的问题在于正确地选择价值判断目标和确定价值判断尺度

近十年来，我国史学工作者在深刻反思史学理论的基础上，对中外历史人物的评价进行了许多有益的探索，取得了可喜成果。尤其是，在破除过去

---

① 我国学者严中平认为，应站在印第安人的立场上，运用历史唯物主义观点评价哥伦布。他写道："要说殖民者对我们印第安人的种族灭绝，也有其'一定限度的历史时期内''暂时的历史正当性'，我们还难以接受。因为灭绝，毕竟不等于剥削，更没有人身地位的上升。……我们印第安人更没有义务要用千百万人的骸骨去促进欧洲的什么资本主义的发展。我们当然不知道哥伦布对我们有什么'功劳'，只知道他对我们犯下了滔天罪行。"详见严中平. 关于哥伦布其人答朱寰同志[J]. 世界历史，1979（4）：34-43.

② 出自秘鲁《呼声报》（1988 年 2 月 17 日）。

③ 朱寰. 再论哥伦布的评价问题——与严中平同志再商榷[J]. 东北师范大学学报（哲学社会科学版），1981（2）：61-63.

④ 严中平. 关于哥伦布其人答朱寰同志[J]. 世界历史，1979（4）：34-43.

一个时期较为普遍存在的单一政治性评价尺度之后，人们有可能冷静地进行理论思考，拓宽自己的历史视野，重新学习马克思主义关于人的学说和关于评价历史人物的理论，逐步完善评价历史人物的价值判断体系。

当前，针对哥伦布评价问题上的分歧点，首先需要解决的是价值判断目标的选择问题。也就是要首先在时空观上确定评价哥伦布的范围和要素。这个问题不解决，价值判断尺度再科学也不能做出正确的评价。

马克思指出："人的本质并不是单个人所固有的抽象物。在其现实性上，它是一切社会关系的总和。"[①]这里所说的"一切社会关系"的总和，列宁理解为"同他们的物质生产力的一定发展阶段相适合的生产关系"，"这些生产关系的总和构成社会的经济结构，即有法律的和政治的上层建筑正立其上并有一定的社会意识形式与之相适应的现实基础"；也可以说包括"整个社会生活、政治生活和精神生活"[②]。同时，还强调这一切社会关系是互相联系、互相渗透、互相依存的，从而构成诸如阶级关系、民族关系及国际关系等。过去很长的一个时期内，人们把历史人物同社会发生的行为关系，即"社会关系"仅仅理解为"生产关系"，又把"生产关系"简单化为"阶级关系"，然后又把"阶级关系"一概归结为"阶级斗争"关系；否认在特定历史条件下可能存在的阶级之间的妥协与合作关系。这样就阉割了价值判断目标中极其丰富、生动、具体的内涵。这既不符合马克思主义关于人具有两种属性的原理，也无助于对历史人物做出全面、科学的评价。正因为世界是多元的、多层次的，所以历史人物价值判断目标的选择也只能是全方位的、多方面的，而不能是一元的、单项的。

就哥伦布这个具体历史人物而言，其价值判断目标和要素，至少应包括以下两个层次四个方面：（一）表层，指哥伦布一生的实践活动。重点要抓住两个方面，即 1492—1504 年四次远航美洲与世界航海技术、航海事业的发展，以及哥伦布"发现"新大陆和由此开始的殖民活动（包括探险、征服、掠夺、殖民、向最初的殖民据点移植西班牙的生产方式等）对资本主义原始积累的作用。（二）深层，指哥伦布对后世的深远影响。重点也要抓住两个方面，即新航路开辟和美洲的"发现"对世界经济、政治、国际市场、国际贸易、国际交往的影响，以及"发现"新大陆对思想观念变化、新旧大陆文明

---

① 马克思. 关于费尔巴哈的提纲[M]//马克思恩格斯选集：第 1 卷. 北京：人民出版社，1972：18.
② 列宁. 卡尔·马克思[M]//列宁选集：第 2 卷. 北京：人民出版社，1972：585.

的双向交流和民族融合的影响，等等。

在价值判断目标的确定上，如果不是坚持全方位、多层次的选择，就势必缩小人们评价历史人物的视野。例如，如果只停留在评价哥伦布对印第安人实行"种族灭绝"政策这一个问题上（当然这是个重要方面，另作评述），那无异于把当时欧洲大陆的经济、政治和精神生活排斥在哥伦布活动的舞台之外，也无异于把哥伦布在美洲的活动范围限制在印第安人的最低层次需要——生存需要上。这样，就无法找到哥伦布在当时一切社会关系总和中的适当位置，也就无法看到产生屠杀印第安人这场悲剧的历史必然性和历史辩证法的发展。

价值判断目标的正确选择为评价历史人物指明了范围，但不等于价值判断尺度的确立。由于人们的价值观念不同，自然会有不同的价值判断尺度。但是，对马克思主义史学工作者来说，这并不意味着评价历史人物找不到共同的尺度。党的十三大报告指出："生产力是一切社会发展的最终决定力量。生产关系和上层建筑只有适应生产力的状况，才能促进生产力的发展。……中国一切政党的政策及其实践在中国人民中所表现的作用的好坏、大小，归根到底，看它对于中国人民的生产力的发展是否有帮助及其帮助之大小，看它是束缚生产力的，还是解放生产力的。"[①]这两个论断明确告诉我们，衡量一个人的功过是非，判断个人、群体或党派所起的作用好坏或贡献大小，最根本的价值尺度是生产力标准。这个价值尺度，决不只适用于社会主义社会和几个党派，而是适用于"一切社会"和"一切政党"。

不断满足生存和发展的需要，是人类一切社会实践活动的客观动因。凡是促进生产力发展的行为，都是当时社会所需要的进步行为，应予肯定；凡是阻碍或破坏生产力发展的行为，都与当时社会需要背道而驰，应予否定。还要指出，上述"促进""阻碍""破坏"等概念都是指其在整体上、长远上起作用而言，并非一时一事的暂时因素。任何对生产力标准这个价值尺度的简单化、庸俗化理解，都是不对的。同时，我们说生产力标准是"根本的价值尺度"，是说它在价值尺度中带有"根本的"性质，而不是说它是唯一的尺度。任何脱离一定社会关系（如阶级关系、民族关系、国际关系等）的生产力发展都是不存在的。

哥伦布的实践活动有其同代人的某些共性，更有其本人经历、素质、性

---

① 沿着有中国特色的社会主义道路前进[N]. 人民日报，1987-11-4.

格、气质等特性。他是一位有着非凡的航海经历、以欧美两个大陆为自己活动的舞台，为西班牙王室的既定目标勇于献身的杰出历史人物。"此人的思想和抱负不但反映出中世纪的衰落，而且也反映出理性主义和资本主义新时代的兴起"①，"是文艺复兴运动的产儿"②。哥伦布开辟新航路和"发现"美洲，无疑促成了新旧大陆之间的沟通和联系。这对于资本主义世界市场的形成、世界经济中心的转移、世界贸易范围和方式的改变、廉价劳动力的获取、资本主义原始积累的加速、欧洲封建主义的瓦解和资本主义的形成发展、旧贵族的没落和资产阶级的产生③，以及对于新大陆的掠夺性开发、民族的融合和"一个新的种族和文化的共同体"④的形成等，都起了促进作用。福斯特概括地指出："美洲的发现对于人类各方面的进步曾起了一种巨大的刺激作用……尽管新世界的成长也产生了并且推进了种种危险的反动潮流，从而带来无穷无尽的人类苦恼和困难，但它基本上却是一种十分进步的发展。"⑤这种评价体现了全方位、多层面的价值判断目标，体现了生产力标准的价值尺度，是科学的、可取的。

充分肯定哥伦布"发现"美洲的意义，是否伤害了美洲印第安人的民族感情、损害了他们的民族利益呢？这涉及价值判断体系中另一个范畴——善与恶的关系问题。

三、"道德上的恶"在历史上所起的杠杆作用

如何评价哥伦布在美洲探险和征服活动中杀戮印第安人？这是中外学者争论的一个焦点，是一个有待深入研究的问题。对于哥伦布的"杀人"行为，无论以怎样的尺度（比如生产力标准，或者人性标准）衡量，都不能视其为人道的、进步的行为。因为它丧失人性，残害生产力的主体——人，也就破坏了发展生产力的动力和手段。

然而，评价那个时代的哥伦布，如果把视野停留在善恶是非的道德层次上还是不够的。恩格斯曾经指出："在黑格尔那里，恶是历史发展的动力借以

---

① Benjamin Keen. *Readings in Latin-American Civilization: 1492 to the Present*[M]. Boston: Houghton Mifflin, 1955: 49.

② 出自苏联《拉丁美洲》杂志（1985 年第 3 期，第 27 页）。

③ 1847 年 11 月 30 日弗·恩格斯在伦敦德意志工人教育协会的演说记录[M]//马克思恩格斯全集：第 42 卷. 北京：人民出版社，1979：471-472.

④ 出自苏联《拉丁美洲》杂志（1985 年第 3 期，第 26 页）。

⑤ 威廉·福斯特. 美洲政治史纲[M]. 冯明方，译. 北京：生活·读书·新知三联书店，1956：3.

表现出来的形式。这里有双重的意思：一方面，每一种新的进步都必然表现为对某一神圣事物的亵渎，表现为对陈旧的、日渐衰亡的但为习惯所崇奉的秩序的叛逆；另一方面，自从阶级对立产生以来，正是人的恶劣的情欲——贪欲和权势欲成了历史发展的杠杆。关于这方面，例如封建制度的和资产阶级的历史就是一个独一无二的持续不断的证明。"①恩格斯在这里所阐明的恶是历史发展杠杆的辩证思想，在马克思恩格斯著作中多有论及。他们所说的"恶"行，包括暴力、战争、奴役、征服、掠夺、杀戮等。

哥伦布远航美洲探险，完全是由"黄金梦"促成的。为了"占有黄金"、获得他"在世界上所需要的一切"②，他不惜"先自己跪下来，然后扑向土人"③，以刀杀人、以道杀人、以犬杀人、以疫杀人，给印第安人造成种族灭绝的危险。据目击者、西班牙大主教拉斯·卡萨斯披露，哥伦布及其后继殖民者，在40年内共屠杀土著印第安人1200万到1500万④。今日美洲印第安人对殖民主义先驱哥伦布的强烈义愤和谴责是理所当然的，正义的人们无不寄以深切的同情。

但是作为史学工作者，对500多年前印第安人的遭遇，则不能只限于"从纯粹的人的感情上""感到悲伤"，还应该认真研究造成那场悲剧的原因及其历史地位。在阶级对抗的社会，任何一种剥削制度和剥削阶级的出现都有其历史的必然性。同样，剥削阶级代表人物在卑劣的贪欲支配下干出种种恶行，也有其历史必然性。因为历史是"一个有联系的，尽管常常有矛盾的发展过程"，而不是"愚蠢和残暴的杂乱堆积"⑤。哥伦布作为资本主义原始积累时代的代表人物，他的背后是跃跃欲试的新兴资产阶级，他的面前是发展极不平衡的新旧两个世界；他的行动反映了那个变革时代新兴资产阶级的意志和利益，而支配其阶级意志和利益的则是任何人都无法控制的经济发展规律。"生产的每一进步，同时也就是被压迫阶级即大多数人的生活状况的一个退步。对一些人是好事的，对另一些人必然是坏事，一个阶级的任何新的解

---

① 恩格斯. 路德维希·费尔巴哈和德国古典哲学的终结[M]//马克思恩格斯选集：第4卷. 北京：人民出版社，1972：233.

② 哥伦布. 致西班牙国王和王后书（1503年）[M]//齐思和，林幼琪. 中世纪晚期的西欧. 北京：商务印书馆，1962：42.

③ 威廉·福斯特. 美洲政治史纲[M]. 冯明方，译. 北京：三联书店，1956：41.

④ Las Casas. *The Tears of the Indians*[M]. London: J.C. for Nath. Brook, 1656: 130.

⑤ 恩格斯. 法学家的社会主义[M]//马克思恩格斯全集：第21卷. 北京：人民出版社，1965：557.

放，必然是对另一个阶级的新的压迫。"①只有从多角度上对哥伦布屠杀印第安人问题进行历史唯物主义和辩证唯物主义的分析，才能理解早期殖民者恶行产生的历史必然性及其对历史发展所起的杠杆作用。在这个问题上，马克思的精辟论述很值得我们认真思索。他指出："美洲金银产地的发现，土著居民的被剿灭、被奴役和被埋葬于矿井，对东印度开始进行的征服和掠夺，非洲变成商业性猎获黑人的场所：这一切标志着资本主义生产时代的曙光。这些田园诗式的过程是原始积累的主要因素。"②

四、拉美人民只有打碎殖民主义枷锁才能收获新社会因素结的果实

如何评价始于哥伦布的西班牙对西属美洲的 300 年殖民统治？这也是中外学者经常争论、需要认真研究的一个问题。

有两种截然相反的评价值得注意。美国历史学教授托马斯认为，"哥伦布发现新世界的首要意义，在于结束美洲的与世隔绝状态"，"西班牙人和葡萄牙人的来到，并不是一种破坏性征服；而是欧洲人把旧世界的文明传播到新世界的过程的一部分"。③我国史学家则认为，殖民者"对拉美金银资源的疯狂掠夺和对拉美人民的残酷屠杀，使拉丁美洲的社会经济和文化遭到严重的破坏，甚至毁灭"。殖民者的到来"绝不是'传播了文明'，而是毁灭了文明；绝不是带来了'普遍的进步'，而是严重地阻挠了社会的发展"④。前者只承认其建设性而否认其破坏性，后者则完全相反。暂且抛开双方历史哲学观点上的分歧，我们从双方的论据中亦可看出：他们各执一端的症结还在于对"文明"（Civilization）一词内涵的理解没有一个共同的参照系。

"文明"一词，在马克思主义经典著作和中外史书中，乃至人们日常生活中，都被广泛使用。但是，人们对其含义的理解却有许多不同。众所周知，19 世纪美国著名民族学家摩尔根、无产阶级革命导师马克思和恩格斯，都曾从人类社会发展的进步程度和状态上使用过"文明"一词。摩尔根把人类历史分为三个时代，并认为"文明时代""开始于音标字母的使用和文字记录的

---

① 恩格斯. 家庭、私有制和国家的起源[M]//马克思恩格斯选集：第 4 卷. 北京：人民出版社，1972：173.

② 资本论：第 1 卷[M]. 北京：人民出版社，1975：819.

③ 艾·巴·托马斯. 拉丁美洲史：第 1 册[M]. 寿进文，译. 北京：商务印书馆，1973：12，序言第 1 页.

④ 北京大学国际政治系. 民族解放运动史（1775—1949）：上册[M]. 北京：北京大学出版社，1980：15-16，42.

产生"①。恩格斯援引摩尔根的研究成果并赋予新意，指出"文明时代是社会发展的一个阶段"，而奴隶制、农奴制和雇佣劳动制是"文明时代的三大时期所特有的三大奴役形式"②。马克思也指出："没有对抗就没有进步。这是文明直到今天所遵循的规律。"③笔者认为，如果按照马克思、恩格斯、摩尔根的论断来理解，在承认西班牙殖民者对西属美洲具有破坏性一面的同时，说西班牙殖民者也"把旧世界的文明'带到了'新世界"是无可厚非的。但是问题在于，经典作家们并不总是在这同一个意义上使用"文明"一词。马克思在《政治经济学批判》中，还把"文明"解释为从改造世界的劳动开始的人类实践活动。这就比单以"文明"表示一个社会发展阶段的含义广泛得多。而列宁在其著作中揭露"资本主义的野蛮超过一切的文明"④，又从社会伦理道德的意义上阐述了"文明"与"野蛮"的对立。显然，如果从"文明"的广义上来理解，说殖民者在美洲采用"野蛮"手段"毁灭了印第安人的古代文明"也是有事实根据的。看来，现在有些中外学者由于对"文明"一词的内涵理解不同，所以对西班牙殖民统治在美洲发展中的地位和作用的评价存有分歧，这是不足为怪的。然而，对"文明"一词理解的不同并不能掩饰他们历史哲学观点上的分歧，也不会妨碍我们对西班牙殖民者的作为进行恰当评价。

把西班牙殖民者在美洲的全部活动概括为向新世界"传播文明"，这不符合历史事实。因为这种表述没有反映出西班牙殖民者去美洲探险的真实目的及其殖民活动的全貌。哥伦布、科尔特斯、皮萨罗、门多萨等征服者的行动宗旨是为占有黄金而"走遍天涯海角"，他们的口号是"为上帝效劳，为祖国争光，为国王耀祖，也为自己发财致富"⑤。继征服者之后，先后被西班牙王室委任的 166 个总督和 706 个大主教及主教中⑥，横征暴敛者、搜刮民财者占绝大多数；大主教名为"布道者"，实为大地主和大矿场主。据不完全统计，

① 摩尔根. 古代社会：第 1 册[M]. 杨东莼，张栗原，冯汉骥，译. 北京：商务印书馆，1971：12，16.

② 恩格斯. 家庭、私有制和国家的起源[M]//马克思恩格斯选集：第 4 卷. 北京：人民出版社，1958：170，172.

③ 马克思. 哲学的贫困[M]//马克思恩格斯全集：第 4 卷. 北京：人民出版社，1958：104.

④ 列宁. 文明的野蛮[M]//列宁全集：第 19 卷. 北京：人民出版社，1959：389.

⑤ 出自苏联《拉丁美洲》杂志（1985 年第 3 期，第 29 页）。

⑥ Donald Marquand Dozer. *Latin America: An Interpretive History*[M]. New York: McGraw Hill, 1962: 169.

仅 1521—1544 年，每年由美洲运回欧洲的黄金即达 2900 公斤，白银 3.07 万公斤；1545—1560 年，每年运回欧洲的黄金更多达 5500 公斤，白银 24.6 万公斤。在西班牙殖民者 300 年殖民统治的总收益中，仅矿业一项就多达 60 亿美元[①]。资本主义的"文明大厦"正是在殖民地人民的尸骨堆上建筑起来的。至于殖民者洗劫墨西哥古文化中心和古印加帝国、破坏古建筑群和珍贵文物的恶行，更何谈"传播文明"！正如马克思揭露英国在印度的殖民统治后果时指出那样："他们破坏了本地的公社，摧毁了本地的工业，夷平了本地社会中伟大和突出的一切，从而消灭了印度的文明。"[②]

那么，西班牙统治西属美洲 300 多年，除了破坏行为，是否就没有别的后果呢？笔者认为，只看到破坏性一面，而看不到殖民统治对西属美洲社会发展所造就的不以殖民者意志为转移的重大成果，这也不是历史唯物主义者。

哥伦布到达美洲之前，印第安人的社会发展到什么阶段？多数学者认为，印第安人社会的生产力和社会结构已发展到相当水平，"如果不能说已进入文明阶段，至少已达到了很发达的野蛮阶段"[③]。可以设想，如果没有西班牙的殖民统治，印第安人的社会也将沿着自己的轨迹逐步走向阶级对抗的文明时代，但那很可能要经历一个相当长的历史时期。正因为西方殖民者打断了印第安人社会发展的正常进程，把欧洲封建主义生产方式强加给西属美洲殖民地，终于迫使印第安人的古老社会超越某种社会发展阶段而直接跨进封建社会。从人类历史发展的角度看，这当然是一种深刻的革命性大变革。

历史辩证法的发展就是这样。由于西班牙人的到来，印第安人逐渐学会了使役牲畜，而这"对于人类的进步提供了一个有最高价值的新因素"[④]；大授地制、大地产制、黑奴制、米达制的逐步推行固然加重了对印第安人的剥削，但是却为劳动生产率的提高和西属美洲经济的发展奠定了基础；殖民政治制度的确立和发展，固然强化了对殖民地人民的民族压迫，但却使拉丁美洲走向政治制度的确立和发展，为拉丁美洲走向政治上的相对统一创造了前提；从哥伦布第二次航行开始，先后运送到美洲的各种农作物、农具、家畜，

---

① 李春辉. 拉丁美洲史稿：上册[M]. 北京：商务印书馆，1983：100.

② 马克思. 不列颠在印度统治的未来结果[M]//马克思恩格斯选集：第 2 卷. 北京：人民出版社，1972：70.

③ Hubert Herring. *A History of Latin America: From the Beginnings to the Present.* New York: Alfred A. Knopf, 1956: 47.

④ 摩尔根. 古代社会：第 1 册[M]. 杨东莼，张栗原，冯汉骥，译. 北京：商务印书馆，1971：40.

以及为弥补劳动力不足而贩运来的黑奴（这当然是黑人的灾难），都为美洲的开发、各民族的融合开辟了道路。

应该强调指出，在三个多世纪殖民统治时期中逐渐产生和发展的这些新的社会因素，并不是西班牙殖民者恩赐给拉丁美洲人民的；而是在经济规律支配下，欧洲先进的生产方式和美洲落后的生产方式冲撞的结果，是历史辩证法作用的结果。西班牙殖民者把枷锁套在殖民地人民的头上，驱使他们用自己血汗发展生产。但是，他们的艰辛劳动，"既不会给人民群众带来自由，也不会根本改善他们的社会状况，因为这两者都不仅仅决定于生产力的发展，而且还决定于生产力是否归人民所有"①。所以，西属美洲人民要想收获西班牙殖民统治下新的社会因素所结的果实，只有把西班牙殖民者赶走，争得独立和主权，建立起符合自己国情的政治经济制度，自己掌握并最大限度地发展社会生产力！在这种情况下，"人类的进步才会不再像可怕的异教神像那样，只有用人头做酒杯才能喝下甜美的酒浆"②。

---

① 摩尔根. 古代社会：第 1 册[M]. 杨东莼，张栗原，冯汉骥，译. 北京：商务印书馆，1971：73，75.

② 摩尔根. 古代社会：第 1 册[M]. 杨东莼，张栗原，冯汉骥，译. 北京：商务印书馆，1971：73，75.

第二章　西蒙·玻利瓦尔思想研究

西蒙·玻利瓦尔（Simón Bolivar，1783—1830）是 19 世纪初拉丁美洲独立战争中最杰出的一位民族英雄。两个世纪以来，他作为一名为祖国独立而战斗的英勇战士、著名的军事家和政治家，一直鼓舞着拉丁美洲人民的斗争。

玻利瓦尔的伟大并不在于"白璧无瑕"，而在于他完成了伟大的革命事业。他是一个富有的贵族子弟，享受过浪荡的生活，然而委内瑞拉的屈辱地位和欧洲的资产阶级革命激起了他爱国的热情，良师西蒙·罗德里格斯（Simon Rodriguez，1770—1854）的循循善诱使他懂得了革命的道理，帮他走上了解放祖国的道路。玻利瓦尔可贵的是有一颗坚强的心和不获胜利不罢休的意志。他在革命中解放了奴隶，团结群众发挥了聪明才智，打垮西班牙殖民者，解放了南美北部的六个国家。他还为拉美国家间的团结、社会的发展竭尽了自己的心血。他为拉丁美洲立下了丰功伟绩，理所当然地受到了后世的敬仰。

西蒙·玻利瓦尔生平简介[①]

玻利瓦尔于 1783 年 7 月 24 日出生在委内瑞拉加拉加斯一个富有的土生白人贵族家庭。在他幼年时，他舅父给他请了一个曾留学欧洲的青年知识分子、卢梭的追随者——西蒙·罗德里格斯做他的家庭教师。罗德里格斯批判封建专制，倡导资产阶级民主、自由、平等，推崇资产阶级民主共和国，他对玻利瓦尔的政治思想的形成产生了很重要的影响。

玻利瓦尔于 1799 年、1803 年两次旅欧，体察了法国大革命的深远影响，接受资产阶级革命思想的洗礼，促使他树立为祖国解放而斗争的决心。1805

---

① 本节原载于《历史教学》1982 年第 1 期，作者署名洪甫。

年 8 月 5 日，在意大利罗马郊外的"圣山"上，玻利瓦尔庄严宣誓："只要西班牙政权套在我们身上的锁链没被打断，我就要不停地进行战斗，我的灵魂也就不会安息。"这段话充分反映出玻利瓦尔决意献身拉丁美洲民族解放事业的伟大的政治抱负和坚强决心。

1807 年 2 月玻利瓦尔回到加拉加斯，立即投身于反西班牙殖民统治、争取祖国独立的斗争。那时西属美洲殖民地正处在独立战争的前夜。1808 年拿破仑侵入西班牙，国王腓迪南七世被囚禁。宗主国出现的这种局面为拉丁美洲人民反西班牙殖民统治提供了有利条件。1810 年 4 月 17 日，加拉加斯市民获悉法军完全占领了西班牙，趁机赶走了都督，成立了"洪达"（西班牙文 Junta 的译音，意为"会议""委员会"）。不久，玻利瓦尔受"洪达"委托出使英国。同年 12 月回国，成为委内瑞拉独立运动的主要领导人之一。

1811 年 7 月 5 日，在玻利瓦尔倡导和推动下，爱国群众迫使"洪达"通过独立法案，发表了西属美洲第一个《独立宣言》，委内瑞拉第一共和国诞生。翌年 8 月，第一共和国在西班牙殖民军疯狂反扑下夭折。1812 年底，玻利瓦尔撤退到由爱国者控制的新格拉纳达（今哥伦比亚的卡塔赫纳）。在新格拉纳达爱国政权支援下，1813 年初，玻利瓦尔很快招募了一支几百人的军队，向委内瑞拉进发。经过半年多的浴血奋战，于 8 月 7 日解放加拉加斯，建立了委内瑞拉第二共和国。当玻利瓦尔率军开进加拉加斯城时，市民们夹道欢迎，并向玻利瓦尔致敬欢呼："解放者，解放者！"不久，加拉加斯市"洪达"便以人民的名义授予玻利瓦尔"解放者"的称号。

委内瑞拉共和国重建后一年，西班牙殖民军又一次卷土重来，第二次恢复了殖民统治。1814 年 9 月，玻利瓦尔再次撤退到卡塔赫纳。1815 年 5 月，玻利瓦尔转移到英国殖民地牙买加。当年 9 月 6 日他发表了著名的《牙买加来信》，阐明了他为之努力的团结反殖、解放整个拉丁美洲的奋斗目标。1816 年 3 月至 1817 年初，玻利瓦尔在革命者掌权的海地政府和人民的支持下，两次率远征军从海地出发向委内瑞拉挺进，最终登陆成功，并于 1817 年 4 月攻占了东部重要城市安戈斯图拉，在那里建立了委内瑞拉第三共和国，玻利瓦尔被推举为共和国总统。

玻利瓦尔胸怀解放整个拉丁美洲的壮志，随即开始了新的征程。1819 年 5 月，他率主力部队向新格拉纳达进发，8 月 7 日取得博亚卡战役的胜利。10 日攻克波哥大，建立了大哥伦比亚共和国，玻利瓦尔出任哥伦比亚总统。经过 1820 年 1 月至 1821 年 4 月一段短暂的休战后，玻利瓦尔又回师东上，

1821 年 6 月 25 日赢得卡拉博博战役的胜利，12 月完全解放委内瑞拉。随后，玻利瓦尔又派战友挥师南下，配合厄瓜多尔人民斗争，于 1822 年 5 月 24 日取得皮钦查战役的胜利，击溃了厄瓜多尔的西班牙殖民军。此后，玻利瓦尔应秘鲁人民请求率部进入秘鲁，并于 1824 年 8 月 6 日和 12 月 9 日先后取得胡宁和阿亚库乔两大决战的胜利，全歼西班牙殖民军，俘虏西班牙总督、四名元帅、十名将军和两千多名士兵。从此，秘鲁取得独立。此后不久，上秘鲁也正式宣告成立共和国。上秘鲁人民为纪念玻利瓦尔，特定国名为玻利维亚，并授予玻利瓦尔"国父""第一任总统"的头衔。至此，西班牙在南美洲大陆长达 300 多年的殖民统治宣告结束，美洲人民争取民族独立的斗争经过曲折而艰难的道路最终赢得了胜利。

随着军事上胜利成果的不断扩大，玻利瓦尔逐渐把他的注意力转移到政权建设上。他提出许多改革方案，进行了大胆的探索。例如，他坚持改变殖民时期剥夺人民政治权利的局面，主张实行以"平等"为基本原则的资产阶级共和制。1826 年他在为玻利维亚起草的宪法中指出："主权应当属于人民所有，通过间接选举加以实现。"选民不受财产限制，"就共和国权力的实施而言，需要的是知识和诚实，而不是钱"。同时规定，每一百人中选出一名选举人，选举人任期四年，由他们投票选举国会议员，提名法官和其他重要政府官员。为了赢得战争，巩固独立，玻利瓦尔在实行民主政治的同时坚持实行中央集权制，加强中央政府对地方政权的集中统一领导，同地方分权主义和无政府主义进行了不懈的斗争。

玻利瓦尔的政治战略有一个突出特点，即把他的祖国委内瑞拉的解放事业同整个南美大陆的解放事业紧密联系在一起。他多次呼吁南美各国联合起来，互相支援，共同战胜殖民者。"只有团结才能驱逐西班牙人，建立一个自由的政府"，从这一战略出发，他把委内瑞拉、新格拉纳达和厄瓜多尔联合成一个大哥伦比亚共和国，并设想在此基础上把所有独立的拉丁美洲国家组成一个西属美洲国家联邦。但是，1826 年 6—7 月由他主持召开的巴拿马代表大会的决议却未被各国所接受。

由于历史条件的局限，使玻利瓦尔的有些主张脱离现实，在很大程度上带有幻想色彩，因而遭到不少人反对。正因为如此，独立后的各国之间、每个国家的内部的各派势力之间，随着形势的发展，各种矛盾日趋尖锐。玻利瓦尔在秘鲁和玻利维亚建立起的政权先后于 1827 年、1828 年被推翻。大哥伦比亚共和国也由于委内瑞拉和厄瓜多尔于 1829 年、1830 年相继脱离而瓦解。面对这种局面，玻利瓦尔于 1830 年辞去哥伦比亚总统职务。1830 年 12 月 17 日，玻利瓦尔病逝在哥伦比亚的圣玛尔塔，终年 47 岁。

拉丁美洲民族独立解放斗争的一面旗帜①

19 世纪初，拉丁美洲人民反抗西班牙殖民统治、争取民族解放的独立战争，在人类历史上写下了光荣的一页，造就了一批为民族独立而顽强斗争的英勇战士和杰出领袖。高举武装斗争旗帜转战南美广阔战场、建树了丰功伟绩、赢得了"伟大的解放者"誉称的西蒙·玻利瓦尔，就是其中最著名的一位代表。

2020 年 12 月 17 日是西蒙·玻利瓦尔逝世 190 周年纪念日。190 多年来，世界各国史学家对玻利瓦尔进行了多方面的研究。到目前，几乎所有拉丁美洲国家，甚至一些欧洲国家都成立了玻利瓦尔研究会，出版了许多有关玻利瓦尔的文献资料和研究著作。然而，由于种种原因，他们对玻利瓦尔的评论很不一致，甚至存在完全相反的评价。早在 1858 年，马克思曾应《美国新百科全书》编辑查理·安·德纳之邀撰写了一篇题为《玻利瓦尔-伊-庞特》的长文②。另外，马克思在其他文章和通信中也多次评论过玻利瓦尔③。在这些文章中，马克思对玻利瓦尔持否定态度。他认为，在拉丁美洲独立战争期间，玻利瓦尔"拒绝"参加 1810 年加拉加斯起义；后来勉强参加了起义，但是在战斗中敌人一进攻他就"逃跑"，以致人们都把他"当作逃兵对待"；胜利时，他"贪图功名"，自封"解放者"，自制"勋章"，实行"独裁"；独立战争结束前后，他又竭力想使整个南美洲变为一个联邦共和国，"充满幻想，要使整个半球同他的名字连在一起"，等等④。总之，在马克思看来，玻利瓦尔是一个"最怯懦、最卑鄙、最可怜的恶棍"，"是一个道地的苏路克"⑤。有的人不

① 本节原载于《南开史学》1980 年第 2 期，作者是洪国起和吴宏甫，收入本书时有改动。
② 此文是马克思为《美国新百科全书》撰写的第一批 B 字头条目中的一篇，约 12000 字。见马克思恩格斯全集：第 14 卷[M]. 北京：人民出版社，1964：225.
③ 马克思恩格斯全集：第 14 卷[M]. 北京：人民出版社，1964：753；马克思恩格斯全集：第 29 卷[M]. 北京：人民出版社，1965：270.
④ 马克思恩格斯全集：第 14 卷[M]. 北京：人民出版社，1964：225、228、229、230、239、240.
⑤ 马克思恩格斯全集：第 29 卷[M]. 北京：人民出版社，1965：270. 苏路克（今译为苏鲁克）是海地共和国总统，1849 年 8 月 26 日自封为皇帝，是一个臭名昭著的残忍凶狠、爱好虚荣的家伙。

完全同意马克思的观点，他们认为，玻利瓦尔是对拉丁美洲独立战争做出过卓越贡献的历史人物。但是他们在肯定他的功绩的同时，也坚持认为玻利瓦尔是一个"暴君"①、"独裁者"②，就其"残暴"而言与西班牙殖民者及其保皇派"不相上下"③。与上述观点完全相反，另外一些人则认为，玻利瓦尔在拉丁美洲独立战争中军功卓著、改革有方，可称为"南美洲最伟大的英雄"④，是"美洲和世界上唯一获得解放者称号的人，也是唯一在一生中保持这个称号的人"⑤，等等。一个半世纪来，在玻利瓦尔的评价问题上存在着如此不同的观点是不足为怪的。这里不仅有占据历史材料的多少、真伪的问题，而且也有研究历史人物的观点和方法问题。今天，随着对玻利瓦尔研究的深入展开，我们有可能较多地看到一些当年马克思所无法看到的历史资料⑥。因此，依据马克思主义的唯物史观，重新研究有关玻利瓦尔的历史材料，从中引出正确结论，恢复玻利瓦尔这一历史人物的本来面目，也就成了世界史，尤其是拉丁美洲独立战争史当前研究工作中的重要课题之一。

令人欣慰的是这一课题在最近几年已引起我国史学界的重视，并在研究中取得了可喜成果。然而，以马克思《玻利瓦尔-伊-庞特》一文为中心提出命题并进行论述的并不多。本书拟就从这一侧面作些初步探讨，提出管见求教于史学界，并以此作为对玻利瓦尔逝世 190 多年的纪念。

一、为祖国独立自觉战斗的英勇战士

玻利瓦尔不是一个拒绝参加 1810 年加拉加斯起义而表现"怯懦"的人，

---

① 吉利尔莫·莫隆. 委内瑞拉史[M]. 吉林大学外语系翻译组，译. 长春：吉林人民出版社，1973：212.

② 吉利尔莫·莫隆. 委内瑞拉史[M]. 吉林大学外语系翻译组，译. 长春：吉林人民出版社，1973：229.

③ 吉利尔莫·莫隆. 委内瑞拉史[M]. 吉林大学外语系翻译组，译. 长春：吉林人民出版社，1973：136.

④ 鲍勃，简·扬. 拉丁美洲的解放者[M]. 黄士康，汤柏生，译. 北京：商务印书馆，1979：71.

⑤ Placido Molina Mostajo. *El libertador en Bolivia*[M]. Santa Cruz, Bolivia: Editorial Serrano, 1975: 44.

⑥ 马克思写《玻利瓦尔-伊-庞特》一文，是在玻利瓦尔去世 28 年后。当时拉美独立战争史尚未被人深入研究，有关玻利瓦尔的文献资料没有也不可能像今天这样大量出版。马克思所能见到的材料多为当时流传的由欧洲人写的回忆录等，其中有的作者是出于自私目的而参加过拉美独立战争的欧洲冒险家，他们在战争中没有达到自己的目的而对战争中的某些事实进行了歪曲。例如，法国人杜库德雷·霍尔斯坦（H. L. V. Ducudray Holstein）原为玻利瓦尔的参谋长，后成为玻利瓦尔的私敌。马克思在该文末尾提到他著文所依据的这些人写的材料，这在很大程度上影响了马克思对玻利瓦尔的评价。

恰恰相反，他是一位出生在伟大革命年代、自幼就有倔强性格、决心为推翻西班牙殖民统治争取祖国独立而自觉战斗的英勇战士。

要考察上述这一点，就不能孤立地谈论玻利瓦尔是否参加了 1810 年 4 月 19 日加拉加斯起义这一事件，而必须全面地历史地考察 1810 年加拉加斯起义前后玻利瓦尔思想发展的全过程及其全部实践活动。

1810 年加拉加斯起义前五年，即 1805 年 8 月，22 岁的玻利瓦尔在他的老师西蒙·罗德里格斯陪伴下周游欧洲来到意大利罗马城。8 月 15 日晚，他们登上位于罗马近郊的"圣山"①。脚下灯火辉煌的夜景、罗马帝国的斗争往事②、拿破仑侵占意大利的严酷现实③，深深地激励着年轻的玻利瓦尔。他忆往思今，感慨万千，走近他的老师庄严地表示："为了上帝，为了我的荣誉，为了我的祖国，我在您面前宣誓：只要西班牙政权套在我们身上的枷锁没被打断，我就要不停地进行战斗，我的灵魂也就不会安息。"④对于玻利瓦尔这段重要经历，有的史学家竟把它描绘成偶发事件，似乎是玻利瓦尔一时的思想冲动造成的。这种解释不能令人信服。我们认为，在玻利瓦尔的经历中有"圣山"宣誓一章绝非偶然。归根结底可以说，它是时代的产物，是同他的祖国——委内瑞拉世世代代的遭遇和他本人经历紧密联系在一起的。

玻利瓦尔，1783 年 7 月 24 日生于委内瑞拉都督区首府加拉加斯城一个克里奥尔⑤贵族家庭。他三岁丧父，九岁失母。虽然玻利瓦尔的童年是在加拉加斯和马德里的亲戚家度过的，但他受到了良好的教育。从九岁开始，玻利瓦尔就接受欧洲资产阶级启蒙思想的教育。西蒙·罗德里格斯、乌斯特里斯（Ustariz）侯爵、亚历杭德罗·德乌博尔德（Alejandro de Humboldt）男爵等都是他的启蒙老师。其中以他的舅父给他聘请的家庭教师罗德里格斯对他的影响最大。1824 年 1 月，当玻利瓦尔为之奋斗的解放拉丁美洲的事业达到顶

---

① 西班牙文为"Monte Sacro"，意为"圣山"，是当地七座名山之一，罗马帝国首府曾建于此。

② 罗马帝国平民为争取平等权利曾在"圣山"发动起义展开斗争。

③ 玻利瓦尔游历到罗马时正巧赶上拿破仑在意大利称王。

④ Placido Molina Mostajo. *El libertador en Bolivia*[M]. Santa Cruz, Bolivia: Editorial Serrano, 1975: 56. 该书作者在引用玻利瓦尔这段重要的誓词时作了一个脚注。脚注写道：我们引用的誓词不是原文，据说是玻利瓦尔的老师罗德里格斯在五十年后的回忆录中所提及的。誓词虽然可能与原话略有出入，但它反映了玻利瓦尔的思想实质和当时的历史面貌。

⑤ 克里奥尔人（Criollos），即土生白人，指在拉丁美洲出生的西班牙人。据记载，玻利瓦尔祖辈早在 16 世纪末就从欧洲来到南美定居，原系具有西班牙和法国血统的克里奥尔贵族家庭的后裔。Placido Molina Mostajo. *El libertador en Bolivia*[M]. Santa Cruz, Bolivia: Editorial Serrano, 1975.

峰时，他曾给远在欧洲的老师罗德里格斯写信说："我的老师，……你很早以前曾经指引过我的步伐！你锻造了我渴望自由、正义、伟大和美的心灵。我一直在走着你给我指引的道路。虽然你仍然坐在欧洲的海岸，你却是我的带路人。"①罗德里格斯给玻利瓦尔指引的道路是什么？出身于委内瑞拉望族家庭的罗德里格斯，18 世纪末是一位留学欧洲的青年知识分子，也是著名的法国资产阶级启蒙思想家让-雅克·卢梭（Jean-Jacques Rousseau）的追随者。罗德里格斯给玻利瓦尔指引的道路实际上是卢梭批判封建专制制度，要求资产阶级民主、自由、平等权利，建立资产阶级民主共和国的道路。年轻的玻利瓦尔接受了这些初步教育之后，于 1799 年（法国大革命爆发十年后）从加拉加斯来到马德里进入贵族学校。几年之后开始了他的旅欧学习生活，先后游历了西班牙、法国、比利时、英国和意大利等国②。在巴黎，玻利瓦尔亲眼看到了法国大革命的最后几幕。起初，他对拿破仑印象很深，曾一度追随过他；但不久，拿破仑自立为皇帝，使他大失所望；后来拿破仑侵占意大利并在意称王更引起他的愤激。"圣山"宣誓正是在这样的思想背景下产生的。

此外，"圣山"宣誓也是西属美洲社会经济政治关系发展的产物。西班牙对拉丁美洲三百年的殖民统治严重阻碍了拉丁美洲地区的经济发展。然而，到 18 世纪末，历史车轮又前进了三个世纪，在各种因素促使下殖民地资本主义商品经济有了一定发展。伴随着这种经济关系上的变化，在拉丁美洲广泛的土地上也出现了新兴的商业资产阶级和正在向资产阶级转化的贵族地主。那一部分土生白人，由于他们在经济上社会上所处的地位而成了这一新阶级的重要组成部分。这些"土生白人"，一方面作为"富有白人"，占有大庄园和奴隶③，是社会的"上层"；但另一方面他们又是"土生白人"，在经济社会地位上又与"欧洲白人"（即西班牙人）不同。西班牙政府"任意规定的课税、贸易的限制和不得人心的种姓制度，把克里奥尔人锤炼成一支战斗的力量"。④18 世纪后半期爆发的美国独立战争和法国大革命在政治上给他们树立了榜样，在思想上提供了武器。根植于新的资本主义生产关系土壤之上的玻

---

① 吉利尔莫·莫隆. 委内瑞拉史[M]. 吉林大学外语系翻译组，译. 长春：吉林人民出版社，1973: 235.

② Placido Molina Mostajo. *El libertador en Bolivia*[M]. Santa Cruz, Bolivia: Editorial Serrano, 1975: 46.

③ 例如，据威廉·福斯特《美洲政治史纲》记载，波利瓦尔一家就有一千个奴隶。

④ Robert Barton. *A Short History of Bolivia*[M]. La Paz, Cochabamba: Editorial "Los Amigos del Libro", 1968: 144.

利瓦尔，在大变革年代来到欧洲游历，登上"圣山"宣誓，要为砸碎西班牙套在拉丁美洲人民身上的锁链而斗争，正代表了当时拉丁美洲新兴商业资产阶级和正在向资产阶级转化的那部分贵族地主的利益和要求，也反映了当时拉丁美洲各国人民的愿望和要求。

"圣山"宣誓以后不久，1805 年 9 月玻利瓦尔启程回国。回国途经美国时，他亲身体察了美国独立战争后建立起来的资本主义制度。1807 年 2 月他回到加拉加斯，立即投身于反西班牙殖民统治、争取祖国独立的斗争。有一次，他出席都督府举行的晚宴，席间他竟站起来祝酒说："为南美洲的独立干杯！"玻利瓦尔这一举动使轻松的宴会顿时紧张起来。不久，他就被维森特·埃帕兰（Vicente Emparan）总督流放到乡下的庄园①。事实上，玻利瓦尔在流放期间从未停止反西班牙殖民者的斗争。在乡下，他把自己的庄园变为爱国者聚会的场所，积极进行宣传、组织活动，大大促进了爱国青年的团结。要求摆脱西班牙殖民统治、争取祖国独立和解放的思想在一批爱国者心目中深深扎下了根。1808 年拿破仑的军队侵入西班牙，国王腓迪南七世被囚禁，西班牙人民掀起了反法的民族解放战争，西班牙国内形势发生了急剧变化。宗主国出现的这种混乱局面在客观上为拉丁美洲人民反西班牙殖民统治提供了有利条件。1810 年 4 月 17 日，加拉加斯居民获悉法军完全占领了西班牙，乘机揭竿而起，由"土生白人"领导在市政广场集会，赶走了总督，成立了"洪达"②，从而揭开了委内瑞拉历史的新篇章。

当玻利瓦尔得知加拉加斯成立"洪达"的消息之后，他欢喜若狂立即从流放地（他的乡下庄园）动身来到加拉加斯投入了斗争的洪流。没过几天，他就接受"洪达"的委托率领代表团前往伦敦，争取英国承认和援助。在伦敦逗留期间，他的使命虽然没有完成，但是却取得了久负盛名、移居国外的拉丁美洲独立运动的先驱者、委内瑞拉人弗朗西斯科·德·米兰达（Francisco de Miranda）的有力支持③。当年（1810 年）12 月 11 日玻利瓦尔陪同米兰达回到加拉加斯，受到爱国派的热烈欢迎。④玻利瓦尔从此开始领导爱国群众进行公开斗争，并成为独立运动的重要领导人之一。

---

① Placido Molina Mostajo. *El libertador en Bolivia*[M]. Santa Cruz, Bolivia: Editorial Serrano, 1975: 47.

② "洪达"是西班牙文"Junta"的译音，"Junta"原意为会议、委员会。

③ Placido Molina Mostajo. *El libertador en Bolivia*[M]. Santa Cruz, Bolivia: Editorial Serrano, 1975: 48.

④ Pilip Johns Sheridan. *Francisco de Miranda: Forerunner of Spanish-American Independence*[M]. San Antonio, Naylor Co., 1960: 62.

加拉加斯起义中成立的"洪达",最初并不是以独立于西班牙殖民统治的面貌出现的。当时在"洪达"中占优势的"土生白人"保守派打着"反对拿破仑,效忠腓迪南七世"的旗号,力主自治,反对独立,使刚刚出世的"洪达"面临夭折的危险。在这种形势下,玻利瓦尔高举民族独立的旗帜,广泛团结各爱国阶层,同保守派展开了针锋相对的斗争。7月5日,根据玻利瓦尔的提议,爱国派群众包围了国会,并迫使国会通过了"独立法案",发表了西属美洲第一个独立宣言:"从今天起,委内瑞拉已真正合法地成为,而且也应该成为独立和自主的国家了。"①委内瑞拉经受了以玻利瓦尔为思想领袖的爱国派和保守派第一个回合的斗争,终于迎来了第一共和国的诞生。

但是,不幸的是第一共和国成立后的第二年,就被西班牙殖民军的疯狂反扑所扼杀,委内瑞拉人民又面临着新的考验。在这危难关头,有的人屈服于敌人的刺刀投降了;有的丧失了革命信念,逃跑不干了;而玻利瓦尔却坚定不移继续坚持斗争。从此以后,委内瑞拉人民重建共和国的历史重任就落在年仅29岁的玻利瓦尔的肩上。

独立战争前夕的玻利瓦尔,是作为委内瑞拉新兴商业资产阶级和正在向资产阶级转化的那一部分贵族地主的政治代表而登上历史舞台的。"圣山"宣誓代表了这一新兴阶级的意志和要求。他和其他爱国者一起,开展一系列反西班牙殖民统治的活动,促进了委内瑞拉各阶层人民进一步觉醒和团结,最终导致1810年加拉加斯事件的发生。加拉加斯事件后,玻利瓦尔高举民族独立旗帜,团结爱国群众坚持同自治派斗争,最终促成了拉丁美洲第一个独立宣言的发表和委内瑞拉第一共和国的建立。事实证明,玻利瓦尔是拉丁美洲独立战争初期具有当时最先进思想的一位杰出代表,是为祖国独立而自觉战斗的英勇战士。

二、高举武装斗争旗帜的杰出军事家

玻利瓦尔不是一个"不战而逃"的败将,而是一位转战南美、屡建军功的杰出的资产阶级军事家。作为一位军事家,他与同时代人相比,最杰出之处在于他始终高举武装斗争解放整个拉丁美洲的旗帜,坚持"殊死战",拥有杰出的军事指挥才能和百折不挠、顽强战斗的意志。

---

① O'Leary F. *Bolivar y la emancipacion de sur America*[M]. Madrid: Sociedad española de librería, 1915: 107-108.

　　1812 年 8 月，委内瑞拉第一共和国被西班牙殖民者凶狠地扼杀了。但是，拉丁美洲独立战争的烈火仍在中美洲、南美洲辽阔的土地上熊熊燃烧。立志为民族独立斗争到底的玻利瓦尔，没有被暂时的挫折所动摇，他几经辗转，通过海路于 1812 年底撤退到由爱国者控制政权的新格拉纳达（Nueva granada）和卡塔赫纳（Cartagena）。①在卡塔赫纳，玻利瓦尔总结了委内瑞拉第一共和国失败的教训，制定了重建委内瑞拉共和国，团结拉丁美洲各国人民共同战胜西班牙殖民者的战略方针和计划。这就是著名的《卡塔赫纳宣言》。在这以后的十多年的战争烽火中，玻利瓦尔遵循《卡塔赫纳宣言》所确定的战略方针，始终高举武装斗争的旗帜，率领爱国军队转战南美，不畏艰险，顽强战斗，多次失败，百折不挠，最终于 1826 年把西班牙殖民军彻底赶出拉丁美洲，实现了他在罗马"圣山"立下的誓言，为拉丁美洲的独立和解放做出了卓越的贡献。

　　以武装斗争解放整个拉丁美洲大陆，是玻利瓦尔战略思想的基本出发点，也是他为之努力奋斗的最终目标。这个战略思想说明他比同时代的其他领袖人物具有更多远见。

　　委内瑞拉第一共和国宣告成立之后，新政权没有及时建立一支革命军队，没有坚决地向敌人发动进攻，迅速追击沿海一带的西班牙殖民军，因而给盘踞在科罗地区的敌人以反扑的可乘之机，最终殖民军卷土重来，绞杀了新生共和国。玻利瓦尔在《卡塔赫纳宣言》中总结了这一沉痛教训，提出拉丁美洲各国人民联合起来共同打击殖民者的战略任务。正是出于这种战略上的考虑，玻利瓦尔极力主张首先在新格拉纳达征集兵马，而后用新格拉纳达兵力解放委内瑞拉，再以此为基地解放其他各地。

　　玻利瓦尔的这一战略思想和主张代表了拉丁美洲各国人民的根本利益，得到了各地爱国者的积极支持。首先响应的是新格拉纳达爱国者领导的政府。玻利瓦尔来到卡塔赫纳之后不久，新格拉纳达政府就授予玻利瓦尔新格拉纳达公民身份，同意他在新格拉纳达招募士兵，保证给予道义上和物质上的帮助。在新格拉纳达爱国政权的全力支援下，1813 年初，玻利瓦尔很快招募了一支由新格拉纳达人、委内瑞拉人等组成的军队，并积极准备向委内瑞拉进军。

---

　　① 委内瑞拉是一个都督区，哥伦比亚是新格拉纳达总督区的一部分，卡塔赫纳是紧靠委内瑞拉的新格拉纳达总督区的一个城市。

　　1813 年 2 月，玻利瓦尔率军打到位于安第斯山东侧靠近委内瑞拉边界的库库塔（Cúcuta）要塞。这里地势险要并有西班牙殖民军重兵把守。玻利瓦尔利用敌人思想上的麻痹，出其不意，攻其不备，对敌军发起突然进攻。当激战四个小时而部队的弹药快要用完时，玻利瓦尔下令向敌军阵地发起冲锋，同敌人展开白刃战，打得殖民军措手不及，最终以少胜多，攻克了库库塔这个战略要地，从而保证了玻利瓦尔的军队胜利越过边界，向委内瑞拉腹地推进。

　　战场转到委内瑞拉境内之后，玻利瓦尔目睹西班牙殖民者对委内瑞拉居民，特别是对妇女和儿童犯下的惨无人道的罪行①，极端愤慨。1813 年 6 月 8 日玻利瓦尔在梅里达城（Merida）向市民揭露了西班牙殖民者犯下的种种罪行，并庄严地宣布："要为死难者报仇，一定要向刽子手讨还血债，我们的仇恨是不共戴天的，战争是殊死的。"②6 月 15 日，玻利瓦尔在特鲁希略城（Trujillo）北部以军部总司令的名义签署"殊死战"③法令，决心与西班牙殖民者血战到底。玻利瓦尔签署的这一法令是对西班牙殖民者血腥暴行的有力回答，是革命的正义行动。然而，时至今日，不少史学家，尤其令人遗憾的是一些拉丁美洲史学家，总觉得玻利瓦尔发动的"殊死战"过于"残酷"，甚至把玻利瓦尔发动的"殊死战"同西班牙殖民者的暴行相提并论，④这是不公平的。其实，"殊死战"法令严格区分了战争中的敌我界限并规定了适当的政策。法令明文规定："凡是不采用积极有效的步骤反对西班牙残暴统治且支持正义事业的所有西班牙人，都将被认为是敌人，并将以祖国的叛徒论罪，最终将被无情地处死。""凡是按上述规定为国家服务的所有西班牙人都将以美洲人来对待。"⑤法令向广大美洲人民保证："我们的武器是用来保卫你们的，而决不会用来对付我们兄弟中的任何人。"对那些曾一度离开了正义而误入歧途的人也宣布："你们是无辜的，你们不要害怕，你们对自己的荣誉、生命和

---

　　① 据鲍勃、简·扬《拉丁美洲的解放者》一书披露，西班牙殖民军反扑时对城镇的全部居民，包括妇女、儿童进行了惨无人道的迫害，有的竟被迫害成残疾。例如有一个西班牙将军装满了一袋人的耳朵赠给他手下的兵，以代替奖章。

　　② Francisco Rivas Acuna. *Las guerras de Bolivar*[M]. Caracas: Victoria, 1921: 162.

　　③ 也可译为"决死战"（西班牙文为"Laguerra a muente"，英文为"War to the death"），一般人认为"殊死战"是从 1813 年 6 月 15 日玻利瓦尔签署"殊死战"法令时起，直至 1820 年 12 月 26 日玻利瓦尔与西班牙殖民军签订停战六个月的文件止。

　　④ 吉利尔莫·莫隆. 委内瑞拉史[M]. 吉林大学外语系翻译组，译. 长春：吉林人民出版社，1973：136.

　　⑤ Francisco Rivas Acuna. *Las guerras de Bolivar*[M]. Caracas: Victoria, 1921: 162.

财产，都将享有完全的保障权。"可见，玻利瓦尔签署的"殊死战"法令并不是把所有西班牙人不加区分地一律宣布为敌人，而是在西班牙人中间用对正义的拉丁美洲独立战争的态度作准绳划分敌我阵线，以争取团结西班牙人中的多数站到拉丁美洲人民方面，打击西班牙殖民者。这样一些策略思想和政策，能在一百多年以前提出，不能不说是难能可贵的。至于说，在发布"殊死战"法令后，有些地区在执行中出现了一些偏差，那也是事实；然而，那决不能成为从根本上否定"殊死战"法令的理由。一位拉丁美洲史学家在论述"殊死战"法令实质时指出：殊死战的主要目的"就是要分清谁是保皇派，并把这次战争变为国际战争，这是西班牙与美洲之间的战争，……这次战争不是某一个人的思想产物，无论它如何不可宽恕（这点反映了该史学家的偏见——引者注），它还是代表了许多人的意志"①。看来，只要是少许有些分析态度的史学家，都无法否认玻利瓦尔所进行的"殊死战"是有敌我界限的，是有其社会根源的。它不是乱杀一场，更不是玻利瓦尔个人的为所欲为。

玻利瓦尔领导进行的反对西班牙殖民者的战争在拉丁美洲人民支持下取得了辉煌战果。从 1813 年初发动进攻开始到同年 8 月 7 日解放加拉加斯止，历时近八个月。在这八个月的激烈战斗中，玻利瓦尔指挥的军队从无到有，从小到大，从弱到强，先后攻克梅里达、特鲁希略、巴基西姆托、巴里纳斯和巴伦西亚等城，最终于 8 月 7 日解放了加拉加斯，重建了委内瑞拉共和国（即第二共和国），表现出玻利瓦尔指挥作战的杰出军事才能和顽强的战斗意志。玻利瓦尔的这些军事行动代表了拉丁美洲人民的根本利益和愿望，受到各地人民的衷心拥护和支持。加拉加斯解放后不久，市议会举行会议正式授予玻利瓦尔以"解放者"的称号②。

历史事实充分证明：拉丁美洲独立战争中的玻利瓦尔不是一个贪生怕死、不战而逃的败将，相反他是一位有勇有谋、军功卓著的杰出军事家。"解放者"称号不是他自封自授的，而是议会授予他的最高荣誉。拉丁美洲史学家曾这样评论玻利瓦尔：尽管他人也获得过"解放者"称号，"但是玻利瓦尔

---

① 吉利尔莫·莫隆. 委内瑞拉史[M]. 吉林大学外语系翻译组，译. 长春：吉林人民出版社，1973：182-183.

② 关于加拉加斯议会授予玻利瓦尔"解放者"称号的时间说法不一。有的说在 1813 年 8 月（如莫隆《委内瑞拉史》），有的说在 1813 年 10 月（如 1970 年西班牙文版大百科全书），我国史学家李春辉先生认为是在 1814 年 1 月（参阅李春辉. 拉丁美洲史稿：上册[M]. 北京：商务印书馆，1983：150.）。尽管说法不一，但共同点是，都承认是在加拉加斯市 1813 年 8 月解放后不久授予的。

更值得称赞，毫无疑义，直到死后他依然保持着这种称号，可以断言，他将永远保持这个称号"①。

诚然，杰出军事家，并不总是常胜将军。问题在于能否始终坚持战斗旗帜，不为失败所动摇，在危急时刻坚守革命信念，保存有生力量，善于总结经验教训，捕捉战机，壮大自己，转危为安，转败为胜。玻利瓦尔始终高举武装斗争解放大陆的旗帜，多次失败却百折不挠，这种顽强战斗的彻底革命精神是他同时代人无法比拟的。

委内瑞拉共和国重建后一年，西班牙殖民军又一次卷土重来，第二次复辟了殖民统治。1814 年 9 月玻利瓦尔再次撤退到卡塔赫纳，以后又于 1815 年 5 月转移到英国殖民地牙买加，当年 9 月 6 日发表的《牙买加来信》充分表现出玻利瓦尔不为失败所动摇的坚强意志和必胜信念。1816 年 3 月 31 日，玻利瓦尔在革命者掌权的海地政府和人民的支持下率远征军从海地出发航行一月余，于 5 月 2 日在委内瑞拉登陆，但不久又被殖民军打败。玻利瓦尔毫不气馁，再次去海地求援，二次远征登陆。这次登陆，玻利瓦尔吸取了教训，改变了战略，采取避实就虚、迂回包抄的方针。经过艰苦斗争，最后终于登陆成功，并于 1817 年 4 月攻占了东部腹地重要城市安戈斯图拉（Angostura，即今日玻利瓦尔城），不久后在此城又重建了委内瑞拉共和国（即第三共和国）。

初步胜利没有使玻利瓦尔止步。他继续高举武装斗争解放大陆的旗帜开始了新的征程。1819 年 5 月，他率领主力部队穿越安第斯山隘口向新格拉纳达挺进，苦战数月后于 8 月 10 日攻克波哥大（Bogotá），完全解放了新格拉纳达。接着，玻利瓦尔回师东上，激战几个回合后于 1821 年 12 月完全解放了委内瑞拉。随后，玻利瓦尔又派战友挥师南下连续作战，配合厄瓜多尔人民的斗争，于 1822 年 5 月取得皮钦查（Pechincha）战役的胜利，消灭了厄瓜多尔的西班牙殖民军。在此之后，玻利瓦尔又应秘鲁人民请求率部队进入秘鲁，并于 1824 年 8 月和 12 月先后进行了胡宁（Junin）和阿亚库乔（Ayacucho）两次大决战，全歼西班牙殖民军，俘虏了西班牙总督。1824 年 12 月，殖民军签订了全面投降的协议。协议明文规定："驻秘鲁西班牙军队的防地，包括防地中的弹药库、兵工厂、军用仓库将全部交给解放武装力量。"②从此秘鲁

---

① Placido Molina Mostajo. *El libertador en Bolivia*[M]. Santa Cruz, Bolivia: Editorial Serrano, 1975: 44.

② Fernnando Diaz-Plaja, *La historia de España en sus dicumentos*[M]. Madrid Instituto de Estudios Políticos, 1954: 154.

获得独立。此后不久，上秘鲁（Alto Peru）①也正式宣告成立共和国。上秘鲁
人民为纪念玻利瓦尔这位解放者，特定国名为玻利维亚，并授予玻利瓦尔以
"国父""第一任总统"的头衔。②1826 年 1 月 23 日，龟缩在秘鲁卡亚俄（Callao）
的殖民军也被迫向爱国军投降。秘鲁国会宣布玻利瓦尔为"国父"和"解放
者"，并推举他为终身总统。西班牙在南美大陆长达 300 多年的殖民统治就此
宣告结束。西属美洲人民争取民族独立的斗争经过曲折的道路最终赢得了胜
利。③

　　玻利瓦尔领导的革命战争，在后十年中之所以能够节节胜利，除了他个
人富有杰出的军事指挥才能和顽强的战斗意志外，主要是由于他从多次失败
中逐渐认识到人民群众的力量和作用，在战争进程中实施了一些动员群众参
加战争的进步措施。1816 年 6 月 2 日，玻利瓦尔在委内瑞拉境内颁布解放奴
隶的法令；1817 年委内瑞拉第三共和国建立后不久，他又颁布法令，宣布没
收西班牙王室及其追随者的土地和财产，并答应将没收的土地分配给爱国军
战士。1819 年 2 月 15 日，他在安戈斯图拉国会上发表演说，重申了解放奴
隶的政策。在此以后，他还多次宣布取消西班牙殖民者强加在印第安人头上
的封建负担，保护印第安人的利益等。这种种措施虽然在实践中没有得到很
好的贯彻，但是它却在一定程度上起了动员人民群众的作用，从而保证了战
争的胜利。

　　每一个国家和地区的历史都是由这些国家和地区的人民用自己的劳动
双手和战斗业绩写成的。玻利瓦尔在拉丁美洲独立战争中自始至终高举武装
斗争旗帜，领导委内瑞拉、哥伦比亚、厄瓜多尔、秘鲁、玻利维亚等国人民
进行了十多年艰苦卓绝的斗争，最终赶跑了西班牙殖民者，赢得了自己国家
的独立和解放。拉丁美洲人民把"解放者""国父"等最高荣誉授予玻利瓦尔，
反映了拉丁美洲人民对自己的民族英雄所怀有的最真挚的感情。当然，对玻
利瓦尔的历史功过的评价可以有所不同，但是作为一位资产阶级杰出的军事
家，他对拉丁美洲独立解放事业所做出的重大贡献和拉丁美洲人民给予他的
极大荣誉，是应该得到我们尊敬的。

---

　　① 上秘鲁原为拉普拉塔河（阿根廷）管区的一部分。1825 年初，玻利瓦尔派苏克雷解放了上秘鲁。
同年 7—8 月，丘基萨卡会议否认上秘鲁成为阿根廷或秘鲁的一部分，而宣布其成为一个独立的国家。

　　② Robert Barton. *A Short History of Bolivia*[M]. La Paz, Cochabamba: Editorial "Los Amigos del Libro",
1968: 171.

　　③ 在同一个时期内，巴拉圭、阿根廷、智利和乌拉圭在圣·马丁领导下经过斗争也获得独立。

三、富于远见、勇于探索的政治家

根据我们所接触到的材料看，玻利瓦尔在政治实践上的成就远不如他在军事上做出的贡献大。这大概同他的生活多半是在战火纷飞的年代中度过的有关。然而，他的可贵之处在于随着战争的胜利，他总结已经独立的国家执掌政权的经验和教训，结合拉丁美洲具体情况，大胆提出加强政权建设的各种方案，积极探索实现民主政治的途径。这充分表现出他是一位很有政治远见的资产阶级政治家。

对国家政体的改革是玻利瓦尔首先注意的中心问题。委内瑞拉第二共和国被扼杀以前，玻利瓦尔对国家独立后实行怎样的政体考虑得不多。1815 年他转移到牙买加之后，比较系统地考察了西班牙 300 多年殖民统治给拉丁美洲人民带来的种种灾难和恶果，总结了独立战争五年来各地新政权执政的经验教训，大胆地提出了有关国家政体改革的设想。他认为：在当时拉丁美洲盛行的西班牙制度中，"美洲人在社会中只能当奴隶，最多不过是一个简单的消费者"。要改变这种局面，就必须把人类社会建立在"公正、自由和平等"的基础之上。所以，玻利瓦尔明确表示"我不主张建立美洲的君主制"，"美洲人更喜欢的是共和国而不是王国"。然而，他清醒地估计道，"富人"不会容忍"民主制"，他们"宁愿要独裁制"；而奴隶们和自由奴们是"不会容忍贵族制的"。[①]所以玻利瓦尔认为在拉丁美洲大陆上实行共和政体，必须同"富人"（即保守派）进行坚决的斗争。

玻利瓦尔第一次把这一设想具体化是在委内瑞拉第三共和国建立之后。1818 年，委内瑞拉、新格拉纳达绝大部分地区仍然被殖民军占领着，战局十分紧张。尽管如此，第三共和国还是初步建立起一些政府机构，玻利瓦尔被选为最高领袖，由一个政府会议辅助他执政。玻利瓦尔不满意这种局面，他于 1818 年底至 1819 年初实地考察了一些地区，并起草了一个宪法草案。1819 年 2 月 15 日，在玻利瓦尔要求下召开了国民议会。会上玻利瓦尔就他设计起草的宪法草案作了报告。他指出，必须改变殖民时期剥夺人民政治权利的局面，新制度必须以平等为基本原则，必须建立在主权属于人民、实行权利分立、保证公民自由、废止奴隶制和取消独裁与特权基础之上。玻利瓦尔认为，这种共和制政府，从理论上说是"最完善的政府制度"。这种政府制度可以给

---

① 西蒙·玻利瓦尔. 牙买加来信[Z]//中国拉丁美洲史研究会. 拉美史研究通讯：第一期，1979：36.

人民"带来最大可能的幸福，最大可能的社会安全和最大可能的政治稳定"①。
他在后来强调建立共和制的意义时还指出，如果不建立起这种新的秩序，"用
武器摧毁君主专政也是徒劳的"②。玻利瓦尔在宪法报告中所阐明的主要思想
和主张，后来被议会通过的一部宪法所肯定。但是由于当时战争连绵，战事
居于首位，玻利瓦尔不能不把主要精力用来指挥战斗，议会通过的这部宪法
实际上没有起到什么作用。

　　玻利瓦尔关于资产阶级"平等""自由""民主""共和"的思想，在他 1826
年为玻利维亚起草的宪法中得到了充分的反映。玻利瓦尔在他起草的文件中
明确指出，"主权应当属于人民所有，通过间接选举加以实现"，选民不受财
产限制，"就共和国权力的实施而言，需要的是知识和诚实，而不是钱"。③同
时规定，每一百人中选出一名选举人，选举人任期四年，他们投票选举国会
议员，并提名法官和其他重要政府官员等。④应该看到，玻利瓦尔的这些政治
主张，是从建立和巩固资产阶级统治的目的出发提出的。在当时的历史条件
下，由于新兴资产阶级力量比较薄弱，殖民主义、封建主义势力及其影响还
相当强大，因此这些主张一提出就遭到保守派的强烈反对，未能认真实施。
今天，有人据此认为玻利瓦尔当时提出这些原则是他一生中犯下的"最大错
误"⑤，这是不公平的。我们认为，作为一位资产阶级代表人物，玻利瓦尔当
时能大胆提出这些原则并想用宪法的形式把这些原则确定下来，说明他确实
看到了当时的政治弊病——社会的不平等，认识到有进行改革、实行民主政
治的必要。就这点而论，我们又不能不承认玻利瓦尔很有一点政治远见，很
有一点探索精神，这是他同时代的人所不能比拟的。

　　玻利瓦尔在提出"主权属于人民"，实行民主政治的同时，坚决主张新生
共和国实行中央政府集权制。欧美资产阶级的"平等""自由""民主""共和"
的观点，早在他年轻时代就在思想上扎了根。但是，他并不认为，只要把卢
梭的《社会契约论》和美国的宪法译成西班牙文、照章行事就可以完事大吉。

———————

　　① 吉利尔莫·莫隆. 委内瑞拉史 [M]. 吉林大学外语系翻译组，译. 长春：吉林人民出版社，1973：202.

　　② Placido Molina Mostajo, *El libertador en Bolivia*[M]. Santa Cruz, Bolivia: Editorial Serrano, 1975: 162.

　　③ 吉利尔莫·莫隆. 委内瑞拉史 [M]. 吉林大学外语系翻译组，译. 长春：吉林人民出版社，1973：220.

　　④ Robert Barton. *A Short History of Bolivia*[M]. La Paz, Cochabamba: Editorial "Los Amigos del Libro", 1968: 171,175.

　　⑤ Robert Barton. *A Short History of Bolivia*[M]. La Paz, Cochabamba: Editorial "Los Amigos del Libro", 1968: 174, 175.

他主张，一方面要坚持"平等""自由""民主""共和"的原则，另一方面必须结合拉丁美洲各国实际情况来确定具体的政权形式。他指出，西班牙人没有给他们的殖民地留下成立联邦政府的现成条件，所以最适合拉丁美洲情况的政权形式不是联邦制，而是中央集权制度。①玻利瓦尔设计、创建的大哥伦比亚共和国，就是根据中央集权制的原则，联合委内瑞拉、新格拉纳达和厄瓜多尔而成的。有人据此断言，大哥伦比亚共和国的组成使玻利瓦尔"实现了他的野心"。②我们认为这是不客观的评论，是脱离了大哥伦比亚共和国成立时具体的历史条件和环境，特别是脱离了玻利瓦尔的斗争实践活动而单从形式上观察问题的结果。

首先，玻利瓦尔主张的中央集权制，例如大哥伦比亚共和国实行的中央集权制，是深入考察了委内瑞拉第一共和国与第二共和国被扼杀的严重历史教训提出的。玻利瓦尔指出："委内瑞拉在政治机构方面是走在最前面的美洲共和国，但是他又是我们这些新兴国家民主和联邦行之无效的最明显的例子。在新格拉纳达，由于各地方政府权力过大，中央集权不够，已使这个美好的国家地盘越来越小。"玻利瓦尔认为，如果不考虑这些现实的情况而空谈反对中央集权，"那不仅不会给我们带来好处，反而会使我们毁灭"。③其次，玻利瓦尔主张的中央集权制也是针对当时斗争形势提出的。当时，拉丁美洲各国几乎都面临着"内部分裂和外部战争"的严峻局面。在这种情况下，建立强有力的中央政府有利于更有效地调动各地方人力物力同内外敌人作斗争。最后，玻利瓦尔主张的中央集权制是要求把权力集中到中央政府，而不是追求个人独裁。玻利瓦尔追求的目标是努力使国家"避免陷入蛊惑人心的无政府状态或独裁统治"，希图"在两个对立的极端之间寻找一条折中的道路"。④事实上玻利瓦尔对个人独裁始终采取蔑视态度。当他预见布宜诺斯艾利斯可能出现独裁统治时，他感到很"痛心"。⑤当他的好友派斯（Paez）写信建议他称王时他回信说："我不是拿破仑（Napoléon），我也不想当拿破仑；我不想

① Robert Barton. *A Short History of Bolivia*[M]. La Paz, Cochabamba: Editorial "Los Amigos del Libro", 1968: 174, 175.

② W O Galbraith. *Colombia: A General Survey*[M]. London: Oxford University Press, 1966: 13.

③ 西蒙·玻利瓦尔. 牙买加来信[Z]//中国拉丁美洲史研究会. 拉美史研究通讯：第一期, 1979: 33-35.

④ 西蒙·玻利瓦尔. 牙买加来信[Z]//中国拉丁美洲史研究会. 拉美史研究通讯：第一期, 1979: 33-35.

⑤ 西蒙·玻利瓦尔. 牙买加来信[Z]//中国拉丁美洲史研究会. 拉美史研究通讯：第一期, 1979: 33-35.

模仿恺撒（Cesar），更不想模仿伊图维德（Iturbide）①。我认为这些典型人物和我的名声不相称，因为'解放者'的头衔对于所有接受人类骄傲的人来说，是最高的荣誉。"②在玻利瓦尔近三十年政治生涯中，他曾六次担任国家最高执政者，六次提出辞职引退，这一事实有力地证明玻利瓦尔不是一个"贪图功名"、喜爱"模仿"拿破仑的"独裁者"。

当然，我们这样说，并不全然否定玻利瓦尔在担任最高执政者时确有迷信个人权威、武断行事的倾向。这一点在当时恰恰成了他的政敌攻击他的重要武器，甚至也成了导致大哥伦比亚共和国最后分裂瓦解的重要原因之一；然而，当我们全面评论玻利瓦尔一生功过时，如若看不到他那些富于政治远见的改革思想和斗争实践的主流，对其阶级和时代的局限性又不作具体的历史的分析，而硬把他看作一个心怀"野心"的"独裁者"，那就未免有点舍本求末、过于简单了。

四、坚持团结反殖的思想先驱

玻利瓦尔的团结反殖思想，早在他 1810 年受命于加拉加斯"洪达"委托前往英国的时候，就已酝酿在胸了。③然而，他的这一思想得到最充分的阐明是在五年以后他写的《牙买加来信》之中。1815 年 9 月，玻利瓦尔在《牙买加来信》中发出呼吁："要完成我们这一代人的事业，所缺少的是团结，……只有团结才能驱逐西班牙人，建立一个自由的政府。"④这一庄严号召不仅是独立战争期间的一面团结战斗的旗帜，而且也是独立后的拉丁美洲人民铭记在心的行动指南。然而，长期以来，玻利瓦尔的这一思想没有引起人们足够的重视，甚至遭到一些资产阶级史学家的歪曲，把它同美国鼓吹的以侵略为目的的"泛美主义"相提并论，这是极不公正的。

拉丁美洲人民团结起来，联合反对殖民主义的思想，是玻利瓦尔在长期反西班牙殖民者斗争中，在多次严重的挫折、失败中总结出来的。从 1812 年

---

① 伊图维德（1783—1824），墨西哥的短命皇帝。原为西班牙军队陆军上校，1821 年 2 月 24 日发表告居民书，宣布墨西哥脱离西班牙。宗主国西班牙不予承认，称其为叛乱。在此情况下，伊图维德遂即自己称帝（1822 年 7 月 21 日），转年三月被赶下台，不久战败而死——引者注。

② Victor Andres Belaunde. *Bolivar y el pensamiento politico de la revolución hispanoamericana*[M]. Madrid Ediciones Cultura Hispánica, 1959: 290.

③ Placido Molina Mostajo. *El libertador en Bolivia*[M]. Santa Cruz, Bolivia: Editorial Serrano, 1975: 200.

④ 西蒙·玻利瓦尔. 牙买加来信[Z]//中国拉丁美洲史研究会编. 拉美史研究通讯：第一期，1979：36.

12 月玻利瓦尔发表《卡塔赫纳宣言》到 1815 年 9 月的《牙买加来信》，从大哥伦比亚共和国的组成到巴拿马代表会议的召开，玻利瓦尔的战略思想和斗争实践，都是紧紧围绕着团结联合反殖这一中心展开的。从我们所接触到的材料看，玻利瓦尔关于团结联合反殖的思想主要有三个基本点：其一，拉丁美洲各国人民要独立、解放，就必须团结起来、联合起来；团结的力量不是来自哪一个英雄人物，而是来自对神圣自由事业的炽热的信仰；团结不是从天而降，而是靠改革派对保守派的斗争胜利得到的。其二，团结联合的具体步骤是，通过联合斗争首先建立一批自由、强盛的独立国家；把委内瑞拉、新格拉纳达和厄瓜多尔联合成为大哥伦比亚共和国；在此基础上把所有获得独立的南美国家组织成为一个西属美洲国家联邦。其三，团结联合的最终目标是把西班牙殖民者赶出拉丁美洲，争取和维护拉丁美洲各国人民的独立和解放，加强世界各国人民友好平等往来，促进南美洲的繁荣富强。

为了把这些理想和计划付诸实施，玻利瓦尔进行了艰苦卓绝的斗争。在长期斗争中他坚持团结，反对分裂；坚持联合作战，反对分散出击；坚持中央集权，反对地方自治。特别是委内瑞拉第三共和国建立后，他曾设想用《美洲条约》（Pacio Americana）的形式把南美各国联合起来。[1]1819 年，他派出全权代表到墨西哥、秘鲁、智利和阿根廷，邀请这些国家同哥伦比亚组成一个"真正的美洲联盟"（Liga Verdaderamente Americana）以扼制在欧洲建立的妄图干涉拉丁美洲独立运动的"神圣同盟"（Sania Alianza）。[2]从 1822 年开始，玻利瓦尔便积极筹备召开一次由所有新独立国家参加的大陆会议，希望通过会议讨论寻求某种可能的联合形式，加强争取独立和维护独立事业的斗争。经过一段筹备，1824 年 12 月从利马向各国政府发出了邀请。1826 年 6 月 22 日至 7 月 15 日在巴拿马召开了各国代表会议。阿根廷由于不同意玻利瓦尔的政策中途退席。智利因为国内形势逆转没派代表出席。[3]会议上，玻利瓦尔提出许多动议草案。这些草案的基本思想概括起来是：（一）联合保卫美洲，反对欧洲列强。（二）各成员国的立法采用国际法原则。（三）废除奴隶制。（四）实行民主政治。（五）对于践踏各国联合原则的成员国予以制裁。（六）组织一支联邦军队。[4]会议进行了三个多星期的争论，最后通过了"永

---

[1] Placido Molina Mostajo. *El libertador en Bolivia*[M]. Santa Cruz, Bolivia: Editorial Serrano, 1975: 200.

[2] Placido Molina Mostajo. *El libertador en Bolivia*[M]. Santa Cruz, Bolivia: Editorial Serrano, 1975: 201.

[3] Carlos Arturo Caparros. El Congreso de Panama[J]. *Nivel*, 1976(no.162): 5.

[4] Placido Molina Mostajo. *El libertador en Bolivia*[M]. Santa Cruz, Bolivia: Editorial Serrano, 1975: 204-205.

久联邦"的决议、互相防御条约和军事协定。但是，后来历史发展表明，没有任何一个共和国批准这些文件。在这期间，玻利瓦尔从南到北，四处奔走，竭力为维护它们之间的团结和统一斡旋，但是这时分离局面已无法挽回。玻利瓦尔在秘鲁和玻利维亚建立的政权先后于 1827 年和 1828 年被推翻。大哥伦比亚共和国也由于委内瑞拉和厄瓜多尔先后于 1829 年和 1830 年脱离而陷于瓦解。面对这种四分五裂的局面，1830 年 5 月，玻利瓦尔被迫辞去总统职务，同年 12 月 17 日病逝哥伦比亚的圣玛尔塔。

对玻利瓦尔的团结联合反殖思想及其建立"美洲联邦"的设想应该如何评价？我们的初步看法是：面对西班牙殖民者在拉丁美洲的全面统治和各国人民斗争分散进行的局势，玻利瓦尔举起拉丁美洲各国人民团结联合反殖的旗帜是非常必要的。在拉丁美洲独立战争初期，从中美到南美的广阔的土地上，虽然各国人民都在同西班牙殖民者作战，许多重要城市也都各自建立了自己的"洪达"，但是它们彼此缺乏联系，尚未形成统一的独立运动组织，甚至有的地区彼此之间还不断地进行争斗，严重地削弱了拉丁美洲人民反对西班牙殖民者斗争的力量。在这种形势下，玻利瓦尔发出了团结起来、共同打击殖民者的号召，这对于动员拉丁美洲人民团结战斗、推动独立战争胜利开展具有重大的战略意义。尤其是，当独立战争取得决定性胜利、欧洲的"神圣同盟"妄图进行干涉之时，玻利瓦尔又提出以"真正的美洲联邦"对抗反动的"神圣同盟"，即联合保卫美洲、反对欧洲列强干涉的主张，并为此作了种种努力，这不能不说是非常可贵的。

然而应该指出的是，在独立战争的后期，玻利瓦尔的着眼点不是政治上、思想上、行动上的团结联合，而是把国与国之间的联合统一，把建立拉丁美洲各国的统一"实体"当作第一位的目标。如果说在独立战争期间，由于战争需要成立大哥伦比亚共和国的主张尚可被一些人接受的话，那么独立战争结束后，在各国人民都赢得了独立的情况下，也就失去了采取某种形式联合的前提条件。特别是由于西班牙长期的殖民统治，拉丁美洲从未形成一个统一的市场，各国发展不平衡，缺少统一的经济基础；由于地域辽阔，地理上过于分裂，在靠原始交通工具运输的年代里彼此间联系很少；也由于早已存在的各国之间、地主资产阶级之间的冲突和各国统治阶级内部各个集团之间的矛盾的加剧，要使整个拉丁美洲联合成为一个整体，由一个中央政府来治理那是根本不可能的。因此，玻利瓦尔苦心筹备的巴拿马会议及其通过的文件没有被各共和国批准是可以理解的，也是很自然的。

　　其实，玻利瓦尔对这种前景也早有预见。巴拿马会议召开前十年，玻利瓦尔曾说过："使新世界组成一个国家，依靠一种联系将各部分同整体连接起来，这是一个伟大的理想。……但这是不可能的。"可是玻利瓦尔还深信，"这种联合形式在我们下一代适当的时候可能会实现"。他满怀期望地说："但愿有一天我们有幸在那里（巴拿马——引者注）召开各共和国、王国和帝国庄严的代表大会，来同世界其他三大洲的国家一起讨论和平与战争的崇高利益问题。"①玻利瓦尔把本来已经预见到不可能实现的事拿出来办，不能不说是他办了一件蠢事。然而，我们不能因此低估他提出的团结联合反殖思想的意义。脱离他提出这一思想的具体历史条件而抽象地评论中央集权和地方自治两派之争、紧密联盟和各国分立之争是得不出正确结论的。我们肯定他这一思想的精神实质而否定他所采取的具体手段，肯定各国联盟制和中央集权制在独立战争期间所起的积极作用而否定他在独立战争结束后仍坚持各国联盟和依仗个人权威专横行事的做法。如果我们把玻利瓦尔的思想和实践活动放到当时的历史环境中去考察，就不难看出，玻利瓦尔的思想主流是坚持团结、联合反殖、争取和维护民族独立。正是从这个意义上讲，我们认为玻利瓦尔是一位坚持团结反殖的伟大的思想先驱。

　　一个半世纪来，拉丁美洲人民高举团结战斗的伟大旗帜，坚持进行反殖反帝反霸斗争，其中包括反对美国侵略政策"泛美主义"，取得了可喜成果。某些资产阶级史学家故意把玻利瓦尔团结联合反殖的思想同美帝国主义的"泛美主义"相提并论，故意把两种根本对立的思想体系扯在一起混为一谈，其目的是为侵略政策涂脂抹粉，这是一切正直的人们和尊重事实的史学家所不能容许的。

　　人民是历史的创造者。人民对站在时代潮流前面领导他们进行正义斗争的领袖人物总是给予一定的评价和很高的荣誉。西蒙·玻利瓦尔赢得拉丁美洲人民授予的"解放者""国父"的尊称，是因为他顺应历史的发展趋势，高高举起民族团结、民族独立的战斗旗帜，献身整个拉丁美洲独立解放事业，并做出了卓越的贡献。然而，玻利瓦尔毕竟是一位资产阶级军事家、政治家和思想家，他所追求的民族独立实际上是拉丁美洲资产阶级在政治上、经济上和思想上的解放，为资本主义发展开辟道路。为了达到这一目的，在一定的历史条件下，他可以动员人民参加民族解放战争，实行某些改革，推行一

---

① 西蒙·玻利瓦尔. 牙买加来信[Z]//中国拉丁美洲史研究会. 拉美史研究通讯：第一期，1979：35.

些较为开明的政策，甚至宣布解放奴隶、分配土地等；但是，他受资产阶级的阶级地位和社会条件的限制没有也不可能从根本上进行社会经济政治上的彻底改革。这就决定了玻利瓦尔所领导的西属美洲独立战争的资产阶级性质及革命不彻底的历史命运。然而，这无损于拉丁美洲独立战争在世界历史上的光辉地位，也无损于玻利瓦尔在拉丁美洲独立战争中所表现出来的民族英雄的本色。190 多年来，玻利瓦尔的名字已经成了拉丁美洲民族独立解放事业的一面战斗旗帜。他的英雄业绩一直激励着并将永远激励着一切被压迫民族和被压迫人民为争取民族的彻底解放而斗争。

西蒙·玻利瓦尔的政治思想①

西蒙·玻利瓦尔是 19 世纪拉丁美洲独立运动的领导人。他领导拉美人民解放了南美的委内瑞拉、哥伦比亚、巴拿马、厄瓜多尔、秘鲁和玻利维亚。他完成了圣马丁未竟的事业，最终把西班牙殖民势力从南美大陆上全部赶出去。他是殖民地和被压迫国家人民争取独立解放的先驱者，也是拉丁美洲社会发展的探索者。

玻利瓦尔由于其丰功伟绩而受到拉丁美洲人民的崇敬。他也得到了全世界人民的敬仰，是举世公认的一位伟人。1976 年联合国大会全体一致地通过了委内瑞拉提出的向玻利瓦尔致敬的决议。玻利瓦尔理应为世人所崇敬，这是无可争辩的事实。

玻利瓦尔的伟大固然在于解放了南美大陆，也在于他英明地提出了拉美团结、实行共和政治和发展资本主义等有远见卓识的思想。190 多年来的历史证实了玻利瓦尔当年提出的设想是正确的。

一

1783 年 7 月 24 日，西蒙·玻利瓦尔出生在委内瑞拉都督区首府加拉加斯一个土生白人地主兼工商业者的家庭。其祖辈早在 16 世纪就从欧洲移居南美，后来逐渐成为委内瑞拉最富有的家族之一。玻利瓦尔的父亲胡安·维森特·德·玻利瓦尔-庞特拥有金矿、糖厂、牧场、庄园和多所豪华的别墅，

---

① 本文原载于《世界历史》1983 年第 5 期。

其庄园里做工的奴隶有千人以上。即使如此古老而富有的家族，在西班牙殖民体系内也不能改变他们属于"二等公民"的社会地位。在委内瑞拉，他的家庭可以役使印第安人、印欧混血人和奴隶，但是在政治上他们必须屈从西班牙殖民当局的淫威，经济上必须忍受宗主国的垄断剥削。他们称西班牙为继母。"继母对我们是冷酷无情的。"①委内瑞拉富有的土生白人不甘心殖民当局的统治。早在 1749 年和 1751 年就发生了胡安·弗朗西斯科·德·莱昂的反抗运动，1797 年又发生了曼努埃尔·瓜尔和何塞·玛丽亚·埃斯帕尼亚策动的谋反活动。玻利瓦尔的父亲也曾同情反西班牙的活动。这些在委内瑞拉产生的不满和反抗情绪，从小就影响着玻利瓦尔的思想。

　　玻利瓦尔三岁丧父，九岁失母。他的童年过得极不平静。双亲亡故之后，玻利瓦尔由其舅父卡洛斯·帕拉西奥斯-布兰科照管。舅父很粗暴，不会照看孩子，年仅十二岁的玻利瓦尔为了争得个人的自由，挣脱卡洛斯的管束逃出家门，在加拉加斯闹起一场家喻户晓的法庭风波。他的舅父不得不将他送到一位刚从欧洲留学回国的青年知识分子西蒙·罗德里格斯家里接受教育。罗德里格斯是法国启蒙思想家卢梭和法国百科全书派的热烈追随者。他回国后，在土生白人中积极宣传卢梭学说，批判封建专制制度，鼓吹资产阶级的民主自由。他以卢梭的《论教育》一书为蓝本，以庄园、牧场为课堂，对玻利瓦尔进行生动活泼的教育。古典文学、哲学、当代法国思想家的作品，都是玻利瓦尔学习的内容。玻利瓦尔从罗德里格斯那里第一次理解了"自由""平等"的概念，了解到美国独立战争和法国大革命的壮观场面。罗德里格斯的激进思想在玻利瓦尔心里深深地扎下了根。29 年以后，当玻利瓦尔已经担任大哥伦比亚共和国总统的时候，他还给远在欧洲的老师罗德里格斯写信说："我的老师，无疑，您是世界上最非凡的人。……是您锻造了我渴望自由、正义、伟大和美好的心灵。我一直在走着您给我指引的道路。虽然您坐在欧洲的海滩上，可您却是我的掌舵人。"②

　　罗德里格斯受迫害离开之后，玻利瓦尔像无舵的船一样到处漂泊。他渴望欧洲的生活。1799 年，他来到了马德里。他过早地结了婚，妻子死后他又在马德里、巴黎等地游手好闲，无所事事，但却受到欧洲的政治生活，尤其是法国大革命之后的民主自由情绪的感染。拿破仑的称帝，强烈地冲击了他

① 16 世纪土生白人弗朗西斯科·德特拉萨斯的诗句。转引自 Donald Marquand Dozer. *Latin America: An Interpretive History*[M]. New York: McGraw Hill, 1962: 169.

② Simón Bolívar. *Obras completas de Bolívar*(tomo 1)[M]. La Habana, Cuba: Lex, 1950: 881.

的思想。1804 年 12 月，他亲眼看了拿破仑加冕典礼以后，十分憎恶。他说：
"他当了皇帝，自那天起，我就把他看作虚伪的暴君，自由的耻辱、文明进步
的障碍。"由此他得出结论说："他的光荣是地狱之光。"①玻利瓦尔已经开始
思考一些具有现实意义的社会问题了。

　　1805 年春，年满 22 岁的玻利瓦尔在巴黎幸运地与阔别多年的启蒙老师
罗德里格斯重逢。不久，玻利瓦尔在老师的建议和陪同下，放弃了在巴黎的
闲散生活去意大利旅行。罗德里格斯这时已是一个成熟的革命思想家。在旅
途中，他给玻利瓦尔灌输了许多资产阶级革命思想，使玻利瓦尔心中的疑团
找到了正确的答案。8 月 15 日夜晚，他们登上了位于罗马近邻的"圣山"。
罗马帝国平民为争取权利而起义的往事，米兰达在委内瑞拉登陆失败的严酷
现实，深深激荡着年轻的玻利瓦尔的心。他忆往思今，感慨万千，向他的老
师庄严地表示："为了上帝，为了我的荣誉，为了我的祖国，我在您面前宣誓：
只要西班牙政权套在我们身上的枷锁没被打断，我就要不停地进行战斗，我
的灵魂也就不会安息。"②"圣山"宣誓标志着玻利瓦尔的思想产生了飞跃。
从此，他在人生的道路上迈出了具有决定意义的一步。无疑，对于玻利瓦尔
革命思想的最终形成，罗德里格斯的引导是有决定意义的。

　　1807 年 2 月，玻利瓦尔回到加拉加斯投身到人民反殖民统治的斗争洪流
中去。有一次，他应邀出席都督府举行的晚宴，席间他勇敢地站起来祝酒说：
"为南美洲的独立干杯！"使宴会大煞风景，当局十分惊愕。不久，他即被变
相流放到他自己的庄园。但他继续进行反西班牙统治的宣传和组织活动，把
他的家变为爱国青年聚会的场所。当 1810 年 4 月 17 日加拉加斯居民揭竿而
起，赶走都督、成立"洪达"之时，玻利瓦尔正在乡下。他得知消息后，立
即骑马飞奔至首都参加革命。不久，"洪达"委任他出使英国，争取英国的财
政援助。他临行前被告知，侨居在英国的米兰达将军是"一位反腓迪南七世
的叛徒"，要避免和他接触。③但是，玻利瓦尔抵达英国后做的第一件事就是
违抗"洪达"指令，登门拜访委内瑞拉独立运动先驱者米兰达。二十七岁的

---

　　① 冈萨雷斯. 西蒙·博利瓦尔[M]. 齐毅，译. 北京：新华出版社，1980：47.
　　② 玻利瓦尔写的誓词，至今未见原文。据 1975 年出版的《玻利维亚的解放者》的作者莫斯塔霍说，
这是罗德里格斯回忆录中提及的。参见 Placido Molina Mostajo. *El libertador en Bolivia*[M]. Santa Cruz,
Bolivia: Editorial Serrano, 1975: 56.
　　③ Pilip Johns Sheridan, *Francisco de Miranda: Forerunner of Spanish-American Independence*[M]. San
Antonio, Naylor Co., 1960: 62.

玻利瓦尔见到年过六十的米兰达，深深为他的革命经历所吸引。经米兰达的介绍，他参加了为祖国独立而斗争的国外组织——"互济会"。1810 年底玻利瓦尔和米兰达回到加拉加斯，爱国派群众狂热地欢迎他们，"洪达"中的保守派被迫接受现实，经过一段观望之后不得不任命米兰达为委内瑞拉爱国军总司令。玻利瓦尔与米兰达共事，使他的革命思想更加成熟了。

最初成立的加拉加斯"洪达"，并不是一个争取民族独立的组织。在"洪达"中占优势的保守派力主自治，反对独立。"洪达"面临夭折的危险。在这关键时刻，玻利瓦尔高举民族独立的旗帜，广泛团结各阶层爱国人士，同保守派进行坚决斗争。1811 年 7 月 5 日，在玻利瓦尔的提议和组织下爱国派群众包围了议会，迫使它于 7 月 8 日通过了《独立法案》，发表了西属美洲第一个《独立宣言》："从今天起，委内瑞拉已真正合法地成为而且应该成为独立自主的国家了。"①以玻利瓦尔为代表的爱国派取得了对保守派第一个回合的胜利，终于迎来了委内瑞拉共和国（即第一共和国）的诞生。

从"圣山"宣誓到委内瑞拉共和国建立的六年，是玻利瓦尔为祖国独立而斗争的初期阶段。在这个时期，他的政治思想从萌发到形成，逐渐趋于成熟，坚定了为解放祖国而献身的革命信念，并积极进行斗争，从而成为当时具有先进思想的一名革命战士和思想领袖。

二

拉丁美洲独立战争的烈火，把玻利瓦尔锻炼成为一位杰出的军事家，与同时代的军事领袖人物相比，玻利瓦尔杰出的历史地位，在于他始终坚持武装斗争的旗帜，具有杰出的军事战略思想、高超的指挥才能，以及血战到底的顽强意志。

在独立战争的 16 个春秋中，玻利瓦尔亲身领导和参加了 5 个国家的 400多次战斗，经受了无数次严重的挫折和失败，最终领导拉丁美洲人民把西班牙殖民者赶走，实现了他在罗马"圣山"立下的誓言。这是他为拉丁美洲独立战争立下的不朽功勋。

联合各地人民开展武装斗争，解放拉丁美洲整个大陆，是玻利瓦尔军事战略思想的基本出发点，也是他为之奋斗的战略目标。

---

①"Declaracion de Independeacia del Congreso de Venezuela" in Ferrnando Diaz-Plaja. *La historia de España en sus dicumentos*[M]. Madrid Instituto de Estudios Políticos, 1954: 101.

　　委内瑞拉共和国建立后，盘踞在科罗地区的殖民军向共和国发起疯狂反扑，潜伏在首都东西两翼的保皇军也乘机叛乱。1812 年 3 月 26 日，加拉加斯爱国者聚居地区遭受美洲历史上最严重的一次大地震，死亡两万多人；1812 年 8 月，西班牙殖民军乘机攻占加拉加斯，复辟了殖民统治，开始了血腥大屠杀。玻利瓦尔于 8 月从加拉加斯北部海滨城市拉瓜伊拉撤走，经海路辗转到达爱国者控制政权的新格拉纳达的卡塔赫纳（即今日哥伦比亚北部一个海港城市）。12 月 15 日，他向新格拉纳达公民发表演说，公开声明："我是不幸的加拉加斯的儿子。……我永远忠于我的祖国宣布的自由和正义的制度。我来到这里是为了继续举起那光荣的飘扬在这些国家上空的独立的旗帜。"①在分析委内瑞拉共和国失败的原因时，他指出执政者"迷恋于博爱精神"，"反对建立一支能够挽救共和国并能击退西班牙殖民军进攻的军队"。他特别强调指出："内部分裂，实际上是置我国于死地的决定性原因。"②他提醒拉丁美洲人民说，委内瑞拉的血的教训，"对于渴望自由和独立的南美洲人民并非完全无用"。要避免重蹈覆辙，新格拉纳达人民和委内瑞拉人民应当联合起来共同打击殖民者。否则，"一旦西班牙占领了委内瑞拉领土，它就能够很容易地得到兵员、给养和军火……，最后占领整个南美洲"。③玻利瓦尔在委内瑞拉共和国遭到颠覆、加拉加斯一片白色恐怖、许多人无所适从的危难关头，高举起团结战斗的旗帜，号召各国人民建立一支革命军队，开展武装斗争，共同战胜西班牙殖民者，这就给处于水深火热之中的委内瑞拉人民指明了继续斗争的道路。

　　玻利瓦尔发出的呼吁得到新格拉纳达政府和人民的积极响应和支持。他们授予玻利瓦尔以新格拉纳达公民的身份和将军的头衔，准许他在新格拉纳达招募士兵，保证给予道义上和物质上的帮助。1813 年初，玻利瓦尔很快招募了几百人，创建了一支由新格拉纳达和委内瑞拉等国人民组成的军队，为重建委内瑞拉共和国开始了新的征程。

　　玻利瓦尔军事实践中第二个特色是坚持机动灵活的战略战术，善于以少胜多，以弱胜强，充分表现出他指挥作战的杰出军事才能和顽强作战的意志。

　　1813 年 2 月，玻利瓦尔率军打到海拔 4000 米的安第斯山东侧靠近委内瑞拉边界的库库塔要塞。这里山势险要，并有重兵把守，直取要塞极为困难。

　　① Simón Bolívar. *Obras completas de Bolivar*(tomo 1)[M]. La Habana, Cuba: Lex, 1950: 41.

　　② Simón Bolívar. *Obras completas de Bolivar*(tomo 1)[M]. La Habana, Cuba: Lex, 1950: 45.

　　③ Simón Bolívar. *Obras completas de Bolivar*(tomo 1)[M]. La Habana, Cuba: Lex, 1950: 46.

玻利瓦尔声东击西，激战四小时，攻克了要塞，打开了通往委内瑞拉的大门。

在委内瑞拉战场上，玻利瓦尔目睹殖民军惨绝人寰的罪行，极端愤慨。1813 年 6 月 8 日，他在梅里达城向市民宣布："要为死难者报仇，一定要向刽子手讨还血债，我们的仇恨是不共戴天的，战争是殊死的。"[①]一周后，玻利瓦尔在特鲁希略城正式签署殊死战法令："凡是不采取积极有效的步骤反对西班牙残暴统治、支持正义事业的所有西班牙人，都被认为是敌人，并将以国家的叛徒论罪，最终将被无情地处死。"[②]在敌强我弱的形势下，玻利瓦尔敢于动员人民同殖民者进行针锋相对的斗争，并第一次号召各国人民团结在"美洲人"的"祖国"的旗帜下同西班牙殖民者展开"殊死战"，因而大大启发了拉丁美洲人民的民族意识，迅速扩大了爱国军队的力量。玻利瓦尔的兵力由开始的二百人很快壮大到一千余人。

在数量和装备上胜过玻利瓦尔十倍的蒙特维尔德，根本不把玻利瓦尔的军队放在眼里。但是，他很快就发现，这些把生死置之度外的爱国军队是不可战胜的。1813 年 6 月至 8 月初，爱国军队犹如风卷残云，先后攻克梅里达、特鲁希略、巴基西梅托、巴里纳斯和巴伦西亚等地。惊慌失措的蒙特维尔德逃到一个港口藏起来。8 月 8 日，爱国军再次攻克加拉加斯。当天上午，玻利瓦尔骑马进入首都，迎接他的是成千上万欢呼的人群和鲜花的海洋。一年前被迫从这里出走的玻利瓦尔，如今又以英雄的风貌凯旋。人民拥护玻利瓦尔，加拉加斯市议会举行会议授予玻利瓦尔"解放者"称号，同时成立了委内瑞拉第二共和国。

委内瑞拉第二共和国建立后一年，西班牙殖民军又卷土重来，第二次复辟了殖民统治。1814 年 9 月，玻利瓦尔再次撤退到卡塔赫纳，并渡海撤退到英国殖民地牙买加。血的教训使他进一步认识到，"要完成我们这一代人的事业，所缺少的是团结"，"只有团结才能驱逐西班牙人，建立一个自由的政府"。[③]1816 年 3 月，玻利瓦尔经过多方努力取得了海地政府和人民的支援，重建了一支 240 人的军队，并在 31 日乘坐七艘帆船从海地出发航行一月余，

---

① Ferrnando Diaz-Plaja. *La historia de España en sus dicumentos*[M]. Madrid Instituto de Estudios Políticos, 1954: 119.

② Ferrnando Diaz-Plaja. *La historia de España en sus dicumentos*[M]. Madrid Instituto de Estudios Políticos, 1954: 119.

③ Simón Bolívar. "Contestacion de un Americaoo Meridional a un Caballero de esta Isla" in Simón Bolívar[M]//*Obras completas de Bolivar*(tomo 1). La Habana, Cuba: Lex, 1950: 169, 170.

于 5 月 2 日在委内瑞拉登陆。但不幸的是登陆后遇到敌人有准备的阻击，不久即被殖民军打败。玻利瓦尔毫不气馁，在海地重新组织力量再次打回委内瑞拉。第二次登陆时，玻利瓦尔不再首先攻打沿海城市，而是避实就虚，迂回包抄，在巴塞罗那登陆后转入委内瑞拉东部，几经苦战，于 1817 年 4 月攻占东部腹地重要城市安戈斯图拉（即今日玻利瓦尔城），重建了委内瑞拉共和国（即第三共和国）。

失败不动摇，胜利不止步，不把西班牙殖民者赶出南美洲誓不罢休，这是玻利瓦尔军事实践的又一特色。第三共和国建立后，玻利瓦尔在进行政权建设的同时，又筹划解放整个拉丁美洲新的军事行动。

为保证新的军事行动的胜利，玻利瓦尔于 1817 年颁布法令，宣布把没收西班牙王室和一切反动分子的土地分配给爱国军队的士兵。这项法令和不久前颁布的废除奴隶的法令，使许多黑人、印第安人和混血种人转向玻利瓦尔。同时，玻利瓦尔还招募了许多欧洲志愿兵。这样就扩大了军队，增强了实力。1819 年 5 月，玻利瓦尔率主力部队再次穿越白雪皑皑、寒风刺骨的安第斯山隘口向新格拉纳达挺进，苦战三个月，于 8 月 10 日攻克波哥大，解放了新格拉纳达，并于当年 11 月宣布成立联合委内瑞拉和新格拉纳达的大哥伦比亚共和国。接着，玻利瓦尔又回师东上，向委内瑞拉境内殖民军盘踞地区发起攻击，于 1821 年 12 月完全解放了委内瑞拉。随后，玻利瓦尔又派他的战友苏克雷挥师南下，配合厄瓜多尔人民的斗争，于 1822 年 5 月取得皮钦查战役的胜利，消灭了厄瓜多尔的西班牙殖民军。在瓜亚基尔，玻利瓦尔与南美的另一位民族英雄圣马丁会晤之后，应秘鲁人民再三请求，于 1823 年率部进入西班牙及保皇军的主要基地——秘鲁，同西班牙殖民军在阿亚库乔进行决战。

阿亚库乔位于秘鲁利马和印加人古城库斯科之间的广阔高原上。自 1824 年 8 月胡宁之战后，双方都在重新集结兵力，寻找战机，决一死战。在玻利瓦尔统率下，苏克雷率精兵 6000 人于 12 月 9 日在海拔 3400 米的阿亚库乔旷野和 9000 多西班牙殖民军遭遇。殖民军居高临下，处于优势。但是，苏克雷采取了诱敌出击、分割包围、各个歼灭的战略方针，殖民军很快陷入重重包围，结果全军覆没。秘鲁总督拉赛尔纳和包括 4 名元帅、10 名将军、16 名上校、68 名中校在内的 387 名军官及 2000 多名士兵被俘。当日签订的西班牙全面投降书中明文规定："驻秘鲁西班牙军队的防地，包括防地中的弹药库、兵工厂、军用仓库将全部交给解放武装力量。"①阿亚库乔之战为拉丁美洲独立战争的胜利奠定了坚实的基础。

此后不久，上秘鲁也在玻利瓦尔军队的援助下宣告成立共和国。②上秘鲁人民为纪念玻利瓦尔的功绩，特定国名为"玻利维亚"（Bolivia），并授予玻利瓦尔"国父"的头衔。1826 年 1 月 23 日，龟缩在秘鲁卡亚俄港的西班牙殖民军残余势力走投无路，被迫投降。西班牙在南美洲最后一个据点被拔除。至此，西班牙在南美洲大陆长达 300 多年的殖民统治宣告结束。西属美洲人民争取民族独立的斗争经过 16 年艰难曲折的道路最终赢得了胜利。③

玻利瓦尔的军事斗争之所以能够取得胜利，除当时国际国内形势十分有利外，主要是他在斗争中推行一条正确的军事路线和政治路线。他从多次严重挫折和失败中认识到建立、发展一支革命军队、联合各国人民团结战斗的重要性。他始终坚持武装斗争的旗帜，采取机动灵活的战略战术，善于抓战机，出奇制胜。更重要的是他顺乎民心实行改革，多次宣布解放奴隶，分配土地，减轻印第安人负担。特别要指出的是，他曾多次要求各国把"解放奴隶"列入宪法条文。1819 年 2 月 15 日，他曾对委内瑞拉国会郑重表示："对我提出的一切规章和法令是修改还是取消，这留给你们自主裁决，但是我恳求你们确认使奴隶获得绝对自由，就像我恳求你们确认我的生命和共和国的生活一样。"④在玻利瓦尔的坚持下，委内瑞拉第三共和国和大哥伦比亚共和国宪法都写入了废除奴隶制的条款。这些政策，不但对于动员人民支援民族解放战争、壮大民族解放武装力量、夺取独立战争的完全胜利起了巨大的作用，而且对拉美社会的进步具有重大意义。

三

玻利瓦尔在拉丁美洲历史上占突出地位，还在于他把反殖民主义斗争同建立民主共和国联系起来，把争取民族独立同巩固民族独立的斗争联系起来，从而赋予拉丁美洲独立战争以更深刻的内容，充分显示出他作为一位杰

---

① "Capitulacion de Ayacucho" in Ferrnando Diaz-Plaja. *La historia de España en sus dicumentos*[M]. Madrid: Instituto de Estudios Políticos, 1954: 171-172.

② 上秘鲁（Alto Peru）从 1776 年起属拉普拉塔（阿根廷）管区的一部分。1825 年初，上秘鲁解放。同年 7—8 月，丘基萨卡会议否认上秘鲁为阿根廷或秘鲁的一部分，宣布其成立独立的国家，即玻利维亚。

③ 在同一时期内，巴拉圭、阿根廷、智利和乌拉圭经过艰苦斗争也已各自赢得独立。

④ Simón Bolívar and Ricardo Lorenzo Sanz. *Simon Bolivar*[M]. Madrid: Editorial Hernando, 1978: 111.

出政治家的博学多才和远见卓识。

在战火纷飞的年代，不断总结获得独立的国家执掌政权的经验，坚持对国家政体进行改革，是玻利瓦尔政治实践中一大特点。1815 年他在《牙买加来信》中就明确提出，"我不主张实行美洲的君主制"，"美洲人宁要共和国而不要王国"。因为共和制可以使人民获得"自由"与"繁荣"，而君主制则只会带来"暴虐"与"衰落"①。玻利瓦尔把这一设想第一次付诸实施是在委内瑞拉第三共和国建立之后。当时，玻利瓦尔被推举为拥有全权的最高领袖，由一个政府会议辅佐他执政。玻利瓦尔不满意这种情况，他主张必须改变殖民时期剥夺人民政治权利的局面。新制度必须建立在主权属于人民、实行权力分立、保证公民自由、废止奴隶制和消灭独裁与特权基础之上。"民主，它的最深刻的含义，意味着平等。"②

玻利瓦尔关于资产阶级"平等""自由""民主""共和"的思想在他 1826 年为玻利维亚起草的宪法中得到更充分的反映。该宪法规定，玻利维亚对外坚持独立，对内实行共和。"玻利维亚现在将永远独立于任何外国人的统治，不能成为任何个人或家族的世袭财产。"③关于国家权力，宪法规定分为选举权、立法权、行政权和司法权四个部分。宪法还规定，"每一百人中推举出一个选举人"，选举人任期四年，由他们选举国会议员、法官和其他重要政府官员。关于公民权利，宪法保障全体玻利维亚公民的自由、人身安全、财产所有权和法律面前人人平等，全体公民有言论、出版、居住的自由等。玻利瓦尔的这些政治主张，主要目的是摧毁西班牙殖民者在南美洲建立起来的封建专制制度，巩固新生共和国的独立。在拉丁美洲当时的历史条件下，这些主张很难完全实现，也确实遭到不少人的反对。但是，玻利瓦尔能够大胆提出这些原则，并想用根本法的形式把它确定下来，说明他看到了几百年殖民统治造成的弊病——社会的不平等，感到大有改革之必要。就这点而论，玻利瓦尔确实有政治家的远见和探索精神。

玻利瓦尔在提出"主权在民"的同时，坚决主张实行中央政府集权制，反对联邦制。他认为，委内瑞拉第一共和国失败的一个重要原因是没有建立

---

① Simón Bolívar. *Obras completas de Bolivar*(tomo 1)[M]. La Habana, Cuba: Lex, 1950: 169, 171.

② Simón Bolívar and Ricardo Lorenzo Sanz. *Simon Bolivar*[M]. Madrid: Editorial Hernando, 1978: 111.

③ 关于把"选举权"作为国家最高权力一部分的观点，是玻利瓦尔背离议会提示而根据他自己的理论规定的。议会代表们认为，"选举权"不是一种权力，而是权力的根源或源泉。Placido Molina Mostajo. *El libertador en Bolivia*[M]. Santa Cruz, Bolivia: Editorial Serrano, 1975: 198.

起中央集权制的政府，而采取了联邦制。"这种联邦制，虽然可能是最完善、最能保证社会上人的幸福，但是它同我们新生的国家利益也最抵触。"①1818—1819年初，玻利瓦尔考察了委内瑞拉一些地区后再次确认，"委内瑞拉有必要建立一个强有力的政府"，"需要一个中央集权的政府"。②玻利瓦尔创建委内瑞拉第三共和国和大哥伦比亚共和国，都是根据中央集权制原则进行的。有人据此断言，中央集权制的实行，大哥伦比亚共和国的组成，使玻利瓦尔"实现了他的野心"③，这种意见值得商榷。因为玻利瓦尔主张实行中央集权制，是考虑到南美洲的历史条件和当时的现实情况提出的。拉丁美洲各国当时几乎都面临着"内部分裂和外部战争"的严峻局面。建立强有力的中央集权政府有利于统一调动、使用各地方人力物力，同内外敌人作斗争。玻利瓦尔主张的中央集权制，从主流上看，是要求把权力集中到中央政府，而不是追求个人独裁。当他预计到布宜诺斯艾利斯可能出现独裁统治时，他感到很"痛心"。当他过去的好友派斯写信建议他称王时，他回信说："我不是拿破仑，我也不想当拿破仑；我不想模仿恺撒，更不想模仿伊图维德。我认为这些典型人物和我的名声不相称，因为'解放者'的头衔对于所有接受人类骄傲的人来说是最高的荣誉。"④在玻利瓦尔的政治生涯中，各国议会曾多次委任他担任国家最高执政，他多次提出辞职引退。这一事实说明，玻利瓦尔不是一个贪图功名的独裁者，而是一个既主张民主共和又坚持实行中央政府集权制的杰出的政治家。

在国际事务方面，玻利瓦尔主张拉丁美洲大陆团结、联合反殖、反对外来干涉，维护民族独立和国家主权。这是他的资产阶级平等、民主思想的延伸，也是他彻底的反殖民主义思想合乎逻辑的发展。

早在1810年玻利瓦尔刚刚登上政治舞台时，他就认识到，"为独立而斗争必须联合进行"，其联合形式是把大陆新独立的国家"组成联邦"。⑤此后，从《卡塔赫纳宣言》到《牙买加来信》，他多次强调了这一思想，并逐渐形成建立西属美洲国家联邦的具体方案。首先，通过联合斗争建立一批独立国家；

---

① Simón Bolívar. *Obras completas de Bolivar*(tomo 1)[M]. La Habana, Cuba: Lex, 1950: 44.

② Simón Bolívar and Ricardo Lorenzo Sanz. *Simon Bolivar*[M]. Madrid: Editorial Hernando, 1978: 111.

③ W O Galbraith. *Colombia: A General Survey*[M]. London: Oxford University Press, 1966: 13.

④ Victor Andres Belaunde. *Bolivar y el pensamiento politico de la revolución hispanoamericana*[M]. Madrid: Ediciones Cultura Hispánica, 1959: 290.

⑤ Ricardo A Martínez. *De Bolívar a dulles: el panamericanismo, doctrina y práctica imperialista*[M]. México: Editorial América Nueva, 1959: 23.

其次，由委内瑞拉、新格拉纳达和厄瓜多尔联合组成大哥伦比亚共和国；再次，在此基础上联合南美新独立的国家建立西属美洲国家联邦；最后，新大陆将以伟大的面貌出现在世界上，为巩固和平、促进和睦与合作而努力。①

　　为实现上述计划，玻利瓦尔进行了艰苦卓绝的斗争。1817 年在安戈斯图拉重建了委内瑞拉共和国。1819 年创建了大哥伦比亚共和国。大哥伦比亚共和国建立后，玻利瓦尔直接领导共和国外交活动。1822 年 1 月 8 日，玻利瓦尔写信给智利最高领导人奥希金斯，催促他订立一项"社会公约"，为把各年轻的独立共和国"组建成一个国家"而努力。②同时，他还派遣全权代表到墨西哥、秘鲁、智利和阿根廷等国，邀请这些国家同大哥伦比亚组成一个"美洲联邦"，以遏制妄图干涉拉丁美洲独立运动的欧洲"神圣同盟"。③经过一番筹备，1826 年 6 月 22 日至 7 月 15 日在巴拿马召开了美洲各国代表会议。墨西哥、中美洲共和国、大哥伦比亚和秘鲁派出代表团出席了会议。玻利瓦尔没有按时到会。智利因国内形势混乱没有派代表出席。阿根廷因为猜忌玻利瓦尔的政策而拒绝参加。④玻利瓦尔虽未亲自到会，但却通过他的顾问、会议主席佩德罗·瓜尔直接领导了会议。玻利瓦尔向大会提出许多动议草案，其中的主要内容是：联合保卫美洲，反对欧洲列强；永久中立，维护各成员国之间的持久和平；废除奴隶制；实行民主政治；组织联邦军队等。会议经过三个多星期的争论，最后通过了一项《团结、同盟和永久联邦条约》和有关军事协定。该条约在谈到宗旨时指出："如果有必要，缔约各国将共同维护和保卫全体和每一个美洲联邦成员国家的主权与独立，以反对所有外来统治，巩固今后永久和平的基础，促进和睦与合作。"⑤军事协定规定，建立一支联邦军队，并规定了各成员国应承担的义务。大会虽然通过了上述决议，但是玻利瓦尔原来设计的许多方案都未被大会接受。这使玻利瓦尔十分失望。他在《致出席巴拿马大会的哥伦比亚全权代表部长先生的信》中指出："联邦只不过是名义上的，……实际上是无效的。"⑥后来的事态发展表明，除大哥伦比亚共和国外，没有一个与会国批准这些文件。在这期间，玻利瓦尔从南到

①　Simón Bolívar. *Obras completas de Bolívar*(tomo 1)[M]. La Habana, Cuba: Lex, 1950: 171-173, 294.

②　Simón Bolívar. *Obras completas de Bolívar*(tomo 1)[M]. La Habana, Cuba: Lex, 1950: 619.

③　Placido Molina Mostajo. *El libertador en Bolivia*[M]. Santa Cruz, Bolivia: Editorial Serrano, 1975: 201.

④　Carlos Arturo Caparros. El Congreso de Panama[J]. *Nivel*, 1976(no.162): 5.

⑤　Placido Molina Mostajo. *El libertador en Bolivia*[M]. Santa Cruz, Bolivia: Editorial Serrano, 1975: 212.

⑥　Simón Bolívar. *Obras completas de Bolívar*(tomo 2)[M]. La Habana, Cuba: Lex, 1950: 459.

北，四处奔走，竭力为维护各国之间的团结与统一而斡旋。但是，由于各国利害关系而引起的分立局面已无法挽回。玻利瓦尔在秘鲁和玻利维亚建立起来的政权，先后于 1827 年、1828 年被推翻。大哥伦比亚共和国也由于委内瑞拉和厄瓜多尔先后于 1829 年、1830 年分离出去而陷于瓦解。1830 年初，玻利瓦尔辞去大哥伦比亚共和国总统职务。同年 12 月 17 日，玻利瓦尔在哥伦比亚的圣玛尔塔病逝，玻利瓦尔开创的西属美洲的团结局面在生前没有实现。

玻利瓦尔建立西属美洲国家联邦的努力以失败而告终，这并不说明美洲大陆团结思想不正确，反而证明他有远见。一个政治家的伟大就在于他能提出一个先于当时社会发展的正确思想。这种思想在当时也许不能实现，甚至会暂时失败。一个进步的东西可能由于条件不成熟，或是阻力太大，或是由于推行者策略上的失误而导致失败。但进步终究要代替落后。西班牙 300 多年的殖民统治造成封建主义生产方式在拉丁美洲根深蒂固。各国发展极不平衡，地理上又过于分裂，统一市场从未形成，缺少统一的基础。早已存在于各国各地区地主阶级之间的冲突和各国统治阶级内部各集团之间的冲突，随着独立战争的胜利、民族矛盾的基本解决而更趋表面化。在这样的历史条件下，西属美洲的团结还缺乏必要的条件。

玻利瓦尔早在巴拿马大会召开前十年就预测说："使新世界组成一个国家，依靠一种联系将各部分同整体连接起来，这是一个伟大的理想。……但这是不可能的。"[①]玻利瓦尔在神圣同盟的干涉和宗主国西班牙企图复辟的威胁下，被迫把本来曾预料可能会失败的方案拿出来推行，尽管遭到挫折，但仍不失为一种大胆的尝试。因此我们不能低估他所提出的大陆团结、联合反殖这一战略思想的积极意义和历史地位。玻利瓦尔的不足之处在于，在独立战争后期，他强调的不是从政治、思想和行动上加强团结和统一，而是忽视各国不同的情况，把建立西属美洲各国统一的"实体"，即"联邦国家"当作第一位的目标，这是不合时宜的。

拉丁美洲的一位史学家说："米兰达是西属美洲团结的先驱者，而玻利瓦尔则是这一事业最勇敢的建筑师。"[②]这一评价确切地说明了玻利瓦尔在拉丁美洲团结反殖事业中做出的卓越贡献及其在拉丁美洲历史上的重要地位。

---

① Simón Bolívar. *Obras completas de Bolivar*(tomo 1)[M]. La Habana, Cuba: Lex, 1950: 172.

② Simón Bolívar. *Obras completas de Bolivar*(tomo 1)[M]. La Habana, Cuba: Lex, 1950: 23.

四

玻利瓦尔思想形成、发展的过程和他所走过的道路，在他同时代领导人物中具有典型性。可以说，他的思想成长过程代表了拉丁美洲历史上一个新的时代，标志着拉丁美洲正在形成中的一个新兴阶级——资产阶级的觉醒。

拉丁美洲资产阶级的产生及其代表人物的出现，是在与欧洲完全不同的历史条件下发生的。西班牙300多年的殖民统治，拉丁美洲封建主义生产方式的根深蒂固和阶级结构的多样性，决定着独立战争前拉丁美洲整个社会面貌的特征。其中，土生白人有双重社会身份。他们既是西班牙殖民统治赖以维持的社会基础，又受西班牙垄断贸易的压制和损害；他们既是封建的大庄园主，又是要求自由贸易的商业利益的代表者，有着资产阶级的要求。玻利瓦尔所代表的拉丁美洲的自由派地主和商业资产阶级，基本上是在这一阶级的土壤上逐渐生长起来的。

玻利瓦尔在"圣山"宣誓后的20多年政治生涯中，始终站在民族独立解放事业斗争的最前列，在南美洲五个国家内建立起基本上属于资产阶级国家制度的共和国，制定和颁布了资产阶级类型的宪法，实施解放奴隶、分配土地等项法令，为冲击封建专制制度，发展资本主义开辟了道路。所有这些集中反映出拉丁美洲新的社会生产力发展的要求。因而，时代与历史的发展使玻利瓦尔扮演了拉丁美洲正在形成中的资产阶级政治代言人的角色。这是玻利瓦尔能够赋予拉丁美洲独立战争以更深刻的革命内容、使其具有某些资产阶级革命色彩的原因之一，也是他在拉丁美洲历史上占有重要地位的根本原因。作为本质上属于资产阶级的代表人物，玻利瓦尔的思想与实践不仅代表了拉丁美洲正在形成中的资产阶级的利益，也代表了全民族的利益。

当然，以阶级而论，玻利瓦尔不是底层人民的代表。他的思想与实践有很大局限性，不可能进行彻底的社会经济改革。他宣布解放奴隶，分配土地给印第安人，但附加了许多条件，实施的程度也有限；他在长期斗争实践中，对人民的力量逐渐有所认识，但对欧洲资产阶级国家，尤其对英国政府却曾抱有幻想，期望拉丁美洲独立运动能得到它们的援助，结果落了空；他力主共和，宣扬平等、自由，但他本人却迷信个人权威，有时独断专行，甚至把总统终身制和参议员世袭制写进宪法；他以"叛国"的罪名逮捕米兰达，但却把米兰达转交给西班牙当局处置，致使米兰达最后死在殖民者监狱之中。

这对玻利瓦尔来说"毕竟是一个污点"①。玻利瓦尔为民族解放事业立下的丰功伟绩堪与巍巍的安第斯山媲美，而其不足仅是沧海之一粟。

玻利瓦尔坚持大陆团结、联合反殖的对外政策②

坚持大陆团结、联合反殖，把争取民族独立同捍卫民族独立的斗争联系起来，把反对西班牙殖民者同反对一切外来势力干涉联系起来，赋予民族解放斗争以更深刻的内容，是西蒙•玻利瓦尔政治思想和实践活动的一大特色。

作为一位资产阶级政治家和外交家，玻利瓦尔的杰出才能和贡献，突出表现在他为大哥伦比亚共和国制定了一系列民族主义的对外政策和策略，为捍卫新独立国家的民族独立进行了英勇战斗，为大陆团结、发展同世界各国人民友好往来规划了蓝图。所有这一切活动，都是基于这样一个核心思想，即团结、联合拉丁美洲各国人民，把反殖民主义的斗争进行到底，建立一个和睦与合作的新世界。

关于大陆团结、联合反殖的思想，拉美独立运动的"先驱者"弗朗西斯科•德•米兰达早在 18 世纪末就曾经提出，并为此进行过长期斗争。但是，真正有计划、有步骤地采取重大外交行动去实践这一伟大理想的还是玻利瓦尔。著名史学家里卡多•马丁内斯说："米兰达是西属美洲团结的先驱者，而玻利瓦尔则是这一事业最勇敢的建筑师。"③这话很有见地。

玻利瓦尔关于大陆团结、联合反殖的思想，早在 1810 年就已酝酿在胸了。④当年 9 月 15 日，他在一篇题为《早期历史》的文章中写道："委内瑞拉人民确信，他们的容忍，他们同宗主国西班牙维持和平关系的愿望，他们的牺牲，都不会使他们赢得他们有权得到的尊敬和感激。他们最终将举起独立的旗帜，向西班牙宣战。他们将不会不抓紧把全美洲人民引向联合，组成联邦。"⑤此后，从 1812 年 12 月发表《卡塔赫纳宣言》到 1815 年 9 月写《牙买

---

① Simón Bolívar. *Obras completas de Bolivar*(tomo 1)[M]. La Habana, Cuba: Lex, 1950: 72.

② 这一部分原载于《拉丁美洲丛刊》1983 年第 3 期。

③ Ricardo A Martínez. *De Bolívar a dulles: el panamericanismo, doctrina y práctica imperialista*[M]. México: Editorial América Nueva, 1959: 23.

④ Placido Molina Mostajo. *El libertador en Bolivia*[M]. Santa Cruz, Bolivia: Editorial Serrano, 1975: 200.

⑤ Ricardo A Martínez. *De Bolívar a dulles: el panamericanismo, doctrina y práctica imperialista*[M]. México: Editorial América Nueva, 1959: 34-35.

加来信》，从大哥伦比亚共和国的建立到巴拿马大会的召开，玻利瓦尔的战略思想与斗争实践，都紧紧围绕着大陆团结、联合反殖这一中心问题而展开，并在长期反西班牙殖民者的斗争中逐渐形成了建立西属美洲国家联邦的具体方案：首先，通过联合斗争建立一批自由的独立国家；其次，由新格拉纳达、委内瑞拉组成大哥伦比亚共和国；然后，召开一次新大陆会议把所有南美洲新独立的国家联合成一个西属美洲联邦；最后，新大陆将以伟大的面貌出现在世界上，同其他各大洲国家一起，巩固和平的基础，促进人类的和睦与合作。①玻利瓦尔曾满怀深情地说："但愿有一天我们有幸在那里（指巴拿马——引者注）召开各共和国、王国和帝国庄严的代表大会，来同世界其他三大洲的国家一起讨论和平与战争的崇高利益问题。"②

为了实现上述理想，玻利瓦尔进行了艰苦的斗争和长期的外交努力。第一步是建立大哥伦比亚共和国。1816 年，玻利瓦尔在海地政府和人民的支持下率军在委内瑞拉登陆。经过曲折的斗争，1817 年在委内瑞拉东部安戈斯图拉重建了第三共和国。当年轻的共和国刚刚建立，委内瑞拉大部分地区尚未解放之时，玻利瓦尔为捍卫民族独立、推进团结反殖事业而采取的第一个重大外交行动，就是向另一个西属美洲国家（拉普拉塔联合省）提出订立《美洲条约》的建议。玻利瓦尔在致拉普拉塔联合省最高领导人胡安·马丁·普埃伦东的信中表示："一个单独的共和国应该成为所有美洲人的祖国，……我们将以极大的兴趣通过我们共和国立刻着手订立《美洲条约》，把我们所有的共和国组成一个政治实体（Cuerpo Politico），美洲就会以我们古老民族历史上未曾有过的那样一种威严和伟大面貌出现在世界上。"③信中还表示，希望同拉普拉塔联合省进行"有效合作"，以完善从委内瑞拉共和国新生第一天起就开始建造的这个"政治大厦"。为了巩固这个"政治大厦"的基石，玻利瓦尔失败不动摇，胜利不辍步，在安戈斯图拉站稳脚跟后立即率领军队开始了新的征程，1819 年 8 月 7 日取得博亚卡战役的胜利之后，又于 8 月 10 日解放波哥大，于 12 月 17 日在安戈斯图拉国民议会会议上，把新格拉纳达和委

① 参见《牙买加来信》《致拉普拉塔联合省最高领导人胡安·马丁·普埃伦东先生的信》（1818 年 6 月 12 日），载于《西蒙·玻利瓦尔文件集》（哈瓦那 1964 年版，第 58-59、61-62、68-69 页）；《团结、同盟和永久联邦条约》，载前引 Placido Molina Mostajo. *El libertador en Bolivia*[M]. Santa Cruz, Bolivia: Editorial Serrano, 1975: 212; Simón Bolívar. "Contestacion de un Americaoo Meridional a un Caballero de esta Isla" in Simón Bolívar[M]//*Obras completas de Bolivar*(tomo 1). La Habana, Cuba: Lex, 1950: 169, 170.

② 《牙买加来信》，载前引《西蒙·玻利瓦尔文件集》（第 61-62 页）。

③ 载前引《西蒙·玻利瓦尔文件集》（第 68-69 页）。

内瑞拉合并为一个共和国——大哥伦比亚共和国。1821 年 9 月 30 日，大哥伦比亚共和国新国会批准了共和国新宪法，推选玻利瓦尔为总统，任命桑坦德为副总统，从而建立起一个中央集权的代议制政府。玻利瓦尔多年来所追求的"美洲国家的雏形"①就此诞生了。

　　大哥伦比亚共和国建立后，玻利瓦尔积极开展外交活动，为团结、联合南美各国建立西属美洲国家联邦，捍卫民族独立进行了紧张的工作。他在坚持指挥作战的同时，亲自制定了大哥伦比亚共和国的外交政策，直接领导了共和国的外交活动。1822 年 1 月 8 日，玻利瓦尔写给智利最高领导人奥希金斯的信集中反映了他的对外政策主张。信中说，尽管新大陆许多国家已经从西班牙的殖民枷锁下解放出来，"但是，美洲的伟大的一天尚未到来；我们赶走了压迫者，砸碎了他们专制法律的牌子，并且建立起立法机构；然而，我们仍然缺少社会公约的基础，而这个公约应该把我们这个大陆各共和国联合成为一个国家"②。在玻利瓦尔看来，召开一次有各共和国代表参加的巴拿马大会，讨论和签订"社会公约"，建立西属美洲国家联邦，是捍卫新独立国家必不可少的战略措施。因而，他为筹备这次大会采取了一系列步骤：首先，任命自己最得力的顾问佩德罗·瓜尔为外交部部长。其次，在挥师南下继续远征之前，建议桑坦德将军（此时桑坦德已代行总统职权）任命华金·莫斯克拉为共和国全权公使，受命接近南方各国政府，以便引导这些政府同大哥伦比亚联合反对西班牙，并且邀请它们的代表出席巴拿马大会。实际上，早在 1819 年博亚卡战役胜利后，玻利瓦尔就曾派出全权代表到墨西哥、秘鲁、智利、阿根廷等国，邀请这些国家同哥伦比亚组成"真正的美洲联盟"（Liga Verdaderamente Americana），以遏制在欧洲建立的妄图干涉拉美独立运动的"神圣同盟"（Santa Alianza）③。1822 年，大哥伦比亚同秘鲁、智利签订了同盟条约，双方同意建立攻守同盟，共同捍卫民族独立，反对西班牙和其他潜在的敌对国家。同时，双方还达成协议，承担义务派遣代表出席巴拿马大会，并引导南美其他国家采取类似行动。在瓜亚基尔，玻利瓦尔与南美另一位解放者圣马丁会晤时，还努力试图取得圣马丁对巴拿马大会计划的支持。后来，哥伦比亚与墨西哥也签订了类似条约和协定。玻利瓦尔的外交努力在拉普拉

---

① Ricardo A Martínez. *De Bolívar a dulles: el panamericanismo, doctrina y práctica imperialista*[M]. México: Editorial América Nueva, 1959: 38.

② Simón Bolívar. *Obras completas de Bolivar*(tomo 1)[M]. La Habana, Cuba: Lex, 1950: 618-619.

③ Placido Molina Mostajo. *El libertador en Bolivia*[M]. Santa Cruz, Bolivia: Editorial Serrano, 1975: 201.

塔联合省没有取得预期结果。他在著名的瓜亚基尔《爱国者报》上撰写文章，阐明召开各国代表大会、实现大陆团结、建立西属美洲国家联邦的意义，驳斥了目光短浅者和地方分权主义者的诽谤。①

经过一段筹备，玻利瓦尔在 1824 年 12 月 7 日正式向南美各国发出了邀请。这是他为实现大陆团结、建立西属美洲国家联邦而采取的一个实际步骤。

玻利瓦尔对即将召开的巴拿马大会寄予很大希望。他曾指出："和解将是巴拿马大会的伟大理想，……新大陆的自由是世界的希望。"②但是事实表明，有不少国家接到邀请信后以种种借口拒绝出席会议，这使玻利瓦尔大失所望。1826 年 6 月 22 日巴拿马大会开幕时，到会的代表不多。墨西哥、中美洲联邦、大哥伦比亚和秘鲁派全权代表出席了会议。玻利维亚代表团没有按时到会。智利因国内形势混乱没有派代表出席。阿根廷因猜忌玻利瓦尔的政策而未参加。英国以观察员身份应邀出席。美国由于同西班牙进行购买佛罗里达的谈判而表示不愿参加，后来虽派出了代表，但到达巴拿马时会议已经结束。③

巴拿马会议进行的情况也不美妙。会前，玻利瓦尔为会议起草了许多很有价值而又颇具理论性的文件和计划草案，集中反映了他在国际事务中的原则立场和对外政策。这些文件的基本思想概括起来有以下七点：（一）永久中立，维护所有成员国之间的持久和平；（二）联合保卫美洲，反对欧洲列强；（三）各成员国的立法采用国际法准则；（四）废除奴隶制；（五）实行民主政治；（六）对于践踏各国联合原则的成员国予以制裁；（七）组织一支联邦军队。

由于种种原因，有的到会代表对上述文件和计划草案表示不同意，有的漠然视之，有的则热衷于彼此的边界领土之争。经过三个多星期的争论，对相当一部分议题都没有取得一致意见。会议最后达成了若干协议，其中主要有：（一）通过了《团结、同盟和永久联邦条约》，会议决定没有派全权代表出席这次会议的美洲国家也可以参加这个联邦；（二）通过一项军事协定，根据这项协定，各成员国决定组建一支军队和联邦舰队，并规定每个联邦成员国应根据本国人口数额为共同防务做出贡献；（三）缔结一项广泛的仲裁条约；

---

① Ricardo A Martínez. *De Bolívar a dulles: el panamericanismo, doctrina y práctica imperialista*[M]. México: Editorial América Nueva, 1959: 39.

② Placido Molina Mostajo. *El libertador en Bolivia*[M]. Santa Cruz, Bolivia: Editorial Serrano, 1975: 163.

③ Carlos Arturo Caparros. El Congreso de Panama[J]. *Nivel*, 1976(no.162).

（四）通过了关于召开新的代表大会的协定，等等。①其中最重要的是《团结、同盟和永久联邦条约》。该条约指出："如果有必要，缔约各国将共同维护和保卫全体和每一个美洲联邦成员国家的主权与独立，以反对所有外来统治，巩固今后永久和平的基础，促进和睦与合作。"②但是，后来的历史发展表明，除大哥伦比亚共和国外，没有任何一个国家批准这些文件。巴拿马大会的结局使玻利瓦尔心灰意冷，他给大哥伦比亚全权代表、巴拿马大会主席佩德罗·瓜尔先生写信说："联邦只不过是名义上的，即使有一个全世界的联邦条约，由于同样的原因，实际上也是无效的。"③

　　巴拿马大会没有取得预期结果，玻利瓦尔建立西属美洲国家联邦的努力受挫，这有着一定的历史必然性。西班牙 300 多年的殖民统治使封建主义生产方式根深蒂固。各国发展极不平衡，统一市场从未形成，缺少统一的经济基础。独立战争没有触动封建地主阶级的基础——大地产制，地方分权势力未受到削弱。各国各地区地主阶级之间的矛盾及统治集团内部各派别之间的矛盾，随着独立战争的胜利、民族矛盾的基本解决而更趋表面化。当年被独立战争卷进政治旋涡的各种人物，甚至有些曾一度是玻利瓦尔的亲朋挚友，这时却由于共同敌人被推翻也同玻利瓦尔在政治观念和利害关系上发生了冲突。在这样的历史条件下要想使整个西属美洲联合成为由一个中央机构指挥的国家联邦，显然是不可能的。事实正是这样。1826 年巴拿马大会后，各国各地区分权主义势力得到很大发展，叛乱在各地时有发生。1827 年和 1828 年，玻利瓦尔在秘鲁和玻利维亚建立起来的政权先后被推翻。大哥伦比亚共和国也由于委内瑞拉和厄瓜多尔先后于 1829 年和 1830 年分离出去而陷于瓦解。玻利瓦尔过去的战友桑坦德等也起来反对他，甚至企图谋杀他。面对这种严重局面，玻利瓦尔竭力为维护团结而四处奔波，但一切努力都无济于事，形势已无法挽回。1830 年初，玻利瓦尔被迫辞去大哥伦比亚共和国总统职务。在辞职演说中，他再次恳求人们"保持团结，不要成为谋杀你们自己国家的

---

　　① Placido Molina Mostajo. *El libertador en Bolivia*[M]. Santa Cruz, Bolivia: Editorial Serrano, 1975: 204-206.

　　②《团结、同盟和永久联邦条约》第二条，转引自 Placido Molina Mostajo, *El libertador en Bolivia*[M]. Santa Cruz, Bolivia: Editorial Serrano, 1975: 212.

　　③《致参加巴拿马大会的哥伦比亚全权代表佩德罗·瓜尔先生和 P. 布里塞尼奥将军的信》（1826 年 8 月 1 日），载前引《西蒙·玻利瓦尔文件集》（第 299 页）。

刽子手"①。同年 12 月，玻利瓦尔临终前在遗嘱中说："我祝愿我的国家幸福。如果我的死有助于结束分裂，那我死也瞑目了。"②

玻利瓦尔从拿起武器向殖民者开战那天起，始终念念不忘的是团结战斗、人民幸福。当独立战争取得决定性胜利、欧洲"神圣同盟"妄图进行干涉时，他高高举起大陆团结、联合反殖的旗帜，最终促成巴拿马大会的召开，决心以美洲"永久联邦"对抗欧洲"神圣同盟"，这种高瞻远嘱的战略眼光和战斗精神是非常可贵的。玻利瓦尔的外交活动，对于促进新独立国家之间彼此的了解和团结、维护西属美洲国家的独立起了积极作用。但是，应该指出，在独立战争后期，玻利瓦尔把着眼点集中在实现国家间的统一联合上，而忽视了政治上、思想上的团结和统一，忽视了各国情况的不同，这就不能不使他陷入某种空想而遭到许多国家的反对。巴拿马大会的文件，最后没有被各国政府所接受，是可以预料到的。然而，这无损玻利瓦尔大陆团结、联合反殖思想的光辉，也无损玻利瓦尔在民族解放运动历史上的地位。

有人认为，巴拿马人会邀请英国参加是采取亲英方针，这不够确切。诚然，玻利瓦尔对英国抱有幻想，相信英国可以充当一种"保护人"的角色。但英国的实际行动很快使玻利瓦尔认识到，它所扮演的角色恰好相反。1825年，玻利瓦尔曾写信给桑坦德说："西班牙人对我们说来已经不复可怕，然而英国人却颇足为患。"③这说明玻利瓦尔对英国有所警惕。至于邀请美国出席巴拿马大会，玻利瓦尔一开始是持反对态度的。只是由于大哥伦比亚共和国代行总统职务的桑坦德力主邀请美国，玻利瓦尔才于 1825 年 6 月改变了想法④。但是，玻利瓦尔始终对这个北方邻国存有疑虑、态度冷淡。玻利瓦尔认为，美国"对我们说来具有异族的性质"⑤，"美国看来预计要以自由的名义

---

① Michel Vaucaire. *Bolivar el Libertador*[M]. translated by Margaret Baines Reed. London, Constable, 1928: 200.

② Michel Vaucaire. *Bolivar el Libertador*[M]. translated by Margaret Baines Reed. London, Constable, 1928: 206.

③ Victor Andres Belaunde. *Bolivar y el pensamiento politico de la revolución hispanoamericana*[M]. Madrid: Ediciones Cultura Hispánica, 1959: 274.

④ Victor Andres Belaunde. *Bolivar y el pensamiento politico de la revolución hispanoamericana*[M]. Madrid: Ediciones Cultura Hispánica, 1959: 274.

⑤《致桑坦德将军的信》（1825 年 5 月 30 日），载前引《西蒙·玻利瓦尔文件集》（第 214 页）。

使美洲受尽苦难"①。正是由于这种担心，玻利瓦尔才不同意拟议中的第二次代表大会在靠近美国的墨西哥召开。

玻利瓦尔大陆团结、联合反殖的思想，在拉美国家和人民中产生了深远的影响。今天，拉美人民继承了玻利瓦尔的遗志，在反帝、反殖、反霸斗争的道路上团结战斗，不断前进。玻利瓦尔为之奋斗的伟大理想——建设一个"和睦与合作"的新大陆一定会实现。

西蒙·玻利瓦尔的理想及其国际社会治理原则②③

西蒙·玻利瓦尔是一位性格倔强、思想开放、睿智过人的拉美独立运动的杰出领导人。1826 年 6 月，他在北战南征反对西班牙殖民统治取得决定性胜利的形势下，邀请新兴独立国家领导人在巴拿马召开了首次峰会（史称"巴拿马大会"），希望把西属美洲各国联合统一成一个联邦国家。尽管应邀出席大会的代表不多、会议开得不够成功，令玻利瓦尔十分失望；但是，玻利瓦尔为大会起草的各种文稿、会议筹备期间他写给各国领导人的信函及他的外交活动实践，为后人留下了一份弥足珍贵的历史遗产。重新研究这份历史遗产、分析其中的理论价值很有必要。

玻利瓦尔去世前，曾对自己的事业简洁地总结说："我无非做了两件事：打了仗，给制定法律出过一些主意。"玻利瓦尔为拉美人民争取民族独立和建国理政做了很多事情，概括说来，大致有领导独立解放战争和运筹建国大业两件大事。由于独立战争环境的复杂性和残酷性，玻利瓦尔没有也不可能

---

① Ricardo A Martínez. *De Bolívar a dulles: el panamericanismo, doctrina y práctica imperialista*[M]. México: Editorial América Nueva, 1959: 44.

② 这一部分原载于《世界近代史研究》第 12 辑。

③ 参阅的主要书目如下：Simón Bolívar. *Obras completas de Bolívar（tomo 1-2）*[M]. La Habana, Cuba: Lex, 1950；中国社会科学院拉美研究所. 玻利瓦尔文选[M]. 北京：中国社会科学出版社，1983；萨尔塞多-巴斯塔多. 博利瓦尔：一个大陆和一种前途[M]. 杨恩瑞，等译. 北京：商务印书馆，1983；奥古斯托·米哈雷斯. 解放者[M]. 杨恩瑞，等译. 北京：中国对外翻译出版公司，1984；Placido Molina Mostajo. *El libertador en Bolivia*[M]. Santa Cruz, Bolivia: Editorial Serrano, 1975；Victor Andres Belaunde. *Bolivar y el pensamiento politico de la revolución hispanoamericana*[M]. Madrid: Ediciones Cultura Hispánica, 1959；Ricardo A Martínez. *De Bolívar a dulles: el panamericanismo, doctrina y práctica imperialista*[M]. México: Editorial América Nueva, 1959.

就他的政治抱负、治国理念和原则主张进行系统总结和阐述。我们从他应对国内外各种严峻挑战的伟大实践中，不难看出，玻利瓦尔为拉美人民奋斗终身，不仅怀有打碎殖民主义枷锁、建立国际新秩序的宏大理想，而且他为实现这一理想提出的诸多治理理念和原则主张，至今仍然闪烁着不可磨灭的思想光辉。

（一）玻利瓦尔的理想是建设一个和平、公正、自由、平等、和睦与合作的新世界。1815 年，玻利瓦尔在牙买加流亡期间有机会阅读大量古代经典和现代学派的优秀作品，并对西属美洲本土历史、现实、发展前景及人类的前途和命运等问题进行了深入的思考和研究。他在回复一位南美洲朋友的信中转引孟德斯鸠的话说："使一个国家的人民摆脱奴隶状态要比奴役一个自由国家的人民困难得多。"玻利瓦尔对此名言有深刻的体悟。他研究了人类追求进步、光明的历史进程得出结论说："只有人类社会建立在公正、自由和平等的基础上时，这种最大的幸福才能实现。"他强调指出，"我比其他任何人都更强烈地希望在美洲能建立起一个世界上最强大的国家"，"新大陆的自由是世界的希望"，"新大陆将以伟大的面貌出现在世界上，同其他各大洲国家一起，巩固和平的基础，促进人类的和睦与合作"。玻利瓦尔充分估计到把西属美洲组建成一个国家会遇到很多困难。"使新世界组成一个国家，……这是一个伟大的理想。新世界有共同的起源、共同的语言、相同的习惯和相同的宗教，本来应该建立一个政府来联合各个国家，但这是不可能的，因为不同的气候、各种各样的形势、对立的利益、迥异的特点使美洲四分五裂。"但是，充满神奇色彩的玻利瓦尔并没有就此丧失信心，他满怀希望地畅想道："但愿有一天我们有幸在那里召开各共和国、王国和帝国庄严的代表大会，来同世界其他三大洲的国家一起讨论和平与战争的崇高利益问题，这种联合形式在我们下一代适当的时候可能会实现。"在这里，我们看到玻利瓦尔不仅是一位志存高远的伟大战略家，同时也是一位面对现实但又有几分理想主义色彩的伟大思想家。他一生孜孜以求、为之奋斗的理想，集中反映了西属美洲人民大众的意志和愿望。他的恩师西蒙·罗德里格斯对于这一点曾经给予准确的评价。他说，玻利瓦尔给了美洲"许多思想，并宣传了最适用于奴隶制下造就自由人的他人的思想"。玻利瓦尔比同时代拉美独立运动其他领导人高明之处就在于，他把学习西方先进思想同解决西属美洲本土实际问题结合起来，在革命先驱思想的基础上对西属美洲人民的要求和向往进行了理论整合，提出了"建设和平、公正、自由、平等、和睦与合作的新世界"的伟大理想，以登高望远的国际视野、追求人类幸福生活的博大情怀，把这一理想写进了他的思想中，从而使他在世界历史上"享有超越国界和超越时代的历史地位"。

（二）玻利瓦尔主张，西属美洲各国之间交往要以"美洲公法"为准绳，各国对域外国家交往要以公认的国际法为依据，不能各行其是。国家治理的基本原则是依法治国。国际社会治理应有的基本理念，是依据国际法办事。玻利瓦尔自己承认，他是一个特别重视法律功效的人。他认为："只有制定和贯彻对所有人一视同仁的法律，才会有真正的平等。"在推进西属美洲联合统一的进程中，他不仅用大量事实论证了西属美洲各国结成一个整体的必要性和可能性，而且也采取了必要的法律手段。《美洲公法》就是他推出的一篇杰作，它体现了西属美洲具有杰出思想的人们的共同愿望。玻利瓦尔曾为此感到自豪。他超越时空地做出了如下的预测："一百个世纪以后，当后人追溯我们公法的源头、回顾他们得以安身立命的条约时，他们定会怀着崇敬的心情大书特书巴拿马大会的记载，并将从中看到有关我们最初建立同盟、同世界发展关系的蓝图。到那时，科林斯地峡①同巴拿马地峡相比又算得了什么呢？"他要求西属美洲各成员国的立法必须采用国际法准则，主张国家之间的关系需要法制来规范，建立国际新秩序需要各国来参与。玻利瓦尔谋划召开"巴拿马大会"、推动西属美洲实现联合统一，首先是为了巩固西属美洲新生的共和国政权，其次也体现出玻利瓦尔"地区一体化"的思想主张。同时，他也向世人表明，他的治国理念不限于一个国家、一个大洲，而具有面向全世界的特点。"为了眼前的工作，需要在内部实现联合和统一；为了生存和进取，对外也要联合和统一。""巴拿马大会应是维护全洲和平和协调全洲关系的出色的机构，美洲特有的和平理想应从巴拿马向全世界放出光芒。"他认为，只有西属美洲首先结成一个统一的整体，才能同最强盛的国家订立公正、平等的条约，才能得到世人的承认。玻利瓦尔倡导的国际法，是以主权国家尊严、国家之间平等、维护世界和平为基础的。他主张，凡经过各国商定的事情，均须自愿服从，各国有义务遵守公认的国际法，承担国际义务，恪守信用。他对那些言而无信、阳奉阴违、背信弃义的国家领导人持蔑视态度，明确指出："破坏庄严协定的国家，应该受到世界的排斥。同它的所有交往和联系必须中断。"

---

① 西班牙语为 Istmo de Corinto。科林斯地峡位于希腊中部，连接伯罗奔尼撒半岛和欧洲大陆。

（三）玻利瓦尔主张，各国之间要互相承认、独立自主，建立平等、公正的国际新秩序。玻利瓦尔对世界历史上国与国之间的关系进行了深入思考和研究。罗马人把胜利者对战败者的特权理解为当然的权利。西班牙人征服美洲土著人，把从非洲抓捕来的黑人运送到新世界做奴隶、建立起长达几百年的殖民统治，看作合情合理的事情。玻利瓦尔指出："全世界的编年史记载了这种可怕的事实。"正是历史上这些不平等、不公正的实例给玻利瓦尔留下了刻骨铭心的记忆，这是他立志为争取民族独立、解放而献身的思想基础，也是他主张各国要互相承认、独立自主，建立平等、公正的国际新秩序的原因所在。基于对人与人之间的不平等、种族之间的不平等和国家之间的不平等的本质认识，他于1819年在安戈斯图拉国民议会上对独立、自主、平等、公正等一系列社会政治最高原则进行了系统的阐述，他指出："所有的人生来就对社会财富享有同样的权利，这是为各方面的学者所认可的。并非所有的人生来都同样可以取得各种地位，这也是被大家认可的。……平等的实质是，共同制定法律准则，准则一视同仁地约束所有的公民，毫无例外地赋予所有人以同等的地位，使他们共享自主权。"玻利瓦尔对国家独立自主的原则具有独到的看法。他认为，在事务轻重缓急的程序上，生存、公正、自由和民主占有最重要的地位。"敌人是没有国界的"，"首先是活着，其次才是如何活"，为了崇高的目标在不得已的情况下暂时不履行次要的诺言也是允许的。这就是说，尊重各国独立自主、不干涉他国内政，并不意味着各国在复杂的国际事务或突发事件中只能袖手旁观、无所事事。为了维护国际社会的整体利益（并非一国的私利），在十分必要、十分紧急的情况下，本着客观、公正的原则进行政府间的某种沟通、协调、周旋、人道主义援助，乃至有限度的干预是允许的，是无可厚非的。为此，玻利瓦尔首先要求委内瑞拉人民一定要宽宏大度地接受"一个在铁面无私的法律统治下使平等和自由获得胜利的政府"。与此同时，他还冀望委内瑞拉人不要忘记那些曾经无私支援他们独立斗争的"慷慨的外国人"，因为是"他们给共和国提供了她为使其博爱原则获得胜利所需的一切；这些人类的友人是美洲的天才保护者，我们要永远感激他们；同样，我们还要虔诚地去履行我们对他们所承担的神圣义务"。

（四）玻利瓦尔主张维护国际社会所有成员国之间的持久和平，反对用战争解决国际争端。玻利瓦尔的这一主张，既同他追求人类进步的远大理想一脉相承，又同西属美洲新生共和国面临的形势任务相一致。玻利瓦尔为巴拿马大会起草的文件中提出了一系列重要的原则，其中就有"永久保持中立，维护所有成员国之间的持久和平""缔结一项广泛的仲裁条约"等项要求。玻利瓦尔认为，如果这两条能够认真地加以落实，就可以确保新生共和国能够集中精力医治战争创伤、建国理政、发展经济、搞和平建设。至于各新生共和国之间存在的领土争端问题，玻利瓦尔提出了"保持现状"的建议，"各地共和政府分别按原总督管辖地、军政长官公署和监审庭辖区的地域建立"，以促使各国共同承担义务，避免边界发生冲突。玻利瓦尔当时提出"保持现状"的原则，很显然是同他主张最终将西属美洲各国联合统一为一个联邦整体的指导思想相一致的。玻利瓦尔认为，维护持久和平，反对用战争解决国际争端，并不意味着不分战争性质、反对一切战争。他多次强调，用正义战争挫败非正义战争是不可避免的。"我们不要憎恨、报复和战争，要把这一切用在国境之外，用以对付只能用这些手段对付的人——各国的暴君。"鉴于此，玻利瓦尔在为巴拿马大会准备的文件中特别强调要组建一支强有力的联邦军队联合保卫美洲。在他做了大量工作的基础上，巴拿马大会最终接受了这项建议，并通过了一项军事协定。根据这项协定，各成员国决定组建一支军队和联邦舰队，并规定每个联邦成员国应根据人口比例为共同防务做出贡献。

（五）玻利瓦尔主张要打破欧洲的霸主地位、维护国际社会的持久和平，就要建立世界范围内的"均势"。"均势"外交原本是大国为谋求霸权而采取的一种手段，其目标为：削弱对方、增强自己的实力、实现称霸。玻利瓦尔所设想的"世界范围内的'均势'外交"，与欧洲人推行的"均势外交"有着本质的区别。1825年，玻利瓦尔对他的战友、大哥伦比亚共和国总统桑坦德说："我认为，凡是涉及政局是否可靠的问题，我们应该仿效神圣同盟。除了判断正义的原则外，我们不应同它有什么不同。欧洲一切为了暴政统治，我们一切为了自由。……我们如果真要坚持斗争，非要采取同样的方法不可。……因为这是世界均势的要求。"玻利瓦尔还强调指出，"我们不能丢掉历史的教训"，"欧洲各国野心勃勃，把奴役的枷锁带到世界其他地方，世界各地必须设法同欧洲建立均势，以打破欧洲的霸主地位"。玻利瓦尔要求效仿欧洲推行"均势外交"的做法，用以对抗欧洲反动势力妄图干涉西属美洲独立运动的威胁，充分显示出他以其人之道还治其人之身的过人之处。

玻利瓦尔治国理政的方略及其提出的若干国际社会治理原则，并非与生俱来。良好的家教、时代的熏陶、多年的军旅生涯和多年的国务活动实践，造就了一代天骄。他"混血人"的双重身份、赴欧美考察受到的强烈刺激及在争取民族独立斗争中所遭受的挫折和失败，使他深深体会到：同宗主国西班牙维持和平关系的美好愿望及为此做出的容忍和牺牲，都不会为拉美人民赢得应有的尊严。"他们最终要举起独立的旗帜，向西班牙宣战。"拉美独立运动为玻利瓦尔提供了历史舞台。玻利瓦尔思想是伟大革命时代的产物，代表了拉美人民的理想、意志和愿望。玻利瓦尔比同时代拉美独立运动其他领导人伟大之处就在于，他把争取拉美民族独立的斗争同巩固民族独立大业联系起来，把反对西班牙殖民统治同反对一切外来势力干涉联系起来，把治理国内事务同治理国际事务联系起来，把西属美洲大陆团结合作的现实同"与其他各大洲国家一起，巩固和平的基础，促进人类的和睦与合作"的宏大理想联系起来，并在火热的斗争实践中把独立运动和建国大业不断引向深入。玻利瓦尔对拉美和世界民族解放运动做出的贡献在他同时代的领导人中绝无仅有。

历史的发展不以个人的意志为转移。巴拿马大会通过的若干协议，除了大哥伦比亚共和国之外，多数国家都没有批准这些协议。玻利瓦尔谋划建立西属美洲国家联邦的计划受挫，归因于当时的历史条件不够成熟，特别是独立战争胜利之后，拉美各新生共和国之间及各国内部诸多矛盾趋于表面化。当然，这也和玻利瓦尔思想上存有某些脱离社会实际的因素有关。玻利瓦尔推进西属美洲联合统一的愿望未能实现，此后的历史发展也颇为曲折，但这无损玻利瓦尔思想的光辉及他在世界历史上的地位。随着时间的推移和时代的变迁，拉丁美洲各国人民越来越感受到玻利瓦尔的伟大理想、治国理念及国际治理原则的可贵，他的思想已经成为当代拉美各国人民团结奋斗的一面旗帜。2010 年 2 月，在墨西哥坎昆召开的、有 32 个拉美和加勒比国家领导人参加的"团结峰会"（Cumbre de La Unidad），明确提出组建一个没有美国参加的拉美和加勒比国家共同体，发出"拉美人民将一起创造新的历史"的时代强音，令人耳目一新。当年玻利瓦尔试图通过巴拿马大会解决而未能实现的理想，今天在新的世纪里以坎昆"团结峰会"的形式实现。这充分说明，"巴拿马大会"的精神具有强大的生命力，尽管拉美地区一体化的进程还有很长的路要走，但是历史的潮流不可抗拒。

1819 年 2 月，当玻利瓦尔看到新格拉纳达和委内瑞拉联合成为一个国家时，他满怀信心地展望了西属美洲和其他各大洲未来关系发展的美好前景："当我看到这片辽阔的地区联合在一起的时候，我的灵魂飞向那可以看到壮阔前景的高处，那里展现出一幅多么令人赞叹的图景。我的想象力的羽翼在今后的年代中飞翔，注视着未来的世纪。……我已经看到我们的祖国正在把她那些金山和银山所蕴藏的珍宝送往世界的各个角落。……我已经看到我们的祖国登上了自由的宝座，手执正义的权杖，头戴光荣的花冠，向世界展示着现代世界的尊严。"这段充满豪情和神奇色彩的预言有如旭日东升的光芒，已经出现在西半球的地平线上，190 多年前玻利瓦尔心目中想象的那个独立自主、平等、公正、和谐与合作的"新大陆"正在向人们走来。

第三章　玻利瓦尔主义与美洲区域一体化

玻利瓦尔主义是拉丁美洲一体化的理论基石，它与作为美国对外扩张政策理论基础的门罗主义有着本质的不同。普雷维什主义是在新的经济、政治和社会背景下对玻利瓦尔主义的继承和发展。拉丁美洲的一体化已成为不可逆转的发展趋势，它以怎样的方式发展，将取决于拉美各国如何应对和解决所面临的一系列重大政治和经济问题。

玻利瓦尔主义与拉丁美洲一体化①

20 世纪 80 年代中期以后，特别是进入 90 年代以来，经济全球化和区域经济一体化的步伐大大加快已经成为不可逆转的世界潮流②，成为国内外学者和各界人士广泛关注的热点问题之一。

区域经济一体化始于第二次世界大战后的欧洲，是 20 世纪生产力迅速发展、国际格局剧烈变动和世界经济激烈竞争的产物。早在 20 世纪 50 年代末 60 年代初，欧洲就先后组成了两个相互竞争的区域性贸易集团——欧共体和欧洲自由贸易联盟，发展至 1992 年签订了《马斯特里赫特条约》，成立了由 15 个国家组成的欧盟，并于 1999 年 1 月 1 日正式启动欧元这一跨国货币，实现了欧洲国家之间的经济货币联合，成为迄今为止最为成功的区域性

---

① 本节原载《南开学报》（哲学社会科学版）1999 年第 5 期。

② 1992 年，联合国秘书长加利在联合国日的致辞中宣告：“第一个真正的全球性的时代已经到来了。”世界著名经济学家约翰・H. 邓宁指出：“除非有天灾人祸，经济活动的全球化不可逆转。这是技术进步的结果，而技术进步的趋势不可逆转。”世界贸易组织总干事鲁杰罗也指出：“阻止全球化无异于想阻止地球自转。”以上分别转引自田德文. 欧洲文明和全球化[J]. 世界经济与政治，1995（6）：48；约翰・H. 邓宁. 全球化经济若干反论之调和[J]. 国际贸易问题，1996（3）：17.

集团。在美洲，随着 1993 年由美国、加拿大、墨西哥组成的北美自由贸易区成立，美国加紧推行其全美洲经济联合计划，意欲于 2005 年建起一个北起阿拉斯加、南到火地岛的美洲自由贸易区。在拉丁美洲，早在 1959 年就已正式提出建立共同市场的主张。此后各地一体化组织先后建立，如中美洲共同市场、安第斯共同体、加勒比共同体等。进入 20 世纪 90 年代，拉丁美洲一体化发展更为迅猛。南方共同市场异军突起，令世人瞩目。而由拉美 14 国组成的里约集团已成为拉美最有代表性和权威性的高级政治磋商和协调机构。在亚洲，经济联合呈现出与美欧不同的发展态势，形成了以地缘经济圈为主的开放性、非集团性的经济交流与经济合作的局面。其中，尤以东盟和亚太经合组织的发展最为显著。在非洲，1963 年就成立了非洲统一组织，但由于各国之间的利益冲突，各地一体化组织相继成立，如北非的马格里布、西非的共同体、中非的关税同盟、南非的开发共同体等。在大洋洲，1983 年澳大利亚和新西兰缔结了澳新经济合作紧密化协定，与此同时，两国还积极加入亚太经合组织和环印度洋经济合作区。总之，自第二次世界大战后，各地的一体化运动获得了极大的发展。据统计，1996 年全球区域性一体化组织的数量，按世界贸易组织的统计为 144 个，按国际货币基金组织的调查为 68 个。[①]可以预见，在 21 世纪，区域经济一体化的发展趋势还将继续下去。

　　与区域经济一体化并行发展、相辅相成的是经济全球化的发展趋势。经济全球化是一个复杂的历史过程，实质上是当代资本主义发展到一个新质阶段的外在表现。有人把这个过程的开端追溯到 500 多年前哥伦布的历史性环球航行和"新大陆"的发现，这不无道理。因为在 500 多年前，并不存在一个以地球为范围的、人类的"世界"，[②]而哥伦布远航美洲的意义恰恰在于它从人类文明的意义上打破了各文明板块之间的隔离状态，构筑了"世界"的概念，从此启动了全球化的进程。如果说哥伦布时代开启了全球化进程的大门，那么玻利瓦尔时代则从理论意义上扩展和深化了这一进程。在人类历史上首次提出了以团结联合、统一和整体论为主要内容的一体化思想，成为被世人公认的一体化之父，受到广泛的赞誉。1976 年联合国大会一致通过了委内瑞拉提出的"向拉丁美洲一体化的倡导者、全洲性和世界国际组织的建立

　　① 吕有晨，刘昌黎.世界经济区域化、集团化的现状与区域经济圈贸易的发展[J].世界经济，1997（11）42.

　　② 斯塔夫里阿诺斯.全球通史：1500 以后的世界[M].吴象婴，梁赤民，译.上海：上海社会科学出版社，1992：2-9.

方案的拟定者、解放者西蒙·玻利瓦尔致敬"的决议。①

经济全球化和区域经济一体化涵盖了经济、政治和文化等诸多方面的内容，对这一问题的理解一时难以统一起来，不同学科可以从不同的视角加以研究，本文拟从一体化理论的开创者玻利瓦尔入手，以拉美地区为考察空间做一典型剖析，对经济全球化和区域经济一体化进行历史性考察和思考，以便从中得出可供借鉴的一般规律和拉美地区特有的历史遗产。

一、拉美一体化：拉美各国民众一个古老的理想

在拉丁美洲，虽然一体化高潮产生于 20 世纪 60 年代，但早在 19 世纪初拉美人民出于反对资本主义扩张就提出了拉美一体化的要求。正如一位拉美学者指出的，"经济一体化是拉美人民一个古老的梦"②。拉美独立运动的"先驱者"弗朗西斯科·德·米兰达早在 1781 年参加北美独立战争时就初步形成"西属美洲"的思想，并于 1797 年制定了一个范围很广的大美洲联盟计划，从此为之进行了长期的奋斗。独立运动的杰出领袖圣马丁宣称："整个美洲就是我的国家，南美洲国家必须组成紧密的联盟，以实现其自由与独立的理想。"奥希金斯也指出有必要"组成一个拉丁美洲联盟，以捍卫政治上的和国民的自由"。但是真正系统地提出美洲一体化理论，并有计划有步骤地采取行动将之付诸实践的应当首推西蒙·玻利瓦尔。正如著名史学家里卡多·马丁内斯说："米兰达是西属美洲团结的先驱者，而玻利瓦尔则是这一事业最勇敢的建筑师。"③西蒙·玻利瓦尔 1783 年 7 月 24 日出生在委内瑞拉富有的土生白人贵族家庭。当时正值资产阶级反抗封建专制主义的斗争风起云涌，美国独立战争的硝烟尚未散尽，1789 年又爆发了震撼封建统治堡垒的法国大革命，其后在加勒比爆发了具有划时代意义的海地革命。伟大革命时代的熏陶，对自幼受到良好的西班牙教育和欧洲启蒙主义思想影响的玻利瓦尔产生了巨大的感染力。特别是他的家庭教师西蒙·罗德里格斯对玻利瓦尔思想的形成起了决定性的影响。如后来在他写给罗德里格斯的信中所指出的："我的老师，无疑，您是世界上最非凡的人……是您锻造了我渴望自由、正义、

---

① 奥古斯托·米哈雷斯. 解放者[M]. 杨恩瑞，等译. 北京：中国对外翻译出版公司，1982：VIII.

② 参见《区域一体化的困难和前景》，载苏联出版的西班牙文版杂志《拉丁美洲》（1988 年 5 月号，第 33 页）。

③ Ricardo A Martínez. *De Bolívar a Dulles*, México, 1959: 23.

伟大和美好的心灵。我一直在走着您给我指引的道路。"①这条道路就是大陆团结、联合反殖、向一体化迈进的道路。在罗德里格斯的引导下，玻利瓦尔开始了他人生中的重大转变。1805 年，当米兰达所领导的独立事业严重受挫时，玻利瓦尔在罗马近郊的"圣山"，向他的老师庄严表示："为了上帝，为了我的荣誉，为了我的祖国，我在您面前宣誓：只要西班牙政权套在我们身上的枷锁没被打断，我就要不停地进行战斗，我的灵魂也就不会安息。"②从此，他的革命思想形成了，他开始为拉美独立而斗争，迈出了在他的人生道路上具有决定意义的一步。

玻利瓦尔的伟大之处在于，他不仅将争取委内瑞拉独立作为他追求的目标，更将拉美视为一个整体，为争取全美洲的独立、建立美洲联邦付出了毕生的精力。在拉美独立战争的 16 个春秋里，玻利瓦尔的足迹遍布南美 6 个国家，亲自领导和参加了 472 次战斗，经受了多次严重挫折和失败，最终在其他独立战争领导人的配合和拉美各国人民的支持下，把西班牙殖民者赶出西属美洲，成为委内瑞拉、哥伦比亚、厄瓜多尔、秘鲁、玻利维亚和巴拿马 6 个新独立国家的奠基者和开国元勋，成为拉美独立战争中公认的领袖和最高军事统帅，因而赢得了"解放者""国父"的最高荣誉。国外学者盛赞玻利瓦尔的作用与贡献，常常将他与拿破仑和华盛顿相提并论，其实他们之间有着本质的差别。玻利瓦尔把西班牙殖民者视为自由和独立的敌人，而把遭受欧洲殖民统治压迫的整个拉美视为一个具有共同命运的政治实体，从而把推翻西班牙和葡萄牙在美洲的殖民统治的解放战争视为一个整体的斗争。早在1810 年当委内瑞拉刚刚取得独立不久，玻利瓦尔就提出了拉美各国联盟的思想，他表示："他们（委内瑞拉人）最终将举起独立的旗帜，向西班牙宣战。他们不会不抓紧把全美洲人民引向联合，组成联邦。"③此后，玻利瓦尔在《卡塔赫纳宣言》和《牙买加来信》中反复强调这一思想。中国拉美史专家罗荣渠教授评价道："这位委内瑞拉的民族英雄（即玻利瓦尔，编者注）不仅是拉美历史上造就的伟大人物，而且也是世界历史上出类拔萃的人物。在他之前，欧洲和北美的许多民族英雄都是本民族的巨人，而唯有玻利瓦尔才是第一位当之无愧的跨越国界的洲际巨人。"④玻利瓦尔把学习欧洲资产阶级的

---

① Simón Bolívar. *Obras Completas de Bolívar*, vol. I[M]. La Habana: Editorial Lex, 1950: 881.

② Placido Molina Mostajo. *EL Libertador en Bolivia*[Z]. Bolivia-Santacruz, 1975: 56.

③ Ricardo A Martínez. *De Bolivar a Dulles*[Z]. México, 1959: 34-35.

④ 罗荣渠. 论西蒙·玻利瓦尔的世界历史地位——为美洲第一革命巨人诞生二百周年而作[J]. 拉丁美洲丛刊，1983（3）：1.

民主自由思想与西属美洲争取民族独立的斗争结合起来；把争取建立民主共和国、巩固民族独立同争取国家繁荣、富强结合起来；把争取实现拉美一体化同争取国际合作、确保世界和平结合起来。概括地说，玻利瓦尔的精神实质在于：以联合争独立，以独立求富强，以拉美一体化巩固国家的独立，以反对所有外来统治确保和平与合作。这就是西蒙·玻利瓦尔亲手设计的美洲一体化的具体方案，也就是拉丁美洲人民的伟大理想，或者说是"拉美人民的一个古老的梦"。

二、玻利瓦尔主义：拉美一体化的理论基石

委内瑞拉驻中国大使为玻利瓦尔主义曾做过权威性定义："用当代政治术语来说，玻利瓦尔主义就是鼓舞各国人民团结反殖反霸反帝的那种不断斗争的精神。玻利瓦尔主义认为，赢得主权的新生国家应该进行合作，结成紧密的友谊，实行一体化；玻利瓦尔主义是一种经常起作用的工具，它维护和平，也推动人类进行那种必不可少的相互声援。"①玻利瓦尔为实现拉美人民这一伟大理想，毕生做出了巨大的努力和贡献，由此他赢得了巨大的国际声誉。

倡导建立国际组织，实行国际合作，并非只玻利瓦尔一人提出过，早在世界近代史上欧洲就有人提出过这样的思想。然而那些都只是思想家们的一种愿望，直到1815年"神圣同盟"和"四国同盟"出现，才开始了近代史上具有重大政治意义的国际整合。他们的目的是维持欧洲的封建秩序，镇压欧洲蓬勃兴起的革命运动，特别是镇压美洲殖民地独立运动。这是反动的欧洲统一的尝试。而玻利瓦尔建立"美洲联邦"、实行一体化的主张正是与欧洲的"神圣同盟"等针锋相对，为捍卫美洲自由独立、反对一切外来干涉而提出的。以建立反殖民主义的国际合作组织来反对和抵制殖民主义、霸权主义的国际勾结，这就是玻利瓦尔主义的精神实质。玻利瓦尔主义的内容主要包括以下两点：

第一，大陆团结、联合反殖，争取民族独立和自由。这一整体化思想的形成基于他对西属美洲历史特点和当时形势的深刻认识。300多年的殖民统治造成的西属殖民地社会严格的等级观念和野蛮的种族歧视，严重妨碍了拉美各地的经济联系。针对这种情况，玻利瓦尔首次采用"美洲人"的概念，

---

① 奥古斯托·米哈雷斯. 解放者[M]. 杨恩瑞，等译. 北京：中国对外翻译出版公司，1982：2.

使美洲人认识到"新世界有共同的起源、共同的语言、相同的习惯和宗教"①，是一个相互依存的整体，号召人民团结一致，联合起来，共同反抗殖民统治。他在《安戈斯图拉国民议会上的演说》中进一步解释："如果我们不使人民大众成为一个整体，不使政府的组成成为一个整体，不使立法成为一个整体，不使民族精神成为一个整体，那么，我们的全部道德力量都将不会使我们新生的共和国摆脱这种混乱。团结，团结，这应当成为我们的座右铭。"②西属美洲大陆必须而且有可能联合起来进行反对殖民统治、争取民族独立的斗争。

第二，新独立国家结成平等和永久性的联盟。这是玻利瓦尔整体化思想的延伸。拉美各国先后宣告独立后，面临着巨大的困难：外有欧洲列强干涉和扩张的现实威胁，内有地方势力的分裂活动。在内困外扰的情况下，休戚与共的各个共和国，只有依靠共同的力量才能生存和发展。玻利瓦尔把西方资产阶级民主、自由、平等的思想创造性地应用于西属美洲，主张新独立的国家组成一个平等的、永久性的一体化联盟。1815 年玻利瓦尔在《牙买加来信》中就明确阐述了他的这一主张。他写道："我比任何人都更强烈地希望在美洲能建立起一个世界上最强大无比的国家……但我不相信目前新世界会由一个大共和国来统治，这是不可能的，我不敢这么去想。……使新世界组成一个国家，依靠一种联系将各部分同整体连接起来，这是一个伟大的理想……但这是不可能的，因为不同的气候、各种各样的形势、对立的利益、迥异的特点使美洲四分五裂。"③由此可见，玻利瓦尔主张的美洲大陆的整体性，并非要将美洲联合成一个大的单一化的国家，而是美洲大陆所有新独立国家之间组成一个平等的联盟。这个联盟应由一部共同的法律相维系，以保障新独立国家的生存和发展。

玻利瓦尔不仅是美洲大陆一体化思想的倡导者，而且是这一思想的实践者。他在倾注全部精力指挥独立战争的同时，积极探索实践这一思想的途径。为此，他进行了长期而艰苦的努力。

首先，通过联合斗争建立起一批独立国家。从 1810 年他开始领导独立战争起，在南美北部同西班牙殖民者进行了三大回合的殊死搏斗，先后三次建立委内瑞拉共和国。1819 年把委内瑞拉和新格林纳达联合成一个"政治实体（Cuerpo Politico）"——大哥伦比亚共和国。在安戈斯图拉国民议会上玻利

---

① 中国社会科学院拉美研究所. 玻利瓦尔文选[M]. 北京：中国社会科学出版社，1983：60.

② 中国社会科学院拉美研究所. 玻利瓦尔文选[M]. 北京：中国社会科学出版社，1983：96.

③ 中国社会科学院拉美研究所. 玻利瓦尔文选[M]. 北京：中国社会科学出版社，1983：56，60.

瓦尔被推选为总统，从而部分地实现了玻利瓦尔的美洲联合的设想。

其次，把一批独立的国家组成西属美洲国家联邦。玻利瓦尔认为，由于新生共和国面临欧洲"神圣同盟"干涉的威胁，必须联合起来，这是捍卫新独立国家必不可少的战略措施。为此，他在建立大哥伦比亚共和国之后，立即派全权代表到墨西哥、秘鲁、智利、阿根廷等国联系，邀请它们同大哥伦比亚组成"真正的美洲联盟（Liga Verdaderamente Americana）"。到 1822 年，大哥伦比亚同秘鲁、智利签订了同盟条约，双方同意建立攻守同盟，共同捍卫民族独立，反对西班牙和欧洲"神圣同盟"的干涉。之后，大哥伦比亚与墨西哥也签订了类似的条约和协定。

另外，筹备并召开巴拿马大会。经过一段筹备，1824 年 12 月 7 日玻利瓦尔正式向南美各独立国家发出邀请，这是他为建立美洲一体化组织而展开的一个重大外交活动。玻利瓦尔对即将召开的巴拿马大会寄予极大希望。他曾说"和解将是巴拿马大会的伟大理想"，而"新大陆的自由是世界的希望"。新大陆将以伟大的面貌出现在世界上，同世界各大洲一起，巩固和平的基础，促进人类的和睦与合作。他满怀信心地畅想，"但愿有一天我们有幸在那里（指巴拿马）召开各共和国、王国和帝国庄严的代表大会，来同世界其他三大洲的国家一起讨论和平与战争的崇高利益问题"[①]。1826 年巴拿马大会开幕。应邀派代表出席大会的有墨西哥、中美洲联邦、大哥伦比亚和秘鲁的全权代表。玻利维亚代表团没按时到会，智利因内乱未能派代表出席，阿根廷因猜忌玻利瓦尔的政策也未参加会议。

会前，玻利瓦尔为会议起草了许多很有价值的文件草案，由于种种原因，相当一部分文件未达成一致意见，只在四个方面取得一些成果：其一，通过了一个"联邦条约"，即《团结、同盟和永久联邦条约》，会议决定没有能出席会议的美洲国家均可参加；其二，通过了一项"军事协定"，决定由各成员国组建一支军队和联邦舰队，并根据成员国人口数额为共同防务做贡献；其三，缔结一项仲裁条约，以供协调各国关系；其四，通过了关于召开新的代表大会的决定。其中"联邦条约"是核心部分，它规定："如果有必要，缔约各国将共同维护与保卫全体和每一个美洲联邦成员国的主权与独立，以反对所有外来统治，巩固今后永久和平的基础，促进和睦与合作。"[②]由于各种

---

① 中国社会科学院拉美研究所. 玻利瓦尔文选[M]. 北京：中国社会科学出版社，1983：60.

② Placido Molina Mostajo, *EL Libertador en Bolivia*[Z]. Bolivia-Santacruz, 1975: 212.

原因，除大哥伦比亚共和国外，没有任何一个国家批准这些文件，巴拿马大
会没有取得预期结果。尽管如此，它仍不失为"美洲国家间的第一次国际会
议"，是"19 世纪国际上最突出的、最有胆识的团结尝试"。①玻利瓦尔关
于独立美洲的共同命运和一体化思想，以及在公正、自由、平等的基础上建
立世界联邦的思想，为拉美及世界一体化奠定了坚实的理论基础，他的精神
将随着时间的推移，永放光彩。对此，玻利瓦尔也自信地说："一百个世纪以
后，当后人追溯我们公法的源头、回顾他们得以安身立命的条约时，他们定
会怀着崇敬的心情大书特书巴拿马大会的记载，并将从中看到有关我们最初
建立同盟、同世界发展关系的蓝图。"②

三、门罗主义：玻利瓦尔主义悖论

与此同时，在美洲大陆并行存在着同玻利瓦尔主义"一体化"思想相对
立的思想体系，这就是美国的"门罗主义"。然而西方学术界和政界却把玻
利瓦尔主义与美国的门罗主义相提并论，都视为泛美主义。甚至认为泛美主
义的来源就是玻利瓦尔的联盟思想，把玻利瓦尔称为"泛美主义之父"。美
国著名的历史学家艾•巴•托马斯认为："当美国制定了保护它自己不受欧洲
干涉的单边政策的时候，拉丁美洲则倡议了一项就原则而论比较全面的政策，
即泛美主义政策。作为独立斗争的产物，这项原则代替了门罗主义而成为美
洲国家的共同信条。"③美国的富兰克林•罗斯福总统认为泛美主义起源于
玻利瓦尔主义。肯尼迪总统也认为玻利瓦尔是泛美体系的先驱，并把他的"争
取进步联盟"说成实现玻利瓦尔国际理想的具体行动。④对于美国的这种混
淆视听的宣传，在相当长的一段时期里，许多拉美国家并未能完全认清它的
实质，"以为它多少能实现玻利瓦尔所设想的那种美洲联盟的目标"。因此，
玻利瓦尔主义和门罗主义长期以来被混为一谈。事实上，玻利瓦尔主义与门
罗主义有着本质的区别，必须给予科学界定和应有的解释。

玻利瓦尔主义主张建立一个以反对一切形式的殖民主义、维护民族独立
为目的的西属美洲各国人民的联邦；门罗主义则是要把一系列摆脱西班牙、

---

① 雷古洛•布雷利•里瓦斯. 玻利瓦尔不朽的一生[J]. 拉丁美洲丛刊，1981（1）：8.

② 出自《致西班牙美洲各国外交部长的公函》（1824 年 12 月 7 日），见 Vicente Lecuna. *Selected Writings of Bolivar*, vol. II[M]. New York: The Colonial Press, 1951: 458-459.

③ 艾•巴•托马斯. 拉丁美洲史：第 4 册[M]. 寿进文，译. 北京：商务印书馆，1973：1378.

④ 沈安，李在芹. 国外学术界对西蒙•玻利瓦尔的评价[J]. 世界史研究动态，1983（8）：2.

葡萄牙殖民统治的新独立国家纳入美国的盎格鲁-撒克逊框架体系之中。福斯特在《美洲政治史纲》中对两者的区别曾做出精辟的论断，他指出"从历史上来讲，泛美主义包括两种相互敌对的因素：第一种是拉丁美洲各国人民争取与南北美洲各国人民建立友好合作关系的努力，这个斗争得到了美国和加拿大民主力量的支持；第二种是美国掠夺性的资本家集团企图利用泛美主义作为称霸西半球的有力工具所作的努力"①。显然，玻利瓦尔主义和门罗主义是两种根本对立的思想体系，它们赖以产生的价值观念和思想内容完全不同。

首先，门罗主义是美国对外扩张政策的理论基础。在美国建国的历史进程中，无不透露出其文化中的扩张意识。其中门罗主义就集中体现出美国立国以来的传统外交中的对外扩张特征。门罗主义来源于美国传统外交中的孤立主义，它援引孤立主义的思想："美洲是新世界，孤立于欧洲，不同于欧洲，欧洲的政治体系和外交不适用于这块大陆。"②然而孤立主义并没有使美国画地为牢、自缚其身，而是把它当作美国在美洲大陆的武器，它不仅标榜美国不介入欧洲事务，还要求把欧洲势力排挤出美洲大陆。19世纪初，美国尚处于建国初期，无论从经济上和军事上都比较弱小，美国的力量还不足以与欧洲大国在美洲大陆上竞争，特别是害怕英国与之竞争美洲的利益。1823年12月2日，美国冲破英国欲与美国发表共同宣言以束缚美国在拉美进行扩张的意图，单独发表了声明，即美国外交史上著名的"门罗宣言"。由此可见，美国发表"门罗宣言"，其出发点完全是出于美国利己主义的考虑，而并非为了支持拉美新独立的国家。

其次，门罗主义是一把双刃剑，既是对欧洲国家在美洲大陆的活动进行约束，又是把美国传统中的具有扩张性的孤立主义延伸到整个美洲大陆，为最终在美洲建立以美国为中心的"泛美主义"奠定基础。"门罗宣言"主要包括三项原则：一是非殖民原则。规定"美洲大陆处于它们已取得并保持的自由和独立的状况，今后任何欧洲列强不得再把它们当作未来的殖民对象"。二是不干涉原则。美洲与欧洲有着不同的政治制度，反对欧洲将"它们的制度扩展到西半球任何地区的任何企图"，否则将被看作"对于我们和平和安全都是有危害的"。三是不介入原则。美国不干涉欧洲国家的事务，也反对

---

① 威廉·福斯特. 美洲政治史纲[M]. 冯明方，译. 北京：生活·读书·新知三联书店，1956：331.

② Lloyd Mecham. *The United States and Latin America: An historical analysis of inter-American relations*[M]. New York: Houghton Mifflin, 1965: 39.

欧洲干涉美洲国家的事务。美国通过这三项原则，旨在反对非美洲势力插手美洲事务，同时又利用所谓"美洲共处一个新大陆"这样一种感情，将拉美国家囿于美国的未来控制之下。"门罗宣言"的内容反映了美国对外政策扩张思想的历史延续。尽管美国当时无力与欧洲国家抗衡，但美国看到未来势必要与拉美地区息息相关，所以美国采取了这一"不放弃未来行动的自由……而奉行一项能适应任何突然事件的灵活政策"①，以便美国随心所欲地将它运用于向西半球的扩张。由此不难看出，"门罗宣言"的实质就是美国通过"门罗宣言"把拉美置于美国的势力范围，即美国所叫嚷的"美洲是美国人的美洲"。用历史学家理查德·范可尔斯泰因的话说："门罗宣言"促进了对拉丁美洲的商业扩张和横跨北美大陆的土地扩张，它"成了把西半球划作美国势力范围的官方宣言"。②事实上"门罗宣言"发表后的初期，在当时的国际环境下，该宣言并没有产生任何震撼世界的影响，"神圣同盟"各国嗤之以鼻，称其各项原则是"荒谬的""吓唬人的"，沙皇认为"该文件根本不值一顾"。当然，"门罗宣言"对刚刚独立的拉美国家具有一定的进步意义，客观上起了维护新独立国家的作用。但是从本质上说，该宣言完全出于对美国自身战略利益的考虑，它对美国未来外交政策的制定确定了发展方向，奠定了美国美洲政策的基础。随着时间的推移，其内容及作用不断得到补充，成为美国历届政府对外扩张政策的理论原则。正如美国国会议员 R. 沃尔顿·穆尔所说："'门罗宣言'虽然没有写进宪法之中，但它比宪法本身更为重要。"

另外，门罗主义是泛美主义的思想体系。美国从与拉美发生外交关系以来，一直强调北南美洲之间存在着利益上的一致性。如果说"门罗宣言"发表时拉美国家对其还抱有幻想的话，那事实很快使拉美国家对门罗主义的幻想破灭了，因为美国多次置拉美国家寻求美国"保护"的请求于不顾，使拉美国家认清了"门罗宣言"的本质，认识到门罗主义是一种自私的政策。随着美国早期资本主义的发展，美国的扩张欲望迅速膨胀，而英国无疑成了美国向南挺进的最大障碍。为了从经济上控制拉美，将英国及其他欧洲势力彻底挤出美洲，美国采取了更为隐蔽而欺诈的战略，即把门罗主义的原则融入泛美主义之中。19 世纪中后期，拉美以玻利瓦尔为代表的新独立国家的首领们几度尝试进行美洲联合，却都失败了。其中包括：1826 年的巴拿马会议、

---

① Alonso Aguilar. *Pan-Americanism from Monroe to the Present: A View from the Other Side*[M]. New York: Monthly Review Press, 1969: 24.

② 转引自托马斯·帕特森. 美国外交政策：上册[M]. 北京：中国社会科学出版社，1989：118.

1856 年的圣地亚哥会议和 1864 年的利马会议。美国及时抓住时机，利用拉美国家力主联合的意识，于 1889 年倡议召开了泛美会议。在这次会议上，美国就把泛美主义说成"新世界人民渴望或趋向在它们之间形成一种合作的纽带，促进南北大陆国家之间得到真正的理解与和睦的密切关系，并且永远共同反对欧洲国家在美洲领土上的优势和影响"①。泛美会议的内容充分体现了美国扩张主义的实质。泛美会议组建了以美国为中心的"美洲共和国联盟"，简称"泛美联盟"，总部设在华盛顿，在组织上实现了美国对拉美国家的控制。在此基础上，1948 年强化了泛美组织，将"美洲共和国联盟"更名为"美洲国家组织"，在经济、政治和军事上建立起以美国为中心的泛美体系，从而使美国完成了从门罗主义到泛美主义的飞跃，把拉美变为美国的势力范围，使拉美国家处于附属地位。历史事实是无情的。美国在拉美地区的一系列行径有力地证明了泛美主义的扩张性和侵略性。例如，1846—1848 年，美国发动美墨战争将墨西哥近一半的国土攫为己有；在 1898 年的美西战争中，美国把古巴变成了自己的"保护国"；1903 年唆使巴拿马从哥伦比亚独立，攫取了巴拿马运河等。正如戈登·康奈尔·史密斯所说："美国在 19 世纪 80 年代后期提倡的泛美主义与它作为世界强国的出现密切相关，尤其与决心建立对拉丁美洲的霸权密切相关。"②由此可见，1823 年以美国门罗总统提出的"门罗宣言"为代表的泛美主义和 1826 年形成的以玻利瓦尔一体化思想为代表的玻利瓦尔主义，是 19 世纪初在完全不同的两种价值观、两种政治背景和文化背景下提出来的。玻利瓦尔所主张的美洲联盟是指原西属美洲国家的团结、联合，共同反对西班牙和其他外来统治者，这一联盟并不包括美国，这一点与以美国为中心的泛美主义截然不同，具有明显的反殖、反美特点。而美国有意混淆玻利瓦尔主义与泛美主义，目的是打着泛美主义的旗号，利用一体化思想的感召力为美国独霸美洲的计划服务。

四、普雷维什主义：寻求一体化新出路的思想武器

符合历史前进方向的进步思想总是具有生命力的。代表时代发展方向、体现拉美民族利益的玻利瓦尔主义随着 100 多年来历史的发展变化被拉美人民不断注入新的时代内容，从而使玻利瓦尔主义的精神大放异彩。普雷维什

① Samuel G Inman. *Problems in Pan-Americansm*[Z]. London, 1926: 220.

② Gordon Connell-Smith. *The United States and Latin America: An historical analysis of inter-American relations*[M]. London: Heinemann Educational Books, 1975: 107.

主义就是在新的经济、政治和社会背景下对玻利瓦尔主义的继承和发展。普雷维什主义又被称为发展主义或结构主义，是以阿根廷经济学家劳尔·普雷维什为代表的一批拉美经济学家寻求一体化新出路而提出的具有拉美特色的一种发展经济理论。它将玻利瓦尔主要的思想成功地运用于拉美地区的经济领域的联合与合作，成为第三世界中颇具代表性的一种经济理论。

拉美各国在独立战争以后几十年间主要关心的是国家体制和政权巩固问题，而不是经济问题。19 世纪 50 年代，随着欧洲资本的到来，拉美的经济开始受西方经济思潮的支配，从而使拉美国家走上了一条以出口初级产品为主要内容的"自由主义经济"发展道路。虽然这一发展模式也曾使拉美经济获得了一定程度的发展，但是拉美国家的历史发展进程使人们看到，以出口初级产品为基础的经济政策，根本不能使拉美国家摆脱经济结构上的脆弱性和依附性，更无法使拉美国家走上现代化道路。20 世纪 30 年代的世界性经济危机给拉美国家经济造成了巨大损害，使当时担任阿根廷国家财政官员的普雷维什深受触动。深深扎根于拉美人民心中的玻利瓦尔主义的历史遗产和经济危机的冷现实，使以普雷维什为代表的拉美经济学家认识到，不突破传统的西方经济理论和"自由主义经济"发展模式，就难以摆脱长期以来被剥削、被奴役的地位。20 世纪 50 年代，以普雷维什为代表的拉美经委会总结了历史经验并博采各种理论流派的思想，从发展中国家的视角和观点出发，创立出具有拉美特色的发展主义理论。他的"中心—外围"论是拉美发展主义理论的基本思想。这一思想的主旨有二：一是改变拉美的经济结构，促进经济的增长和发展；二是用一种声音同大国打交道。具体地说，就是探索拉美国家在取得政治独立后如何获得经济独立，并以经济独立来巩固政治独立。普雷维什在其著名的《拉丁美洲的经济发展及其主要问题》中提出了被称为"普雷维什命题"的论点，分析了中心和外围之间不平等的经济关系，认为在旧的国际经济体系中，由于不等价交换，科学技术进步的绝大部分好处被中心国家所侵吞，国际贸易则是它们侵吞的主要渠道。为了把拉美从外围边缘中解放出来，从各个方面打破"中心—外围"结构，以普雷维什为代表的拉美经委会提出了一系列发展战略和政策措施。发展区域一体化就是其中最具有代表性的政策之一。从 20 世纪 50 年代初期开始，普雷维什先后在《拉丁美洲的经济发展及其主要问题》《拉丁美洲发展政策中的国际合作》《欠发达国家的贸易政策》《拉丁美洲共同市场》等文献中，阐述了在拉丁美洲发展区域一体化的必要性、原则和具体步骤。①他主张通过拉美国家间的经济联合和合作来实现地区经济一体化，使拉美国家联合形成一个广阔的市场，逐步增强它们集体的政治、经济力量，与中心大国相抗衡。拉美经委会认为，要实现这一目标，必须在推进一体化过程中坚持循序渐进的原则、普遍参与的原则、平等互惠的原则和区别对待的原则。本着以上原则，拉美经委会采取了一系列措施。例如，国家为市场创造一些基本条件，使市场在一个充满活力的经济结构中合理运转；在拉美地区内部，通过建立共同市场或经济一体化组织，形成一个广阔的市场；在国际市场方面，力主改变旧的国际贸易格局，要求中心国家以优惠价格进口拉美国家的初级产品，并大力拓展其工业品的出口市场，以改善贸易地位。同时还倡议发展中国家组成加强经济合作的国际性集团，以改变旧秩序，建立国际经济新秩序等。

普雷维什主义开辟了拉美国家在新形势下发展的新路子。它从拉美国家的实际情况出发，继承和发展了玻利瓦尔主义美洲联合反殖、反帝的精神，把经济一体化作为落后国家摆脱资本主义大国控制与剥削和发展民族经济的手段，这是普雷维什主义最有价值之处，因为它提出了一系列旨在解决国际剥削问题的思想、理论和政策，从实践上把一体化思想从政治领域扩展到经济领域，从扩大市场发展到生产和技术领域的合作，从拉美的区域合作发展到跨区域、跨洲际合作，从而使玻利瓦尔主义发扬光大，成为当今拉美各国集体对抗资本主义大国有力的思想武器。诚然，任何一种思想理论都并非完美无缺，普雷维什主义同样也存在这样或那样的缺陷，仍有待于发展和完善。

五、挑战和机遇：拉丁美洲人民面临的重大抉择

实践中的普雷维什主义的发展并不一帆风顺。从 20 世纪 60 年代起，在普雷维什的倡议下，拉美一体化运动从玻利瓦尔主义首试受挫后的搁置期恢复起来，开始呈发展之势。首先，1960 年拉丁美洲自由贸易协会和中美洲共同市场先后建立，揭开了拉美一体化运动的序幕。之后，一批次区域一体化

---

① 参见 Raúl Prebisch. The Economic Development of Latin America and its Principal Problems[J]. *Economic Bulletin for Latin America*, vol. 1(February 1962); Raúl Prebisch. *La Cooperación Internacional en la Política de Desarrollo Latinoamericana*[M]. Nueva York: Nacions Unidas, 1954; Raúl Prebisch. Commercial Policy in the Underdeveloped Countries[J]. *American Economic Review*, vol. 2(May 1959); Raúl Prebisch. Commercial Policy in the Underdeveloped Countries[J]. *American Economic Review: Papers and Proceedings*, Vol. XLIX, May 1959; CEPAL. *The Latin American Common Market*[R]. Mexico, D. F.: The United Nations, 1959.

组织纷纷建立，如 1969 年成立的拉普拉塔河流域组织和安第斯条约组织，1975 年成立的加勒比共同体和拉丁美洲经济体系及亚马孙合作条约组织，使沉寂了几十年的拉美一体化得到了迅速的发展，进入了拉美一体化的活跃发展期。但是，这种发展的势头并未持续多久。20 世纪 70 年代末和 80 年代初，拉美一体化开始由兴盛转入低潮。其主要表现在：拉美自由贸易协会陷入停顿，被迫改组为拉美一体化协会；中美洲共同市场也停滞不前；其成员国的贸易亦并未因加入一体化组织而出现贸易增长的局面，相反却出现贸易额呈负增长趋势。出现这种局面的主要原因是：发达国家的贸易保护主义对拉美出口工业的影响；世界经济衰退而引起的需求疲软，造成国际市场原料价格下跌，削弱了拉美国家的进口能力，从而打击了拉美的工业化和一体化进程；盛行于西方的新自由主义思想的冲击使拉美一体化出现了分化；由世界性经济危机所引发的拉美债务危机等。

20 世纪 90 年代以来，随着世界格局的变化，世界经济全球化和区域经济一体化的迅速发展，特别是拉美债务危机使拉美人民付出了沉重代价，拉美国家进一步认识到实现一体化的必要性和重要性，拉美一体化从此进入一个新的发展阶段，呈现出一些新特点：

其一，坚持开放性。1994 年拉美经委会发表了一份题为《拉丁美洲和加勒比的开放性地区主义》的报告，建议区域性组织成员国奉行"开放性地区主义"以适应世界经济全球化的需要。这就促使"新一代"的一体化逐渐放弃以封闭型为特点的普雷维什主义一体化模式，转向外向型的开放式的一体化。从拉美内部来看，各一体化组织的对外共同关税最高不超过 20%，可以说其开放度还是比较大的。[①]在国际社会上，拉美出现了跨区域一体化联系的趋势。对北美自由贸易协议（NAFTA），多数拉美国家希望尽早加入；对亚太经济合作组织（APEC），除墨西哥和智利已加入外，秘鲁和哥伦比亚也已申请加入，异军突起的南方共同市场也加强了同亚太的联系；对欧洲联盟（EU），南方共同市场已与之签订了一体化协定的框架意向。走向开放性一体化的目的在于：参与世界市场，"利用规模经济，聚合进出口能力，联合起来共同对付正在形成的超级集团"[②]。

其二，注重务实性。拉美吸取过去一体化的经验教训，不求形式，但求

---

① 苏振兴. 拉丁美洲经济一体化的新局面[J]. 世界经济，1995（6）：16.
② 卡罗斯·马萨德. 拉美一体化的新战略[J]. 国际经济评论，1990（3）：80.

实效。早期的一体化组织——拉丁美洲自由贸易协会和中美洲共同市场几乎囊括了所有拉美国家，这对于国情不同、经济发展水平不一的拉美国家来说，要在一个目标宏大的协议下运转，只会使一体化流于形式。为此拉美调整政策，在建立多边机构的同时，更加注重发展水平相近、利益一致和邻近国家之间的合作，体现了区域集团的小型化和不强求一致的原则，使拉美一体化更为灵活。

其三，强调互动性。这主要表现为拉美各国国内经济改革与各国一体化的建设互为动力，同步发展。新一代的一体化模式是以 20 世纪 80 年代以来拉美国家实行的出口导向的外向型经济战略为基础的。在这一发展战略指导下，拉美各国都进入经济改革调整阶段，经历了近十年的调整期，拉美各国扭转了"失去的十年"的颓势，经济出现稳步发展的趋势，有力地推动了经济的发展。而拉美各国经济改革所取得的成果反过来又推动了地区一体化的不断成熟与发展。

其四，多层面地推动一体化进程。20 世纪 60 年代，早期的拉美一体化仅限于经济领域，尤其是把贸易量的多少作为衡量一体化成绩的重要指标。而当前的新一代一体化则从多领域、多方面推动一体化，即一体化不仅适用于经济领域，也适用于政治领域。里约集团的形成就是一个很好的典范。1987年 11 月在墨西哥阿卡普尔科召开里约集团第一次首脑会议，排除美国干扰，自主决定吸收古巴加入拉美一体化进程。这是拉美历史第一次由拉美国家自行召集没有美国参加的首脑会议。其重大意义正如秘鲁总统阿兰·加西亚所说："我们在没有白宫的召集的情况下自行会晤的事实已成为一个历史事件，这是向拉丁美洲的自由和解放迈出的第一步。"①此后，每年召开一次首脑会议，截至 2011 年已召开了 21 届首脑会议，有 25 个成员国，其土地面积、人口和国内生产总值已占拉美各国绝大部分，其常设性政治协商和协调机构（Mecanismo Permanante de Consulta y Consuetación Politica）成为拉美最具有广泛代表性和权威性的机构。

在经济全球化和区域经济一体化这个历史大趋势下，拉美一体化的前景如何，这是人们十分关注的问题。总的来说，拉美一体化已成为不可逆转的发展趋势，将会继续发展下去。但是，面对错综复杂的国际形势和美国的攻

---

①《我们的战略目标是大陆一体化》，载于苏联出版的西班牙文版杂志《拉丁美洲》（1988 年 2 月号，第 27 页）。

势，拉美一体化将沿着怎样的方向，以怎样的方式向前发展，取决于拉美各国对下列重大问题的挑战如何应对和解决。

首先，取决于今后若干年内拉美经济发展状况，特别是债务问题解决得好坏和快慢。尽管经济全球化和区域经济一体化为拉美国家提供了广阔的发展前景，但是拉美要从一体化潮流中获利，关键在于先解决好自身存在的深层次矛盾，增强自己的经济实力。20 世纪 80 年代，拉美爆发债务危机后，拉美各国开始实行改革开放的经济调整政策，拉美经济取得了一定进展，但拉美经济没有根本好转，20 世纪 80 年代的债务危机实质上是一场结构性危机，它充分暴露出拉美经济结构的脆弱性和依赖性。至今危机的阴影仍未消退，拉美经济基础薄弱、资金短缺、债台高筑、交通和信息闭塞等仍旧成为拉美克服危机的严重阻碍。这就严重阻碍了拉美国家参与一体化的深度和广度，由此决定了拉美一体化将经历一个漫长而曲折的路程。

其次，取决于拉美地区现已存在的影响较大的三个次区域一体化组织今后的运行状况。在拉美一体化组织中，或是以制度化的，或是采用多边、双边协议方式的非制度化的，其中有三个一体化组织最具影响力：拉美北部的墨西哥、中美洲、加勒比共同体，南美北部的安第斯共同体和南美南部的南方共同市场。值得注意的是，近年来里约集团脱颖而出，在拉美具有越来越重要的地位，它不仅具有经济上的作用，而且迅速发展为代表拉美整体的政治机构，大有取代"美洲国家组织"的势头。1998 年 9 月在巴拿马城召开了第 12 届里约集团首脑会议。尽管各国首脑在吸收正式成员国问题上有所分歧，但是，本届首脑会议在国际合作、安全和民主、人权、脱贫、持续发展、国际贸易和金融市场、拉美及加勒比和欧盟首脑会议、美洲首脑会议、禁毒行动、反恐怖主义和 2000 年计算机危机等问题上达成了协议，特别表明了在对待国际金融危机、继续执行其经济改革政策、确保社会稳定和经济增长等方面取得了广泛共识。这预示着里约集团在未来拉美一体化进程中将发挥举足轻重的作用。

此外，还取决于拉美国家如何对待建立美洲自由贸易区的问题。1990 年，美国总统布什发表创立"美洲事业倡议"的讲话，要求与拉美国家建立一种"新的伙伴关系"，即以贸易、投资和债务作为与拉美国家改善关系的支柱。其中心目标就是要在美洲建立一个由美国控制的美洲自由贸易区。1994 年克林顿将实现此目标的时限定于 2005 年。美国此举的目的显而易见，是试图利用所谓"美洲感情"联合拉美作为其抗衡欧盟和日本的砝码。为此，美国主张美洲自由贸易区的建立应以北美自由贸易区为基础，逐个吸纳拉美国家，从而保证美国的主导作用；而大多数拉美国家对建立美洲自由贸易区的反应是积极的，认为它们从此将搭上美国这趟世界"快车"，同时也对美国建立美洲自由贸易区的图谋怀有警觉。特别是以巴西为代表的南方共同市场国家对美国的图谋颇为反感，加之这些国家的对外关系比较多元化，并不希望在经济上过分依赖美国，因此它们主张以现有的拉美一体化组织为基础，通过集团与集团之间的谈判实现美洲自由贸易区，这无疑与美国的战略目标发生冲突。可以预见，建立美洲自由贸易区的进程将充满着冲突与合作，道路将是曲折而漫长的。

六、历史回顾后的思考

当简略回顾了拉美人民自独立以来为实现拉美大陆一体化这一古老理想而奋斗的艰辛历程之后，我们面对今日的拉美大陆现实不禁感慨万千，玻利瓦尔主义的思想并未因时间的推移而消逝，反而随着历史的不断发展而越来越受到人们的崇敬。玻利瓦尔留给后人的思想遗产是丰富多彩的，玻利瓦尔主义的历史命运带给后人的思考也是发人深省的。

伟大变革时代造就伟大人物。玻利瓦尔及其思想是资产阶级大革命时代的产物。他凭借资产阶级大革命和民族独立运动的大舞台，学习当时最先进的思想，勇于参加革命斗争，善于总结实践经验，创造性地提出一系列适合拉美国家的建国、治国方略和地区一体化设想。由于复杂的历史原因，他的许多设想当时未能实现，但他的一体化思想和执着的精神为拉美人民留下了宝贵的思想遗产。哥伦比亚总统贝坦库尔说："玻利瓦尔在一体化方面的首创性是无可争辩的，……他从献身于美洲的解放事业起，就一刻也没有离开过一体化思想。"[①]两个世纪以来，拉美形势发生了深刻变化，拉美出现了众多的思潮和流派，有的曾轰动一时，但没有哪一种思潮像玻利瓦尔主义那样被如此持久、广泛地接受和传播。玻利瓦尔主义的生命力就在于它的民族性和国际性的有机统一。它抒发了拉美人民深沉的愿望，提出了拉美各民族的要求：独立、富强、民主、统一、团结、合作、反剥削、反霸权。玻利瓦尔这些思想符合人类历史发展规律，因而能在当代拉美找到实践它的现实力量。从玻利瓦尔的拉美政治一体化到战后拉美经济一体化，始终贯穿着拉美"自

---

① 参见肖枫. 论玻利瓦尔的拉美联合思想——纪念西蒙·玻利瓦尔诞生二百周年[J]. 世界历史，1983（3）：19.

强不息，联合反霸"的思想。玻利瓦尔主义凝聚拉美各国人民的事实充分证明，伟大人物的先进思想一旦深入人心，一定会变为推动历史前进的巨大力量。

历史在发展，社会在进步，先进的思想和学说只有随着实践的发展而不断发展才能永葆理论的青春活力，才能保持理论对实践的指导作用。从 20 世纪 60 年代拉美一体化组织的建立和发展，到拉美一体化走向成熟，其中固然有国际背景的因素，但最为重要的是，拉美各国在继承了玻利瓦尔主义思想的基础上，又根据国际环境和拉美地区形势的新变化发展了玻利瓦尔主义。普雷维什对继承和发展玻利瓦尔主义做出了巨大贡献，他的内源性发展和地区一体化均衡发展的思想、强调改革旧的国际经济秩序的思想及在旧的国际竞争机制中不放弃国家的干预和保护作用的思想，对当代拉美一体化进程已经产生并将继续产生重要影响。20 世纪 80 年代以来拉美一体化健康发展，同拉美一体化理论的进一步完善和发展紧密联系在一起。可以说，普雷维什主义实质上是发展了的玻利瓦尔主义。同样，普雷维什主义也随着 20 世纪 90 年代国际环境和拉美地区内形势的变化而不断注入新的内容。"开放性的地区主义"就成了新时期的玻利瓦尔主义。玻利瓦尔主义—普雷维什主义成为拉美一体化的思想旗帜绝非偶然。

历史不会重演，然而历史规律是不会改变的。19 世纪，在美洲大陆并行存在着主张"一体化"的两种思想体系，即玻利瓦尔主义和门罗主义。由于当时的时代特点和拉美新独立国家本身存在的弱点，玻利瓦尔的理想未能实现，而美国在门罗主义旗帜下提出的建立美洲国家多边组织的构想，不仅受到美国政界和企业界领导人的欢迎，也得到拉美各国领导人的响应。其结果导致 1889—1890 年建立起美洲共和国国家国际联盟——一个由美国政府领导的泛美体制，从而把新独立的拉美国家纳入强大的"山姆大叔"的保护之中。正如委内瑞拉中央大学政治学教授、委内瑞拉原驻联合国代表团成员博埃斯内尔博士在他撰写的《拉丁美洲国际关系简史》（在他之前没有人写过如此系统的拉美国际关系史）中正确指出的："已经进入帝国主义和霸权主义时代的美国，把原来只有拉丁美洲人在考虑的成立美洲国际组织的功劳窃为己有，并为确立其在共和国国家联盟中的领袖地位迈出了第一步。"[①]历史车轮越过一个多世纪的坎坷历程之后，新的课题又摆在拉美各国人民的面前：美国克林顿总统倡议的于 2005 年实现美洲自由贸易区的计划和拉美人民力主

---

① D. 博埃斯内尔. 拉丁美洲国际关系简史[M]. 殷恒民，译. 北京：商务印书馆，1990：154.

的美洲一体化方针存在着严重的分歧。值得注意的是，美国打出的旗帜依然是基于一种"共同利益"而建立的一种"新的伙伴关系"；然而，拉美人民不会忘记，美国领导的泛美组织在百余年中使拉美人民付出了沉重代价。美拉关系过去没有，今后也很难有真正的平等的"伙伴关系"。拉美各国的政治家有同美国打交道的丰富经验，他们在美洲一体化问题上不会完全听从于美国的指挥，历史不会重演。但是，美国企图控制拉美、抗衡欧盟和日本、独霸世界的战略不会改变。加之，拉美各国经济发展存在着不少困难，美国市场具有极大的吸引力。可以预见，美洲一体化将经历一个异常复杂而漫长的发展道路。要确保美洲一体化沿着有利于拉美各国人民的方向发展，就必须把美洲一体化作为拉美各国发展战略来研究，从一体化理论上和实际操作上解决当前面临的各种难题。比如，根据新情况不断充实、深化一体化理论，使之适应新形势需要；美拉关系中经济一体化和政治、文化一体化的关系；拉美各国关系中团结合作和国内经济、政治结构性改革的关系；扩大国内市场和拓展国际市场的关系；地区大国的地缘政治战略和地区一体化战略的关系；经济发展和社会公正的关系等。可喜的是，这些问题正在引起拉美各国政治家的广泛关注。人们期待着，拉美各国在处理美洲一体化问题上，既能坚持原则，又有灵活性，力求以己为主，趋利避害，以斗争求团结，以合作求发展。这是拉美各国人民历史经验的总结，也是拉美各国政治家唯一正确的选择。

2010 年墨西哥"团结峰会"的历史解读①

当今国际社会，全球性、地区性乃至集团性的峰会一个接一个，昭示着21 世纪的国际格局正进入大变革、大发展的新时期。2010 年 2 月 22—23 日，在墨西哥坎昆召开的、有 32 个拉丁美洲和加勒比国家领导人参加的"团结峰会（Cumbre de la Unidad）"，未被国内媒体作深度报道；然而，我们从拉美独立 200 年来发展的历史眼光看，从峰会目标确定为"组建没有美国参加的拉美和加勒比国家共同体"（简称"无美联盟"）及会议结果等方面考察，就不得不承认，坎昆"团结峰会"展示出的意义远比 G7、G8 峰会更值得关

---

① 这一部分原载于《南开学报》（哲学社会科学版）2013 年第 3 期，原题目为《"拉美人民将一起创造新的历史"——对墨西哥"团结峰会"发出时代强音的历史解读》，收入本书时改为现在的标题。

注和研究。尤其是峰会上发出的时代强音——"拉美人民将一起创造新的历史"①，它留给世人思考，极富普遍意义。

一、"团结峰会"的召开：划时代的历史事件

坎昆"团结峰会"，是在拉丁美洲国家纪念独立 200 周年系列活动走向高潮时召开的一次规模空前的高规格峰会。纵观大会的全过程，可看出以下特点。

（一）"团结峰会"未邀请主导泛美组织长达 120 年之久的美国参加，而邀请被美国封锁近 50 年的古巴出席，这是拉美国家独立 200 年来第一次由拉美和加勒比地区独立国家自主发起、自主召开的讨论自己内部事务的历史性峰会。

在经济全球化深入发展，欧盟、东盟、北美自由贸易区等区域一体化组织纷纷建立的新形势下，拉丁美洲地区和次区域一体化进程也有了长足的进展。但是，就西半球说来，在国际社会上，能以整体代表拉美参与的组织只有美洲国家组织（包括美国和加拿大）和伊比利亚美洲国家首脑会议（包括西班牙、葡萄牙和安道尔）。现有的美洲国家组织对于拉美国家说来，虽然具有一定的参与性，但并不具备应有的代表性。实际上，美洲国家组织在美国主导下早已成了美国和加拿大两大发达国家表达它们意志的讲坛。拉美和加勒比地区，虽说有里约集团、加勒比共同体等区域组织，有南方共同市场、安第斯共同体等次区域合作机制，但都不具有广泛的代表性和对整个拉美与加勒比地区的影响力，无法使此地区 33 个国家在国际社会上以一个声音说话，维护它们共同的权益。由此可见，建立专门讨论拉美和加勒比 33 个国家自己问题的论坛，成立一个没有美国和加拿大这两个发达国家参加的新组织，不仅是一个古老的梦想，也是 21 世纪新形势发展的需要。

2010 年 2 月 22 日，来自拉美和加勒比地区 32 个国家的领导人或代表应主办国墨西哥政府的邀请来到墨西哥海滨城市坎昆，出席一次极不寻常的盛会。玻利维亚总统埃沃·莫拉莱斯（Evo Morales）抵达坎昆后接受墨西哥记者采访时说："把拉美和加勒比各国领导人聚集在一起召开为期两天的会议，给为社会正义而斗争的拉美各国人民以希望，这本身就很有意义。"②

---

① 出自《人民日报》2010 年 2 月 23 日国际版。

② "Nace la Comunidad de Estados Latinoamericanos que sustituirá a la OEA," 2010-02-24, www.diariocritico.com/bolivia/.../Cunmbre-de-rio.htm.

　　（二）"团结峰会"围绕创建拉美和加勒比国家共同体的必要性及其与美洲国家组织的关系这一主题展开了激辩与博弈，并取得重要成果。

　　由美国主导的美洲国家组织机制化运作已有 130 多年的历史。受地缘政治影响，长期形成的美拉多边关系和双边关系已处于"欲合不成，欲罢不能"的微妙境地。伴随新自由主义经济改革在拉美地区的全面展开，加速了左、中、右各派的分化。所有这些因素决定了"团结峰会"围绕会议主题进行辩论与博弈不可避免。

　　2 月 22 日，第一位抵达坎昆的巴拉圭总统费尔南多·卢戈（Fernando Lugo）对峰会充满信心，他希望这个划时代的会议取得历史性成果。然而，峰会进入实质性问题讨论时，分歧就出现了。委内瑞拉总统乌戈·查韦斯（Hugo Cháves）和古巴国务委员会主席劳尔·卡斯特罗（Raúl Castro）在多种场合呼吁，成立拉美和加勒比国家共同体就要"解散美洲国家组织"①。查韦斯还对民众说，由他主导的拉美左翼认为，新的组织应该"彻底从美国的干涉中独立出来"。玻利维亚总统莫拉莱斯表示，他赞成创建一个"没有美国参加的新的拉美区域一体化联盟"。他强调指出，"有美国参加就无法保障民主，就无法保障和平和社会正义"。他呼吁拉美和加勒比各国团结起来，"尽快摆脱美国的影响"。巴西总统路易斯·伊纳西奥·卢拉·达席尔瓦（Luiz lnácio Lula da Silva）不仅同意建立"一个所有国家的共同体（una comunidad de estados）"，而且明确指出，建立共同体"是一个重要的历史事件"。当然，会上也有不同的声音。乌拉圭前总统胡里奥·玛丽亚·桑吉内蒂（Julio Maria Sanguinetti）明确表示，反对建立新的组织机构，他争辩说："现在建立一个有拉美各国而没有美国参加的新组织，我没看出有什么意义。我们已经有了里约集团，也有了协调一致和各种对话的机制，还需要更多的东西吗？"桑吉内蒂的发言说出了美国想说而不好说的话。美国虽然没被邀请参加会议，但它十分关注会议的进展，对不邀请洪都拉斯参加会议横加指责，诬称拉美国家"僵硬而肥厚（esclerótico e hipertofiados）"②。尽管会上争论得很激烈，但 32 个国家的领导人都表现出顾全大局的姿态。经过两天的会上激烈讨论和会下充分交换意见，本着协商一致的原则，与会各国领导人最终

---

　　① "Sin Estados Unidos: America Latina Y el Caribe Acordaron Crear Organismo Diplomático," www.elcomercio.pe.

　　② "Una Nueva Institución Regional sin Estados Unidos," 23/02/2010, www.Elmundo.es/america/2010/02/.../1266944223.html.

在关键问题上取得了共识，以鼓掌的方式一致同意建立新的共同体组织以推动本地区的发展和一体化进程。会议东道主墨西哥总统费利佩·卡尔德龙·伊诺霍萨（Felipe Calderon Hinojosa）在总结会议时指出："我们决定创建拉美和加勒比国家共同体，目的是为我们所有国家提供一个自己的地区性的活动场所……该地区需要一个强有力的取得共识的机制，以确保其国际地位，并促使拉美和加勒比国家面对国际议程中诸多新课题时，在维护本身利益方面得以快速而有效地采取行动。"[①]在谈到新组织的组织原则时他指出："新的组织以促进次区域机构之间的合作机制为天职，其安全原则有如尊重国际法、国家主权平等、不使用武力、促进民主和人权。此外，将优先考虑推动区域一体化，以促进本地区可持续发展和政治合作。"他还指出，各国对新组织的名称存有不同看法很正常。他援引劳尔·卡斯特罗的话说："名称问题不应该成为最重要的议题。"他指出，新组织的名称"最终将在 2011 年委内瑞拉和 2012 年智利的峰会上做出决定"[②]。

在大会闭幕式上，卡尔德龙总统还就新组织与"美洲国家组织"之间的关系问题提出了看法，指出，"新组织不会与美洲国家组织对立"，它将与美洲国家组织"平行运作"[③]。由 32 个拉美和加勒比国家领导人参加的"团结峰会"取得的重要成果来之不易，受到各国各界广泛的好评。

（三）"团结峰会"在调解委内瑞拉和哥伦比亚之间的关系方面做了大量细致工作，使两国之间存在多年的积怨得到暂时缓解，对增进拉美国家内部团结、确保峰会取得成果发挥了积极作用。

世人皆知，委内瑞拉和哥伦比亚两国之间的矛盾与冲突由来已久，且有着复杂的国际背景和国内政治根源。委内瑞拉总统查韦斯是拉美激进左派的代表、华盛顿最直言不讳的批评者。哥伦比亚总统阿尔瓦罗·乌里韦·贝莱斯（Alvaro Uribe Vélez）是美国在拉美的"首席朋友"，是拉美国家中唯一与美国签订军事协议、允许美国使用哥伦比亚七个军事基地的合作者。这两位关系早已存在深刻裂痕的总统，在出席坎昆峰会的第一天就爆发了一场激烈

① "Acuerdan Crear Comunidad de Estados Latinoamericanos y Caribeños," 2010/02/23, www.eluniverso.com.

② "Nace la Comunidad de Estados Latinoamericanos que sustituirá a la OEA". 2010-02-24, www.diariocritico.com/bolivia/.../Cunmbre-de-rio.htm.

③ "Sin Estados Unidos: America Latina Y el Caribe Acordaron Crear Organismo DiplomáTico," www.elcomercio.pe.

的争辩。乌里韦声称，委内瑞拉坚持对哥伦比亚实行贸易禁运；而查韦斯则声称，哥伦比亚准军事人员和犯罪分子威胁他的生命。面对双方互不相让的局面，在场许多国家领导人都出面进行调解，查韦斯和乌里韦最终接受了大家的意见，委托多米尼加总统莱奥内尔·费尔南德斯（Leonel Fernandez）就此事做出具体安排，从而使会议得以继续进行①。值得欣慰的是，此后不久，哥伦比亚新当选总统胡安·曼努埃尔·桑托斯·卡尔德龙（Juan Manuel Santos Calderón）上台后，委、哥双方关系有了很大改善，拉美各国都乐见其成。

此外，大会还就组建拉美和加勒比同家共同体若干重要原则问题、组织章程的起草及其相关筹备工作充分交换了意见，并就英阿马岛争端中支持阿根廷的立场、声援海地人民抗震救灾重建家园、保护移民人权、支持厄瓜多尔停止美国在厄开采石油的行动、反对美国对古巴的经济封锁等问题表明了一致立场，彰显出拉美国家内聚力的增强，为团结峰会圆满成功做出了贡献。

（四）"团结峰会"的胜利召开，向世人展示出在追求"大团结"梦想上迈出了可喜的第一步。"拉美人民将一起创造新的历史"这一时代强音，将激励拉美人民迎接挑战、争取新的胜利。

为期两天的"团结峰会"，于 2 月 23 日一致通过《坎昆宣言》后胜利闭幕。峰会东道主、里约集团轮值国主席墨西哥总统卡尔德龙在闭幕式上指出："坎昆峰会规模空前、意义深远，是拉美和加勒比'大家庭'一次真正的完美聚会。"本地区 32 个国家中 26 位现任元首和 2 位候任总统"共商地区发展大计的壮举创造了新的历史"②。巴西总统卢拉指出："今天的决定不是一般的历史事件，在一定程度可以说，是今天我们这些本地区的人正在战胜我们的个性。"③卢拉这席话说到了关键点上。试想，如果 32 个国家的领导人（其中有各种派别）都强调其本身的"个性"而不追求"共性"，很难设想峰会能在一些重要问题上取得共识。如果各个派别都坚持自己派别的利益，而不顾全地区的整体利益，就无法实现全地区"大团结"的梦想，拉美国家想在国际社会上以一个声音说话就难以办到。

"团结峰会"的召开，得到了各国媒体和国际舆论的广泛支持和积极评价。拉美各国人民普遍认为，在这次峰会上，各国领导人表现出的顾全地区大局、

---

① "Acuerdan Crear Comunidad de Estados Latinoamericanos y Caribeños", www.eluniverso.com.

② 赵涛．"无美"联盟成立程序全面启动坎昆聚会落幕[N]．文汇报，2010-2-25.

③ "Una nueva institución regional sin Estados Unidos", www.elmundo.es/america/2010/02/.../1266944223.html.

求同化异的团结精神，其取得的成果也是史无前例的，在此基础上组建没有美国和加拿大参加的新的地区组织，必将大大提升拉美地区在整个国际社会的话语权，为拉美人民团结在一起创造新的历史奠定了坚实的基础。

当然，我们要充分估计到今后筹建新的地区组织过程中面临的困难和挑战，如新组织的定位及其与美洲国家组织的关系，以及新组织的名称、功能、运作机制及发展目标等，所有这些都有待在今后两年的筹备工作中妥善解决。显然，由于各国在经济体制、执政方式乃至意识形态上有所不同，特别要看到查韦斯总统去世后拉美左派力量受到巨大冲击，有些问题解决起来可能会出现一些难以想象的困难；但是，和平、发展、稳定是时代的主流，拉美和加勒比国家走向团结合作是人心所向。人们有理由期望，有"团结峰会"打下的良好基础，拉美人民将创造新的历史。

二、"泛美联盟"的危机：历史逻辑发展的结果

墨西哥《每日评论》在"团结峰会"闭幕时写道，"团结峰会"给世人一个总的印象是，"美洲国家组织开始动摇了……各种选择的必然性迫使进行一种方向上的改变，与会国家都赞成创建一个以一个声音说话的拉丁美洲和加勒比国家联盟，在这个多边论坛中既没有加拿大也没有美国参加"①。这篇评论提示人们，泛美组织已处于危机四伏的境地，一个"无美"的拉丁美洲新组织（Nuevo Organismo Latinoamericano sin Estados Unidos）即将诞生。1889年建立起来的"泛美联盟"，时至今日产生了危机，令人思考。从根本上说，这是由于"泛美联盟"本身功能的缺失造成的，是美拉关系内在逻辑发展使然。"泛美主义"一词，最早见于1889年9月27日的《纽约晚间邮报》。如果追忆历史便知，"泛美"一词的思想起源是伴随美洲大陆的发现而出现的。500多年前，到达美洲新大陆的西班牙大主教佩德罗·巴托洛梅·德拉斯卡萨斯（Pedro Bartolomé de las Casas）在他的手稿中第一次使用了"统一性"（Unidad）这一概念，指的是，在当时西班牙征服者心目中，新发现的大陆具有统一体的性质。他认为，基督教义应该成为整个美洲新大陆人的基本信仰。著名国务活动家孔德·阿兰达（Conde Alanda）在提交给西班牙国王卡洛斯三世的秘密报告中，曾从维护西班牙国家政治利益出发谈及新世界地理和政治

---

① "Nace La Comunidad de Estados Latinoamericanos Que Sustituirá a La OEA," www. diariocritico. com/bolivia/.../Cunmbre - de - rio. htm.

上的统一性问题。他支持德拉斯卡萨斯以宗教统一美洲新大陆的观点。西蒙·玻利瓦尔（Simón Bolívar）注意到西班牙这种传统观念，考虑到独立运动的实际斗争需要，于 1810 年 9 月 15 日在一篇题为《早期历史》的文章中提出"把全美洲人民引向联合组成联邦"的主张①，并试图通过巴拿马大会（1826）将其主张付诸实践，以巩固南美新生共和国政权。中美洲独立运动领导人、洪都拉斯大学者堂何塞·塞西略·德尔瓦列（Don José Cecilio del Valle）在中美洲联邦省获独立不久也"曾设计了一项旨在把新生共和国合并成一个大陆联盟的制度性构想"②。与此同时，1823 年美国发表了"门罗宣言"，其主旨之一是，在反对非美洲势力插手美洲事务的同时，利用所谓同拉美国家共处于一个新大陆的事实，试图将独立的拉美国家围于美国未来的势力范围，从而为日后建立以美国为中心的"泛美主义"框架打下基础。

可见，"泛美"一词的思想起源是一个历史范畴，在不同的时期和不同的地域有着不同的内涵，甚至不同的代表人物对同一范畴的内涵也会有不同理解。美国政界的代表人物认为，泛美主义起源于玻利瓦尔主义，玻利瓦尔是泛美体系的先驱③。美国著名历史学家艾·巴·托马斯从学理上阐述了拉丁美洲领袖人物倡导的泛美主义政策与美国门罗主义的联系，指出："当美国制定了保护它自己不受欧洲干涉的单边政策的时候，拉丁美洲则倡议了一项就原则而论比较全面的政策，即泛美主义政策。作为独立斗争的产物，这项原则代替了门罗主义，成为美洲国家的共同信条。"④上述论断和分析，从形式上看，似乎有些道理；但是严格说来，有些提法既不准确也不科学。事实上，玻利瓦尔主义与门罗主义，无论在泛美化的区域范围，还是在泛美体系的内涵及其性质上都存在着本质区别。玻利瓦尔主张建立一个以反对一切形式的殖民主义（包括北方邻居美国）、维护民族独立和尊严为目的的西属美洲新独立国家的联邦；而门罗主义则是要把摆脱西班牙、葡萄牙殖民统治的新独立国家纳入美国的盎格鲁-撒克逊的框架体系之中。玻利瓦尔主义体现出新生的独立国家要求团结联合反殖的对外政策的特质，而门罗主义集中体现出美国立国以来传统外交中对外扩张的、单边政策的特征。两者赖以产生的价值取

①　Ricardo A Martinez. *De Bolívar a Dulles*[Z]. México, 1959: 34-35.

②　Carcamo Adylia Zavala. *Valle Panamericanista*[Z]. Edit Gutiérrez lndustrial, 1996: 18.

③　例如，美国总统富兰克林·罗斯福认为泛美主义起源于玻利瓦尔主义，肯尼迪总统也认为玻利瓦尔是泛美体系的先驱。

④　艾·巴·托马斯. 拉丁美洲史：第4册[M]. 寿进文，译. 北京：商务印书馆，1973：1378.

向和思想内涵有着本质区别。由此可见，不是像托马斯所说的，是玻利瓦尔的泛美主义"代替"了门罗主义成为"美洲国家的共同信条"，而是美国政府巧妙地利用了新独立的国家要求团结联合的良好愿望，把美国扩张的单边政策渗透进西属美洲国家，变成"美国的信条"。

19 世纪美国与新独立的拉丁美洲外交关系演变的事实，是对泛美主义的起源及其本质最有力的佐证。墨西哥学院著名学者特雷莎·玛雅·索托马约尔指出："19 世纪美拉关系的演变，同'美洲大陆所有国家具有共同命运'这样一种认识联系在一起。然而，从一开始这种看法就没有抓住问题的真正本质，而只是一种难以实现的构想。1823 年美国发表了'门罗宣言'，其精神远未反映当时大陆各国之间的真实状况。相反，在 19 世纪 20 年代，拉美各国人民要大力推动新兴独立国家从古老的欧洲分离出来组建他们自己的有如'北方邻居'那样年轻而又充满活力的自治联盟组织。"①事实上，从美国与拉美发生外交关系起，美国一直强调南北美洲之间存在着共同的利益。"门罗宣言"的发表，对正在争取民族独立的拉美各国客观上起到一定的进步作用，但是，随着拉美独立运动的深入展开和美国的实际行动，拉美国家对门罗主义的幻想破灭了。对此，玻利瓦尔在《牙买加来信》中指出："我们有理由希望所有文明的国家从速来帮助我们，使我们获得胜利，而这对两个半球都是有好处的。但是，这些希望都落空了！不仅欧洲人，连我们北方的兄弟们对这场斗争都袖手旁观。而这场斗争从本质上来说是最正义的。"②以玻利瓦尔为代表的拉美人民从斗争实践中认清了"门罗宣言"的本质是一种"自私的政策"，认识到只有坚持大陆团结、联合反殖的对外政策才能争得民族斗争的最后胜利。玻利瓦尔从 1810 年撰写《早期历史》一文表达他"把全美洲人民引向联合组成联邦"的理想，到 1817 年委内瑞拉第三共和国向另一个西属美洲国家（拉普拉塔联合省）提出订立《美洲条约》的建议；从 1819 年把新格拉纳达和委内瑞拉合并为一个大哥伦比亚共和国，到 1826 年召开巴拿马大会，缔结《团结、同盟和永久联邦条约》。玻利瓦尔为实现其"大祖国"的梦想进行了 16 年的艰苦斗争和锲而不舍的外交努力。虽然由于当时国内外历史条件不够成熟，玻利瓦尔建立西属美洲联邦的努力遭受挫折，但是泛美主义思想由此得以在整个美洲生根发芽。从这个意义上称玻利瓦尔为"泛美

---

① Teresa Maya Sotomayor, "Estados Unidos y el panamericanismo: el caso de la I Conferencia Internacional Americana (1889-1890)," www.historiamericana.colmex.mx/pdf/13/art-13-2002-16639.pdf.

② 中国社会科学院拉丁美洲研究所. 玻利瓦尔文选[M]. 北京：中国社会科学出版社，1983：49.

主义之父"并不为过。值得注意的是，随着美国早期资本主义的发展，美国的扩张欲望迅速膨胀，英国在南美洲的影响无疑成了美国向南扩张的障碍。为了将英国及其他欧洲势力排挤出美洲，美国采取了隐蔽的手法，渐渐把门罗主义的原则融入泛美主义之中。到19世纪中后期，拉美新独立国家的首领们先后于1847年召开利马会议，1856年召开圣地亚哥会议，1864年召开利马会议，多次尝试联合，但都归于失败，这样就为美国提供了天赐良机。

1889年10月，美国迎合拉美国家力主联合反殖的愿望，打着维护西半球和平与安全的旗号在华盛顿召开了第一届美洲国家国际会议，建立起"美洲共和国国际联盟"（La Unión Internacional de los Repúblicas Americanas），简称"泛美联盟"，总部设在华盛顿。进入20世纪，美国又利用两次世界大战造成的国际格局于1948年强化了泛美组织，将"泛美联盟"更名为"美洲国家组织"（OEA），其功能也扩展至经济、政治和军事等领域，从而建立起以美国为中心的泛美体系及其一整套运作机制。这样，美国就彻底异化了玻利瓦尔的泛美主义，实现了从门罗主义到美式泛美主义的质的飞跃，把拉美变为美国的"后院"，并置于附属地位。从上述泛美主义的起源、发展和嬗变中，我们得出的一条结论是，把玻利瓦尔的"泛美主义"同美国主导的"泛美主义"混为一谈是不科学的，也是违背历史事实的。美国推崇的"泛美主义"演绎出的"泛美联盟"的危机，是其自身内在矛盾积累到一定程度导致最终突变的结果，是历史内在逻辑发展的产物，是不以人们的意志为转移的。

诚然，这种内在逻辑的发展，是一个十分曲折、复杂，且充满矛盾、斗争的历史过程。"泛美联盟"成立之初，拉美各国普遍抱一种肯定、欢迎的态度。有人甚至把"北方邻居"比作"巨鹰"，希望用它"辽阔而有力的翅膀、巨大的身影来遮蔽南方"。但是，历史事实是，美国所热心的不是拉美各国人民的利益，而是美国自己的利益，即把欧洲国家的经济势力排挤出西半球，使拉美地区成为美国的商品销售地和原料供给地。泛美组织建立120多年来，其组织形式、活动领域及功能发生了一些变化，从一个开展贸易性活动的合作组织到第二次世界大战后扩展为整个西半球的区域性政治、军事组织。但是，由美国主导、支配的泛美组织在为美国国家利益及其国际战略服务这一点始终没有任何改变。这就是泛美组织内部美国与拉美各国之间充满了信任与疑惧、希望与失望、联合与分化、合作与冲突的原因所在，这也从根本上暴露出泛美组织本身存在的脆弱性。这种脆弱性突出体现在以下三个方面。

1. 经济方面。北美和中南美洲同处于西半球。虽然南北美洲经济发展水平有明显差别，具有很强的互补性，但是由于泛美组织本身性质决定了美国和拉美在经济领域中不可能取得合作共赢的结果。美国追求的是拉美国家赋予美国特惠权，拉美国家追求的是平等互利。墨西哥外交部官员在揭示泛美主义的脆弱性时指出："在经济方面，泛美主义没有建立起能实实在在促进拉丁美洲人民生活水平提高的美洲国家间合作的原则，其缘由在很大程度上是泛美主义的组织机构和文件中没有体现这个问题。由于它本身性质决定了它不是建立在大陆上两个有明显差别的经济区的实际分工基础之上的，尽管它们之间的经济具有互补性，可是它们之间存在着许多经济问题、利益问题和基本目标不一致的问题。"[1]正是由于美拉之间"基本目标不一致"，所以历次美洲国家首脑会议很难在经济问题上取得完全一致的意见。例如，在第四届美洲国家首脑会议上（2005 年 11 月在阿根廷召开）就是否重启美洲自由贸易区谈判问题上产生了严重分歧，一个重要原因是巴西等国认为美国不在取消农产品补贴问题上做出让步就不存在继续进行自由贸易谈判的条件。由于美国拒绝接受巴西等国的意见，导致美国重启美洲自由贸易区谈判的计划失败。

2. 政治方面。在泛美组织中，在不触及美国根本利益的问题上，或美拉之间存在某些共同利益汇合点的问题上，如争取和平、主张代议制民主等方面，美拉双方是可以取得共识的。然而，在另外一些原则问题上，如在直接关系到拉美国家的主权与安全的"不干涉原则"的问题上，"彰显出根本性的政治对立，而由此把美洲大陆分割成两个美洲"[2]。这里不必赘述世人皆知的、20 世纪初和两次世界大战之间美国在拉美和加勒比地区所推行的"大棒政策"和"金元外交"，以及第六次、第七次泛美会议上关于不干涉他国内政原则的激烈争辩的事实，仅美国对古巴这一主权国家实行经济封锁长达近半个世纪而置拉美国家呼声于不顾的事实，足以暴露出美国控制美洲国家组织使之为本国利益效劳的真实本质。奥巴马入主白宫后，试图改变布什执政八年对拉美"漠不关心"的状况。他在 2009 年 4 月 17 日召开的第五届美洲国家

---

① Jorge Castañeda. Pan Americanism and Regionalism: A Mexican View[J]. *International Organization*, Vol. 10, No. 3, August 1956: 376.

② Jorge Castañeda. Pan Americanism and Regionalism: A Mexican View[J]. *International Organization*, Vol. 10, No. 3, August 1956: 381.

首脑会议开幕式上表示，要改善与拉美国家的关系。在开幕式上，第一个发言的阿根廷总统克里斯蒂娜明确指出美国应该取消对古巴的封锁，她的发言得到与会多数代表的强力支持。然而，由于美国不同意，会议没能通过相应决议。事实表明，泛美组织中任何重大政治问题没有美国点头就办不成。面对如此尴尬情景，拉美各国领导人难道不会有所思，也不想有所为吗？

3. 安全方面。门罗主义重要原则之一是反对欧洲干涉美洲国家的事务。《泛美互助条约》规定，对美洲一国的进攻应被视为对全体美洲国家的进攻，每一个缔约国都应承担义务、给予援助。应该说，这些文字上的表述，如果能得到各方的恪守，必定有助于美洲各国的团结统一。然而，无情的事实使拉美各国人民大失所望。以 1982 年爆发的"马岛战争"为例，英阿冲突之初，美国时任总统里根声称，英国和阿根廷都是"美国的朋友"，美国尽力帮助"和平解决"争端；但是随着英阿冲突升级，美国宣称放弃"中立"立场，支持英国。这不仅不符合美国宣扬的门罗主义精神，也直接违背了《泛美互助条约》的原则规定，理所当然地遭到阿根廷和拉美各国人民的强烈抗议。阿根廷人民把美国这种背叛行为怒斥为"在阿根廷人民背后捅了一刀"。拉美各国人民同仇敌忾，强烈谴责美国在关键时刻不履行它对《泛美互助条约》应该承担的义务，认为这是对泛美体系的背叛。由此，"马岛战争"使泛美主义貌合神离的趋向更加明显[1]。

以上从经济、政治和安全方面揭示出泛美组织内部存在的种种难以克服的矛盾。从中看到，泛美组织建立 120 多年来，美洲大陆各国之间始终无法团结统一，这绝非偶然。墨西哥外交家豪尔赫·卡斯达涅达说："大陆政治团结方面存在的问题，既是泛美的真诚精神缺失的根源，也是这种真诚精神缺失造成的后果。"[2]卡斯达涅达一语中的。从泛美组织建立起，美国就巧妙利用拉美国家联合反殖的良好愿望和维护西半球和平与安全的"共同利益"笼络人心，千方百计地直接控制泛美组织体系，迫使拉美国家配合它更有力地排除欧洲国家在拉美的势力，实现其战略目的。这种以"共同利益"为名行谋私利之实的行为本质决定了泛美组织产生危机的历史必然性。

拉丁美洲国家纪念独立 200 周年的筹备工作，验证了泛美组织产生危机

---

① 管彦忠. 阿根廷之旅[M]. 北京：科学普及出版社，1995：4-5.

② Jorge Castañeda. Pan Americanism and Regionalism: A Mexican View[J]. *International Organization*, Vol. 10, No. 3, August 1956: 387.

的历史必然性。2007 年 7 月 26 日，在智利中西部港口城市瓦尔帕莱索（Valparaiso）召开的伊比利亚美洲首脑会议（Cumbre Iberoamerica）上，做出了建立纪念拉美国家独立 200 周年筹备组的决定。此后，拉美和加勒比一些国家先后建立了各自的"纪念独立 200 周年全国委员会（Comisiones Nacionales para la Conmemoración de los Bicentenarios de la Independencia）"，并陆续启动了各具特色、丰富多彩的纪念活动。既有各国政府举办的系列庆典，也有学者们发起的各种论坛，还有不分种族、国籍的各种文化盛宴，其共同特点是突出独立、主权、自由、团结、移民、工业化等主题。纪念独立 200 周年筹备组还设计、制作和发行了以"自由与团结"为主题的纪念邮票。在拉美各国纪念独立 200 周年逐渐走向高潮之际，拉美地区内部出现的许多热点问题，如美国在哥伦比亚建立军事基地所引发的委内瑞拉和哥伦比亚政治危机、洪都拉斯军事政变、美洲贸易谈判、解除对古巴的经济封锁、新的马岛争端、美国亚利桑那州出台移民法等问题。美拉之间的对抗和冲突愈演愈烈。在以上这些涉及拉美各国核心利益的问题上，拉美人民的意愿难以实现，每每都由美国"霸主"说了算。面对这种严酷的现实，拉美国家要求话语权的呼声日益高涨。墨西哥总统卡尔德龙在 2008 年里约集团首脑会议和拉美及加勒比国家首脑会议上，提出了成立一个没有美国和加拿大参加的拉美和加勒比联盟的构想。该构想一经提出，立即得到所有拉美国家的热烈响应和强力支持。经过两年的准备与磨合，建立一个"无美"联盟的梦想终于在拉美人民纪念独立 200 周年的高峰年（2010 年）提上日程。墨西哥"团结峰会"胜利召开，并已经记录在当代拉丁美洲的史册上。虽然今后的道路还会有诸多困难和障碍，但是有了"团结峰会"这一壮举，拉美各国人民一定会克服前进道路上的艰难险阻，以新的姿态开启拉丁美洲"崭新的未来"。

三、团结是硬道理：历史与现实的对话

拉美和加勒比 32 个国家领导人在"团结峰会"上一致通过的《坎昆宣言》，就进一步增进"地区团结"、成立一个"无美"的拉美和加勒比共同体、推动"地区一体化进程"等问题达成了广泛共识，为拉美独立 200 周年盛典献上了一份厚礼。

"地区团结"是 200 年前拉美各国取得独立战争胜利的重要原因，也是独立运动的领袖们留给后人的宝贵精神财富。当今，拉美人在实现地区团结上迈出了坚定的一步。这一步是历史性的、关键性的。它结束了 120 多年来拉

美各国没有自己地区独立组织的历史，开启了"拉丁美洲是拉丁美洲人的拉丁美洲"的新时期。

在人们为此而深受鼓舞的同时，世人也在思考另外一些问题。譬如，这个"新时期"为什么来得如此之晚?有"泛美主义之父"美称的玻利瓦尔，在美洲最早提出"大陆团结、联合反殖"的思想，为什么被美国的门罗主义异化？在亚、非、拉美地区，拉美国家独立最早，启动现代化进程也最早，其社会经济发展为什么仍相对滞后?如此等等。这里，笔者无意回答上述全部问题，只想转引一段玻利瓦尔的历史诉说，联系现实作一点解读和思考。玻利瓦尔在给牙买加岛一位先生的复信中深刻地指出："构成我们希望的一切，都来自西班牙。由此而形成的依附原则似乎是永恒的。但是，统治者的所作所为打消了我们的好感，或者说得更确切一点，打消了我们对依靠统治建立起来的帝国迫不得已的偏爱……这个逆伦的后母使我们受尽痛苦：面纱已经撕破，我们已见光明，但还有人想使我们回到黑暗中去……而殊死的斗争是不会不胜利的……我们不能因为胜利是局部和暂时的而不相信自己的命运。"[①]玻利瓦尔在这里对西班牙300年殖民统治给其父辈造成的"依附"思想形成的原因及掌握自己命运应有的信心作了精辟的分析，从而揭示出一个大时段中历史发展的一般规律。西班牙在拉美推行殖民统治长达300年，被拉美土生白人视为"后母"，而美国通过"泛美联盟"支配拉美国家130多年之久，被美国视为它自己的"后院"，历史显示出的规律何其相似耳!历史告诉人们，人与生俱来是平等的、自由的。这是资本主义对封建主义人与人之间依附关系否定的产物，是历史的一大进步。民族主权国家之间的关系亦应如此。当今，拉美和加勒比国家不甘于再被世人看作美国的"后院"，决心在内政、外交、军事、科技、文化各领域摆脱美国的影响和干涉，走自己区域一体化之路，是历史的一大进步，而进步的事业"是不会不胜利的"。

历史告诉我们，只有国家之间，尤其是主要核心大国之间首先团结好，才能凝聚全地区国家的团结，对外以一个声音说话。"团结峰会"得以成功举行并取得重要成果，有如卢拉总统指出，是各国领导人战胜了"自我"的结果。之后若干年，在各项具体筹备工作中，由于各国所处地位不同、执政理念不同、经济体制不同，乃至意识形态上的差别，争论在所难免。拉美国家各个派别只有以拉美地区发展大局为重，求大同、化大异、存小异，才能把

---

① 中国社会科学院拉丁美洲研究所. 玻利瓦尔文选[M]. 北京：中国社会科学出版社，1983：45-46.

理想变为现实。包括"泛美组织"在内的所有地区组织的发展实践告诉人们，群龙无首不行，群龙争首也不利。"领头羊"是在发展过程中形成的，而非自封的。有了"领头羊"，不遵守国际法秉公办事，也必然四分五裂。"泛美组织"之所以产生内部危机，最根本的原因是"泛美精神的缺失"，这是美国强权政治的"自私政策"膨胀的结果。从峰会上的争辩中可预见，未来的发展进程中，"拉美和加勒比国家共同体"的定位可能是个难点。笔者认为，最核心的问题是确立新组织的功能制度及其运作机制。由于地缘政治和拉美国家推行的多元外交，美国和拉美的关系是不能回避的，关键是在美拉关系中美国是否愿意真诚合作共赢，按联合国宪章及相关国际准则办事，而不是凌驾于其他国家之上。当代国际社会是开放的，一个地区邀请另外一个地区某个国家以"观察员"身份参与本地区活动是常有的事。但是，"观察员"就是观察员，是主人请来的客人。如果客人来到主人家竟以主人自居，指手画脚，那不仅是不礼貌的，而且是家人、世人和时代所不能允许的。

历史告诉我们，外交是内政的延长和继续。当前，在国际新秩序尚未建立之时，弱国不可能有更大的话语权。拉美和加勒比各国要争得在国际社会上以一个声音对外讲话，维护自身利益，行使自己权利，最重要的是把本地区内部事务做好，把本地区各区域组织、次区域合作机制协调好，尤其要提升各国经济实力和综合国力，把各国内部事务办好。只有这样，才能改变拉丁美洲国家在世界大棋局中不被发达国家所重视的局面，才能充分发挥拉丁美洲国家在国际社会上应有的作用，开创拉丁美洲多元外交的新局面。

拉美国家现代化与美洲国际秩序民主化①

两个世纪来，拉丁美洲国家现代化进程取得了巨大进展，成效显著。然而，在这块大陆的沃土上，有的国家和地区的发展至今仍极不均衡，有些国家的贫富差距在不断拉大。联合国开发计划署在一份报告中指出，拉丁美洲和加勒比地区"是世界上收入分配最不平等的地区"②。造成这种局面的原因是多方面的，非此文所能及。本文通过对 1826 年巴拿马大会、1889 年第一

---

① 这一部分原载《拉丁美洲研究》2011 年第 5 期。

② Programa de las Naciones Unidas para el Desarrollo (PNUD), *Informe Regional sobre Desarrollo Humano para América Latina y el Caribe 2010*. Nueva York, 2010: 25.

届美洲国家国际会议和 2010 年墨西哥"团结峰会"的召开及其影响的考察，试图阐明美国主导的泛美联盟组织，未能给拉美和加勒比国家现代化和地区一体化创造良好的外部条件，最终导致泛美组织屡屡出现危机。2010 年 2 月，墨西哥坎昆"团结峰会"决定组建一个"无美（Sin Estados Unidos）"的拉美和加勒比国家共同体①，这是一种明智的战略性选择。拉美和加勒比国家要实现这一目标还会遇到许多困难和挑战，但是，这一发展趋势是不可避免的。

一、巴拿马大会同第一届美洲国家国际会议博弈的实质

19 世纪初，拉丁美洲大陆进入民族独立大革命、社会大变动的新时期。饱受 300 年殖民统治的拉美人民，同西班牙、葡萄牙殖民者进行了"殊死战斗"，取得了历史性胜利，诞生了一批新兴独立国家。面对这种崭新的局面，欧洲、北美主要国家和组织都从本国利益出发制定了相应的对策。其中，西班牙不承认已经宣布独立的新兴国家；欧洲"神圣同盟"摆出一副武装干涉拉美的架势；英国提出由英美联手共同反对"神圣同盟"干涉拉美的建议；深谋远虑、另有打算的美国不愿意同英国合作，主张单独宣示自己的政策；另有一些国家持观望态度。面对此种极其复杂的局面，拉美独立运动杰出领导人西蒙·玻利瓦尔（1783—1830）高举"大陆团结、联合反殖"的旗帜，把争取民族独立、巩固民族独立同反对一切外来势力干涉联系起来，把争取新生独立国家团结合作同争取国际援助联系起来，赋予拉美民族解放斗争以深刻内涵，这是玻利瓦尔思想高于同时代其他领袖人物之处，也是他以弱制强战略思想的集中体现。

玻利瓦尔"大陆团结、联合反殖"思想的产生，基于他对美洲大陆历史特点和新生独立国家面临共同任务的深刻认识。他在《牙买加来信》这一重要文献中分析了新世界有共同的起源、共同的语言、相同的习惯和宗教、相同的遭遇和共同的目标，他利用西班牙大主教拉斯卡萨斯（Pedro Bartolomé de las Casas）提供的第一手资料写道："西班牙给我们留下的仇恨比相隔的海洋还深。要弥合我们两国心灵的距离要比将两个大陆连接起来还难。"从而得出结论说，"无疑地，要完成我们这一代人的事业，所缺少的是团结"，"只有

---

① "Una nueva institución regional sin Estados Unidos", Efe/Playa del Carmen (México) 3/02/2010, www.elmundo.es/america/2010/02/.../1266944223.html; "Nace la Comunidad de Estados Latinoamericanos que sustituirá a la OEA".www.diariocritico.com/bolivia/cumbre-de-rio.htm.

团结才能驱逐西班牙人，建立一个自由的政府"①。他特别注意到 300 多年西班牙殖民统治所形成的传统观念，即新发现的美洲大陆具有"统一性"的特质②。据此，他承认委内瑞拉是自己的祖国，同时又视南美洲为自己的"大祖国"，提出了把南美洲人民引向联合组成联邦的主张③。应该指出，在当时有类似主张的不只玻利瓦尔一人，但是形成系统思想并在多年的戎马生涯中将其思想付诸实践、用以巩固南美新生共和国政权的，非玻利瓦尔莫属。

玻利瓦尔这一战略思想的形成，同他所处的革命时代和自幼受到欧洲启蒙思想影响紧密相连。正如他在写给他的家庭教师西蒙·罗德里格斯的信中所说："我的老师，无疑，您是世界上最非凡的人……是您锻造了我渴望自由、正义、伟大和美好的心灵。我一直在走着您给我指引的道路。"④这里所说的道路指的就是"大陆团结、联合反殖"的道路。玻利瓦尔领导的战争实践都是紧密围绕"大陆团结、联合反殖"这一战略思想展开的。1826 年 6 月 22 日，当南美洲独立战争取得决定性胜利之时，玻利瓦尔主持召开了筹备已久的"巴拿马泛美大会"。大会就玻利瓦尔提交的文件进行了激烈的争论，取得共识并形成会议正式文件的主要有：《团结、同盟和永久联邦条约》；一项军事协定；一项广泛的仲裁条约；还通过了关于召开新的代表大会的决定。这些战略思想被后人称为玻利瓦尔的"泛美主义"。其中，《团结、同盟和永久联邦条约》规定："如果有必要，缔约各国将共同维护与保卫全体和每一个美洲联邦成员国家的主权与独立，以反对所有外来统治，巩固今后永久和平的基础，促进和睦与合作。"⑤由于各地区发展极不平衡、新兴独立国家内部纠纷的表面化、独立运动的各种同路人的背离，结果除大哥伦比亚共和国之外，没有其他国家批准这些文件，致使玻利瓦尔的伟大抱负未能实现。但是，这一结果不能泯灭玻利瓦尔的战略思想在世界历史上的地位。1976 年 12 月 17

① 中国社会科学院拉美研究所. 玻利瓦尔文选[M]. 北京：中国社会科学出版社，1983：45，60，62.
② 这里指的是，在拉斯卡萨斯的手稿中第一次使用了"统一性"（Unidad）这一概念。在当时西班牙征服者看来，新发现的大陆具有统一体的性质。拉斯卡萨斯认为，基督教义应该成为整个美洲新大陆人的基本信仰。西班牙著名国务活动家孔德·阿兰达（Conde Alanda）在提交给西班牙国王卡洛斯三世的秘密报告中，曾从维护西班牙国家政治利益出发谈及新世界地理和政治上的统一性问题，他支持拉斯卡萨斯以宗教统一美洲新大陆的观点。这些传统观念对玻利瓦尔联合统一思想的形成影响很大。
③ Ricardo A Martinez. *De Bolívar a Dulles*, México, 1959: 34-35.
④ Simón Bolívar. "Al señor don Simón Rodríguez. Pativilca, 19 de enero de 1824" in *Obras Completas de Bolívar*, vol. I, La Habana: Editorial Lex, 1950: 881.
⑤ Placido Molina Mostajo. *EL Libertador en Bolivia*[M]. Santa Cruz, Bolivia-Santacruz, 1975: 44.

日，联合国大会在无一弃权的情况下通过决议，"向拉丁美洲一体化的倡导者、全洲性和世界性国际组织的建立方案的拟定者、解放者西蒙·玻利瓦尔致敬"，并"确认巴拿马近邻同盟大会为 19 世纪进行世界性国际联合的最突出和最有胆略的尝试，其宗旨符合联合国体系的目标，而且提出得更早"①。联合国给予玻利瓦尔如此高的评价和荣誉绝非偶然。

要指出的是，当时在美洲大陆还并行存在着美国倡导的泛美体系，即美国总统门罗在 1823 年 12 月 2 日致国会的咨文中发表的政策声明，也就是后来闻名于世的"门罗主义"。玻利瓦尔的"泛美主义"与美国的"门罗主义"有着原则性的区别。玻利瓦尔主张建立一个以反对殖民主义、维护民族独立和尊严为目的的新生共和国的联邦，而"门罗主义"是要把欧洲势力排挤出美洲大陆，而把摆脱殖民统治的新独立国家纳入它的盎格鲁-撒克逊的框架体系之中。二者赖以产生的价值取向和思想内涵有着本质区别。诚如墨西哥学者特雷莎·玛雅·索托马约尔说："19 世纪美拉关系的演变，同'美洲大陆所有国家具有共同命运'这样一种认识联系在一起。然而，从一开始这种看法就没有抓住问题的真正本质，而只是一种难以实现的构想。1823 年美国发表了'门罗宣言'，其精神远未反映当时大陆各国之间的真实状况。相反，在 19 世纪 20 年代，拉美各国人民要大力推动新兴独立国家从古老的欧洲分离出来组建他们自己的有如'北方邻居'那样年轻而又充满活力的自治联盟组织。"②

把这两种本质不同的思想体系混为一谈③，是另有用意的。当玻利瓦尔建立南美洲"大祖国"的抱负受挫之后，特别是到了 19 世纪中后期，玻利瓦尔事业的继承者多次尝试采取联合行动失败之后，美国立即抓住时机打着维护西半球和平与安全的幌子，凭借它的经济实力，于 1889 年 10 月在华盛顿召开了第一届美洲国家国际会议，组建起"美洲共和国国际联盟"，简称"泛美联盟"。其总部设在华盛顿，其掌门人及其所有运行机制都由美国操控。进入 20 世纪，美国又利用两次世界大战造成的国际格局于 1948 年将"泛美联盟"更名为"美洲国家组织"（OEA），其功能从发展各国贸易扩展至经济、政治

---

① 奥古斯托·米哈雷斯. 解放者[M]. 杨恩瑞，等译. 北京：中国对外翻译出版公司，1982：Ⅷ.

② Teresa Maya Sotomayor, "Estados Unidos y el panamericanismo: el caso de la I Conferencia Internacional Americana (1889-1890)", www.historiamericana.colmex.mx/pdf/13/art-13-2002-16639.pdf.

③ 美国著名历史学家艾·巴·托马斯曾从学理上阐述玻利瓦尔倡导的泛美主义与美国门罗主义的联系，指出："当美国制定了保护它自己不受欧洲干涉的单边政策的时候，拉丁美洲则倡议了一项就原则而论比较全面的政策，即泛美主义政策。作为独立斗争的产物，这项原则代替了门罗主义而成为美洲国家的共同信条。"见艾·巴·托马斯. 拉丁美洲史：第 4 册[M]. 寿进文，译. 北京：商务印书馆，1973：1378.

和军事等领域，从而建立起以美国为中心的泛美体系。这样，美国就彻底异化了玻利瓦尔的泛美主义，实现了从玻利瓦尔的泛美主义到"美式"泛美主义质的蜕变，把拉美地区纳入自己的势力范围，变为美国的"后院"。至此，美国就完成了它掌控拉美新兴独立国家未来发展命运的所谓"天赋使命"。

二、美国"大院"同"后院"联姻后复杂的多边关系

"泛美联盟"成立之初，拉美各国普遍抱着一种肯定、欢迎的态度。有人甚至把"北方邻居"比作一只"巨鹰"，希望用它"辽阔而有力的翅膀、巨大的身影来遮蔽南方"。但是，实际上美国所热心的不是拉美各国人民的利益，而是美国自己的利益，即借用这种泛美组织的形式把欧洲国家的势力排挤出西半球，使拉美地区成为美国自家的领地。泛美组织建立之后，特别是进入20世纪，美国的"金元外交"和"大棒政策"及其他干涉别国内政的种种霸权行径，从反面警示了拉美各国人民。这就是美国与拉美各国之间总是充满了信任与疑惧、合作与冲突、希望与失望的复杂关系的原因所在。这种复杂的关系充分显示出泛美组织本身存在的脆弱性及潜在的危机。

从经济层面上看，美国是世界上现代化水平最高的国家，也是资金、技术、管理经验最丰厚的国家。北美和中南美洲两个经济区经济发展水平有明显差别，具有很强的互补性和合作共赢的发展前景，又有得天独厚的地缘优势。如果美国在与拉美国家的经济交往中能恪守平等互利、合作共赢的原则，本应能对拉美国家的现代化进程起到一定的助推作用；然而，美国通过泛美组织极力追求的目标是在拉美地区取得经济特惠权和垄断资本利益的最大化。例如，当20世纪80年代初拉美国家出现债务危机时，它乘人之危在拉美各国大力推销新自由主义，迫使各国过度地开放国内市场、实行贸易自由化、金融自由化和企业私有化，造成社会财富进一步向国内外私人集团集中，加剧了社会两极分化，使拉美各国付出了沉重的代价。再如，在加快拉美地区一体化还是加快推进美洲自由贸易区谈判问题上，美拉双方始终存在分歧。到2005年11月，在阿根廷召开的第四届美洲国家首脑会议上，在是否重启美洲自由贸易区谈判问题上产生了严重分歧，一个重要原因是巴西等国认为美国不在取消农产品补贴问题上有所作为就不存在继续进行自由贸易谈判的条件。由于美国拒绝接受巴西等国的合理要求，导致美国重启美洲自由贸易谈判的计划失败。墨西哥外交部官员指出："在经济方面，泛美主义没有建立起能实实在在促进拉丁美洲人民生活水平提高的美洲国家间合作的原则，其

缘由在很大程度上是泛美主义的组织机构和文件中没有体现这个问题。"①

从政治层面上看，在泛美组织中，在不触及美国根本利益或美拉之间存在某些共同利益汇合点的问题上，如争取和平、主张代议制民主等方面，美拉双方是可以取得共识的。而在另外一些直接关系到拉美国家主权与安全的"不干涉原则"的问题上，"彰显出根本性的政治对立，而由此把美洲大陆分割成两个美洲"②。这里且不谈 20 世纪在第六次、第七次泛美会议上围绕不干涉他国内政问题而展开的激烈斗争，仅就进入 21 世纪拉美绝大多数国家多次呼吁美国解除对古巴的长期封锁而遭到拒绝一事为例，就暴露出美国在泛美组织中推行强权政治的本质。奥巴马入主白宫后，试图改变布什执政八年对拉美"漠不关心"的状况。2009 年 4 月 17 日，第五届美洲国家首脑会议开幕。阿根廷总统克里斯蒂娜第一个发言就明确提出，美国应该取消对古巴的封锁。她的发言得到与会大多数代表的强力支持，然而由于美国不同意，会议竟没能通过相应决议。事实表明，泛美组织中任何重大政治问题没有美国点头就办不成。

从安全层面上看，门罗主义重要原则之一是反对欧洲干涉美洲国家的事务。《泛美互助条约》明文规定，对美洲一国的进攻应被视为对全体美洲国家的进攻，每一个缔约国都应承担义务、给予援助。应该说，这些文字上的表述，如果能得到各方的恪守，必定有助于美洲各国的安全与稳定。然而，许多事实使拉美各国人民大失所望。以 1982 年爆发的"马岛战争"为例，马尔维纳斯群岛自古就是阿根廷的领土，英国对马岛领土的要求是没有道理的。英阿冲突之初，美国时任总统里根声称，英国和阿根廷都是"美国的朋友"，美国尽力帮助"和平解决"争端；但是，随着英阿冲突升级，美国竟然宣布放弃"中立"立场，站在了英国一边，最终导致阿根廷惨败。这不仅不符合美国宣扬的门罗主义精神，也直接违背了《泛美互助条约》的原则规定，理所当然遭到阿根廷和拉美各国人民的强烈抗议和反对。从泛美组织建立的时候起，美国一直打着维护西半球和平与安全的幌子笼络人心，然而到了关键时刻它就背信弃义、倒行逆施，充分暴露出美国说一套做一套的霸权主义本质。"泛美联盟"建立以来，美拉关系充满变数，经历了信任与疑惧交加、合

① Jorge Castañeda. Pan Americanism and Regionalism: A Mexican View[J]. *International Organization*, Vol. 10, No. 3, August 1956: 386.

② Jorge Castañeda. Pan Americanism and Regionalism: A Mexican View[J]. *International Organization*, Vol. 10, No. 3, August 1956: 386.

作与冲突并存、从希望走向失望的 120 年。进入 21 世纪之后，特别是随着巴西等拉美新兴大国的崛起和世界格局的变化，美国这个"大家长"越来越不受欢迎了。

三、"团结峰会"向世人展示要联合自强

2010 年 2 月 22—23 日在墨西哥召开的"团结峰会"，未邀请美国和加拿大参加，反而邀请被美国封锁近半个世纪的古巴出席，这是美洲"大家庭"历史上第一次由拉美和加勒比国家自主做出的果敢决定，具有划时代的历史意义。它向世人昭示：拉丁美洲不再是"美国人的拉丁美洲"，而是"拉丁美洲人的拉丁美洲"，"拉丁美洲人民将一起创造新的历史"[①]。

2010 年，是拉美和世界各国人民纪念拉美独立战争胜利 200 周年走向高潮的年份。早在 2007 年，拉美各国人民就陆续启动了各具特色、丰富多彩的纪念活动，其共同特点是突出独立、主权、自由、团结的主题。在这期间，拉美地区先后出现了许多令人担忧的热点问题。例如，美国在哥伦比亚建立军事基地所引发的委内瑞拉和哥伦比亚政治危机，洪都拉斯发生军事政变，解除对古巴实行封锁的呼声日益高涨，新的马岛争端，美国亚利桑那州出台移民法等。围绕上述问题，在美洲"大家庭"中进行了激烈的辩论和较量，其势愈演愈烈。较量的结果不出所料，最终都只能由美国这个"大家长"说了算。美国主导了 130 年的泛美组织中的种种劣迹和眼下这种种严酷的现实，特别是国际金融危机的爆发削弱了美国的主导地位，给拉美各国纪念独立 200 周年以极大的冲击。拉美和加勒比国家要求摆脱美国控制的呼声日益高涨。墨西哥总统费利佩·卡尔德龙（Felipe Calderón Hinojosa）在 2008 年里约集团首脑会议和拉美及加勒比国家首脑会议上提出成立一个没有美国和加拿大参加的拉美和加勒比联盟的构想，立即得到所有国家的热烈响应和强力支持。经过两年的酝酿与筹备，组建一个"无美"联盟的建议方案，终于在纪念拉美独立 200 周年的高峰年（2010 年）提上了议事日程。

2010 年 2 月 22 日，来自拉美和加勒比地区 32 个国家[②]的领导人或代表应主办国墨西哥的邀请来到墨西哥海滨城市坎昆参加一次极不寻常的盛会。

---

① 出自《人民日报》2010 年 2 月 23 日国际版。

② 拉美和加勒比地区共有 33 个独立国家。当时由于洪都拉斯发生军事政变被美洲国家组织停止会员资格而未能出席坎昆"团结峰会"。

玻利维亚总统埃沃·莫拉莱斯（Evo Morales）抵达坎昆后接受墨西哥记者采访时说："把拉美和加勒比各国领导人聚集在一起召开为期两天的会议，给为社会正义而斗争的拉美各国人民以希望，这本身就很有意义。"①大会开幕后，各国代表围绕着组建拉美和加勒比国家共同体这一主题进行了热烈讨论和辩论。同时，在调解委内瑞拉与哥伦比亚之间的紧张关系、反对美国对古巴的经济封锁等一系列问题上表明了拉美和加勒比国家的一致立场，彰显出拉美国家内聚力的增强。各国代表本着协商一致的原则，在最主要的关键问题上取得了共识。最后，以鼓掌的方式一致通过了《坎昆宣言》。会议东道主、墨西哥总统卡尔德龙在大会闭幕时指出，"坎昆峰会规模空前、意义深远，是拉美和加勒比'大家庭'一次真正的完美聚会"②，"我们的讨论很激烈，但是我们取得了共识"，"我们决定创建拉美和加勒比国家共同体，目的是为我们所有国家提供一个自己的地区性的活动场所"，"该地区需要一个强有力的取得共识的机制，以确保其国际地位，并促使拉美和加勒比国家面对国际议程中诸多新课题时，在维护本身利益方面得以快速而有效地采取行动"。在谈到新组织的组织原则时，他指出："新的组织以促进次区域机构之间的合作机制为天职，其安全原则有如尊重国际法、国家主权平等、不使用武力、也不使用武力相威胁、促进民主和人权。此外，将优先考虑推动区域一体化，以促进本地区可持续发展和政治合作。"他还指出，各国对新组织的名称存有不同看法很正常。他援引劳尔·卡斯特罗的话说，"名称问题不应该成为最重要的议题"。新组织的名称"最终将在 2011 年委内瑞拉和 2012 年智利的峰会上做出决定"③。

"团结峰会"的胜利召开，向世人展示出，拉丁美洲国家独立 200 年来，在追求本地区"大团结、大联合、大发展"的曲折道路上迈出了可喜的第一步。巴西总统卢拉说得好："今天的决定，不是一般的历史事件，而是一个历史性的事件，可说是最大的历史性事件，在一定程度上可说是，今天我们这

---

① "Nace la Comunidad de Estados Latinoamericanos que sustituirá a la OEA," 2010-02-24, Diario Crítico/Agencias (Cancún), www.diariocritico.com/bolivia/.../Cunmbre-de-rio.htm.

② 赵涛. "无美"联盟成立程序全面启动坎昆聚会落幕[N]. 文汇报，2010-2-25.

③ "Una nueva institución regional sin Estados Unidos", Efe/Playa del Carmen (México), 23/02/2010, www.elmundo.es/america/2010/02/.../1266944223.html; "Nace La Comunidad de Estados Latinoamericanos que sustituirá a la OEA".

些本地区的人正在战胜我们自己的个性。"①从"团结峰会"的胜利召开及其产生的积极成果来看，人们有理由期望，拉丁美洲和加勒比各国人民要联合自强、创造新的历史的目标一定能够实现。

四、从巴拿马大会到"团结峰会"发展变化的启示

拉美国家现代化，从启动时间上看，早于亚洲、非洲发展中国家，其现代化发展进程所面临的国内外条件和环境（丰厚多样的自然资源、远离两次世界大战、地缘政治因素等）也优于其他发展中国家。与世界上最发达的现代化国家美国为邻为伍是拉美国家得天独厚的优势。有如此优越的国内外条件和环境，拉美国家在推进现代化进程、改善民生方面理应比亚洲、非洲国家做得更好些；可是，如今的现实却有许多方面相对滞后，这是很值得深入研究的课题，非本文所能论及。不过，通过前面我们对美拉关系历史演变的简要回顾，我们至少可以得出以下启示：

1. 国家现代化与国际秩序民主化相辅相成，互相促进。经济全球化深入发展下的国家现代化，不完全是单纯的国家工程，它需要良好的国际环境和条件；建立国际民主化的新秩序，也有利于各国现代化健康、持续发展。很难设想，如果发达国家不尊重 200 多年来自己国家的现代化发展同剥削发展中国家相关联这一基本事实，不尊重各国社会发展阶段有差异及由此带来不同的利益诉求，不在制度性安排和治理机制上充分考虑发展中国家同发达国家的共同利益并力求取得某种程度的共识，就很难建立起体现民主、平等、公正、包容原则的国际新秩序。美洲国家组织，在经济一体化制度安排上的根本缺欠是没有建立起以促进拉美国家经济发展、改善民生为目的的美洲国家间合作共赢的原则及其运行机制，必然导致双方在利益问题和基本目标上时常不一致，不仅没能为拉美国家现代化创造良好的外部条件，而且在诸多方面设置了障碍。当 20 世纪 80 年代初拉美国家出现债务危机时，美国作为世界上最富有的邻国本该有所作为，但是它却乘人之危大力推销其新自由主义政策，诱使拉美各国过度开放市场，导致拉美各国经济和社会问题丛生。2005 年 11 月召开的第四届美洲国家首脑会议上，由于美国拒绝接受巴西等国要求其在取消农产品补贴问题上应有所作为的提议，导致重启美洲自由贸

① "Reacciones para todos los gustos", Efe/Playa del Carmen (México), 2010/02/23, www.elmundo.es/america/2010/02/.../1266944223.html.

易区的谈判破裂。凡此种种都是典型的例证。

2. 正在进行现代化的发展中国家和处于弱势地位的国家或国家集团，同强势大国和国家集团打交道，必须坚持平等互利、合作共赢的原则。发展中国家在事关国家发展战略和发展道路的问题上，必须从自己的国情出发走自己的路，对于强势大国玩弄两面策略的手法务必保持高度警惕。否则，就有可能像 19 世纪玻利瓦尔的泛美主义被美国门罗主义所异化那样陷入强势大国所设下的陷阱，造成无法挽回的历史悲剧。泛美联盟建立以来的历史表明，尽管拉丁美洲各国在美洲国家组织中同美国进行了多种形式的长期较量，但是，美国操控美洲国家组织使之为自己世界战略服务的局面从未改变。坎昆"团结峰会"的胜利召开，为改变这种局面创造了有利条件。但是，回顾这段历史，拉美人民 120 年来付出的代价不可谓不昂贵。这一不幸的历史错位带来的沉痛教训，不仅值得拉美人民认真总结和汲取，而且对我们观察和认识当今美国在亚太地区和北非中东地区的战略布局及所作所为仍然具有重要借鉴意义。

3. 坚持"大陆团结、联合反殖"的战略思想，是拉美独立战争取得最终胜利的根本原因，也是独立运动领袖们留给后人弥足珍贵的思想遗产。拉美各国人民今天所面临的国际形势已经不同于 200 年前；但是，反对霸权主义和强权政治、推进国际民主化的任务远未完成，实现国家现代化任重道远。人们通常说，"弱国无外交"。这话是从国家外交的本质意义上说的，而不是说暂时处于弱势的国家没有外交，不可以搞外交，搞不了外交。人类历史进入 21 世纪，国际社会应该摒弃那些不合时宜的思维方式。世界大国，尤其是早已进入后现代化的世界强国，应该用历史的眼光和开放的心态看待世界各国的关系。国家有大小、强弱、贫富之别，但都有各自独具特色的历史、文化、传统和人文精神，都是国际社会平等的一员。国与国之间的关系，都应该互相尊重、平等互利、合作共赢。至今，有的大国或国家集团，总想打着"维护人权"的幌子，干涉别国内政，把自己的意志和意识形态强加于人，推行霸权主义和强权政治，对此各国人民必须予以坚决抵制。拉美各国只有加强团结，以一个声音说话，以多元外交促合作共赢，才能在美洲这个"大家庭"中占据其应有的地位。墨西哥"团结峰会"决定组建"无美联盟"，以加速推动拉美和加勒比地区一体化与国家现代化进程，这是富有远见的战略性选择。虽然在可预见的未来，美国主导拉美地区经济、政治和文化的局面一时还难以根本改变，拉美国家在推进国家现代化和地区一体化进程中还会遇到诸多困难和挑战，甚至可能出现某些曲折和起伏；但重要的是，拉美各国人民已经迈出可喜的第一步。"团结峰会"上发出的"拉美人民将一起创造新的历史"这一时代强音，必将激励拉美各国人民去迎接新的挑战、争取新的胜利。

中美洲政局和美国的政策[①]

中美洲地区在第二次世界大战后的国际格局中始终是个政治高温区。近年来的巴拿马和尼加拉瓜又是这一地区的热点。考察热点的形成和发展，探寻其政局动荡的原因和历史根源，将有助于认识当前中美洲地区的形势及其发展趋势。

一、巴拿马危机的发生及其对美洲各国的冲击

巴拿马是一个只有200多万人口、土地不到8万平方公里的中美洲小国，然而，巴拿马政局动荡所产生的冲击波远远超出它的时空界限，波及整个美洲大陆，成为当今国际政治舞台上的热点之一。

巴拿马危机是以1988年2月25至26日10小时内发生两次政变为契机开始的。2月25日晚，当巴拿马人像往日一样坐在电视机旁观看节目时，刚刚访问美国归来的巴拿马总统埃里克·阿图罗·德尔瓦列（Eric Arturo Del valle）通过电视向全国紧急宣布解除巴拿马国防军司令曼努埃尔·安东尼奥·诺列加（Manuel Antonio Noriega）的职务。这一消息立即在公众中引起震惊。尤其在军界和政界引起极大的混乱。因为根据巴拿马宪法，国防军司令一职的更动，必须首先由军队提名三人以上的候选人，然后再由总统挑选决定。而德尔瓦列这次宣布的国防军司令职务的人事变动，事先未同军界商量就突然宣布撤掉诺列加这样一位在军政两界颇有影响的"铁腕人物"，被认为是一次"宫廷政变"。

德尔瓦列总统的支持者得知消息后立即走向街头，集会，游行，庆祝；而诺列加的支持者却是沉默、愤懑，静观事态的发展。然而，诺列加及其军政两界的首脑并没有坐以待毙。他们认为应该下台的不是诺列加司令，而是

---

① 本节原载于《南开史学》1989年第1期。

德尔瓦列总统。他们研究对策，连夜召开没有德尔瓦列总统参加的内阁会议和议会，立即做出决定，解除德尔瓦列的总统职务，任命教育部部长曼努埃尔·索利斯·帕尔马（Manuel Solis Palma）为巴拿马临时总统。这样，从25日晚到26日晨前后不到10小时又发生了第二次"宫廷政变"。这在巴拿马历史上是罕见的。

巴拿马政治危机发生后，正当人们议论德尔瓦列已前往美国之时，德尔瓦列通过秘密渠道转送给新闻界一个录像声明："今天，2月28日，星期日。我仍然在巴拿马。我没有退下总统的岗位，我仍将作为巴拿马的宪法总统留在巴拿马，因为本半球的民主国家仍然承认我。"[①]与此同时，临时总统帕尔马也在电视节目中自信地声明说："我在统治巴拿马。"他表示，巴拿马军方已下令，一旦找到德尔瓦列就立即将其驱逐出境。

巴拿马"宫廷政变"的冲击波及美洲每一个国家。事发当天，拉丁美洲"八国集团"[②]正在委内瑞拉的卡塔赫纳举行会议。出席会议的巴拿马外交部部长在10小时内两次发表声明，先支持德尔瓦列反对诺列加，后又支持诺列加反对德尔瓦列。这种朝三暮四的立场使另外七国代表十分为难。鉴于巴拿马外长所持的这种立场，为避免"八国集团"分裂，会议决定巴拿马代表暂不参加会议为宜。这样，巴拿马外长只好回国。

美国策划"倒诺"运动遭失败后并没有就此罢手。美国政府继续承认被废黜的德尔瓦列为巴拿马合法总统，支持德尔瓦列的要求冻结了巴拿马在美国的一切财产，拒绝向巴拿马银行提供现款，停存巴拿马运河使用费等。所有这一切政治、外交、经济压力，使巴拿马经济、社会生活几乎处于瘫痪状态。与此同时，在军事上，美国对巴拿马施加强大压力。自1988年3月4日开始，美国利用它设在巴拿马的美军南方司令部出动飞机、坦克及近7000名官兵在巴拿马运河区举行军事演习。3月14日至3月底，美国向该地区派出670名士兵。4月1日，美国国防部在加强美军南方司令部军事基地的名义下宣布增派1300名士兵去巴拿马。这些士兵包括军警、陆军直升飞机部队及海军陆战队士兵。4月6日美国白宫以参加军事演习的名义宣布再增派800名海军陆战队官兵去巴拿马。同时，还增派了100架直升飞机和8架大型运输机。美国企图通过军事压力、经济制裁和外交孤立等手段迫使诺列加辞职。这种

① 郭伟成. 一国二主[N]. 人民日报，1988-3-2.
② 由哥伦比亚、委内瑞拉、巴拿马、墨西哥（孔塔多拉集团）和阿根廷、巴西、秘鲁、乌拉圭（支持孔塔多拉集团）八国组成。

露骨地干涉巴拿马内政的行径引起拉美许多国家强烈的反感。墨西哥外长塞普尔维达指出：巴拿马的国内分歧应由巴拿马人民"在没有外来干涉和压力的情况下和平解决"。厄瓜多尔议会通过决议，要求美国停止对巴拿马内部事务的"非法干涉"，并要求美国政府严格履行巴美两国政府 1977 年签署的《巴拿马运河条约》。由 20 个国家 25 个政党组织组成的拉美政党常设会议 3 月 10 日在巴西里约热内卢举行会议，强烈要求美国停止对巴拿马的干涉。[①]

对于来自拉美多数国家和世界舆论的呼声，里根政府不予理睬。当初，美国执意对巴拿马施加强大压力，声称要在"30 天内"把诺列加赶下台，以"恢复"巴拿马的"民主政府"。硬的手段失败后又改变了策略，软硬兼施，以退为攻。先是部分撤销对巴拿马的经济制裁，随后又派特使前往巴拿马进行秘密谈判，试图"劝说"诺列加按美国的意思体面地下台。美国的这番"好意"也遭到了诺列加的断然拒绝。到目前为止（即本文发表的，编者著），由于巴拿马无论是在军方还是在政界一时还找不出一个能取代诺列加的人，也由于美国面临总统竞选，里根不肯直接采取军事行动，评论家们一般认为，以诺列加为中心人物的巴拿马问题只能留待下届政府解决。

二、巴拿马政局动荡的根源

美巴在诺列加去留问题上的冲突，实质上是历史上美巴在运河问题上的斗争在新形势下的继续和发展，是十余年来巴拿马人民维护国家主权、争取按新的《巴拿马运河条约》如期收回运河和美国企图继续占领运河区的斗争日趋深化的表现。

早在西班牙统治美洲的 16 世纪，西班牙国王卡洛斯五世（Carlos V.）就曾提出在巴拿马或中美洲其他地方修建一条沟通两大洋的运河的设想。[②]然而，真正把修建运河提上日程是在 19 世纪中叶。当时，加利福尼亚州发现了黄金。成千上万的美国人急切希望到北美西海岸采金矿，但却遭到交通不便的严重困难。当时，从美国东部到西海岸可供选择的路线有三条：一是经密西西比河低地和落基山脉到西海岸，这要冒同印第安人发生冲突的危险；二是绕道美洲南端合恩角走海路，这样不仅路途遥远，而且要冒惊涛骇浪的风险；三是坐牛车穿过巴拿马地峡，这样要承受带菌的蚊虫叮咬和踏遍沼泽

---

① 刘瑞常. 一些国家反对美国干涉巴拿马内政[N]. 人民日报，1988-3-15.

② Demetrio Boersner. *Relaciones internacionsles de América Latina, Breve historia*, México, 1982: 201.

泥泞之苦。[①]于是，开凿运河的方案一个个出台，其中英、美、法三国最为积极。作为英、美两国争夺修建运河权的一种妥协，1850 年英美两国政府就修建巴拿马运河问题达成协议，签订了《克莱顿—布尔沃条约》（EL Tratado Clayton-Bulwer）。双方商定："不经另一方同意，两国中任一国都不得擅自开始修建运河。"[②]这就是说，英美两国在开凿运河问题上都没有独自进行的任何特权。但是，条约的字迹未干，美国就走上撕毁条约的道路。1854 年，美国沿地峡修筑的"巴拿马城—科隆铁路"（La via ferrea Panama Colon）再次提升了地峡的地位。[③]美国的居民一批批在这里定居下来。这样，美国就在单独开凿运河和独占运河区的道路上迈出了重要的一步。

19 世纪后半期，美国曾多次出兵侵占巴拿马，尽管多次登陆的借口有所不同，但目的只有一个，正如时任美国总统海斯在 1880 年 3 月 8 日国情咨文中所承认的："美国的政策在于要使运河置于美国的控制之下。"[④]

19 世纪末，美国开始进入帝国主义阶段。特别是 1898 年美西战争之后，经济、军事利益迫切要求开通连接两大洋的巴拿马运河。1901 年 11 月，美国乘"英布战争"之机，迫使英国签订了《海—庞塞福条约》（EL Traia do Hay-Pauncefote），美国获得独自开凿运河的权利[⑤]，《克莱顿—布尔沃条约》宣告无效。当时，巴拿马是哥伦比亚共和国的一个省份。美国曾同哥伦比亚政府多次举行谈判，要求在巴拿马地峡单独由美国开凿一条运河。由于美国的要求有损于哥伦比亚共和国的主权和领土完整，理所当然地遭到哥伦比亚共和国的拒绝。在双方僵持不下的局面下，美国支持巴拿马省从哥伦比亚共和国中独立出来。1903 年 11 月 4 日巴拿马共和国宣布独立。两天后，11 月 6 日美国予以承认。两周后，11 月 18 日美巴签订了《海—布瑙—巴里利亚条约》（EL Tratado Hay-Bunau Varilla），[⑥]根据这一条约，巴拿马将从太平洋沿岸到加勒比沿岸之间宽达 16 公里（10 英里）的运河区地带让予美国，供其永久

---

① 科希，托姆林森. 北美洲[M]. 北京师范大学地理系，译. 北京：商务印书馆，1974：193-194.

② Obra Citada Anteriormente. *Relaciones internacionales de América Latina*: 201, 202.

③ Guy Lasserre. *América Media*, Barceloan-Caracas-Mexico, 1976: 255

④ 谢·阿·冈尼昂斯基. 美国侵占巴拿马运河史[M]. 薛炼柔，译. 北京：生活·读书·新知三联书店，1964：26.

⑤ Obra Citada Anteriormente. *Relaciones Internacionales de América Latina*: 201, 202.

⑥ 海，当时的美国国务卿；布脑—巴里利亚，法国人，是新巴拿司的拿马主要股东之一，他曾在美国同哥伦比亚的谈判中，特别是组织马巴公"革命"和美国占领巴拿马运河这方面起了重要作用，是美国在巴拿马的忠实代言人。《海—布脑—巴里利亚条约》，即《美巴条约》。

使用；作为补偿，美国支付 1000 万美元和 250000 美元年租金给巴拿马。①美国同哥伦比亚共和国多年谈判而得不到的东西，终因巴拿马共和国的独立而使美国如愿以偿。

《美巴条约》签订后的第二年，即 1904 年，美国在运河区破土动工，历时 10 年于 1914 年竣工。动工期间，有 45000 个劳工参加施工。其中 2/3 是黑人，还有来自世界各地的工人，包括华工。巴拿马运河的建成凝结着巴拿马人民和世界各国劳工的苦难和智慧，也是帝国主义推行强权政治、对弱小国家进行侵略和掠夺的历史见证。

巴拿马运河的建成，对美国具有重大战略利益和经济利益。由于通过运河把大西洋和太平洋连在一起，船舰穿越两大洋只需一天的时间，空间上缩短了 10000 多公里。这就大大提高了美国海军的机动作战能力。从经济上看，运河的开通对发展美国的海外贸易具有特殊的经济价值。每年通过运河的商船以美国为最多，美国垄断资本家是最大的经济受益者。与此同时，美国运河管理当局每年从世界各国船只通过运河交纳的税收中攫取了巨大的利益。因此，巴拿马运河被美国视为一条"地峡生命线"。

运河的建成，破坏了巴拿马共和国领土的完整和国家主权。运河区的建立为美国对巴拿马和拉丁美洲国家进行政治渗透和军事侵略打开了方便之门。美国在运河中流线两侧 16 公里以内建立起来的运河区设立运河区政府，区政府总督兼运河区总经理由美国政府任命。运河区内升挂美国国旗实施美国法律，建立美军基地，驻扎美国军队。第二次世界大战后，美国在运河区又设立了美军南方司令部，使之成为美国对拉美国家进行控制和颠覆活动的桥头堡。美国控制的"运河区"实际上是美国一手控制的"国中之国"。

美国对巴拿马运河和运河区的占领及以此为基地推行强权政治和经济掠夺的霸权主义行径，激起巴拿马人民的民族义愤。从运河区建立那天起，巴拿马爱国者就展开了英勇顽强的斗争。第二次世界大战后，随着亚、非、拉民族解放运动的日益高涨和 1956 年埃及人民收回苏伊士运河的胜利，巴拿马人民要求收回运河和运河区主权的斗争进入了一个新阶段。

1964 年 1 月 9 日，由于运河区的美国学校破坏两国政府达成的在运河区同时悬挂巴、美两国国旗的协议，单独挂起美国国旗，激起巴拿马青年学生

---

① Demetrio Boersner. *Relaciones Internacionsles de América Latina, Breve Historia*, México, 1982: 204. 据前引"中美洲"一书作者统计，年租金 1936 年增至 430000 美元，1955 年增至 1930000 美元。见注⑦引书，第 259.

的愤慨。当天，一位巴拿马爱国学生进入运河区升起了巴拿马国旗，遭到美军枪击，国旗也被撕毁，这无异于在布满干柴的巴拿马国土上点上一把火。一场震惊世界的反美爱国斗争在巴拿马全国爆发了。三万名巴拿马人民群众集结在运河区边界，强烈要求进入运河区升起巴拿马国旗。当场遭到美国军警的开枪射击，打死 22 人，打伤 300 多人。美军的这一暴行激起巴拿马全国人民连续几天的罢工、罢课、罢市，他们走上街头示威游行。1 月 12 日，有 10 多万群众为被美军杀害的青年学生举行葬礼，高呼"要巴拿马，不要美国佬"的口号，强烈要求收回运河区。巴拿马人民的斗争得到世界各国人民的同情和支持。当天，毛泽东主席代表中国人民发表了《支持巴拿马人民反美爱国正义斗争的谈话》。[①]巴拿马人民的英勇斗争和世界各国人民的声援迫使美国政府不得不同意坐下来和巴拿马政府举行谈判。

巴美谈判经历了一个艰难曲折的过程。巴拿马人民为了取得谈判的胜利，不断揭露美国玩弄的花招，坚持开展多种形式的斗争。从 1965 年起，他们把 1 月 9 日定为反美斗争纪念日，每年每逢纪念日到来时，都有几万人参加集会和游行，开展广泛的群众运动。特别是 1968 年 10 月国民警卫队司令奥马尔·托里霍斯（Omar Torrijos）将军掌握国家政权之后，巴拿马政府高举民族主义旗帜，同美国政府展开了长期的不妥协的斗争，终于迫使美国于 1977 年 9 月 7 日签署了新的《巴拿马运河条约》，废除了 1903 年的《美巴条约》。新条约规定：原来运河区的司法、移民、海关、邮政、警察等均交由巴拿马管理；在巴拿马全部国土上挂巴拿马国旗，美国国旗只允许在某些指定地点悬挂；新条约于 1999 年 12 月 31 日期满后，巴拿马将完全控制运河和运河区。与此同时，新条约还确认：新条约有效期间，运河的保护和防卫由巴美双方负责，而美国"负首要责任"；美国有在巴拿马"驻扎、训练和调动武装部队的权利"。[②]从新条约的主要内容看，尽管这一条约尚不能完全满足巴拿马人民的要求，但它毕竟为巴拿马人民在 2000 年底以前完全收回运河区全部主权和运河管辖权开辟了道路，这无疑是巴拿马人民维护民族独立和国家主权斗争的一个重大胜利。

新条约的签订并不意味着斗争的结束。巴拿马政府首脑托里霍斯在美国参议院批准新运河条约的当天就清醒地指出："从明天早晨起，斗争的新阶

① 出自美洲国家组织编《巴拿马运河条约集》（华盛顿 1979 年版）。转引自苏振兴. 美国与巴拿马运河 [M]//中国拉丁美洲史研究会. 拉丁美洲史论文集. 北京：东方出版社，1986：330-331.

② 米·谢·戈尔巴乔夫. 改革与新思维 [M]. 苏群，译. 北京：新华出版社，1988：242.

段开始了。"历史进程确实如此。美国国内确有那么一些保守人士对巴拿马人民 2000 年收回运河主权持保留态度。还在美国参议院就批准条约问题进行辩论时，一些参议员先是提出种种"程序性"问题极力干扰对条约本身的辩论，继而对新的《巴拿马运河条约》提出 50 多项"修正"，千方百计地阻挠参议院批准条约。臭名昭著的"德孔奇尼修正案"就是在这种情况下"出笼"的。这一修正案的核心是，美国在 2000 年以后继续有权在巴拿马运河区驻扎军队和使用军事力量"保卫"运河。这就赤裸裸地暴露了美国某些势力在 2000 年以后继续霸占运河的野心。

1981 年保守派代表人物里根入主白宫。他在总统就职演说中为自己定下的基调是"使美国再次变得伟大起来"。他在拉丁美洲采取的第一个行动是 1983 年 10 月下令派美国海军陆战队在格林纳达登陆，颠覆了格林纳达左翼进步政府，安插了自己的人马。接着，里根政府便把制服对美国具有重要战略意义的尼加拉瓜和巴拿马列入目标。尼加拉瓜人民于 1979 年推翻索摩查家族长达 40 多年的亲美独裁政府之后，在丹尼尔·奥尔特加（Daniel Qrtega）总统领导下坚持民族独立，维护国家主权，多次顶住来自美国的强大压力和军事威胁，受到世界人民的同情和支持，自然成为美国的心腹之患，欲置其于死地而后快。1983 年，诺列加成为巴拿马国防军司令。对内，他掌握实权，实行独裁。对外，他坚持民族主义立场，坚决反对美国修改新的《巴拿马运河条约》，拒绝把巴拿马变为美国在中美洲的"桥头堡"。1983 年初，在他的积极推动下，由墨西哥、哥伦比亚、委内瑞拉和巴拿马四国组成"孔塔多拉集团"，要求中美洲的问题由中美洲人民自己解决，反对把中美洲问题纳入超级大国争夺的轨道。所有这些激怒了里根政府：1985 年 12 月，里根政府要求巴拿马出兵干涉尼加拉瓜，要求巴拿马帮助训练尼加拉瓜反政府武装游击，均遭到诺列加的拒绝。近两年来，诺列加还积极推动孔多拉集团反对美国插手中美洲事务。在中美洲人民日益觉醒、要求自己解决自己的问题的新形势下，里根政府对诺列加软硬兼施，又拉又压，妄图使其就范。面对美国的种种计谋，诺列加没有让步。相反，他警告里根政府：如果对他逼迫太甚，他将要求美国把美军南方司令部迁出巴拿马。诺列加的这一立场当然刺痛了美国。这就是美国自 1988 年夏季以来加紧"倒诺"活动，使巴拿马危机持续一年多的根本原因所在。由此看来，巴拿马的政治危机不仅有着广泛的国内民主力量要求军人停止干政、推进政治民主化进程的背景，更有着深刻的历史上形成的美巴矛盾的国际背景。美国为了实现其控制中美洲、保住拉丁美洲这个"后院"、遏制苏联向拉丁美洲渗透的战略计划，必然为 2000 年后继续霸占巴拿马运河区而布阵。为此，非除掉巴拿马的"铁腕人物"——国防军司令诺列加将军不可。否则，美国在巴拿马这个中美洲的桥头堡就难以巩固，其战略计划也就难以实现了。

三、尼洪边界冲突和美苏在中美洲的争夺

尼加拉瓜作为中美洲另一个热点也持续多年。1988 年 3 月，尼加拉瓜和洪都拉斯边界冲突的升级是美苏两个超级大国在中美洲争夺的反映。就在美国向巴拿马派出军队向诺列加施加压力的同时，里根于 3 月 16 日下令派出 3200 名步兵和空降兵前往洪都拉斯，并出动飞机袭击尼加拉瓜领土。一时间尼洪边界冲突骤然紧张起来。美国之所以对尼加拉瓜进行武装干涉，据里根总统说，是因为尼加拉瓜的军队越过了边界进入洪都拉斯，是洪都拉斯"邀请"美国出兵干涉的。里根的狡辩非但掩盖不了事实真相，反而暴露了美国的中美洲政策已到了山穷水尽、非借助武力干涉而不能摆脱困境的地步。

美国出兵干涉尼加拉瓜是为了给战场上惨遭失败、士气低落的尼加拉瓜反政府武装输血打气，为尼加拉瓜和平解决内部争端制造障碍。众所周知，1987 年 8 月 7 日，在哥斯达黎加总统阿里亚斯倡议下，由哥斯达黎加、尼加拉瓜、洪都拉斯、萨尔瓦多和危地马拉五国首脑签署《在中美洲建立稳定和持久和平的程序》（即《中美洲和平协议》）以来，中美洲的局势已经有了好的转机。尤其引起国际社会注意的是，尼加拉瓜总统奥尔特加以全民族的利益为重率先采取积极行动，较大幅度地调整了政策，主动与反政府武装高级官员进行接触。继 1988 年 1 月在哥斯达黎加首都圣何塞、2 月在危地马拉首都危地马拉城举行谈判之后，于 3 月 21 日第一次在尼加拉瓜境内萨波亚举行直接谈判。尼加拉瓜政府为了真诚地和平解决内部争端，不给美国干涉中美洲事务以口实，对反政府武装势力作了较大的必要的妥协，终于 3 月 23 日与反政府武装达成一项为期 60 天的停火协议。协议规定，政府在停火期间着手释放政治犯；反政府武装从 4 月 1 日起到双方商定的地点集结。只要这项工作结束，反政府武装即可派代表作为非武装反对派代表团参加全国对话。尼加拉瓜政府认真落实协议于 3 月 26 日通过大赦法，释放首批 100 名政治犯。奥尔特加总统还表示同意联合国派一支多国部队在尼洪边界监督停火。尼加拉瓜政府采取的这些重大步骤，不仅给持续多年的尼洪边界冲突的解决带来了希望，而且对于中美洲和平进程的发展做出了重要贡献。

毫无疑问,《中美洲和平协议》的签订和尼加拉瓜政府与反政府武装双方停火的实现,为中美洲各国人民排除外来干涉、自己解决自己的问题开辟了道路。然而,这却使超级大国在中美洲的争夺陷入被动。1988 年 3 月 16 日美国政府增派军队前往洪都拉斯、出动飞机袭击尼加拉瓜就是在这样的背景下开始的。里根政府想以此挽救尼加拉瓜反政府武装的败局,破坏中美洲和平进程,这正是其中美洲政策受挫的表现。

美国政府在中美洲,尤其在尼加拉瓜推行其不得人心的干涉政策有其深刻的历史根源和广泛的国际背景。1979 年以前尼加拉瓜在亲美独裁者索摩查家族统治下一直是美国的势力范围。1979 年尼加拉瓜人民经过长期的艰苦卓绝的斗争终于推翻了索摩查家族长达 40 余年的独裁统治,赢得了民族民主革命的胜利。革命胜利后,尼加拉瓜在桑地诺民族解放阵线领导下成立了民族复兴政府,进行民主改革:没收了索摩查家族的土地、企业、银行;进行土地改革;实行公私混合经济体制;发展文化教育;对外坚持民族独立政策等。当时的卡特政府出于与苏联争夺尼加拉瓜的战略考虑,希望尼加拉瓜沿着亲美的道路发展,曾一度表示愿意与尼加拉瓜新政府建立良好关系;但不久,当美国发现尼加拉瓜有可能成为第二个古巴时,它就收起了"橄榄枝"而举起了"大棒"。

美国对尼加拉瓜的政策是由其全球战略和尼加拉瓜在中美洲的地位决定的。在历史上,美国历来把拉丁美洲视为不准他国染指、只能由他自己独霸的势力范围。门罗主义就是这种战略意图的理论依据和集中表现。二战前,美国为实现其战略计划同欧洲列强进行了长期的角逐,并通过世界大战取代了欧洲列强,把拉丁美洲变成了自己的"后院";二战后,特别是 1959 年古巴革命胜利后,随着苏联在拉美的力量逐渐增长,美国在拉美的地位受到了挑战。1979 年加勒比岛国格林纳达,通过新宝石运动夺取政权,建立较为激进的左翼政府,接受苏、古的援助,自然也触动了美国的神经。而同年取得革命胜利的尼加拉瓜是中美洲最大的国家,地处南北美洲和两大洋的中心位置,又是"甜点心经济"的国家,战略地位十分重要。对于这样一个如此重要地区的重要国家有可能按照古巴的模式建设自己的国家,美国决不会坐视不管,任其发展。特别是 1981 年里根入主白宫之后,美国把尼加拉瓜革命的胜利看作马克思主义者的胜利,多次声称要千方百计把中美洲这颗"钉子"拔掉。1983 年 3 月,里根在一次讲话中大造紧张气氛,诡称尼加拉瓜将同古巴一起向危地马拉、洪都拉斯,甚至向哥斯达黎加、巴拿马,最后是向墨西哥发动暴力进攻。"加勒比和中美洲牵涉的不是肉豆蔻，而是美国的国家安全"，人们从里根这段讲话中不难看出尼加拉瓜在美国的战略特别是在中美洲的战略地位中占何等重要位置。这就决定了美国干涉尼加拉瓜这个年轻共和国的不可避免性。

里根政府向尼加拉瓜发动攻势始于 1983 年春天。2 月下旬，美国武装和支持 2009 名尼加拉瓜反政府武装分子利用洪都拉斯作为基地向尼加拉瓜展开进攻，进入尼加拉瓜北部。4 月下旬又有 1200 人进入尼加拉瓜。4 月 30 日又有一支反政府武装分子以哥斯达黎加为基地从南部进入尼加拉瓜。同年年初和 8 月份，美国借口苏联向尼加拉瓜提供米格飞机，先后两次举行军事演习，对尼加拉瓜进行军事威胁。1984 年美国与尼加拉瓜反政府武装在尼加拉瓜沿海布雷，多次向停留在尼加拉瓜港口的商船开火，严重损害了尼加拉瓜的海外贸易。1985 年美国宣布对尼加拉瓜实行全面禁运。1987 年美国与洪都拉斯签订协议，正式同意向与尼加拉瓜相对立的洪都拉斯提供最现代化的 F-5 战斗机（该机装有两门口径 20 毫米的火炮，数枚 ALM-9 型导弹，时速 1734公里，飞行高度 36000 英尺）12 架。美国在政治、经济和军事上对尼加拉瓜发动全面进攻的霸权主义行径，遭到国际社会的强烈谴责，也遭到美国国内许多有识之士的反对。美国国会连续 3 年通过决议禁止向尼加拉瓜反政府武装提供军援。孔塔多拉集团和平解决中美洲冲突、反对把中美洲问题纳入超级大国争夺的轨道的主张得到全世界广泛的支持。中美洲五国首脑签订的和平协议受到国际社会普遍的赞誉。迫于这种形势，里根政府曾与尼加拉瓜政府举行过多次谈判，但是由于美国政府坚持敌视尼加拉瓜政府的方针，两国关系并未得到改善。谈判成了美国摆脱它在国内外的困境、挽救尼加拉瓜反政府武装彻底垮台的一种手段。与美国相反，自戈尔巴乔夫上台后，苏联在尼加拉瓜和中美洲问题上表现了较为克制的态度。1987 年 8 月，苏联在一项声明中表示，它坚决尊重不久前中美洲五国总统做出的决定。11 月 27 日，苏联一位高级官员说，如果美国停止对反革命分子的军事援助，如果中美洲各国政府请求苏联停止对尼加拉瓜的军事援助，苏联将接受这种请求，并付诸实施。看来，戈尔巴乔夫由此向美国发动新的外交攻势，苏联在解决中美洲问题上取得了宣传上的胜利。

四、结语

综上所述，自 1987 年以来，无论是巴拿马政局的动荡还是尼加拉瓜冲突的升级，都有着深刻的历史根源和国际背景，都是这些国家战后民族民主运动不断深化的表现。第一次世界大战结束以来，尤其进入 20 世纪 70 年代以后，中美洲各国人民要求维护国家主权和民族独立，发展民族经济，要求排除超级大国对中美洲事务的干涉，由中美洲各国人民自己解决自己的问题，已成为不可抗拒的历史潮流。与此同时，人们看到，尽管两个超级大国争夺世界的基本战略没有改变，但是由于国内外诸因素的牵制，它们双方在国际社会上都不大可能像 20 世纪五六十年代那样为所欲为。中美洲的形势受到苏美全球战略的制约也开始呈现出程度不同的缓和迹象。新的《巴拿马运河条约》的签订、尼加拉瓜革命胜利的果实不断得到巩固、中美洲和平进程出现新的转机等,这些事态的发展不仅是中美洲各国人民坚持长期斗争的结果，也从一个重要侧面反映出美国政府左右中美洲局势的能力有所下降。人们也注意到，苏联对中美洲和整个拉丁美洲的政策也发生了某些变化。苏联领导人戈尔巴乔夫在抨击美国对拉丁美洲的政策的同时明确表示："我们支持孔塔多拉集团为调解争端所做出的努力、中美洲国家首脑的倡议和危地马拉协定，欢迎拉丁美洲许多国家政权的民主化进程，理解该大洲国家为维护和加强国家主权而日益团结的行动。……我们在该地区不为自己谋求任何好处。"

中美洲出现和平进程的新转机，并不等于和平进程有了最终的保障。一般说来，中美洲各国社会经济发展水平都比较低，人民生活比较贫困。其中一些国家政治上独裁与民主的矛盾也比较尖锐。各国间历史上形成的种种矛盾也远未解决，这些都是社会动荡的根源。特别要指出的是，尽管超级大国的力量有所削弱，迫于国际社会舆论的压力和国内人民的反对，它们插手中美洲事务的深度和形式有所变化，但是它们争夺中美洲的基本战略不可能发生根本性的改变。尤其对美国来说，丧失了中美洲就意味着丧失了加勒比地区，丧失了中美洲和加勒比地区就意味着具有重大战略利益的弧形保护圈的垮台。时任美国总统里根讲得非常明确："如果抛弃中美洲的话，美国就不成为美国了。"这就告诉我们，中美洲和平进程不仅取决于中美洲各国内部矛盾的调整和解决、各国之间矛盾的调整和解决，尤其要排除来自外部的超级大国的干涉。由此可见，中美洲和平进程的实现还要走一段漫长的崎岖道路。原定于 1988 年 8 月举行的讨论中美洲和平进程问题的中美洲五国首脑会议四易时间，这就是明显的例证。中美洲的和平进程尽管还会遇到许多障碍，但是中美洲人民排除外来势力干涉，自己解决自己的问题这样一个历史趋势是不可逆转的。只要中美洲各国人民坚持民族团结、独立、民主的旗帜，排除超级大国对中美洲事务的干涉，就有可能在拉丁美洲和世界人民的声援下把中美洲的和平进程继续向前推进，为中美洲各国人民发展民族经济、改善人民生活创造良好的外部条件。

第四章　墨西哥历史问题

浅谈墨西哥《1917 年宪法》①

20 世纪初，正当资产阶级民主革命的浪潮席卷整个亚洲的时候，远在太平洋彼岸的墨西哥也爆发了长达 7 年之久的 1910—1917 年革命。这是墨西哥独立革命后 100 年来发生的第三次伟大革命运动。这次革命的重要成果之一，是制定了一部宪法，即《1917 年宪法》。这部宪法，就其主要内容看，不仅反映出墨西哥革命的深刻性和广泛性，是墨西哥历史上最先进的一部宪法，而且也是当时世界上所有资产阶级宪法中最民主的一部宪法。

一、《1917 年宪法》的诞生

《1917 年宪法》是墨西哥人民，首先是农民和工人坚持长期反帝反封建斗争的产物，是革命民主派同资产阶级保守派针锋相对斗争的结果。

1910—1917 年革命中，人民提出的中心口号是"争取土地和自由""墨西哥是墨西哥人的"。资产阶级代表人物也曾先后喊过几句争取"民主""自由"的口号。但是当他们借助人民力量于 1911 年 5 月推翻专制魔王迪亚斯政权，自己夺得政权之后，却背弃自己的诺言。早已渴望土地和自由的人民群众在失望、愤怒之余继续坚持进行武装斗争。战斗在南方山区的农民游击队领袖查巴塔发起著名的"阿亚拉计划"，领导农民奋起烧庄园、惩地主、夺土地。北方游击队领袖微拉也领导农民开展斗争。与此同时，墨西哥工人阶级也为反对国内外垄断资本、争取生存权利进行了英勇斗争。以

---

① 本节原载于天津人民出版社 1981 年出版的《高中课程辅导》第 5 辑高一下学期。

农民游击队为主力军，包括工人、农民、小资产阶级和民族资产阶级在内的全国人民，面对国内外凶恶敌人团结战斗，经过艰苦斗争，先后粉碎了1913年美国支持的乌埃尔塔反动政变和1914年、1916年美帝国主义的武装干涉，墨西哥人民终于胜利了。

由于工人阶级力量薄弱，农民缺乏经验，革命领导权落到资产阶级代表人物卡兰萨手中。卡兰萨迫于当时人民群众的压力，遂于1916年12月1日召开了制宪会议。但是，卡兰萨并不想把革命引向深入，因此，制宪会议上围绕着土地和劳工问题及外国资本的地位问题展开了尖锐的斗争。出席会议的除各界选出的代表外，伊图维德剧院里楼上楼下处处挤满了群众，主要是农民和工人。会上以卡兰萨为首的资产阶级保守派提出了一个内容浮泛、用词含糊的宪法草案，妄图以此掩人耳目；而以穆希卡将军为代表的革命民主派提出了一个包括进行土地改革、保证劳工权利等内容的草案。会议经过两个月激烈的辩论，终于通过了穆希卡将军提出的新宪法，并于1917年2月5日予以公布，一部"伟大的革命文献"诞生了。

二、宪法的主要内容

宪法颁布后，在国内外立即引起了强烈的反响。人民欢欣鼓舞，热烈拥护；大地主、大资产阶级、天主教会和帝国主义势力却恼羞成怒，公开声言要用"暴力"消灭宪法。为什么？因为宪法的核心条款——第3、27、28、123和130条具有强烈的反封建反帝的锋芒，直接触及了国内外反动势力的利益。现将其主要内容概括如下：

（一）宪法确认"国境线以内含有的一切土地与河流属于国家所有"。国家有权把土地与河流"让予"个人使用。宪法还明确规定了土地改革的原则和步骤，确定要"分割大地产，发展小土地所有制"，把地主从农民手中夺去的土地归还给原主。

（二）宪法确认"一切矿藏及其含有的财富的所有权属于国家所有"。但是，宪法规定，国家有权把矿藏租让给私人，首先应租让给墨西哥公民或墨西哥公司；对外国人利用墨西哥资源的条件做了严格的限制："在沿国境线以内一百公里和沿海线以内五十公里地带，外国人绝对不能获有土地和水源的使用权。"

（三）宪法确认了劳工的劳动保护权。规定实行八小时工作制，夜班七小时，每周工作六天。宪法对童工和女工及其他劳工权利都作了规定。

以上是《1917 年宪法》中最核心的内容。从中看到，这部宪法贯串着鲜明的反封建主义、反帝国主义和民主主义倾向，是当时所有欧美资产阶级国家的宪法中最民主的一部宪法。

三、宪法的意义和性质

《1917 年宪法》不仅是对墨西哥革命的总结，也是墨西哥人民把民族民主革命引向深入的一面战斗旗帜和强大武器。因此它具有重大意义。

（一）宪法的反封建主义条款沉重打击了墨西哥的封建势力，为后来历届政府进行资产阶级性质的土地改革提供了法律依据。从《1917 年宪法》颁布之日起，至 1940 年止，其间历届政府都在程度不同地进行土地改革。例如卡德纳斯政府（1934—1940）曾把约 18 万平方千米（4500 万英亩）的土地分配给无地和少地农民。到 20 世纪 40 年代初，农业劳动人口几乎有一半占有了土地。

（二）宪法的反帝国主义倾向沉重打击了外国垄断资本势力，为墨西哥人民对外国企业实行国有化提供了强大武器。20 世纪二三十年代，墨西哥历届政府先后发布许多政令，重申矿产资源属于国家所有，外国公司只能享有墨西哥法律所允许的租借权。然而，外国资本势力一再拒绝履行。在人民的支持下，卡德纳斯总统宣布没收外国垄断资本所控制的铁路和 17 家大石油公司，交由工人经营管理。

（三）宪法的基本出发点是维护资产阶级统治秩序，但它在客观上为在资本主义制度下改善劳工生活状况、壮大工人队伍创造了有利条件。例如，1936 年成立的"墨西哥劳工联合会"仅两年光景就发展到 3594 个分支组织，成员多达 95 万人。劳工运动的深入发展，推动了资产阶级政府的一些改革，这是 20 世纪二三十年代墨西哥社会改革取得一定成果的最根本原因。

墨西哥宪法，在实施过程中确实起了进步作用。然而，正如列宁指出："以前所有一切宪法，以至最民主共和国的宪法的精神和基本内容都归结在一个私有制上。"[①]墨西哥《1917 年宪法》不宣布废除土地私有制，不宣布消灭剥削阶级，不宣布推翻资本主义制度；恰恰相反，所有条款都是在反帝反封建的同时为资本主义的发展开辟道路，它根植于资本主义土壤之上，反映资产阶级的意志，为巩固资产阶级专政服务，是一部资产阶级民主主义的宪法，但是，它对墨西哥现代社会的发展起了巨大的推动作用。

---

① 列宁选集：第 4 卷[M]. 北京：人民出版社，1972：168.

略论墨西哥《1917年宪法》的特点和意义①

　　1910—1917年，墨西哥爆发了独立运动，这是该国独立100年来第三次伟大的革命运动。这次革命的重要成果之一，是诞生了一部资产阶级民主主义宪法，即《1917年宪法》。这部宪法体现出墨西哥革命进程中人民追求并为之奋斗的目标，即"土地与自由""墨西哥人的墨西哥"②。这部宪法成为半个多世纪来，墨西哥人民把民族民主革命不断引向深入的一面战斗旗帜和基本纲领，它所反映出的墨西哥革命的深刻性、广泛性和复杂性，构成墨西哥宪政史上一个伟大的里程碑，堪称当时世界上所有资产阶级宪法中最具革命性的一部宪法。由于当时俄国十月革命尚未发生，社会主义类型的宪法尚未问世，因而它也是当时世界上最民主、最进步的一部宪法。

　　对于这样一部宪法，在它颁布之初，在一些资产阶级政客中间引起轩然大波，遭到恶意诽谤，③但半个多世纪来，经过历史学家们的冷静思考和认真研究所得出的结论足以引起人们的重视。苏联史学家在肯定《1917年宪法》的进步意义的同时，却认为它仅仅是"一纸空文"，没有多少实际意义④；美国学者总结墨西哥半个多世纪的历史得出结论说，在墨西哥实施《1917年宪法》，"既没有自动地带来民主，也没有带来显著的经济上的改进"，相反却"暴露出"它在思想上和理论上所犯的"重大错误"⑤，等等。笔者不同意上述两种意见，试图对《1917年宪法》内容上的特点、实施情况、社会意义及性质作些粗略评析，目的在于对墨西哥《1917年宪法》做出客观评价，赋予它应有的历史地位。

---

　　① 这一部分原载于《拉丁美洲史文集》（中国拉丁美洲史研究会，1986）。

　　② Julio Durán Ochoa, et al., *México, 50 años de Revolución,* tomo II, La vida social[M]. México: Fondo de Cultura Económica, 1961: 251; George MacCutchen McBride. *The Land Systems of Mexico*[M]. New York: American Geographical Society, 1923: 157, 159.

　　③ 例如，《1917年宪法》公布后不久，美国先后成立了许多形形色色的反宪法集团。他们宣称《1917年宪法》是"社会主义纲领"，是"在实行布尔什维克主义"，"墨西哥人民都是暴徒"等。

　　④ 参见苏联科学院. 世界通史：第7卷上册[M]. 上海：生活·读书·新知三联书店，1975：532页；阿尔彼罗维奇，拉甫罗夫. 墨西哥近代现代史纲（1810—1945年）：下册[M]. 刘力勋，译. 北京：生活·读书·新知三联书店，1974：714.

　　⑤ Howard F Cline. *Mexico: Revolution to Evolution, 1940-1960*[M]. London: Oxford University Press, 1963: 221.

一、《1917 年宪法》的基本特点

《1917 年宪法》是墨西哥 1910—1917 年资产阶级民主革命胜利的产物，是以农民为主力军的墨西哥人民付出极大代价、坚持长期反帝反封建斗争的结果，是革命进程中民主派同资产阶级保守派针锋相对斗争的结晶。

墨西哥人民的反帝反封建斗争在 20 世纪初达到了最高峰，由于这一斗争发生在帝国主义和无产阶级革命时代的开始时期，因而，作为这一革命高潮中所产生的法典——《1917 年宪法》，不能不深深地打上时代的烙印，反映出它本身的特点。

所谓特点，有两方面含义：一是指《1917 年宪法》同墨西哥独立运动以来先后颁布的《1824 年宪法》和《1857 年宪法》相比较；二是指它与同时代其他亚非拉国家宪法相比较。从宣布共和制、关于一般政治改革等项条文内容看，《1917 年宪法》同墨西哥历史上前两部宪法，以及同时代其他亚非拉国家的宪法没有什么原则上的区别。所不同的是，在革命处于高潮、人民群众强烈要求和资产阶级民主派的力争下，《1917 年宪法》增添了若干维护国家主权、限制大地产、发展民族经济、保障人民一定自由等内容的条款（如第 3、27、28、123 和 130 条等），从而体现出远比墨西哥历史上前两部宪法及同时代其他同类型宪法更为鲜明的反帝、反封建和民主的性质。

具体说来有以下四个基本特点：

（一）《1917 年宪法》重新确认了土地的社会性使用的原则，具有明显的反封建主义性质。

土地问题在墨西哥历史上具有头等重要意义。从 19 世纪初至 20 世纪初的一个世纪里，墨西哥先后爆发三次伟大的解放运动，而每次运动都与土地所有制的变化紧密相关，其实质都是"为土地而斗争"[①]。因此，在一定意义上，土地问题是墨西哥历史上革命的动因所在；而每次革命发展的深度和广度，又取决于农民群众投入斗争的程度。

土地私有观念，在墨西哥和在其他拉丁美洲国家一样，是伴随着西班牙殖民者的到来逐渐产生的。在此前，土地由各个部落公社公共领有、公共耕种、公共使用，最终公共分享劳动成果。西班牙殖民者来到拉丁美洲之后，

---

① Julio Durán Ochoa, et al. *México, 50 años de Revolución,* tomo II, La vida social, México: Fondo de Cultura Económica, 1961: 229.

凭借"火"与"剑"，以王室名义强行把土地"授予"殖民"有功"之臣和教会，这就构成了日后在拉丁美洲广为流行的大地产所有制的基础。

19世纪初墨西哥独立运动和19世纪中期胡亚雷斯改革都曾提出土地问题。后者还在宣布政教分离、剥夺教会产权的基础上局部地进行了土地改革，在一定程度上削弱了大地产所有制。但是，由于那两次革命的最终结局，资产阶级都未能夺得或保住政权，因而不可能从全局上以根本法的形式对土地所有权进行全面系统的阐述和规定。

胡亚雷斯改革之后，随之而来的是大地主阶级的反攻倒算。波菲里奥·迪亚斯代表大地主利益，对内独裁，对外卖国，巧取豪夺，把从农民手中侵夺的土地以极小的代价转让给支持他的反动政策的人，或出卖给外国垄断资本家，致使大地产所有制得到恶性发展。到1910年革命爆发前夕，墨西哥农村的土地几乎完全被8000个私人庄园所占有，其中最大的庄园占地面积竟达600万公顷以上。相反，全国90%的农户没有土地[①]。土地贫富不均达到极其尖锐化程度。这不仅直接损害了印第安人、农民的切身利益，而且也损害了墨西哥民族资产阶级的利益。这就是墨西哥1910—1917年革命的一个重要的历史条件。

1910—1917年革命胜利后，夺得国家政权的资产阶级在对待财产权问题上面临着严峻的历史选择：一方面是当时在拉丁美洲广为流行并被普遍接受的思想武器之一是1789年法国《人权宣言》第17条所宣布的"财产是神圣不可侵犯的"原则[②]；另一方面是胡亚雷斯改革后由迪亚斯的反动政策造成的大地产所有制的恶性发展和社会矛盾极其尖锐的严酷现实。面对这种形势，制宪会议围绕着土地问题、劳工问题及外国资本在墨西哥的地位问题展开了尖锐的斗争。以贝努斯提阿诺·卡兰萨为代表的资产阶级保守派提出了一个内容浮泛、用词含混的宪法草案，用以掩人耳目；而以弗期西斯科·穆希卡将军为代表的革命民主派则提出一份包括进行土地改革等重要内容的宪法草案。会议就两个草案进行了讨论。据一位亲自参加制宪会议的代表赫苏斯·罗梅罗斯描述，出席会议的人除各界选出的代表外，伊图维德剧院的楼上楼下处处都挤满了旁听的人群，他们中有外交使团、国务秘书、军人、记者，而

---

① Donald M Dozer. *Latin America: An Interpretative History*[M]. New York: McGraw-Hill, 1962: 412.

② 例如，在阿根廷，就把"财产神圣不可侵犯"这一原则写进了阿根廷《1853年宪法》第17条，至今仍是该国宪法的一个重要原则。

主要是农民和工人。会场上群情激昂，辩论热烈①。由于革命进程中工农力量不断壮大，由于制宪会议上工农群众施加强大压力，也由于资产阶级认识到巩固自己政权的必要性，致使革命民主派在会议上占据了优势，制宪会议最终通过了穆希卡将军提出的宪法草案。

在财产问题上，制宪会议没有沿用当时在拉丁美洲广为流行的传统观点，即宣布财产神圣不可侵犯。相反，制宪会议考虑到墨西哥土地问题空前尖锐的现实，毅然对产权的含义进行了全新的解释。宪法第 27 条规定："国境线内所含土地与水流之所有权原属国家，过去和现在都有权将这些土地与水流的产权让予平民，构成私有财产。"②

宪法起草者在上述条款的行文中使用了"La propiedad da……correspónde originariamente a la Nación, la cual ha tenido y tiene el derecho……"这样的表述方式，显然是经过精心推敲、仔细琢磨的。这就是说，作为国家根本法，宣布国家拥有的土地与水流的所有权，并非始自宪法公布之日。追根溯源，这种所有权"原本"（originariamente）就属于国家；正因为如此，所以从法理上说，国家"过去和现在都拥有"（ha tenido y tiene）让予权。这就从法律上肯定无疑地重新确认了国家对这些财产的所有权的历来合法性。有些史书的著作，在介绍这一条款的内容时把它表述为国家是土地河流的"根本所有者"③，或表述为国境内土地和水域的所有权"属于国家"④，实际上都不够确切。墨西哥出版的《1922—1924 年墨西哥年鉴》所载 H. N. 布兰奇法学博士翻译的《1917 年宪法》的英译本，是严格按照西班牙文版译出的，上述条款的英译是"The ownership of……is vested originally in the Nation, which has had, and has, the right to……"⑤。在这里，英译文同样使用了"originally"这一副词和"has had, and has"这一不同时态。这就说明我们在理解上述条

---

① Jesús Silva Herzog. *Breve historia de la Revolución Mexicana, tomo II, La etapa constitucionalista y la lucha de facciones*[M]. México and Buenos Aires: Fondo de Cultura Económica, 1964: 252-253.

② Jesús Silva Herzog. *Breve historia de la Revolución Mexicana, tomo II, La etapa constitucionalista y la lucha de facciones*[M]. México and Buenos Aires: Fondo de Cultura Económica, 1964: 267.

③ 原文为"the nation is the basic owner of…"。参见 William Z Foster. *Outline Political History of the Americas*[M]. New York: International Publishers, 1951: 309.

④ 参见阿尔彼罗维奇，拉甫罗夫. 墨西哥近代现代史纲（1810—1945 年）：上册[M]. 刘力勋，译. 北京：生活・读书・新知三联书店，1974：459.

⑤ The Constitution of 1917[M]// Robert G Cleland. *The Mexican Year Book, 1922-1924*. Los Angeles, Calif.: Times-Mirror Press, 1924: 126.

文内容时，一定要忠实于宪法起草者特意要强调的国家对土地、水流所拥有的这种"所有权"的"不可侵犯性"（imprescriptible）[1]，这一点集中地反映出在墨西哥革命中夺得政权的资产阶级及其领导下的制宪会议的意志。它从根本上否定了迪亚斯独裁统治时期恶性发展的大地产所有制的"神圣不可侵犯性"，否定了依仗迪亚斯政权而发财致富的国内外大庄园主侵占土地的合法性，也在事实上肯定了墨西哥革命以来农民开展本地斗争的正义性，并为新政权进行土地改革提供了法律依据。

应该指出，《1917年宪法》并不一般地否定土地等财产的私有权。然而，国家所承认的财产"私有权"是以有利于公共利益为前提的。"剥夺产权只能在为了公共利益且给予补偿的条件下进行"[2]。迪亚斯统治时期，在产权问题上所强调的是私有性、放任主义；《1917年宪法》在承认产权私有性的同时，更偏重强调它的社会性使用。这种社会性使用主要表现为：国家有权把土地和水流等"让予"私人占有和使用；有权为了公共利益"剥夺"私产（同时给予补偿）；有权"限制""调整"私产和自然资源的使用情况；有权"分割大地产，发展小土地所有制，建立新的农村城镇中心，发展农业"等。[3]

为了使宪法所肯定的土地的社会性使用权变为切实可行的事实，《1917年宪法》没有停留在国家拥有土地所有权这一原则性的确认上，而是结合墨西哥当时土地占有不均的现状，明确规定了实行土地改革的原则、细则和步骤。宪法规定，"为了公平分配公共财富"，应采取若干必要措施"分割大地产、发展小土地所有制"，那些"缺少土地和水流或没有供居民生活所需要的足够数量的土地和水流的村镇、村庄和公社，有权获得国家从邻近的地产中划分给他们的土地和水流"，且"小土地所有制始终受到尊重"等。[4]宪法还就各州分配土地应遵循的细则和步骤作了如下具体规定：每个州和地区都要定出一个单独个人或团体所能拥有的土地最高数额；超过规定数额部分分成小块予以出售；如果产业主拒绝进行分割，地方政府要通过剥夺的方法实

---

① "La Constitución de 1917," en Jesús Silva Herzog. *Breve historia de la Revolución Mexicana, tomo II, La etapa constitucionalista y la lucha de facciones*: 267, 268, 273.

② "La Constitución de 1917," en Jesús Silva Herzog. *Breve historia de la Revolución Mexicana, tomo II, La etapa constitucionalista y la lucha de facciones*: 267, 268, 273.

③ "La Constitución de 1917," en Jesús Silva Herzog. *Breve historia de la Revolución Mexicana, tomo II, La etapa constitucionalista y la lucha de facciones*: 267, 268, 273.

④ "La Constitución de 1917," en Jesús Silva Herzog. *Breve historia de la Revolución Mexicana, tomo II, La etapa constitucionalista y la lucha de facciones*: 267, 268, 273.

行分割；份地的地价以年租的形式支付，在 20 年内还清本息，利息标准每年不超过 5%，等等。[①]

从上述内容我们看到，墨西哥《1917 年宪法》对财产权所作的规定，比当时拉丁美洲其他国家普遍接受的《人权宣言》宣布的"财产是神圣不可侵犯的"原则又前进了一大步。1789 年法国颁布的《人权宣言》针对当时残暴、独断的封建专制制度，公开宣布"主权在民""财产神圣不可侵犯"，这在当时，无疑是对至高无上的君权和神权的最大挑战，对建立和维护资本主义私有制具有重要进步意义。时至 20 世纪初，墨西哥人民在革命进程中为"土地和自由"战斗了好几年，付出了极大的代价。革命胜利后，人民不满足于一般地重申"财产是神圣不可侵犯的"这一原则口号，他们迫切要求解决社会上尖锐存在的土地问题，要求"分割大地产""归还被地主侵占的土地"。《1917 年宪法》对产权的定义所作的全新的解释，对土地改革的原则、细则乃至具体步骤所作的详细规定，正是革命中取得胜利的各革命阶级的意志在宪法中的反映。宪法宣布国家对土地等财产拥有最高的所有权，宣布把地主过去侵占的土地归还给农民，这无异于宣布存在墨西哥长达几百年之久并于革命前夕得到恶性膨胀的大地产制已不是什么神圣不可侵犯的了，封建和半封建性的大地产制已成了社会生产力发展的桎梏，成了社会进步的赘瘤。打破桎梏，割除赘瘤，不仅是墨西哥资产阶级要求发展资本主义的意志和愿望，也是墨西哥广大农民群众要求摆脱大庄园主的封建剥削和压迫的意志和愿望。可见，《1917 年宪法》所体现的这种反封建主义的革命性，远远超过了墨西哥历史上前两次革命运动产生的《1824 年宪法》和《1857 年宪法》的水平，也超出了同时代的其他拉丁美洲国家的宪法水平。

（二）《1917 年宪法》重新确认了国家对国境内一切矿藏资源的直接所有权，具有强烈的反帝国主义倾向。

与土地产权相联系的另一个重要问题是地下矿藏资源的所有权问题。由于革命前的墨西哥有大片土地和地下矿藏资源被外国垄断资本所侵占，所以在墨西哥同在拉丁美洲其他国家一样，土地问题不仅是个反封建问题，而且也是个反对帝国主义的问题。

墨西哥独立战争之后，特别是迪亚斯上台以后，墨西哥很快沦为一个半

[①] "La Constitución de 1917," en Jesús Silva Herzog. *Breve historia de la Revolución Mexicana, tomo II, La etapa constitucionalista y la lucha de facciones*: 267, 268, 273.

封建半殖民地的专制国家。自从 19 世纪 80 年代开始迪亚斯政权公布了一系列丧权辱国的法令和政策，允许外国资本任意侵吞墨西哥土地和地下矿藏资源；外国资本家则利用迪亚斯政权赋予他们的特权花很少的钱购置了大片墨西哥的土地，攫取大量的地下矿藏和资源。从此，外国资本像潮水一样涌进了墨西哥。到 1910 年，仅美国在墨西哥的投资额已接近 10 亿美元[①]，大大超过了墨西哥资本的总投资额。墨西哥大部分的矿藏资源、大部分采矿和石油企业都落入外国垄断资本家的手中。据《1914 年墨西哥年鉴》统计，墨西哥共有 27 家大制造业公司，其中 18 家完全为外国人所有，25 家有某种程度的"外国产权"。难怪当时人们常常这样评论："外国人已经控制墨西哥财富如此大的一部分，其比重之大可能创号称政治独立的任何国家的最高纪录。"[②]更有人把迪亚斯独裁时期的墨西哥比作"外国人的亲娘，墨西哥人的继母"[③]。所有这些事实和评论都告诉人们，革命前夕迪亚斯时期的墨西哥，大片土地被外国垄断资本所霸占，外国资本涌入和急剧膨胀，严重损害了墨西哥的国家主权和民族工业的发展，民族矛盾十分尖锐。

墨西哥 1910—1917 年革命从反对迪亚斯独裁政权开始逐渐发展为一场深刻的民族民主革命绝非偶然。在革命进程中，墨西哥各革命阶级和阶层，团结一致，用革命的武装力量粉碎了美帝国主义的两次武装入侵和种种阴谋诡计。在革命胜利后的制宪会议上，革命民主派顶住了来自华盛顿的强大压力[④]，从根本上否定了迪亚斯所推行的出卖国家主权、出卖民族利益的一切法律、法令和政策，把许多维护国家主权和尊严、有利于民族经济发展的条款写进了宪法，这是墨西哥人民坚持长期反帝斗争的一个重要成果。

宪法规定："一切矿物，或埋藏于矿脉、矿层、矿块或矿床中的资源，其性质不同于土壤成分者，其直接所有权属于国家。"[⑤]这些矿物资源指的是：金属和非金属的各种矿物、宝石、石盐、由海水直接构成的含盐矿床、从岩石中分解出来的矿物质、作为肥料用的磷酸盐、易燃的固体矿石、石油

① Donald M Dozer. *Latin America, An Interpretative History*[M]. New York: McGraw-Hill, 1962: 411.

② 肖夏娜·B. 坦塞. 拉丁美洲的经济民族主义[M]. 涂光楠，等译. 北京：商务印书馆，1980：185.

③ Donald M Dozer. *Latin America, An Interpretative History*[M]. New York: McGraw-Hill, 1962: 411.

④ 参见阿尔彼罗维奇，拉甫罗夫. 墨西哥近代现代史纲（1810—1945 年）：上册[M]. 刘力勋，译. 北京：生活·读书·新知三联书店，1974：464-465.

⑤ "La Constitución de 1917," en Jesús Silva Herzog. *Breve historia de la Revolución Mexicana, tomo II, La etapa constitucionalista y la lucha de facciones*: 268.

和所有固体、液体或气体的碳氢化合物，等等。[1]

宪法确认国家对上述一切矿物资源具有"直接所有权"[2]，并不意味着禁止私人开矿。宪法规定，国家有权把矿藏租让给私人，但是必须依照法律事先宣布的程序来实行。为此，宪法做出七项具体规定，其核心内容是："只有在墨西哥出生或加入墨西哥国籍的人及墨西哥公司，方有权购置土地、水流及其接近地，或获得在墨西哥共和国开发矿山、水流或矿物燃料之租让权。"[3]宪法对外国人利用墨西哥国家资源的条件进行了严格的规定："在沿国境线以内 100 公里和沿海岸线以内 50 公里之地带，外国人在任何条件下皆不能获有土地和水流之直接所有权。"除此范围之外，欲取得租让权的外国人应向墨西哥外交部表示："同意涉及上述财产关系时把他们作为墨西哥人来对待，且不为涉及此等财产之事而求其本国政府之保护；否则，应将其已获得之财产收归国有，以示惩罚。"[4]上述原则条款和具体规定概括起来就是，墨西哥境内一切矿藏和资源均属国家所有；私人只能通过租让合同取得对规定范围内矿藏和资源的开采权；租让合同首先给予墨西哥公民，外国人利用矿藏资源要受到墨西哥法律的严格限制，等等。所有这些都反映出宪法制定者的意图：在宣布国家拥有土地、水流、矿藏、资源的最高所有权的前提下，一方面竭力消除外国资本对国家经济命脉的控制，另一方面大力扶持民族资本的发展。这同革命前迪亚斯时期推行的对内独裁、对外卖国的政策形成鲜明的对照。它集中反映出墨西哥人民反对帝国主义的原则立场和要求摆脱外国垄断资本统治、发展本国民族经济的强烈愿望，"是新事物经过百般周折对旧事物取得一系列胜利和旧事物给予新事物一系列挫折后的总结的纪录"[5]。

（三）《1917 年宪法》确认了工人（包括农业工人）的劳动保护权和组织

---

① "La Constitución de 1917," en Jesús Silva Herzog. *Breve historia de la Revolución Mexicana, tomo II, La etapa constitucionalista y la lucha de facciones*: 268.

② 西班牙文版《1917 年宪法》第 27 条表述国家对一切矿物资源的权利时，使用的是"el dominio directo"，原意为"直接的主权"，英文版《1917 年宪法》使用的是"the legal ownership"，原意为"合法的所有权"。本人认为，在这里译为"直接的所有权"为妥。

③ "La Constitución de 1917," en Jesús Silva Herzog. *Breve historia de la Revolución Mexicana, tomo II, La etapa constitucionalista y la lucha de facciones*: 269.

④ "La Constitución de 1917," en Jesús Silva Herzog. *Breve historia de la Revolución Mexicana, tomo II, La etapa constitucionalista y la lucha de facciones*: 269.

⑤ 列宁全集：第 18 卷[M]. 北京：人民出版社，1959：562.

工会、举行罢工的权利，这在资本主义类型的宪法中还是第一次。

19 世纪前半期、欧美各国没有任何关于工人劳动保护权的劳动立法。1886 年马克思、恩格斯领导的第一国际提出每天 8 小时工作制的口号。从此，工人阶级为争取缩短工时、改善劳动条件而进行了坚持不懈的斗争。

墨西哥的工人成分比欧美一般资本主义国家复杂得多。其中大庄园中的农业工人多为印第安人，或以印第安人血统为主的混血种人。革命前，这些农业工人从理论上说是自由的，但实际上他们世世代代被束缚在大庄园的土地上过着异常悲惨的农奴式生活。据统计，迪亚斯独裁统治后期，在田间操作的工人日工资，全国平均数为 36 生太伏，最低工资为 19—20 生太伏。[①]而且，即使是如此菲薄的工资也很少以现金支付。工业工人中除技术工种由上层工人（主要是美国人）充任外，最繁重的粗工都由墨西哥人担任。他们身受本国资本和外国资本的双重剥削和压迫，工作时间长（一般每昼夜劳动16—18 小时），劳动强度大（尤其矿工主要用手劳动），工资水平低，劳动条件差，生活毫无保障，这迫使工人阶级不断起来进行斗争。在 1910—1917 年革命过程中诞生了第一个全国性工会组织"世界工人之家"[②]，墨西哥工人阶级的斗争进入了一个新阶段。在"世界工人之家"的动员和组织下，墨西哥工人阶级积极投入革命斗争，尤其在反对韦尔塔反革命政变的斗争中发挥了工人阶级的组织作用。在制宪会议上，工人代表为争取本阶级和大多数人民的民主权利同资产阶级保守派进行了坚决斗争。《1917 年宪法》中关于劳工权利的规定正是墨西哥工人阶级坚持长期斗争的结果。

宪法第 123 条就工人的劳动保护权和社会福利问题进行了详尽的规定，主要内容包括：每日工作最长时间为 8 小时；夜班工作最长时间为 7 小时；12 岁以上和 16 岁以下的青少年的工作日最长时间为 6 小时；禁止使用未满12 岁的童工；每个工人工作 6 天应享受 1 天的休息；女工分娩前 3 个月免除重体力劳动，产后一个月享有休息和领取全工资的权利；幼儿哺乳期，母亲一天有两次每次半小时的喂奶时间；劳动者应享有足以满足他们正常生活需要的最低工资，不分性别和民族，实行同工同酬；工资应以法定的现行货币

---

① "生太伏"（centavos）是墨西哥货币单位，每生太伏=0.01 比索（Peso）。

② "世界工人之家"（Casa del Obrero Mundial）建立于 1912 年，由阿马德奥·费雷斯（Amadeo Ferrés）1911 年创立的墨西哥印刷联合会（La Confederación Tipográlico de Mexico），联合石匠同盟（La Unión de Canteros）和卢斯社（Grupo Luz）的成员组建起来。参见 Julio Durán Ochoa, et al. *México, 50 años de Revolución, tomo II, La vida social*: 258.

如数支付，而不准以实物代之，也不能以票单、财会卡片或任何一种企图用以代替货币的标志来支付；需要加班时应保证按加班时间的双倍工资付给报酬；在所有农业、工业、矿业或其他行业的企业中，企业主应为劳工提供住房、学校、医院等为公众服务的设施；工人和企业主有权组织工会、职工团体；法律承认工人有罢工权，企业主有歇业权，劳资之间的分歧或斗争要服从由相同数目的工人、企业主代表和一名政府代表组成的协调与仲裁委员会的裁决，企业主倘若拒绝仲裁或拒绝仲裁委员会的裁定，劳工合同即告终止，企业主应补偿工人三个月的工资；企业主倘无正当理由解雇工人，企业主应根据劳工的要求去执行合同或补偿工人三个月的工资，等等。[①]

以上是《1917 年宪法》第 123 条（共 30 款）的核心内容。它对工人的劳动工时、工资、住房、医疗、教育、工会、罢工等方面的权利都做出了明文规定，基本上实现了工人运动领袖们所提出的要求。[②]这些条文是墨西哥《1857 年宪法》所不曾有的，也是当时欧美资产阶级推崇的一切成文的和不成文的宪法所无法比拟的。在这个意义上说，《1917 年宪法》是当时世界上最民主的一部资产阶级宪法。诚然，对刚刚夺得要权的墨西哥资产阶级来说，确认这些原则的基本出发点是调和日趋激化的劳资矛盾，巩固新生的资产阶级政权；但也不能不看到，资产阶级被迫承认的这些原则，为以后墨西哥工人阶级的成长壮大，为他们在资本主义制度下不断争取自己生活状况和社会地位的好转创造了一定的条件。

（四）《1917 年宪法》确认了对公民权利的"保护"权，这是墨西哥人民对法理学的独特贡献。

从宪法规范上看，《1917 年宪法》既不同于英国的"不成文"宪法，也有别于"成文的"美国宪法。一方面，它是国家的根本大法，规定了国家的社会、政治、经济制度和根本政策，在国家法律体系中具有至高无上的法律效力；另一方面，它又对许多重要问题的细则和程序做出详细而明确的规定。

《1917 年宪法》第 1—29 条对每一个墨西哥人应享有的权利进行了规定，如言论自由、出版自由、教育自由、集会权利、工作权利、旅行权利等。[③]这

[①] "La Constitución de 1917," en Jesús Silva Herzog. *Breve historia de la Revolución Mexicana, tomo II, La etapa constitucionalista y la lucha de facciones*: 275-279.

[②] 参见 Julio Durán Ochoa, et al. *México, 50 años de Revolución, tomo II, La vida social*: 251.

[③] "The Constitution of 1917," in Robert G. Cleland, ed. *The Mexican Year Book, 1922-1924*: 122-131.

些规定，从原则上看，基本上是重申《1857 年宪法》的内容[1]，与当时的欧美各国的宪法也无本质区别。所不同的是，《1917 年宪法》除规定了公民权利之外，还在第三编第四章第 103 条和第 107 条中确认了对公民权利的保护。宪法规定，联邦法院要受理"所有由于任何权力机关违反人身保证所制定的法律或法令而引起的争执"[2]，而"受害者"有权"依照法定的司法形式和程序提出起诉"。[3]这些条款，不仅以根本法的形式保证了公民的权利不受侵犯，而且也维护了宪法的尊严，保证了宪法不受侵犯。这一特色在《1857 年宪法》中已经显露出来[4]，而在《1917 年宪法》中得到充分的反映，从而在法学史上占据了突出的地位。

总之，《1917 年宪法》的内容十分丰富。[5]它具有的反封建主义、反帝国主义和民主主义的倾向，既反映了墨西哥本民族历史的特点，又体现了时代的特征，是当时世界上最进步的一部宪法。

二、《1917 年宪法》的历史意义

一部革命宪法，是一部革命的纪录和总结。然而，就墨西哥《1917 年宪法》的内容看，确切地说，它既是革命的纪录和总结，又是一面战斗的旗帜。它阐明了革命的纲领和目标，提出并回答了墨西哥人民当时普遍关心的重大社会、经济和政治问题及其解决的途径。因此，评价这样一部宪法，要研究它的条文，但更重要的是要考察它的基本条款是否付诸实施，实施后对墨西哥社会发展起了怎样的作用。

（一）宪法中反封建主义条款反映了资产阶级的意志，为墨西哥历届政府进行资产阶级性质的土地改革提供了法律依据。

《1917 年宪法》从根本上说，反映了资产阶级要求扩大国内原料来源和

---

[1] "The Constitution of 1857," in Robert G. Cleland, ed., *The Mexican Year Book, 1922-1924*: 393-396.

[2] "La Constitución de 1917," en Jesús Silva Herzog. *Breve historia de la Revolución Mexicana, tomo II, La etapa constitucionalista y la lucha de facciones*: 147, 148.

[3] "La Constitución de 1917," en Jesús Silva Herzog. *Breve historia de la Revolución Mexicana, tomo II, La etapa constitucionalista y la lucha de facciones*: 147, 148.

[4] 《1857 年宪法》也确认了对公民权的保护，但是没有《1917 年宪法》规定得那么详尽具体。参见 "The Constitution of 1857," in Robert G. Cleland, ed. *The Mexican Year Book, 1922-1924*: 407.

[5] 《1917 年宪法》全文共九编十章 136 条。除本节谈及的主要内容以外，其余条款的内容大体是重申和发挥了《1857 年宪法》的基本内容。详见 Robert G Cleland, ed. *The Mexican Year Book, 1922-1924*: 122-159, 393-411.

商品市场、发展民族资本主义的意志，也在一定程度上符合了人民要求革命的愿望，这就决定了宪法颁布后的历届资产阶级政府实施宪法的必然性和不彻底性。

宪法颁布后，垄断着墨西哥土地的国内外大庄园主和垄断资本势力，施展种种阴谋诡计破坏宪法的实施。资产阶级保守势力也极力阻止宪法的行使。但是，历史决不以哪一个阶级的意志为转移，历史的进程取决于历史的合力。正如列宁指出的："宪法就是一张写着人民权利的纸。"真正承认这些权利的保证"在于人民中意识到并且善于争取这些权利的各阶级的力量"[1]，归根结底取决于人民群众的斗争。革命胜利后的墨西哥，人民的斗争，首先是农民夺取土地的斗争在各地一直进行。这种自下而上的夺地斗争推动了历届资产阶级政府的土地政策。他们或迫于农民斗争的压力，或为了利用农民的力量对付自己的政敌，稳定资产阶级统治秩序，或为了发展资本主义，或几者兼而有之，因而都程度不同地实施了《1917 年宪法》第 27 条，进行了土地分配的工作。就一般情况看，历届政府在中央和地方都设立了土地委员会；各地区都根据《1917 年宪法》制定了相应的法律和土改措施；分配土地的方式有的是"归还"过去农民丧失的土地，有的是政府"授予"新的土地，也有的是政府垦辟荒地，分田于农；分配土地的数目一般是按照当地可供分配的土地数量、土质好坏和农户数目来定；所分土地多取自邻近的庄园和公地，分割大庄园的土地通常给以补偿。[2]这样，从革命胜利后的卡兰萨政府到 1940 年的卡德纳斯执政期间，经过土地分配，农民确实得到了一些土地。其土地分配情况如表 4-1 所示。[3]

---

① 列宁全集：第 9 卷[M]. 北京：人民出版社，1959：448.

② 参见 George MacCutchen McBride. *The Land Systems of Mexico*: 154-159.

③ 此表是笔者参考下列材料编制而成：Linda B Hall. Alvaro Obregón and the Politics of Mexican Land Reform, 1920-1924[J]. *The Hispanic American Historical Review*, Vol. 60, No. 2 (May 1980): 222, Table I；阿尔彼罗维奇，拉甫罗夫. 墨西哥近代现代史纲（1810—1945 年）：下册[M]. 刘力勋，译. 北京：生活·读书·新知三联书店，1974：581；William Z Foster. *Outline Political History of the Americas*: 409-412. Sanford A Mosk. *Industrial Revolution in Mexico*[M]. Berkcley and Los Angelos: University of California Press, 1954: 53. 由于材料来源不同，所用计算单位不同，笔者编制时作了必要的统一。

表 4-1　历届墨西哥政府分配土地的情况（1917—1940）^①

年份	执政者	分配土地情况	
		受益户	土地数（英亩）
1917—1920	贝努斯蒂亚诺·卡兰萨	46216	411724
1921—1924	阿尔瓦罗·奥夫雷贡	136146	7500000
1925—1928	普卢塔科·埃利斯·卡列斯	1500（村）	7368264
1929—1933	帕斯库亚尔·奥尔蒂斯·鲁维奥阿维拉多·L.罗德里格斯	259268	7368264
1934—1940	拉萨罗·卡德纳斯	1000000	45000000
总计		1441630	63093437

说明：①由于统计数字来源不同，其中有些数字是近似值，所以，总计也是近似值。②受益户总计中不包括卡列斯总统时期的数字。③1 英亩约为 4047 平方米。

从上表我们看到，尽管历届政府在实施宪法和进行土地分配的规模、速度上有所不同，但是每届政府都接连不断地进行了这项工作，而且发展的总趋势是规模越来越大（经济危机年代例外）。特别是到卡德纳斯总统当政时，土地改革以前所未有的速度进行，使《1917 年宪法》中关于土改的条款得到比较认真的贯彻执行。这不仅同 20 世纪 30 年代初经济危机打击下墨西哥的经济政治状况密切相关，而且同卡德纳斯总统富有政治远见、勇于大胆实践的个人特点紧密相连。与过去的历届总统不同，卡德纳斯不是把土地改革仅仅看作消极缓和农民情绪的权宜之计（当然，也有此意），他的立足点是：墨西哥是个农业国，农业是"国家的经济基础和支柱"，为了发展民族经济满足人民需要，必须进行土地改革，"以最适宜的方式"把农业组织起来。^②正因为如此，卡德纳斯在 20 世纪 30 年代初工农运动进一步高涨的形势下，能够成为墨西哥现代历史上比较认真实施《1917 年宪法》的第一位总统。如上表所示，在卡德纳斯执政期间，他把 4500 万英亩的土地无偿地分配给近 100 万

① 此表是笔者参考下列材料编制而成：Linda B Hall. Alvaro Obregón and the Politics of Mexican Land Reform, 1920-1924[J]. *The Hispanic American Historical Review*, Vol. 60, No. 2 (May 1980): 222, Table I；阿尔彼罗维奇，拉甫罗夫. 墨西哥近代现代史纲（1810—1945 年）：下册[M]. 刘力勋，译. 北京：生活·读书·新知三联书店，1974：581 页；William Z Foster. *Outline Political History of the Americas*[M]//Sanford A Mosk. *Industrial Revolution in Mexico*. Berckley and Los Angelos: University of California Press, 1954: 53. 由于材料来源不同，所用计算单位不同，笔者编制时作了必要的统一。

② 参见 Jesús Silva Herzog. *El agrarismo mexicano y la reforma agraria*[M]. México, D.F.: Fondo de Cultura Económica, 1959: 414.

户印第安和印欧混血农民。这个土地数字约等于革命开始以来历届总统分配土地总和的两倍半。在卡德纳斯执政前 20 年中平均每年有 47106 户农民获得土地，而在卡德纳斯时期平均每年是 128606 户，几乎是之前的 3 倍。①

值得指出的是，卡德纳斯领导的土地改革，不仅包括把土地分成小块满足农民耕种土地的需要，而且还充分利用公地组织了合作农场，创建了全国公地信贷银行。在这方面，卡德纳斯采取的最重要的一个步骤是于 1936 年 10 月初在拉古纳区（西班牙文原意为"沼泽区"）进行的。拉古纳区是一个占地 800 万英亩、盛产棉花和小麦的沃土地带。10 月初，在一些棉花种植园工人举行罢工之后，卡德纳斯组织 3 万农户在这一地区内 60 万英亩的土地上建立起一些合作农场，并由政府投资建设水利工程，提供种子和机械，创办信贷银行，兴办学校和消费合作社，发展农业生产。②对此，史学家评论说："从前没有任何一届总统有勇气在本世纪初以来一直为大地主所控制并在原先种植棉花而后又种植了小麦的这个富饶的地区解决分配土地的问题。"③卡德纳斯不仅做到了这一点，而且取得了成功，不久后又把这一措施推广到其他地区。

由于历届政府，尤其是卡德纳斯政府比较认真地进行了土地改革，墨西哥革命后的 20 多年中土地结构发生了可观的变化。据统计，在 1915—1940 年，有 150 万个从前没有土地的农业户现在有了土地。这意味着，20 世纪 40 年代初墨西哥从事农业劳动的所有人口中几乎有一半人占有了土地。④墨西哥史学家在评论历届资产阶级政府进行土地改革的意义时认为，"宪法第 27 条奠定了土地改革的基础，有效地实现了萨帕塔的'土地与自由'的理想"⑤，"由于土地支配权的变更，革命政府就消除了农村不稳定的最重要的根源，并获得农民中的中坚力量的支持"。⑥显然，上述这些评论过于乐观。实际上，20 世纪二三十年代的土地改革并没有"消除"墨西哥的地主阶级势力，当时还有相当多的农民没有分得土地，有些分得土地的农民的实际地位

---

① Jesús Silva Herzog. *El agrarismo mexicano y la reforma agraria*: 305.

② 参见派克斯. 墨西哥史[M]. 瞿菊农，译. 北京：生活·读书·新知三联书店，1957：328.

③ Jesús Silva Herzog. *El agrarismo mexicano y la reforma agraria*: 407.

④ Cendro de Estudios Históricos. *Historia general de México, tomo IV*[M]. México: El Colegio de México, 1977: 175.

⑤ Julio Durán Ochoa, et al. *México, 50 años de Revolución, tomo II, La vida social*: 251.

⑥ Cendro de Estudios Históricos. *Historia general de México, tomo IV*: 179, 175.

也未随着土地的分配而得到根本的改善[①]。与革命前迪亚斯独裁时期相比，与宪法公布之时相比，土地改革毕竟取得了显著的成效。土地改革确实使墨西哥社会发生了重大变化。它打破了国内外大庄园主垄断墨西哥土地的局面，分割了大庄园土地所有制，承认了印第安公社集体所有制，打碎了封建债奴制，改造了农业经营方式，一定程度上解放了社会生产力，为发展民族经济、巩固资产阶级政权奠定了一定的基础。这是墨西哥人民高举《1917 年宪法》这面旗帜把民族民主革命引向深化的结果。

（二）宪法的反帝国主义思想倾向反映了墨西哥人民维护国家主权的意志，成为墨西哥政府对外国企业实行国有化的强大思想武器。

墨西哥《1917 年宪法》中的反帝国主义思想倾向和墨西哥人民以宪法为武器为维护国家主权和尊严而进行的英勇斗争，从一个侧面反映出这个历史发展的主流是不可抗拒的。

宪法中关于地产和矿产资源的条款与关于劳工的条款，沉重地打击了国际垄断资本主义，首先是美国垄断资本在墨西哥的统治，因而引起它们强烈的反响和对抗，早在制宪会议讨论宪法草案时，美国政府就强烈表示，美国"不能同意直接或间接没收属于墨西哥外国人的财产"，[②]无理要求墨西哥制宪会议按照美国的意思修改宪法。这理所当然地遭到墨西哥人民的反对和抵制。宪法颁布后，卡兰萨政府于 1918 年 2 月 19 日依据宪法发布政令，正式宣布石油资源是国家的财富，为此规定："对于凡能履行法律规定的公司将不授予所有权而只授予租让权。"[③]美国石油公司依仗美国政府这个靠山，无视墨西哥政府宪法，"拒绝遵守墨西哥政府的法令，拒绝缴纳他们应付的税款，而且一旦油田里发生工潮时，美国就把战舰开出来"。[④]与此同时，美国政府还以拒绝承认墨西哥新政权为手段向墨西哥施加压力。

1920 年底接替卡兰萨总统上台的奥夫雷贡政府屈服于美国的压力于 1923 年同美国签订了《布卡雷利协定》，承认凡在 1917 年 5 月 1 日以前开始的石油资源开采乃是"积极行动"[⑤]，这无异于承认了宪法实施前外国垄断

[①] Cendro de Estudios Históricos. *Historia general de México, tomo IV*: 179, 175.

[②] *Foreign Relations of the United States(FRUS), 1917*, Washington D. C.: Department of State Government Printing Office, 1926: 948-949. 转引自阿尔彼罗维奇，拉甫罗夫. 墨西哥近代现代史纲（1810—1945 年）：上册[M]. 刘力勋，译. 北京：生活・读书・新知三联书店，1974：464.

[③] 艾・巴・托马斯. 拉丁美洲史：第 4 册[M]. 寿进文，译. 北京：商务印书馆，1972：1336.

[④] Ernest Gruening, *México and Its Heritage*[M]. New York and London: Century Company, 1930: 598.

[⑤] Cendro de Estudios Históricos. *Historia general de México, tomo IV*: 150.

资本在墨西哥攫取到手的特权。这一协定引起墨西哥人民的强烈反对，最终导致奥夫雷贡的下台。

1924 年底接替奥夫雷贡总统职务的卡列斯，在人民斗争的推动下于 1925 年底颁布了《石油法》，重申了宪法第 27 条的原则规定：所有的石油公司"都要把它们的所有权变为租让权，这种租让权将给予 50 年的期限"。[①]墨西哥政府这一果敢行动再次遭到美国的强烈反对。1926 年美墨关系再度紧张。在这关键时刻，极为不幸的是，墨西哥最高法院受理"石油"一案，竟于 1927 年 11 月 17 日对《石油法》作了新的解释，宣布石油公司在 1917 年 5 月 1 日以前获得的勘探和开采权不应限制为 50 年。这样，卡列斯政府又对"石油法"作了修改，最终承认了外国石油公司在 1917 年 5 月 1 日以前获得的石油勘探和开采权。[②]墨西哥政府再次对美国垄断资本做出让步。《1917 年宪法》中关于地产和矿产资源的条款，经过卡兰萨、奥夫雷贡和卡列斯三届政府都没有得到实施。

但是，墨西哥人民要求维护国家主权和尊严、要求保护国家矿产资源的潮流不可抗拒。特别是在 1929 年经济危机的打击下，工农运动势不可挡，小资产阶级和受外国垄断资本压抑的民族资产阶级也活跃起来，墨西哥人民反帝的民族情绪空前高涨。在这种历史形势下，于 1934 年当选为总统的卡德纳斯决心认真实施《1917 年宪法》。这个曾经当过印刷工人的总统，不习惯于在总统府里深居简出，而乐于经常到全国各地，尤其是偏僻的山村去视察访问；他不喜欢发表华而不实的改革演说，而重视制定、实施宪法的具体方案。1937 年夏，石油矿区生活费急剧上涨，引发了一次石油工人的罢工。卡德纳斯政府对发生罢工的各个石油公司进行了调查。经核实，政府认为工人要求提高工资是合理的。于是，下令各公司增加工人工资，且应给工人某些管理企业的权利。当各外国公司拒不服从政令时，1938 年 3 月 18 日，卡德纳斯总统在一项声明中郑重宣布："墨西哥经济独立的日子开始了，没有经济独立，政治独立就是谎言。"[③]与此同时，墨西政府颁布石油工业国有化法令，把外国资本的石油公司，如美孚石油公司、辛克莱石油公司、英国石油公司、英荷壳牌石油公司等 17 家大的石油公司全部收归国家所有，并交由工人经营管理。早在 20 年前，《1917 年宪法》就明文规定的国家有权采取而历届政

---

① Cendro de Estudios Históricos. *Historia general de México, tomo IV*: 152.

② Cendro de Estudios Históricos. *Historia general de México, tomo IV*: 153.

③ Cendro de Estudios Históricos. *Historia general de México, tomo IV*: 154.

府都未敢采取的这一行动，由卡德纳斯总统完成了。这是对帝国主义的沉重打击。国际帝国主义，首先是美、英帝国主义极力反抗，对墨西哥实行禁运、封锁、抵制、要挟，乃至威胁。但是，卡德纳斯这一鲜明的反帝立场和维护国家主权的果敢行动，表达了墨西哥全国人民的意志，因而受到人民的热烈拥护。工人阶级以创造性的工作和劳动担负起管理这些石油公司的重任。各阶层人民支持政府渡过难关，克服重重困难，最终赢得了胜利。在墨西哥人民的心目中，"石油公司"一直是"剥削的象征"。最终，人民剥夺了它，并把 1938 年 3 月 18 日这一天，即"剥夺日"，尊崇为"墨西哥民族经济独立的开端"，[①]具有重要的历史意义。

在此之前，1937 年卡德纳斯政府把全国铁路也收归国有。在胜利的基础上，1940 年墨西哥修改了宪法，进一步规定只有墨西哥的石油公司才能参与石油工业的经营活动。自此之后，墨西哥历届政府虽然在政策上有不少的调整，但是"国有化的石油是墨西哥革命的一项遗产，没有哪一届政府敢于损害它"。[②]因为，正如卡德纳斯总统后来总结这段经历时所说："石油国有化和土地改革是我们根据神圣不可侵犯的宪法等的规定，行使国家主权和维护民族利益的行动。宪法明确地规定了本国的自然资源直接归国家控制，确定了国家有权对私人产业赋予为公共利益服务的性质。"[③]

（三）宪法对劳工权利的确认、对公民权的"保护"权的确认，虽然其基本出发点是维护资产阶级统治秩序，但是它在客观上却为资本主义制度下改善劳工生活状况、壮大民主力量创造了有利条件。

墨西哥工人阶级在革命高潮中争得了一定的民主权利。宪法第 123 条对劳工权利的确认，就是工农群众英勇斗争的纪录。

革命胜利后的初期，工人运动得到了一定发展。1918 年 5 月由工人上层领导的墨西哥区域工人联合会成立。1919 年 9 月墨西哥共产党诞生。与此同时，各种工会组织也相继出现。但是，由于当时工会人数少，成分复杂，思想软弱，加之卡兰萨、奥夫雷贡和卡列斯各届政府不认真实施宪法中关于劳动问题的条款，所以革命胜利后，工农群众的境况并未得到改善。

工农群众的境况有所改善，宪法第 123 条得到较为认真的实施，是在卡

---

① Howard F Cline. *Mexico: Revolution to Evolution, 1940-1960*: 33.

② Howard F Cline. *Mexico: Revolution to Evolution, 1940-1960*: 275.

③ 卡德纳斯 1963 年 3 月 21 日为纪念石油国有化 25 周年向石油工人发表的讲话。详见亚洲、非洲、拉丁美洲民族主义者关于民族解放运动的言论[M]. 北京：人民出版社，1964：121.

德纳斯出任总统时期。当然，这首先是由于经济危机的沉重打击、劳动人民境况恶化、工农运动日益高涨，尤其是外国企业中的工人罢工愈益带有政治性质这样一种历史形势造成的。其次，这也是卡德纳斯总统凭借其政权的三根支柱（工人组织、农民组织和军队）推行激进的资产阶级民主改革路线的战略需要。卡德纳斯制定的"六年计划"，比前几任总统的计划要激进得多；而实施这一计划就需要一个最广泛的社会力量的支持以战胜反对派和国际垄断资本。所以"六年计划"公开声称："革命政府应该振兴工会，加强工人阶级。"①

卡德纳斯是经前总统卡列斯一手提拔而得以竞选为总统的。然而，卡德纳斯走马上任，推行其激进的资产阶级民主改革路线时，二人就分道扬镳了。卡德纳斯迈入总统府的 1934 年，工人罢工斗争再次走向高涨（从 1933 年的 13 次发展到 1934 年的 202 次，到 1935 年已达 642 次），新政府对此采取了默认的态度。卡列斯于 1935 年 6 月 11 日宣布反对新的工人运动，激起工人更大的愤怒。三天之后，6 月 14 日，卡德纳斯发表声明说："罢工是工人为重建劳资之间协调关系而采取的一种合法手段，……工人的罢工行动是合法的，是同'六年计划'相一致的。"②卡德纳斯公开表示站在工人一边，其目的自然是扩大政府的社会基础，击败自己的政治对手，但是这一行动确实奠定了工人运动和政府当局建立某种联盟的基础。1936 年 2 月，在墨西哥城召开了卡德纳斯支持的全国工人运动统一代表大会，建立了以隆巴尔多·托列达诺为总书记的墨西哥劳工联合会，所有的工人组织几乎都参加了这个联合会。到 1938 年卡德纳斯政府宣布实行石油国有化法令时，仅仅两年时间，劳工联合会就发展到 3594 个分支组织，人数多达 95 万人。同一年，卡德纳斯把 1929 年建立的国民革命党整组为墨西哥革命党。墨西哥劳工联合会、全国农民联合会、墨西哥区域工人联合会和总工会等工农组织都作为该党的工人和农民支部而成为其中的一部分。广泛发展的工农运动给卡德纳斯政府的社会改革以强大的推动力，而卡德纳斯政府也正是凭借着广大工农的力量才得以采取果敢行动，没收本国大庄园主和外国垄断资本侵占的土地，实现外国石油公司和铁路国有化的。③

在工农运动的推动下，卡德纳斯政府还利用国家政权协调了劳资关系，

---

① Cendro de Estudios Históricos. *Historia general de México, tomo IV*: 180-181.

② Cendro de Estudios Históricos. *Historia general de México, tomo IV*: 180-181.

③ Cendro de Estudios Históricos. *Historia general de México, tomo IV*: 180-181.

使劳动产品的一部分能落到劳动者手中。另一项措施是建立"农业和工业合作社"，以做到既保护私营企业又限制企业主对劳动者贪得无厌的剥削。因此在卡德纳斯执政时期，工农劳动群众的工作和生活条件较前有所改善，宪法中规定的劳工权利和公民权利得到一定程度的保证。据统计，墨西哥贫困地区指数从 1910 年的 124 减少到 1940 年的 100，其中联邦地区减少的幅度最大，从 1910 年的 179 减少到 1940 年的 100。[①]

　　从《1917 年宪法》颁布之日起，直到 20 世纪 40 年代初，这是墨西哥人民为实现《1917 年宪法》而斗争的重要历史阶段。在这 20 多年中，墨西哥历届政府在人民斗争的推动下，在反对帝国主义、封建主义和专制主义与实行资产阶级民主改革等方面取得了重大成果：它打破了帝国主义践踏墨西哥主权、国内外大庄园主垄断墨西哥的地产和资源与大地主垄断政权的局面。国家的命运开始掌握在墨西哥人民自己的手中，民族精神大振，资产阶级成了政治舞台上的支配力量。这一切都为解放社会生产力、发展民族经济、推动墨西哥走上工业化道路创造了前提条件。今日墨西哥之所以能够走在拉丁美洲各国的前列，是同墨西哥人民在 20 世纪初进行了一次较为深刻的资产阶级民主革命、同革命后墨西哥人民为实施《1917 年宪法》而进行了较为深刻的社会改革联系在一起的。将《1917 年宪法》说成"一纸空文"，这不符合历史事实；把墨西哥人民实施《1917 年宪法》、深入进行民族民主革命、实行土地改革、没收外国资本、维护民族权益和国家主权的正义行动说成"重大错误"，这完全是民族偏见。历史事实一再表明，当代拉丁美洲国家要取得社会进步，"必须打破的不只是国内大地主的经济和政治束缚，而且还有外国帝国主义者的——美国的、英国的及其他国家的束缚"[②]。墨西哥人民在这个时期为实施《1917 年宪法》而进行的斗争，正是拉丁美洲人民为打破这种束缚而进行的一次可贵的尝试。他们的斗争为拉丁美洲和第三世界人民树立了光辉的榜样，将永远彪炳于史册。

　　当然，我们肯定墨西哥革命和革命中所产生的《1917 年宪法》，并不意味着否认它的局限性。归根结底，墨西哥 1910—1917 年革命是一次资产阶级民主革命。《1917 年宪法》是一部资产阶级民主主义宪法。有人认为，由于宪法确认了土地改革和劳工权利，因而就"完全改变了宪法的性质"，[③]这也

---

① 转引自 Cendro de Estudios Históricos. *Historia general de México, tomo IV*: 179.

② William Z Foster. *Outline Political History of the Americas*[M]. New York: McGraw-Hill, 1962: 777.

③ 参见派克斯. 墨西哥史[M]. 瞿菊农，译. 北京：生活·读书·新知三联书店，1957：294.

不符合历史事实。

宪法，是一个国家统治阶级意志的集中表现，判断一部宪法的性质，主要是看它代表了哪个阶级的意志和利益。宪法是一定的社会上层建筑的重要组成部分。由于它赖以产生的经济基础不同，所体现的阶级意志不同，所以从根本上说，当今世界上存在着两种类型的宪法，即资本主义类型的宪法和社会主义类型的宪法。列宁曾经指出："以前所有一切宪法，以至最民主共和的宪法的精神和基本内容都归结在一个私有制上。"[①]这话说得很透。只要把墨西哥《1917年宪法》和苏俄1918年初公布的宪法性文件《被剥削劳动人民权利宣言》稍加比较，就会对墨西哥《1917年宪法》的性质一目了然。

苏俄宪法公开宣布"废除土地私有制"，无偿地剥夺一切剥夺者；而墨西哥宪法不废除土地私有制，只是限制大地主土地所有制，发展小土地所有制。苏俄宪法宣布工人阶级是国家的领导阶级，"保证劳动人民对剥削者的统治"；而墨西哥宪法虽然也宣布给予公民，甚至给予工人农民一定的民主权利，但是那只是资产阶级性质的民主，以不损害资产阶级根本利益为前提，以巩固资产阶级专政为目的。苏俄宪法宣布要消灭剥削阶级，"消灭社会上的寄生阶层"[②]；而墨西哥宪法与此相反，它的根本作用恰恰在于巩固资产阶级统治，维护资本主义秩序，为资本主义发展开辟道路。以上所有这些区别，都是由《1917年宪法》的资产阶级性质所决定的。

从《1917年宪法》实施情况看，20世纪20年代和30年代前半期，土地分配进行得很缓慢，数量也有限。到卡德纳斯执政时期，土地改革达到了顶峰。然而，即使在土地改革高潮时期，在从事农业劳动的所有人口中仍有100万农业工资劳动者的问题没有解决，全国至少有1/3的土地仍然掌握在私人地主手中。[③]至于说卡德纳斯对工农斗争一定程度上的默认、对外国企业中工人罢工斗争的支持、对若干民主权利的确认等，这都是受当时民族矛盾和国内外历史条件制约的。归根结底，是为了维护资产阶级统治，而绝不是支持工农反对资本主义制度。

与任何事物一样，《1917年宪法》也有它的两重性。然而，从历史的长河中考察，无疑，革命性、进步性是它的主流。反帝反封建和坚持资产阶级民主主义是《1917年宪法》的基本特点，它的实施对墨西哥社会沿着资本主义

---

① 列宁选集：第4卷[M]. 北京：人民出版社，1972：168.

② 列宁选集：第3卷[M]. 北京：人民出版社，1995：386-387.

③ 参见派克斯. 墨西哥史[M]. 瞿菊农，译. 北京：生活·读书·新知三联书店，1957：327.

道路向前发展起了巨大的推动作用，是一部富有特色的资产阶级民主主义
宪法。

墨西哥《1917年宪法》和《中华民国临时约法》的比较与思考[1]

墨西哥《1917年宪法》和《中华民国临时约法》（以下简称《临时约法》）
之间具有可比性，是由于20世纪初中国和墨西哥两国革命有类似的性质。

墨西哥1910—1917年革命和中国辛亥革命同属20世纪初世界资产阶级
民族民主运动的一部分，在基本点上它们有着许多相似之处：中墨两国革命
发生在同一个时代、同一个时期，面临同样的革命任务；两国革命都提出了
明确的民族民主革命纲领和口号。墨西哥革命派提出的纲领是：反对独裁，
实行有效选举，反对垄断和特权，保护民族工商业发展[2]。中国革命党人的纲
领是：驱除鞑虏，恢复中华，建立民国，平均地权[3]。为了实现上述纲领，两
国革命党人都采取暴力手段，通过武装起义和武装斗争，最终取得了推翻封
建专制政治制度的伟大胜利。两国革命领导人，即中国的孙中山（1866—1925）
和墨西哥的弗朗西斯科·马德罗（1873—1913）都曾旅居欧美，深受西方资
产阶级民主、自由思想的影响。当他们怀着善良的愿望劝说当权者改良政治
的幻想破灭之后，都创办了刊物，鼓动革命[4]，最终领导人民走上了武装起义
的道路。当革命走向胜利的时候，两国资产阶级革命派都以美国、法国等资
产阶级类型的宪法为蓝本，制定了民主主义的宪法。1912年的《临时约法》
和1917年的墨西哥宪法，作为革命胜利的成果和推动革命深入发展的一面
旗帜公诸于世，从此，资产阶级民主主义思想在中国人民和墨西哥人民的心

---

[1] 原载于《南开学报》（哲学社会科学版）1986年第6期。

[2] "Programa de gobierno de Madero y Vázquez Gómez, Abril 20 de 1910," en Jesús Tamayo y Mario Contreras, *México en el siglo XX, 1900-1913: textos y documentos, tomo 1*, México: Universidad Nacional Autónoma de México: 294-295.

[3] 此纲领是孙中山于1903年提出的。1905年写进同盟会《章程》。同年他又在《民报》发刊词里提出了民族、民权、民生三大主义，这在当时是一个比较完整的民主主义政纲。

[4] 例如，孙中山于1905年创办了《民报》，马德罗也于同年创办了《民主报》等。

中深深扎下了根。

中、墨两国有着共同的历史命运。古代中国是东方文化的摇篮。古代墨西哥是西半球印第安人文化三大发源地之一。两国历史悠久，文化灿烂。19世纪中叶以后，又均由于欧美资本主义势力的侵入，开始了一个曲折、复杂的转变过程。19世纪末至20世纪初，中国成为国际列强宰割的对象；墨西哥虽然早在一个世纪前就赶走了西班牙殖民者，但是到了这时，也已沦为美、英、法等新殖民者激烈角逐的场所。列宁指出："资本输出总要影响到输入资本的国家的资本主义发展，大大加速那里的资本主义发展。"[1]随着国际垄断资本渗透的加剧，到20世纪初，中、墨两国民族资本主义经济冲破重重阻力有所发展，民族资产阶级崛起。虽然中、墨两国资产阶级成熟的程度有所不同，但是他们的共同点是：既受到国际资本的压迫和剥削，又受到封建（半封建）生产关系的束缚和阻挠。这就决定了中、墨两国资产阶级都有进一步发展自己的要求，对改革现状十分关心，而代表帝国主义和封建主义势力、拒绝任何改革的清王朝和迪亚斯独裁政权，自然成了资产阶级反对的首要对象。

一、两部宪法的异同

《1917年宪法》和《临时约法》赖以产生的历史条件和阶级基础相同，决定了这两部宪法所确立的根本原则和基本内容上具有一致性；而中、墨两国国情上的差异、阶级力量对比的不同、革命广度深度上的区别，又决定了它们各自的特殊性。

《1917年宪法》全文9编10章136条[2]，《临时约法》全文7章56条。[3]两部宪法的篇幅相差悬殊，结构不尽相同，但两部宪法都是资产阶级共和国方案的具体实现。它们宣布"主权在民"，否定"君权神授""君主立宪"；主张资产阶级民主共和，否定封建专制主义的独裁制；确认公民享有人身、财产、言论、集会等项自由，否定封建等级特权制度。[4]所有这些都无疑具有进步的历史意义。尤其应指出的是，在中国这样一个人口众多、幅员辽阔、

---

① 列宁. 帝国主义是资本主义的最高阶段[M]//列宁选集：第2卷. 北京：人民出版社，1960：758.

② "The Constitution of 1917," in Robert G. Cleland, ed, *The Mexican Year Book, 1922-1924*: 122-159.

③ 中华民国临时约法[M]//陈荷夫. 中国宪法类编. 北京：中国社会科学出版社，1980：366-371.

④ "The Constitution of 1917," in Robert G. Cleland, ed, *The Mexican Year Book, 1922-1924*: 122-148; 中华民国临时约法[M]//陈荷夫. 中国宪法类编. 北京：中国社会科学出版社，1980：366-367.

封建政权层次多、统治严密、专制主义思想根深蒂固的大国，在"中国古无宪法，……当20年前，日人哄然要求立宪之时，我人士尚不知其作何事"[①]之时，一举废除了在中国延续2000多年的封建君主专制制度，树立起资产阶级民主共和的旗帜，促进了几亿人民的觉醒和近代中国第一次政治思想上的大解放。但《1917年宪法》反封建主义彻底性的某些重要特色，恰恰是《临时约法》的最大的弱点。下面，我们重点围绕这一中心从三个方面略作评述：

（一）《1917年宪法》确认了国家对国境内一切矿藏资源的最高所有权，具有强烈的反帝国主义性质；而《临时约法》则没有提出反帝的任务，也没有任何具有反帝倾向的条款。

墨西哥独立战争后，特别是迪亚斯上台以后，墨西哥日益沦为一个半封建半殖民地的专制主义国家。自19世纪80年代开始，迪亚斯政权公布了一系列有利于外国资本掠夺墨西哥土地和资源的反动政策，使外国资本家购置了墨西哥的大片土地，攫取大量地下矿藏和资源，严重损害了墨西哥的国家主权和民族工业的发展。据统计，1910—1911年，墨西哥境内的170家最重要的股份公司中，有130家为国际垄断资本所有。其投资多达128100万比索，占投资总额的77.7%，远远超过了墨西哥本国的投资。这样，墨西哥石油开采（100%）、矿业（98.2%）、电力（87%）、工业（84.3%）、铁路（27.5%）等国民经济的命脉都被外国垄断资本所霸占。[②]《1917年宪法》从根本上否定了迪亚斯推行的有损于国家主权和利益的一切法律、法令与政策，明确规定："一切矿藏，或埋藏于矿脉、矿层、矿块、矿床中的资源，其性质不同于土壤成分者，其直接所有权属于国家[③]。……只有在墨西哥出生或加入墨西哥国籍的人及墨西哥公司，始有权购置土地、水流及其近接地，或获得在墨西哥共和国开发矿山、水流或矿物燃料之租让权。……欲取得租让权的外国人，应严格遵照墨西哥法律行事，否则将其所获得之财产收归国有，以示惩罚。"[④]这些条款动摇了外国垄断资本在墨西哥攫取的种种特权，维护了国家的主权和民族的尊严，集中反映出墨西哥人民反对帝国主义的原则立场和要

---

① 论立宪与外交之关系[M]//张枏、王忍之. 辛亥革命前十年间时论选集：第2卷下册. 北京：生活·读书·新知三联书店，1963：576.

② José Luis Ceceña Gámez, "La penetración extranjera y los grupos de poder económico en el México Porfirista," en Jesús Tamayo y Mario Contreras, *México en el siglo XX, 1900-1913: textos y documentos, tomo 1*: 175-177.

③ "The Constitution of 1917," in Robert G. Cleland, ed., *The Mexican Year Book, 1922-1924*: 127-128.

④ "The Constitution of 1917," in Robert G. Cleland, ed., *The Mexican Year Book, 1922-1924*: 127-128.

求摆脱外国资本统治、发展本国民族经济的强烈愿望。

同样，辛亥革命前夕的中国，帝国主义在华各类投资总额达 15 亿美元（1902 年），比甲午战争以前增加 5 至 8 倍，就此控制了中国的财政，垄断了中国进出口贸易的 90%、煤矿业的 84.8%（1906 年）、铁路的 93.1%（1911年）。[①]国际垄断资本的贪婪掠夺，给中国经济发展造成严重后果，民族工业受到摧残，民族危机日趋严重。为此，中国人民进行了不屈不挠的反对帝国主义的斗争。但是，在当时的资产阶级革命派中，对"民族革命"（或说"民族主义"）的理解很不一致。相当一部分人对"民族革命"的理解，还限于排满，推翻实行种族歧视政策的清王朝统治。而伟大的革命先行者孙中山比一般人理解得更深，他强调："就算汉人为君主，也不能不革命，……我们推倒满洲政府，从驱除满人那一面说是民族革命，从颠覆君主政体那一面说是政治革命，并不是把来分作两次去做。"[②]可见，包括孙中山在内的资产阶级革命派对民族革命理解的深度，都远未达到反对帝国主义的程度。辛亥革命没有提出反对帝国主义的口号。作为辛亥革命的重要成果而诞生的《临时约法》没有反帝性质的条款，乃是历史逻辑发展的必然结果。

（二）《1917 年宪法》确认了土地的社会性使用的原则，具有鲜明的反封建主义倾向；而《临时约法》非但没有这些特色，相反却保存了封建主义的土地所有制。

在中、墨两国历史上，土地问题历来具有头等的重要意义。封建土地所有制的恶性发展是历次革命（或起义）的动因所在，而每次革命（或起义）成果的大小，很大程度上取决于为土地而斗争的农民群众如何行动，革命（或起义）领导者在多大程度上反映农民群众的利益。

从 19 世纪初至 20 世纪初的一个世纪里，墨西哥先后爆发的三次伟大解放运动，其实质都是"为土地而斗争"。[③]1910—1917 年革命前的墨西哥是一个建立在封建大庄园制基础上的农业国。据 1910 年的人口普查，当时墨西哥全国共有 1500 万人口，其中农业人口 1200 万，约占全国人口的 80%。[④]由于迪亚斯推行有利于本国庄园主和国际资本的土地政策，土地兼并日趋严重。

---

① 中国人民大学政治经济学系《中国近代经济史》编写组. 中国近代经济史：上册[M]. 北京：人民出版社，1979：192，194，201，204.

② 孙中山. 三民主义与中国前途[M]//孙中山选集. 北京：人民出版社，1956：75.

③ Julio Durán Ochoa, et al., *México, 50 años de Revolución, tomo II, La vida social*: 229.

④ "La concentración de la tierra," en Jesús Tamayo y Mario Contreras, *México en el siglo XX, 1900-1913: textos y documentos, tomo 1*: 119.

据统计，革命前夕，占地面积在 25000 英亩以上的庄园有 300 个，62000 英亩以上的庄园有 116 个，75000 英亩以上的庄园有 51 个，25 万英亩以上的庄园有 11 个。①这些大庄园占有全国大部分土地，而占农村人口 95% 的农民则没有土地，两极分化严重，阶级对立尖锐。革命中，南北两支农民军奋起斗争，烧庄园、打管家、分田地，对资产阶级施以强大压力。经过革命民主派的激烈斗争，制宪会议终于对土地产权进行了全新解释。《1917 年宪法》第 27 条规定："国境线内所含土地与水流之所有权原属国家。国家过去和现在都有权将这些土地与水流的产权让予平民，构成私有财产。"为了公共利益，国家有权"剥夺"私产；有权"限制""调整"私产和自然资源的使用情况；有权"分割大地产，发展小土地所有制，建立新的农村城镇中心，发展农业"。②迪亚斯独裁统治时期，在产权问题上强调大地产制基础上的放任主义；而《1917 年宪法》在承认产权私有性的同时，更强调土地的社会使用性。这就从根本上否定了迪亚斯政权下恶性发展的大地产制的"神圣不可侵犯性"，并为新政权进行土地改革提供了法律依据。

《1917 年宪法》所体现出的这种反封建主义土地制度的革命性，是《临时约法》所不具备的。辛亥革命前夜的中国农村，土地问题也很突出。据现存的统计资料看，1903 年河北省白洋淀新垦区，占总户数 65.2% 的无地和少地的贫雇农仅占有土地 24.7%，而占总户数 16.5% 的地主和富农却占地 48.2%；1905 年江苏省昆山县无地少地农民占 74%，南通县占 79.8%，安徽省宿县占 40.5% 等。地主、官僚逼迫佃户将其收成的一半交出，同样使农民走投无路。③面对此种情况，孙中山和他领导的同盟会提出"平均地权"的主张，希图以此消除封建地主对土地的垄断。然而，从当时的情况看，真正赞成"平均地权"的革命者为数不多，而且对其含义的理解也不尽一致。尤其一些被卷入革命行列中的人，成分复杂，认识不一。有的人投入革命的目的是要阻止革命深入发展。在这种情况下，仓促召开的制宪会议根本不可能把"平均地权"等反封建的条款列入《临时约法》，不仅如此，《临时约法》还赋予封建军阀、官僚、豪绅、地主、少数民族地区的封建王公等以法定特权。④在反封建主义这个根本问题上，《1917 年宪法》和《临时约法》形成了"中不

---

① 乔治·麦克布赖德. 墨西哥的土地制度[M]. 杨志信，等译. 北京：商务印书馆，1965：27.
② "The Constitution of 1917," in Robert G. Cleland, ed., *The Mexican Year Book, 1922-1924*: 126-127.
③ 章有义. 中国近代农业史资料：第 2 辑[M]. 北京：生活·读书·新知三联书店，1957：4，6.
④ 中华民国临时约法[M]//陈荷夫. 中国宪法类编. 北京：中国社会科学出版社，1980：367.

如墨"鲜明的对照。

（三）《1917年宪法》确认墨西哥公民，特别是劳工享有较广泛的资产阶级民主权利，而《临时约法》只确认了最一般的民主原则。

《1917年宪法》除了确认一般的资产阶级宪法所通常有的自由民主权利之外，特别就劳工（包括农业工人）的劳动保护、组织工会和举行罢工的权利进行了明确规定。例如，宪法规定：劳工每日工作最长时间为八小时，夜班工作最长时间为七小时；女工分娩前三个月免除重体力劳动，产后一个月有休息和领取全工资的权利；不分性别和民族，实行同工同酬；工人和企业主有权组织工会和职工团体；法律承认工人有罢工权，企业主有歇业权，等等。除此之外，宪法还另设条款确认对公民权利的保护，规定联邦法院要受理"所有由于任何权力机关违犯人身保证所制定的法律或法令而引起的争执"，而"受害者"有权"依照法定的司法形式和程序提出起诉"。①这些规定，不仅以根本法的形式保证公民权不受侵犯，而且也维护了宪法的尊严，保证宪法不受侵犯，具有重大理论意义和实际意义。

应该看到，《临时约法》也专门就人民的权利与自由进行了若干规定。例如，人民之身体，非依法律，不得逮捕、拘禁、审问、处罚；人民有保有财产及营业之自由；人民有言论、出版、集会、结社、通信、迁徙、信教之自由；人民有请愿于议会之权，②等等。这些条款与清王朝统治下"集会有禁，文字成狱"的君主专制相比，无疑是个巨大的历史进步，是中国两千多年历史上空前未有的大事变。当然，这仅是从中国历史发展逻辑的意义上说的。

如果从世界历史的横向上比较，《临时约法》中体现的民主主义思想远不如《1917年宪法》那样广泛、深刻；非但如此，它还保留了不少封建主义的色彩。例如，男女平权问题，起草《临时约法》时，女界代表曾上书参议院，要求"于宪法正文之内，订明无论男女，一律平等，均有选举权及被选举权"。③神州女界共和协进社唐群英等110人还联合上书孙中山，要求男女平等。④但这一切均遭拒绝。南京临时参议院通过的《临时约法》未就男女平等问题做出规定，相反，在根据《临时约法》制定的众议员、参议员选举法中，公开剥夺妇女的选举权和被选举权，延续两千多年的男尊女卑的封建意识并

---

① "The Constitution of 1917," in Robert G. Cleland, ed., *The Mexican Year Book, 1922-1924*: 147-148.

② 中华民国临时约法 [M]//陈荷夫. 中国宪法类编. 北京：中国社会科学出版社，1980：366-367.

③ 参见中华民国女界代表上参议院书 [N]. 时报，1912-2-27（3）.

④ 参见中华民国女界代表上参议院书 [N]. 时报，1912-2-27（3）.

未得到清算和否定。

从上面几个基本点上比较不难看出，两部宪法有共性，也有差异性。共性反映出它们共有的时代特征，反映出中墨两国革命发展的方向和历史的潮流。而差异性意味着什么呢？这种差异性又是怎样形成的？这是需要我们认真研究的问题。

二、差异性的原因分析

《1917 年宪法》和《临时约法》内容上深刻程度的不同，反映着两国革命发展水平的不同，反映着两国革命领导阶级——资产阶级政治上成熟程度的不同，归根结底是 20 世纪初两国资本主义发展水平和阶级力量对比关系的反映。

墨西哥资本主义萌芽的出现可以追溯到西班牙殖民统治的末期。1857年，华雷斯领导的改革运动打击了封建主义教会势力，促进了资本主义的发展。到革命前夕，墨西哥已拥有 146 家装备现代化机器的纺纱厂和织布厂，同时出现了石油开采和煤炭工业部门。[①]一个以欧美资产阶级思想为武器、企图发展本国民族经济的资产阶级走上了墨西哥的政治舞台。在中国，农村自然经济在西方资本主义入侵以后的很长一段时期，尚无瓦解迹象。时至 20 世纪初，民族资本主义经济才稍有发展，资产阶级革命派才在激烈的社会动荡中觉醒，并从改良派中分裂出来。时隔几年，资产阶级革命派就承担起领导辛亥革命的伟大历史重任。他们在思想上、政治上和组织上准备不足，因而，在革命实践中出现许多重大失误。

对革命政权的重要性认识不足，革命进程中没有牢牢掌握领导权，是中国革命派的一大失误。武昌起义炮火中成立的湖北军政府，不分敌我，视旧官僚、旧军阀为一体，在反动营垒中寻求革命的盟友，给那些心怀叵测、投机革命的立宪派的篡权活动以可乘之机。表面上是立宪派顺应了革命潮流，实质上是革命派被立宪派所同化，革命派处于极其软弱无力的地位。与此相反，墨西哥革命派一开始就居于领导地位。当旧势力代表乌埃尔塔在帝国主义支持下发动政变得手之后，革命派动员人民同他们进行了针锋相对的斗争并粉碎了复辟活动，重新掌握了政权，控制了局面，并将革命进行到底。

---

① 参阅阿尔彼罗维奇，拉甫罗夫. 墨西哥近代现代史纲（1810—1945 年）：上册[M]. 刘力勋，译. 北京：生活·读书·新知三联书店，1974：354.

辛亥革命的领袖们对农民问题的重要性认识不足，没有依靠农民这支主力军把革命不断引向深入。虽然，他们在革命前也曾提出"平均地权"的口号①，但是，他们从未到广阔的农村去宣传和动员群众，更没有使农民从革命中得到好处。在整个革命进程中，资产阶级革命派是同农民脱节的。这样，革命派就失去了一支最可靠的同盟军。与此相反，墨西哥资产阶级革命派比中国资产阶级革命派成熟之处就在于他们能在墨西哥农民运动的推动下体察到农民阶级的力量，并对他们进行争取工作。墨西哥革命从推翻迪亚斯独裁统治的政治革命开始，但是它并没有停留在这个阶段上。继马德罗之后领导革命的卡兰萨迫于农民运动的压力颁布土地法令，之后不久，制宪会议又通过了包括分割大地产内容的《1917 年宪法》。墨西哥资产阶级利用农民力量壮大了自己，而农民的武装斗争推动了革命向深入发展，这是墨西哥革命比辛亥革命深刻、广泛并得以胜利的重要原因之一。

辛亥革命领袖们对帝国主义缺乏本质认识，对帝国主义列强抱有不切实际的幻想。武昌起义之时，当时旅居美国的孙中山离美赴伦敦求援，结果空手而归。面对帝国主义列强施加的强大压力，起义军政府竭力求和避战，一再通知各国驻汉口领事"该政府将尊重同列强缔订的现存条约和合同"，②即使在帝国主义用经济封锁扼杀临时政府的险恶形势下，南京临时政府居然还发表所谓《宣告各友邦书》重申对帝国主义强迫清政府签订的一切不平等条约及其他既得利益和种种特权予以承认。这种妥协求和的态度甚至使列强们都感到："革命党人和清方人士一样，对外国人所表示的尊重达到了几乎令人惊讶的程度。"③与此相反，墨西哥资产阶级革命派在革命进程中始终对帝国主义保持高度警惕。面对美国的两次武装干涉，革命派都动员了农民、工人群众给予坚决回击，从而胜利地保卫了革命的果实。

辛亥革命领袖们的三大失误，集中地反映出中国民族资产阶级的软弱。这是中墨两国革命发展水平不同、两国宪法深刻程度不同的直接原因。此外，中墨两国文化传统上的差异也是造成两国宪法内容深度上不同的重要因素之一。中国 2000 多年封建社会特定的历史环境，造成了中国根深蒂固的封建专制主义的思想文化。长期闭关锁国的政策形成了某种程度的抵制外来一切思

---

① "平均地权"的特定含义是核定地价，照价纳税，照价收买，涨价归公。

② 朱尔典爵士致格雷爵士函[M]//英国蓝皮书有关辛亥革命资料选译：上册. 胡滨，译. 北京：中华书局，1984：35.

③ 英国蓝皮书有关辛亥革命资料选译：下册[M]. 胡滨，译. 北京：中华书局，1984：553.

想文化的传统心理，严重妨碍了中国向西方国家学习先进思想文化的步伐。到 20 世纪初，中国资产阶级虽然也试图学习西方资产阶级民主共和制度，但充其量学了一些皮毛。而墨西哥摆脱西班牙殖民统治赢得独立，要先于中国辛亥革命一百多年。墨西哥的先进知识分子早在 18 世纪中后期就已开始接触资产阶级革命的先进思想武器。19 世纪初，墨西哥独立战争前后，资产阶级民主、自由、平等和共和的思想已经深入人心。墨西哥《1917 年宪法》所体现出的资产阶级民主主义思想，比《临时约法》广泛、深刻，绝不是偶然的。

三、比较后的思考

人类历史的发展千变万化、错综复杂，然而却是有规律可循的。比较历史现象，目的在于探求历史本身所固有的反映历史本质的必然联系。

通过《1917 年宪法》和《临时约法》的比较，至少有以下三点值得认真思考。

（一）宪法与政权的关系

宪法是夺得政权的阶级的意志反映。作为上层建筑的一部分，它应该为当权者巩固政权而发挥法制作用。《1917 年宪法》颁布后为墨西哥历届政府所遵循，至今没有哪届政府敢于背弃它的根本原则，就是因为它反映了墨西哥生产力的发展水平，符合人民的愿望，受到工农大众的监督，也因为墨西哥资产阶级民主派牢牢掌握着国家政权，并有现实力量维护它。例如，当屈从于美国压力的奥夫雷贡总统（1921—1924）稍有背弃宪法的行为时，人民就起来把他赶下台。[1]当卡列斯总统（1925—1928）公开反对宪法时，就被人民赶出墨西哥。[2]这样就维护了宪法的尊严和权威，使宪法得以较好地实施。《临时约法》的命运恰好相反。由于孙中山被袁世凯的假面目所蒙骗，"尽让权于袁氏"，幻想用《临时约法》这一纸空文限制袁世凯，迫其忠于共和制度。然而，奸诈狡猾的袁世凯一旦大权在手，非但有法不依，而且一手撕毁了《临时约法》，使辛亥革命的成果付诸东流，革命派的如意算盘落了空。历史告诉人们，国家政权是一个根本问题。如果立法者本身没有实际掌握政权，没有足以保证实施宪法的物质力量，没有人民的支持和监督，那么"无论什么法

---

[1] Cendro de Estudios Históricos. *Historia general de México, tomo IV*: 150-151.

[2] Cendro de Estudios Históricos. *Historia general de México, tomo IV*: 158-159.

律，无论什么选出的机关都等于零。"[1]

（二）政治革命与社会革命的关系

《1917 年宪法》和《临时约法》作为近代资产阶级革命的产物，都同资产阶级民主制度的产生相联系，反映出新兴资产阶级用资产阶级的法制取代封建专制主义"人治"的愿望，因而都具有革命意义。然而，这两部宪法的不同历史命运启示我们，推翻了封建君主的"人治"，并不等于建立起资产阶级的法制，颁布一部资产阶级宪法，也不能保证就会实行法制。在新生的资产阶级共和国，要保证能真正实行资产阶级法制，就必须铲除赖以产生"人治"的封建主义土地所有制，批判封建专制主义思想和伦理道德。这样，就需要在夺取国家政权之后，发动民众进行一场资产阶级性质的土地革命，建立起适合资产阶级利益的政治制度和经济制度，并在同封建复辟势力的斗争中使之不断完善。富有政治斗争经验的墨西哥资产阶级革命派，在讨伐农民起义军的同时，对农民运动施展怀柔政策，颁布土地法，竭力争取农民。革命后，历届政府适应国内外斗争形势的需要，都程度不同地实施了《1917 年宪法》有关土地改革的条款。仅 1917—1940 年，共分配土地 6300 万英亩，约有 144 万户印第安和印欧混血农民受益。[2]这样，墨西哥资产阶级就把一场政治革命逐渐引向更为广泛的社会改革运动。尽管这种改革运动不能根本解决农民对土地的要求，但它毕竟对资产阶级民主革命的深入发展、健全资产阶级法制、巩固资产阶级政权起了积极作用。

辛亥革命中的资产阶级革命派与工农民众脱节，既不敢发动广大民众同封建主义、帝国主义势力作斗争，也无力抵挡资产阶级上层人物和反革命势力里应外合的联合进攻，致使革命始终停留在政治斗争阶段，而且斗争策略上也有失误，极不彻底，革命遭夭折乃是历史的必然。辛亥革命后层出不穷的军阀"毁法"的事实，使当初曾设想以法卫国、以法治国的孙中山终于认识到："宪法之所以能有效力，全恃民众之拥护，假使只有白纸黑字之宪法，决不能保证民权，俾不受军阀之摧毁。"[3]这是孙中山从血的教训中得出的一

① 列宁. 杜马的解散和无产阶级的任务[M]//列宁全集：第 11 卷. 北京：人民出版社，1988：98.

② 此数字是笔者依据以下著作提供的数字统计而成：Linda B Hall. *Alvaro Obregón and the Politics of Mexican Land Reform, 1920-1924*: p. 222, Table I; Sanford A Mosk. *Industrial Revolution in Mexico*: 53；阿尔彼罗维奇，拉甫罗夫. 墨西哥近代现代史纲（1810—1945 年）：下册[M]. 刘力勋，译. 北京：生活·读书·新知三联书店，1974：581；前引 William Z Foster. *Outline Political History of the Americas*: 409-412.

③ 孙中山. 中国国民党第一次全国代表大会宣言[M]//孙中山选集. 北京：人民出版社，1981：588.

条正确结论。

（三）革命领导权和革命发展道路问题

自 20 世纪初墨西哥革命和辛亥革命以来，中墨两国民族民主革命运动经历了两条完全不同的发展道路。

从总体上看，墨西哥革命的发展水平高于辛亥革命。在完成民族民主革命任务的程度、推进社会发展上，当时的墨西哥走在中国的前面。然而，历史的曲折并没有延缓中国革命的进程；相反，国内外尖锐的民族矛盾、阶级矛盾的合力，把无产阶级推上政治历史的舞台。中国共产党人汲取了包括辛亥革命在内的近代革命的经验教训，把马克思列宁主义应用于中国实际，领导人民大众奋战 28 年，终于闯出一条适合中国国情的从半殖民地、半封建社会过渡到社会主义社会的道路，进而为中国走上社会主义道路打开了大门。而在墨西哥，夺得国家政权的资产阶级利用手中的权力，按照自己的面貌改造国家，从而走上民族资本主义的发展道路。

中墨两国有着相似的历史背景和共同的历史命运。然而，经过 20 世纪初在各自国家进行的一次资产阶级民主革命之后，分别走上不同的发展道路。这一历史事实告诉我们，近代民族民主运动发展道路并非都是单向地沿着从前资本主义向社会主义道路发展，而是沿着从前资本主义向社会主义和民族资本主义两条不同的道路发展。一个国家的革命运动究竟沿着怎样的道路发展，并不取决于这个国家哪个阶级或哪些人的主观意愿，而取决于这个国家各个阶级之间的力量对比和由哪个阶级掌握着革命与国家的领导权。至于那些已经赢得民族独立、走上民族资本主义发展道路的国家，今后将沿着怎样的道路，以怎样的方式和速度继续向前发展，这只能由各国人民将来的实践来回答。显然，这将是一条漫长、曲折、充满多种模式的道路。然而，不管它们将经历怎样漫长而曲折的道路，最终"一切民族都将走到社会主义，这是不可避免的"。[①]

---

① 列宁. 论对马克思主义的讽刺和"帝国主义经济主义"[M]//列宁全集：第 23 卷. 北京：人民出版社，1963：64.

墨西哥社会转型中文化方位的战略选择①

　　讨论文化与现代化关系的前提，是界定好"文化"这一概念的基本内涵。古今中外，有关文化的定义众说纷纭。本研究使用的"文化"概念，是指对文化的内涵、层次性及其外延进行细化，从中分解出能够对经济、政治、社会发展产生推动或阻碍作用的政治文化。其核心内容是指在政治文化层面上由"无数互相交错的力量"形成的合力，即政治学意义上的"主导型政治文化"，被当政者用来引领国家现代化进程的世界观、价值观及其思想体系。本研究拟通过考察 20 世纪墨西哥政治文化的发展路径，试图阐明墨西哥社会转型中政治文化方位选择的特点及其对社会发展的意义。

　　　　一

　　纵观 20 世纪以来墨西哥政治文化的发展路径，大体上经历了世纪初和世纪末两次重大的战略性选择。1910 年，在拉丁美洲这块古老的大陆上，墨西哥民众第一个举起反专制主义传统的革命旗帜，把统治墨西哥长达 34 年的铁腕人物波菲里奥·迪亚斯赶下台，经过多年曲折的斗争于 1917 年颁布了当时最进步的《1917 年宪法》（*La Constitución de 1917*），以国家根本法的形式将革命的胜利成果固定下来。到 20 世纪 30 年代，拉萨罗·卡德纳斯（1895—1970 年）总统依照《1917 年宪法》确定的革命原则把社会改革引向深入成为拉丁美洲地区力图触动社会结构，把政治革命引向社会改革的第一位总统。时至 20 世纪八九十年代，卡洛斯·萨利纳斯·德戈塔里总统通过法定程序修改了《1917 年宪法》中的核心条款和相关法律，进行了"社会自由主义"改革，成为拉美地区第一个融入北美自由贸易区（NAFTA）的拉美国家。这两次重大的历史事件，在拉丁美洲现代史上都占有特殊地位。他们的共同点是，都围绕着墨西哥宪政史上具有界标意义的《1917 年宪法》进行。从政治文化方位选择的视角上看，它们的不同点是：第一次是着眼于制定一部体现"革命民族主义"精神的宪法，并认真付诸实施；第二次是修改宪法的核心条款，放弃"革命民族主义"的原则，走向"社会自由主义"的道路。由于这两次

---

　　① 这一部分原载于《历史教学》2012 年 12 月下半月刊。

当政者在政治文化方位选择上有所不同，因而对墨西哥社会的发展也产生了不同的作用和影响。在现代拉丁美洲国家中，墨西哥"闯"出两个"第一"，特色耀眼，非同一般。美国著名的拉美史学专家、《简明拉丁美洲史》作者 E. 布拉德福德·伯恩斯，在该书第 4 版中曾对 20 世纪初爆发的墨西哥革命做出权威性的评论："墨西哥革命的弱点显然很多，但它仍然是拉丁美洲历史上的一个重要里程碑：它是 20 世纪将过去同现在和将来划分开来所做出的第一次努力。墨西哥革命完成了重要的社会、经济和政治改造。它指出了墨西哥今后的发展道路。"伯恩斯在认可墨西哥革命在拉美历史上具有"里程碑"意义的同时，又十分尖锐地提出一个问题："现在的问题在于，这一条道路是否可以导致真正变革和发展，如果可以的话，为什么墨西哥人偏离了这条道路。"①伯恩斯在这里提出的问题，值得我们思考和研究。

在一个多元的世界里，一个主权国家的人民选择走什么样的道路，应当受到各国人民的尊重。作为史学工作者，这里需要我们思考和讨论的问题是：墨西哥人民为什么崇尚体现"革命民族主义"精神的《1917 年宪法》呢？从崇尚"革命民族主义"转而崇尚"社会自由主义"的历史是怎样演进的？哪些历史条件和动因促成了这种转变？这种政治文化作用于社会的传导机制是怎样形成的？这一独具墨西哥特色的发展道路对我们有什么启示？等等。我们关注这些问题，意在总结历史经验，以史为鉴知兴衰，以人为鉴明得失。

二

人类历史进入 20 世纪，墨西哥现代化进程进入了社会转型的重要时期。墨西哥现代化的发展，很大程度上（非唯一因素）受制于墨西哥政治文化方位的战略性选择。

1910 年墨西哥爆发革命的时代背景和国内条件：世界资本主义进入垄断资本主义阶段，基本矛盾趋于激化，亚洲觉醒，俄国革命和欧洲革命正在酝酿中；墨西哥波菲里奥·迪亚斯总统 34 年独裁统治致使国内阶级矛盾、民族矛盾进一步激化；经济上有所发展的中产阶级强烈要求政治上的发言权和经济上的发展空间，主张有效选举、反对独裁，保护民族工商业，反对垄断和

---

① E.布拉德福德·伯恩斯著. 简明拉丁美洲史[M]. 王宁坤，译. 长沙：湖南教育出版社，1989：250. 2009 年，该书已由张森根先生主持并审校、王宁坤翻译出版了插图第 8 版，现作者朱莉·阿·查利普对原著内容进行了较大修订和补充，对墨西哥革命的评价部分也作了改动。

特权。[①]但是，这些要求不仅遭到迪亚斯的拒绝，而且他还阴谋连选连任。从社会政治文化层面上看，墨西哥革命的爆发具有历史的必然性。墨西哥革命是墨西哥人民在独立以来所追求的"土地与自由""墨西哥人的墨西哥"[②]的理想难以实现的情况下，不得不选择以暴力手段推翻现存政权，以图改变不合理的社会政治经济结构的革命义举。在拉美国家中，墨西哥能够第一个举起反传统的革命旗帜，是墨西哥人民文化自觉性提高的表现，是墨西哥"文化民族主义"（El nacionalismo cultural）形成的标志。

墨西哥革命经历了一个十分曲折、复杂的过程。从墨西哥跌宕起伏的革命斗争过程中可以清晰地看到以下事实：如果不是迪亚斯在竞选总统中妄图连选连任，对竞选对手弗朗西斯科·马德罗进行政治迫害，就不可能产生马德罗的《圣路易斯波托西计划》；没有《圣路易斯波托西计划》中提到要解决农民土地问题等方面的内容，就不可能吸引南北方各地农民起义队伍对马德罗的支持；同样，没有马德罗后来背弃农民起义的行动，也就没有农民领袖萨帕塔《阿亚拉计划》的出台；没有革命进程中工人、农民力量的不断壮大和各界联合起来在制宪会议上施压，就不可能打掉以贝努斯提阿诺·卡兰萨为代表的资产阶级保守派提出的宪法草案，而使得以弗朗西斯科·穆希卡将军为代表的革命民主派提出的包括土地改革等项重要内容的宪法草案获得通过[③]。墨西哥《1917年宪法》文本的通过，是墨西哥革命取得政治上胜利的重要标志。墨西哥革命的历程表明，革命进程中政治文化方位的选择，充满了变数和不确定性。其最后结果，以通过国家宪法的形式把革命的成果固定下来，这不是任何个人、政党、某个社会团体、政治派别主观臆造出来的，而是在特定的历史条件下，由当时社会上各派政治力量（也包括美国等外部势力）之间博弈、斗争和互动中形成的合力促成的。《1917年宪法》的问世，标志着20世纪初墨西哥主导型政治文化的形成，并为墨西哥社会的转型建立起必要的法制基础。

墨西哥《1917年宪法》是该国宪政史上的一个重要里程碑，是当时世界上资本主义类型宪法中最具革命性的一部宪法。由于当时俄国十月革命正在

---

① "Programa de gobierno de Madero y Vázquez Gómez, Abril 20 de 1910," en Jesús Tamayo y Mario Contreras, *México en el siglo XX, 1900-1913: textos y documentos, tomo 1*: 294-295.

② Julio Durán Ochoa, et al., *México, 50 años de Revolución, tomo II, La vida social*: 251.

③ Jesús Silva Herzog. *Breve historia de la Revolución Mexicana, tomo II, La etapa constitucionalista y la lucha de facciones*: 252-253.

酝酿中，社会主义类型的宪法尚未问世，因而它也是当时世界上最民主、最进步的一部宪法①。它的许多条款，特别是第 27 条和第 123 条，集中代表了 20 世纪初墨西哥政治文化的最高水平。它抵制了保守派的守旧思想，把直接关系民众，特别是关系劳苦大众切身利益的土地问题和国家主权问题，用规范性的法律语言写进国家宪法中。在对待财产问题上，经过激辩和斗争，制宪会议没有沿用当时广为流行并被普遍接受的"财产是神圣不可侵犯的"原则，而是直面迪亚斯时代土地问题空前尖锐的现实，从墨西哥国情出发，以社会利益为基础，毅然对财产权的问题进行了全新的界定和诠释。宪法明确规定："国境线内所含土地与水流之所有权原属国家，国家过去和现在都有权将这些土地与水流的产权让予平民，构成私有财产。"②宪法还规定："一切矿物，或埋藏于矿脉、矿层、矿块或矿床中的资源，其性质不同于土壤成分者，其直接所有权属于国家。"③这些条款从法律上确认了国家对这些财产、资源之所有权，拥有完全的合法性及不可侵犯性。这样，就从根本上否定了依仗迪亚斯政权发财致富的国内外大庄园主、大资本家侵占墨西哥农民土地和损害国家主权的合法性，从而为新政权日后进行经济改革、推进国家现代化提供了强有力的法律依据。宪法第 123 条，对劳工（包括农业工人）劳动保护权及社会福利问题进行了详尽的规定。宪法对每一个墨西哥人应享有的权利的确认，特别是第 103 条、107 条，对公民权利的"保护"权的确认，不仅保证了公民的权利不受侵犯，而且也维护了宪法的尊严。尽管宪法的根本性质仍属于资本主义范畴，但是，它毕竟为资本主义制度下改善劳工生活状况、壮大民主力量、发展生产力创造了有利条件。这是墨西哥人民对法理学做出的独特贡献。由此可见，从宪法规范上看，墨西哥《1917 年宪法》既不同于英国不成文的宪法，也有别于成文的美国宪法；就其政治文化的内涵来看，它既反映了墨西哥本民族历史文化的特点，又体现出 20 世纪初那个时代政治文化的特征。正是由于墨西哥人民做出这种政治文化方位上的选择，才使得国家的命运开始掌握在墨西哥人民自己的手中，为民族资产阶级走上

---

　　① 参见洪国起. 略论墨西哥《1917 年宪法》的特点和意义[M]//中国拉丁美洲史研究会. 拉丁美洲史论文集. 北京：东方出版社，1986：203；洪国起. 墨西哥《1917 年宪法》和《中华民国临时约法》的比较与思考[J]. 南开学报，1986（6）.

　　② "La Constitución de 1917," en Jesús Silva Herzog. *Breve historia de la Revolución Mexicana, tomo II, La etapa constitucionalista y la lucha de facciones*: 267.

　　③ "La Constitución de 1917," en Jesús Silva Herzog. *Breve historia de la Revolución Mexicana, tomo II, La etapa constitucionalista y la lucha de facciones*: 268.

政治舞台打开了大门，为解放社会生产力、发展民族经济、推动墨西哥走上工业化道路创造了有利条件。

墨西哥《1917 年宪法》，作为 20 世纪初墨西哥政治文化的集中表现，是革命的记录和总结，又是巩固政权、建设政权的一面旗帜和纲领。从 20 世纪 20 年代到 40 年代初，是墨西哥人民为重建国家政权而斗争的重要历史阶段。在这 20 多年中，由于受到国内外大庄园主和垄断资本势力的破坏及社会保守势力的阻挠，也由于政党林立和社会不稳定，一个时期内土地分配进展缓慢；但是，在各地农民夺取土地斗争的强力推动下，历届政府迫于农民斗争的压力，或利用农民力量对付自己的政敌、稳定统治秩序，或出于发展民族资本主义的考虑，都先后不同程度地进行了土地分配。历届政府在分配土地之前，一般都制定了相关的法令和具体政策、措施，在中央和地方政府设立了土地委员会。虽然历届政府在分配土地的类型、方式、数目上有所不同，但总的趋势是分配的土地数目和受益的户数日趋扩大。1934 年，拉萨罗·卡德纳斯出任总统后，《1917 年宪法》得到了认真的实施。在他执政期间，为了巩固墨西哥革命的成果，卡德纳斯以《1917 年宪法》为依据，强力推行了土地改革，分割、改造了封建大地产制，把 4500 万英亩的土地无偿地分配给近 100 万户印第安和印欧混血农民，这个数字约等于革命开始以来历届总统分配土地总和的两倍多，为建立资本主义土地所有制奠定了基础；将外国垄断资本控制的石油、铁路部门收归国有，维护了国家主权；政治上进行了政党制度改革，将国民革命党改组为墨西哥革命党，并就党的思想原则、指导思想、组织结构进行了重大变动；把包括工人、农民在内的广大民众吸收进党内，强化了党的社会基础；把过去按地区结构建立的党，改造成按工人、农民、民众和军人四个部门组织起来的职团结构型的党，加强了党的集中统一。有学者评价说："墨西哥革命党的建立，是重建 1910 年革命期间丧失的中央集中制进程中的一部分。这个进程早在革命斗争时期就已开始，卡兰萨曾提出并承诺树立中央的权威，这一进程到卡德纳斯改革期间达到了顶峰。"①卡德纳斯在六年的任期内，依靠农民和城市工人的支持推进改革，农民和工人从改革中受益，"他是 20 世纪将权力基础移交人民群众的第一位拉丁美洲总统"②。

---

① Cendro de Estudios Históricos. *Historia general de México, tomo IV*: 163.

② E.布拉德福德·伯恩斯. 简明拉丁美洲史[M]. 王宁坤，译. 长沙：湖南教育出版社，1989：245-246.

卡德纳斯能够认真实施《1917 年宪法》，绝非偶然。他出生在一个手工织工家庭，当过印刷工人，15 岁参加革命活动，后来成为革命民主派的杰出代表，1930 年被任命为国民革命党的主席，1934 年当选为总统，深得广大民众的支持。1934 年 9 月 12 日，卡德纳斯当选总统的当天，《墨西哥时代报》（Tiempo de México）在报道时强调指出："去年 12 月 8 日，在克雷塔罗市（Querétaro）召开的国家革命党代表大会上委派卡德纳斯为总统候选人。两天之后，卡德纳斯就开始了在这个城市的竞选工作。他动用了他拥有的一切交通工具——飞机、火车、汽车、船舶、货运车和他自己的双脚——跑遍了全国各个州、上百个城市、农村及地图上找不到的小村落，他行走了三万公里的路，以设法了解人们的心愿。"[①]卡德纳斯与其前任历届总统不同，他善于体察社会底层民众的迫切需求，他不把解决土地问题仅仅看作消极地缓解农民情绪的权宜之计。他的治国理念是，"没有经济独立，政治独立就是谎言"。他认为，墨西哥是个农业国，"农业是国家的经济基础和支柱"，为了发展民族经济满足人们需要，必须进行土地改革，以最适宜的方式把农业组织起来。他的这些治国理念和改革举措，曾一度遭到国内外敌对势力和政治反对派的强烈抵制和反对。然而，在关键时刻，他总是站在人民大众一边。他顶住了各种政治压力，支持游行示威的工人，下令将攻击政府的代表人物、他的"老上级"、前总统卡列斯流放到国外，并清除了政府中的"卡列斯分子"。被流放的卡列斯竟然在国外攻击"卡德纳斯政府是共产主义的政府"，诬称"这种出于天性的举动很可能挑动起一种法西斯式的反抗"[②]。墨西哥劳工联合会领袖比森特·隆巴尔多·托莱达诺发表声明，严厉批驳了卡列斯，强调指出："我们这个时代唯一能做的是在人民政府和法西斯制度之间做出选择，而卡德纳斯政府是人们和进步的标志。"隆巴尔多排除了卡列斯有任何回国的可能性。他指出："上帝绝不会允许卡列斯再回到墨西哥，如果他回来，无产阶级将恭候他的到来并将他重新驱逐出国门。"[③]卡德纳斯坚持《1917 年宪法》的"革命民族主义"原则，推动社会改革，得到了广大人民群众的广泛支持

① Cárdenas, Presidente Electo[J]. *Tiempo de México*, Número 12(12 de septiembre de 1934): 2, en *Tiempo de México: Segunda Época: de Junio de 1911 a Noviembre de 1964*, México: SEP, 1984.

② Oklahoma Tulsa. Calles y Morones Atacan a Cárdenas[J]. *Tiempo de México*, Número 12(10 de junio 1936): 2, en *Tiempo de México: Segunda Época: de Junio de 1911 a Noviembre de 1964*.

③ Ealles no Volverá: Lombardo Toledano[J]. *Tiempo de México*, Número 12(12 de abril de 1936): 2, en *Tiempo de México: Segunda Época: de Junio de 1911 a Noviembre de 1964*.

和响应。其结果是，人民得到了实惠，中产阶级得到了发展的空间，为建立现代资本主义制度、发展社会生产力、促进社会转型铺平了道路。

三

墨西哥《1917 年宪法》，是一部反映本国国情与人民需求，不是简单照搬欧美国家政治思想的立宪文献的范例。正是从这个意义上说，《1917 年宪法》是墨西哥人民文化自觉性提高的集中表现，是墨西哥"文化民族主义""革命民族主义"形成的一个重要标志①。这里要指出的是，1940 年接替卡德纳斯出任总统的曼努埃尔·阿维拉·卡马乔到任后，立即宣布墨西哥革命的时代已经结束，发展经济的时代即将开始。卡马乔这些话原则上没有什么错误，关键在于，此后的事实表明，卡马乔政府及以后历届政府的着眼点大多是修改《1917 年宪法》中体现"革命民族主义"精神的原则条款和相关法律，对卡德纳斯时期推行的各项重大改革举措进行调整；至萨利纳斯执政时期（1988—1994），墨西哥就放弃了"革命民族主义"的指导思想，开始走上"社会自由主义"的道路。

萨利纳斯总统执政期间，把米格尔·德拉马德里执政时期开始推行的新自由主义政策推向了顶点。在开放市场、金融改革、税制改革等诸多方面出台了许多政策措施。尤其在私有化方面，不仅出售了过去被禁止出售的大型国有企业、银行、国家 航空公司等，而且还出售了过去波蒂略总统执政时期已经国有化了的大型企业。在农村，不仅放弃了分配土地的政策，而且鼓励村社社员转让、买卖土地。在对外关系上，萨利纳斯总统还积极推动美、墨、加三国之间历经 14 个月的自由贸易谈判，最终于 1992 年 8 月 2 日达成协议。1994 年 1 月 1 日，协议正式生效。自此，墨西哥成为以美国为主导的北美自由贸易区的一个成员国，实现了三个国家之间商品和资本的自由流通，美墨关系进入了一个全新的时期。

现在需要着重讨论的是，哪些既定的前提条件和历史动因促使墨西哥重新进行政治文化方位的战略选择，从崇尚"革命民族主义"转向"社会自由

---

① 据《墨西哥通史》作者介绍，进入 20 世纪，一股文化民族主义浪潮席卷西半球。拉美文艺复兴也始于墨西哥。文化民族主义在墨西哥的出现，是被欧洲颓废思想的信念弄得心灰意冷的表现，是对美国日益强大的影响做出的一种反应，也是对墨西哥革命一种强刺激的力量。随着形势的发展，以后又陆续出现革命民族主义、经济民族主义等思潮。参见前引 Cendro de Estudios Históricos. *Historia general de México(tomo IV)*[M]. : 348-349, etc。

主义"道路。

一般说来，一个政党立党的指导思想，是指导党的全部活动的思想理论旗帜，十分重要。在不同的历史时期，是否需要根据实际情况改变党的指导思想，以及怎样改变党的指导思想，这不取决于某一个人或某个政党的主观意愿。唯物史观提示我们，人们要改造世界：第一，是在十分确定的前提和条件下进行的；第二，最终的结果是从许多单个的意志的相互冲突中产生出来的，而其中每一个意志又是由于许多特殊的生活条件，才成为它所成为的那样①。考察 20 世纪上半叶与下半叶墨西哥所面临的国际环境和国内政治生态的变化及其内在的历史逻辑，我们至少可以得出以下四点认识：

（一）20 世纪下半叶，时代主题由战争与革命转向和平与发展。随着第二次世界大战和冷战的结束，以及东欧剧变、苏联解体，美苏之间的军事和意识形态的对抗已被全球范围的经济竞争所取代。国家要发展、社会要进步已成为时代的主流。面对这种全新形势的到来，世界各国政要都在思考如何调整本国的发展战略。墨西哥的政治精英们也不例外。

（二）西方世界，首先是美国，利用世界人民对和平与发展的渴望，在全世界推行其全球化战略，利用发展中国家现代化进程中遇到的暂时困难推销其新自由主义和全球治理的意识形态，为国际垄断资本扩大世界市场开辟道路。1982 年，墨西哥暂时停止支付外债引发了 20 世纪第二次严重的金融危机。墨西哥原先推行的进口替代工业化模式的弊端暴露无遗，墨西哥经济发展和人民生活遇到了严重困难。1985 年墨西哥大地震造成人民生活雪上加霜。面对这种严峻挑战，德拉马德里总统决定接受新自由主义发展模式，实行自由化的开放政策。1987 年，墨西哥爆发了上百次的工人罢工，执政近 60 年的革命制度党受到保守派和左派两面夹击，组织内部发生分裂。要求变革的呼声日益高涨，社会变革势在必行。

（三）伴随着时代主题的变化和新自由主义意识形态的冲击，革命制度党内部的政治文化也在悄然发生变化。墨西哥政党制度形成较早，19 世纪 20 年代成立了自由党和保守党。20 世纪初，革命年代一度出现政党林立局面。1929 年成立的国民革命党（革命制度党前身）是由众多派系联合组成。该党在较长时期内处于执政党地位，党内的团结和社会稳定得益于采用了职团主

---

① 恩格斯致约·布洛赫（1890 年 9 月 21—22 日）[M]//马克思恩格斯选集：第 4 卷. 北京：人民出版社，477-478.

义的组织结构，把全国一切革命力量整合起来，而且创造了两个"奇迹"。然而，这不意味着在革命制度党内部，在社会各个利益集团之间，在事关国家发展方向和重大政策问题上思想认识都是一致的。事实上，卡德纳斯的激进改革一开始就遭到了大庄园主和大企业主阶级的坚决反对和强力抵制，党内也有不同的声音和派别出现。只是在广大民众的支持下，卡德纳斯改革才得以进行下去。从 20 世纪 40 年代到 80 年代初，这种政治上的斗争和较量从未停止过。时至 1982 年债务危机引发经济危机之后，由于新自由主义意识形态对党内的思想渗透和影响，导致党内思想上的分化和组织上的分裂。在党内外政治生态发生变化的形势下，经济自由化和政治民主化思潮的汇合，加速了反对党的崛起，加之民众参政意识的增强，就从根基上动摇了革命制度党赖以生存的职团主义结构的基础。1988 年总统大选到来时，从革命制度党分裂出来的"民主潮流派"，联合其他组织推举夸乌特莫克·卡德纳斯（前总统拉萨罗·卡德纳斯之子）为总统候选人，并在大选中得票占总数的 30.59%，居第二位；革命制度党候选人卡洛斯·萨利纳斯仅得票 50.71%。萨利纳斯虽然赢得了总统宝座，但是在墨西哥革命制度党一党执政多年的政坛上，跃出了一个"民主潮流派"（后形成"民主革命党"），且得到大比例民众的支持，无疑是给萨利纳斯敲响了警钟。为了扩大自己执政的社会基础，萨利纳斯先后于 1989、1993、1994 年进行了三次选举制度的重大改革，在议会席位分配方式的民主化、选举机构独立性的强化和选举程序透明化等方面为反对派提供了更大的发展空间，并以政治民主化的举措来确保其经济自由化政策的顺利实施。由于国家选举制度的变化导致各种利益集团的出现[1]，革命制度党内部组织结构上的变化和政治文化方位选择上的失误，革命制度党指导思想上发生的根本性变化，也就难以避免了。

（四）革命制度党指导思想上的变化是根本性的变化。国民革命党创建之初，它以民众主义和民族主义为指导思想，明确表示要以《1917 年宪法》作为党的纲领。1938 年，卡德纳斯主持召开党的全国代表大会，将党的名称更改为墨西哥革命党，同样表示要遵守《1917 年宪法》，并指出，党的思想原则是革命民族主义思想与社会主义的混合。1972 年，在革命制度党的"七大"上正式把"革命民族主义"确立为党的指导思想。1988 年，萨利纳斯出任总

---

[1] Stephen D Morris. *Political Reformism in Mexico: An Overview of Contemporary Mexican Politics*[M]. Boulder: Lynne Rienner Publishers, 1995: 37-38.

统后，推出了他的"社会自由主义"理论，并通过召开革命制度党全国党代表大会，将"社会自由主义"确立为党的指导思想，取代了"革命民族主义"。几个世纪来，墨西哥人民一直生活在侵占了他们大片国土的北方邻居——美国的阴影下。维护民族独立、国家主权和人民尊严，是墨西哥人民多年来追求的神圣事业。墨西哥革命中形成的、体现"革命民族主义"的《1917年宪法》，已经成为历届总统必须遵循的内政外交的根本原则。在这样的政治文化背景下，萨利纳斯用"社会自由主义"取代"革命民族主义"，在党内外引起强烈反响，自然使人们心存疑惑、产生怀疑。面对这种情况，萨利纳斯利用各种机会和场合向国会议员、政府公务人员和平民百姓阐释他的观点，指出："经过75年，墨西哥革命已经建成了一个新的社会，现在面临着与过去不同的环境。……为了将进一步改善民主和社会公正的根本任务继续下去，为了维护墨西哥革命的原则及其制度的生命力，为了使《1917年宪法》中体现的社会契约得以恢复，就要重新唤起墨西哥革命的精神，保持过去那种革命的冲动和能力，以修正和确定由革命本质所标定的方向。"萨利纳斯为了给他推行的"社会自由主义"理论寻找根据，并讲了三点理由。然而，谁都看得清楚，这三点只不过是他为自己的极右思想涂抹上的几道"革命"色彩而已，其目的说得十分清楚，是要"修正和确定由革命本质所标定的方向"。萨利纳斯还针对一些人担心推行"社会自由主义"政策会损害国家独立和主权的问题指出，面对全球化的挑战，把国家看作施主，搞中央计划经济和保护贸易主义，"是一种傲慢的态度"。他要求人们的思想要适应国内外出现的新形势，树立"新的安全观"。在一个相互依赖的世界里，要保持国家独立、主权，就不能关上大门，发展对外经济贸易与维护主权并不矛盾[①]。萨利纳斯这番话，显然是承受着国际形势发展变化和国内经济衰退、政局不稳造成的巨大压力，处在风口浪尖上的一位当政总统为自己施政所做的辩护。然而，我们从中也从另一个角度看到了他之所以放弃"革命民族主义"而信仰"社会自由主义"的某些蛛丝马迹。《萨利纳斯传》一书的作者托马斯·博尔赫是这样解释的："作为经济学家、政治家的萨利纳斯总统，试图以这样的理论来回应国际社会的挑战，回应全球化和互相依存的现实，回应对形势持盲目乐观和悲观主义两极态度的人，回应世界三大经济区的涌现，回应理论范式的危机，以期

---

① Tomás Borge. *Salinas: los dilemas de la modernidad*[M]. México: Siglo Vientiuno Editores, 1993: 186-187.

在国家与市场之间、在一个观望的社会和忙于公开辩论的社会之间找到新的交叉点。"[1]博尔赫为萨利纳斯所做的辩解十分到位。但关键的问题在于，萨利纳斯的"社会自由主义"在本质上就是"新自由主义"，它并没有"在国家与自由市场之间"找到平衡点。萨利纳斯总统的问题，不在于他面对经济全球化的新形势实行了改革开放的政策，而在于他忠实、全面地推行新自由主义政策，把私有化、自由化推向了极致；在理论上放弃了"革命民族主义"这面凝聚人心的旗帜，鼓吹"修正和确定有革命本质所标定的方向"；在政治上代表国内外大资本家、大企业主和大地主的利益，把许多事关国家和民生切身利益的国有财产和战略资源都统统卖掉；在对外关系上屈服于美国的压力，鼓吹"要保持国家独立、主权，就不能关上大门"的怪论，最终导致改革的成果和社会财富都集中到国内外大资本家和大地主少数人的手中，而社会贫困化却日益加剧。其利弊得失，自有评说。

1996年9月，革命制度党召开了十七大，并做出决定：革命制度党重新举起"革命民族主义"的旗帜，摒弃"社会自由主义"的主张[2]。这虽说是一种"亡羊补牢"，但毕竟反映出是革命制度党对问题的一种反思和认识。然而，在实行总统一元化领导的体制下，墨西哥的一切政务都是总统说了算。在战争与革命的年代，左翼领袖卡德纳斯总统在工农大众的推动下，可以进行带有某种社会主义色彩的改革措施[3]。革命成果达到顶峰时，他做了最大努力，但他没有、也不可能从根本上解决墨西哥经济结构和社会结构中的深层次问题。原因很简单，20世纪初爆发的墨西哥革命，属于资本主义体系内资产阶级领导的民主主义革命范畴。资产阶级掌握国家政权这一"确定的前提"条件决定了改革的局限性，决定了总统只能做条件允许他做的事。卡德纳斯是如此，萨利纳斯的历史命运也没有例外。在和平与发展的年代，萨利纳斯作为一个在显赫的官僚家庭出生、专家治国派中的精英，在新自由主义思潮的猛烈冲击下，决定选择新自由主义发展模式，这并不奇怪。同样道理，在埃内斯托·塞迪略担任总统期间（1992—2000），虽然革命制度党"十七大"做出重新举起"革命民族主义"旗帜的决定，可结果如何呢？塞迪略总统没有按照"十七大"的决定办事，而是继续奉行他们的新自由主义政策。历史再次证明，一个政党的指导思想，固然十分重要；但是，将党的指导思想停留

---

① Tomás Borge. *Salinas: los dilemas de la modernidad*: 175.

② 徐世澄. 连续执政71年的墨西哥革命制度党缘何下野[J]. 拉丁美洲研究，2001（5）.

③ 当时敌对势力曾诬称，卡德纳斯要同苏联结盟。

在纸面上，束之高阁，而任凭总统按照他们自己的意志行事，其结果是可想而知的。这一案例所反映出的制度和体制层面上的局限性，值得人们深思。

通过以上几点简要分析，我们看到，在墨西哥发展的关键时期，以萨利纳斯总统为代表的当政者，做出了全盘接受新自由主义理论的政治文化方位的战略选择，并在实践中将其推向极致，绝非偶然。萨利纳斯的思想、言论和行动，代表了一种社会思潮。它标志着美国主导的经济全球化、全球化治理的意识形态及新自由主义理论在墨西哥思想领域占据了上风，并淹没了墨西哥传统的"革命民族主义"，从此墨西哥彻底改变了过去实行的进口替代工业化战略的保护性政策，进而成为北美区域经济一体化的一部分。从国际资本主义发展的内在逻辑上看，有它产生的历史必然性；从墨西哥社会发展的历史角度上看，墨西哥加入北美自由贸易区，实践了几十年，可圈可点，可说是见仁见智。然而，有一点可见端倪，墨西哥加入北美自由贸易区之后，由于墨西哥社会经济结构发生了根本性的变化，加之国门大开，使得墨西哥在与美国的竞争中处于不利地位，就业、毒品、移民等社会问题日趋严重。不管今后哪个党派掌管国家政权，墨西哥都将面临严峻挑战。国际社会希望墨西哥能加快国家现代化进程，更期盼墨西哥广大民众，特别是边远地区的印第安和印欧混血农民，能早日分享到他们理应得到的改革成果，以解决社会贫困化问题。至于墨西哥能否做到这一点，只能由实践来回答。

四

从 20 世纪墨西哥政治文化的嬗变轨迹中，我们可以看到一种政治文化现象的存在，即作为意识形态的政治文化与国家现代化的相关性取决于墨西哥社会中以下四股政治力量的整合结果。

（一）广大民众参政意识的提升及政治诉求的提出。墨西哥人民独立以来所追求的"土地与自由""墨西哥人的墨西哥"的理想，就是这种诉求的集中的表现。这是墨西哥革命精神和改革动力所在，也是墨西哥社会转型的社会基础。

（二）知识精英对其民族历史使命的认同。以中产阶级为代表的知识精英，排除保守势力的干扰，制定和通过了《1917 年宪法》，并带头先后举起文化民族主义、革命民族主义、经济民族主义等思想旗帜，成为墨西哥政治文化的先导力量。

（三）社会各阶级、各利益集团和各党派政治上的博弈、竞争、互动和整合。这是催生政党诞生和政党政治发展的中坚力量。由政党整合社会各种政治力量形成的主导型政治文化，凡代表先进生产力发展要求，反映社会进步发展方向的文化，都属于先进的主导型政治文化，以此先进文化引领社会改革和现代化建设，必将起到推动社会发展和社会转型的作用。反之，对社会发展和进步必将起到阻碍作用。

（四）执政党及其主要当政者的思维方式、行为方式，尤其他们对世情、国情认识的程度，对文化的民族性和时代性关系的认知程度及处置方式，对国家的改革和现代化进程起着至关重要的导向作用。20 世纪前叶和中叶，执政党以革命民族主义、经济民族主义等为指导思想，引领社会改革，曾在一个时期内出现了被世人广为认知的"经济奇迹"和"政治奇迹"，使墨西哥多数人受益，也推动了国民经济、政治的发展和社会进步。此后，选择社会自由主义，亦即新自由主义为发展方向，虽说短期内对经济增长也有一定刺激作用，但结果是富了少数人，穷了大多数人，社会两极分化日趋严重。

现代墨西哥发展的历史表明，以上四股政治力量的对比不是一成不变的，是随着形势的发展而不断变化的。革命制度党执政时，党内有派，党外有党，党派轮流执政，就是各派政治力量消长、变化的表现和结果。时至 20 世纪八九十年代，萨利纳斯出任总统时，各种政治力量对比发生了很大变化。萨利纳斯希图通过选举制度改革扩大反对派民主的办法，巩固执政党的地位。但改革的最终结果，未能免于自己下野、反对党上台执政的历史命运。2012 年 7 月 2 日，12 年前失去执政地位的革命制度党推举的总统候选人恩里克·培尼亚·捏托又当选了墨西哥新一届总统。对此，美国舆论界指出，华盛顿对捏托其人"知之甚少"，"是 30 年来第一位没有在美国精英学校如哈佛或耶鲁求学过的墨西哥总统"[①]。墨西哥革命制度党重新上台执政这件事本身，以及由此产生的这番出自"北方邻居"之口的评论，不仅耐人寻味，而且值得人们思考。

现代墨西哥发展的历史还表明，无论是革命制度党执政，还是国家行动党执政，抑或将来由其他政党执政，他们执政的理念都反映着他们所代表的特定阶级和阶层的利益。如果说有所不同的话，只是在政治倾向上有左、中、右之别。他们的共同之处，都是试图在维系自己的政党执政地位的前提下，将其主导的政治文化,通过总统国情咨文等形式传递至议会等国家权力机关，

---

① 墨西哥帅哥总统担子重[N]. 参考消息，2012-7-4.

再由国家权力机关按照既定的法律程序审议批准，最终由总统将其形成治国方略、具体规划和相关政策，以此推动国家现代化建设和发展。在此，一种政治文化作用于国家现代化的传导机制的形成过程就展现在世人的面前。

第五章 拉美国家发展问题

拉美国家发展模式危机刍议[①]

当代拉美国家收入分配不公、贫富两极分化现象日趋严重，已构成拉美国家现代化进程难以跨越的社会障碍和经济社会协调发展的瓶颈。本研究就拉美国家社会贫困化呈扩大化和常态化状况、社会发展模式出现危机的历史根源及相关模式危机问题进行探讨。

一

阿诺德·汤因比在《历史研究》一书中指出："'模式'（model）一词，在用来表示科学调查之意时，可以被看成作为工具使用的一个符号。""当我们通过检测一个模式是否符合它所象征的现象来核查它有效与否的时候，……我们最终的目的不是想知道这个模式是否合理，而是要借助一种合理，因而也是有效的工具，对真实的结构和性质有新的、深入的了解。"[②]这些观点对研究拉美国家发展模式具有启示意义。

拉美模式，是拉美人民为改变本国贫穷落后面貌、实现国家现代化的一种战略选择，是19世纪后30年开始、历经一个多世纪逐渐形成的应对世界秩序挑战的一种治理模式。

拉美多数国家于19世纪初先后独立。

国内外多数学者认为，拉美国家从1870年开始至今，经历了初级产品出

---

① 完成于2005年10月，未发表。

② 阿诺德·汤因比. 历史研究（修订插图中译本）[M]. 刘北成，郭小凌，译. 上海：上海人民出版社，2000：30、32.

口、进口替代工业化和新自由主义改革三种发展模式转换的路径。拉美人民在探索与实践一条既符合国情又坚持对外开放、有利于本国人民利益的发展道路的历史性任务远未完成。

如果说 19 世纪 70 年代受殖民主义统治历史的制约而不得不选择初级产品出口发展模式的话，那么以后的时日，在对发展模式的选择、调整及模式转换时机的选择上，并非全然没有一点自主选择的余地。然而，在实践中，拉美国家的决策者或没抓住历史机遇，延误了时机；或没有未雨绸缪、审时度势，造成决策失算，导致原本工业化起步早于亚洲多数国家的拉美国家反而落在东亚一些新兴工业国家的后边。这些历史教训值得认真总结。

拉美国家推进工业化、现代化的 100 多年来，人们看到的似乎是一种"二律背反"的现象：一方面，拉美地区工业产值、人均国内生产总值、城市化水平等有大幅度提升，社会面貌发生了可观的变化；另一方面，伴随着经济总量的增加，收入分配不公、贫富两极分化的现象日趋严重，且有扩大化、常态化的趋势，成为当代世界贫富两极分化最凸显的地区。这标志着拉美国家发展模式的选择是不成功的。这点已经引起国际社会和世人的广泛关注。

贫困化问题[①]，并非源于工业化、现代化启动，而是古已有之。贫富分化也并非只存在于拉美地区。当今国际社会，无论是哪种类型的国家（包括社会主义国家），都无一例外地存在着贫富差距（包括收入、财富、生活方式、消费方式差距等）。不同之处在于，各国贫富差距的大小和贫富分化的程度不同，各国当政者对此所持的价值取向、所选择的发展模式及政策不一样，其结果自然也不一样。

当今国际社会，无论采用怎样的计算方法，拉美地区都是收入分配最不公正、贫富分化最严重的地区。例如，按平均值计算，不同时段的统计资料如表 5-1 所示。

表 5-1 世界各地区每十年的基尼系数平均值[②]

地区	1960 年代	1970 年代	1980 年代	1990 年代
东欧	25.1	24.6	25.0	28.9

---

① 按世界银行确定的贫困线标准是，每天生活不足 1 美元（1985 年美元不变价格）者为赤贫，每天 2 美元者为贫困。拉美经委会采用的贫困线标准略宽于世界银行。

② Samuel A Morley. *The Income Distribution Problem in Latin America and the Caribbean*[M]. Santiago, Chile, 2001: 17.

续表

地区	1960 年代	1970 年代	1980 年代	1990 年代
南非	36.2	33.9	35.0	31.9
经济合作与发展组织和高收入国家	35.0	34.8	33.2	33.7
中东和北非	41.4	41.9	40.5	38.0
东亚和太平洋地区	37.4	39.9	38.7	38.1
撒哈拉非洲次大陆	49.9	48.2	43.5	46.9
拉丁美洲	53.2	49.1	49.7	49.3

资料来源：Klaus Deininger and Lyn Squire," A new data set measuring income inequality", *World Bank Economic Revies*, vol. 10, No. 3, Washington, D.C., World Bank （1996）. 转引自 Samuel A. Morley, *The Income Distribution Problem in Latin America and the Caribbean*, Santiago, Chile, 2001, p.17.

　　表 5-1 显示了 20 世纪 60—90 年代世界地区每十年中的基尼系数的数值情况。从中可看出，在这 7 个地区中，每一个十年的基尼系数平均值，拉美地区都是最高的；其间不仅差距幅度大，而且持续时间长。与 20 世纪 60 年代相比，拉美地区基尼系数在 70 年代曾一度有所下降，但是进入 80 年代又开始反弹。就拉美地区内部情况看，收入分配不公，贫富分化现象在各国普遍存在。表 5-1 的编制者还分析了 20 个拉美国家的数据，其中 12 个国家的基尼系数都高于 0.5[①]。

　　基尼系数之间的差别标志着居民之间收入分配上的差距。20 世纪 90 年代的拉美地区，按平均数计算，居民中 5% 的最富有者得到居民全部收入的 25%；而居民中 30% 的赤贫者只得到全部收入的 7.5%。在东南亚，居民中 5% 的最富有者得到的居民全部收入的 16%；而居民中 30% 的赤贫者得到 12.2%。在非洲，居民中 5% 最富有者得到全部收入的 24%，而居民中 30% 的赤贫者得到 10.1%[②]。从收入分配上的差距看，拉美地区较之东南亚、非洲也更大。

---

　　① Samuel A Morley. *The Income Distribution Problem in Latin America and the Caribbean*[M]. Santiago, Chile, 2001: 22.

　　② Samuel A Morley. *The Income Distribution Problem in Latin America and the Caribbean*[M]. Santiago, Chile, 2001: 18.

　　在拉美和加勒比地区，就中心城市和农村相比较，农村居民贫困程度更为严重。在拉美和加勒比地区，尽管有 74% 的居民和 62% 的穷人生活在中心城市，但是相对说来，农村更为贫困。农村的贫困和赤贫状况比城市严重得多，而且农村的收入也比城市的低得多。1997 年，玻利维亚、厄瓜多尔、危地马拉、海地、洪都拉斯和尼加拉瓜等国 75% 或更多的农村居民生活在贫困线以下。在巴西、墨西哥和哥伦比亚（这些国家登记注册的农村贫困人口大约分别为 2000 万、1500 万和 650 万），生活在贫困线以下的农村人口都在 56%～62%[①]。拉美和加勒比地区农村中贫困人口所占的比例如此之大，在其他地区也是不多见的。

　　进行动态性纵向比较，我们看到拉美社会贫困化有一种扩大化、常态化发展趋势。我国学者根据大量的统计资料对 20 世纪后半期及 21 世纪初拉美主要国家社会贫困化演变趋势进行了系统的跟踪研究，从中得出的结论："自1970 年以来的 30 多年间，不论是在整个拉美地区还是在各个国家，社会贫困现象尽管在不同的时候可能会出现某种程度的缓解，但总的趋势是逐渐加剧的。"[②]这个判断符合当代拉美社会实际。据拉美经委会报告提供的数据，到 2002 年拉美总人口中有 44% 的人（约有 2.2 亿人）生活在贫困境地。其中有 19.4% 的人（约有 0.97 亿人）处于赤贫状态。这样的比例在世界其他地区是罕见的[③]。

　　"极度"的社会贫困化反映着拉美社会从传统农业文明向工业文明转型过程中的深层次矛盾日趋激化。拉美国家收入分配不公和社会两极分化已构成现代化进程难以跨越的障碍和经济、社会协调发展的瓶颈。近 20 多年来，拉美国家先后出现债务危机、经济危机、社会危机、政局动荡，折射出平民百姓对当政者推行新自由主义改革模式的抵制和不满情绪。面对此状，那些被迫秉承外部势力推行新自由主义改革的当政者，也不得不考虑对现行政策做出某些局部调整（如增加社会开支、改善收入分配、健全社保制度等），对极端的社会问题给予极大关注。巴西左翼领袖、现任总统卢拉上台伊始就务实地提出"零饥饿"改革计划，深得人心。这一切都标明新自由主义改革模

　　① Rubén G Echeverria. *Opciones para reducir la pobreza rural en America Latina y el Caribe*[J]. Revista de la CEPAL, 70, Abril 2000: 148.

　　② 苏振兴. 增长、分配与社会分化——对拉美国家社会贫富分化问题的考察[J]. 拉丁美洲研究, 2005（1）：1-7.

　　③ CEPAL. *Panorama Social de America Latina. 2002-2003*: 48.

式出现了危机。

二

在亚非拉国家中，拉美国家自然资源十分丰富，地域辽阔，人口密度小，较早接受欧洲先进思想启蒙，诞生了一批颇具本土特色的思想家，建立独立国家和启动工业化、现代化进程，一般都早于亚非多数国家，又毗邻世界上市场最大、最富有的美国，有这么多有利的条件，本该比其他地区发展得快些，然而今日拉美却沦为当今国际社会上贫困化最严重的地区，这是为什么（值得深思）？尽管国内外学者的看法很不一致，但是大家一致认为原因很复杂。粗略归纳有：殖民主义造成了少数人占有生产手段和多数人缺少生产手段这种极度不均衡的矛盾的积累；根深蒂固的大地产制在历次革命、改革中从未受到结构性触动；经济市场化、政治民主化进程在经济结构、权力结构不均衡状况下沿着外部不平等的"游戏规则"运行，改革、发展取向向着富有阶层倾斜，而不利于低收入阶层和弱势群体，导致城市与农村、内地与边远地区，乃至各行业之间不均衡发展；各国先后多次爆发的经济危机和社会动荡没有导致权力结构和生产关系的改变。如此这般的"结构性失效"必然导致分配政策、二次分配政策的失效。尽管近些年来，拉美有些国家的当政者在分配政策层面上采取了许多积极措施，也只能起到某种程度上的缓解作用，而未能从根本上解决社会贫困问题。[①]

上述诸多原因总括起来，是紧密关联的三个层面上的问题：

第一，现行政策层面上的结构性因素（直接的）；

第二，客观条件造成的环境性因素（间接的）；

第三，社会传承下来的历史性因素（根源性的）。

社会贫困化是由上述三大因素交叉汇合、互相作用的结果。三大因素的交叉汇合过程中，各大因素作用力力度不同、向度不同，起支配性作用的因素不同，由此造成各国贫困化程度不同、贫富两极分化的程度有所区别的局面。

---

① 参见 José Antonio Ocampo, Secretario Ejecutivo de la CEPAL y Juan Martin, ex Director de la Oficina de la CEPAL en Argetina. *Globalizción y desarrollo Capítulo* 3[M]. Barsil, Brasilia, 6 AL 10 de Mayo de 2002; Samuel A Morley. *The Income Distribution Problem in Latin America and the Caribbean*: Chapter III, VIII; NU. CEPAL. *Panorama Social de America Latina. 2002~2003*: 83; 苏振兴，袁东振. 发展模式与社会冲突——拉美国家社会问题透视[M]. 北京：当代世界出版社，2001：31-34，266-272；刘纪新. 拉美国家社会政策调整评析[J]. 拉丁美洲研究，2005（3）：9-16.

当代拉美社会贫富两极分化达到"极致"，根源于拉美历史上社会结构二元化发展到了极致。"现行的经济结构和经济制度倾向于将增长和现代化利益集中在高度享受技术、生产率和收入的小部分地区"的社会现象，是历史上二元化社会结构，特别是二元化土地制度结构在国际经济旧秩序不平等的游戏规则的纵容下承袭和发展起来的①。正如国际食品政策研究学会访问学者、拉美经委会前顾问塞缪尔·A.莫利在其所著《拉美和加勒比地区收入分配问题》一书中指出的，这种收入分配极度的不平等，"并非新近才有的现象，它不只是 20 世纪 80 年代经济衰退的结果，或是经济改革的结果，而是在过去久远的历史条件中形成的"，"如果人们的生产资料和有形资本不那么过分集中的话，无论如何不会出现如此的局面"。②

生产资料和有形资本集中在少数人手中，这是亚、非、拉发展中国家共有的现象。拉美社会结构有什么特点能使得生产资料和有形资本"过分集中"形成历史惯性延续至今，且能内化为加剧社会两极分化的助力呢？

（1）近现代拉美地区土地制度是以大地产制为主导的二元结构，大庄园与小领地并存，其规模反差之大是亚非地区所没有的。

世界上存在两种类型的农业：一种是发达国家的"高效农业"（the highly efficient agriculture）；另一种是发展中国家的"低效和低生产率农业"（the ineffitient and low-productivity agriculture）。亚非拉地区的农业同属第二类。弗朗西斯·福兰德（Francis Foland）曾经指出亚洲和拉美地区农民从事的低效农业的共同特征：他们在一块不大的土地上奋力耕作，以取得自身及其家庭最低限度的生活需要。其所耕种的土地有的归自己所有，但更多的是租自地主的，或者向放债者抵押租入，或者通过商业化运行的农业企业提供劳务以取得低于法定标准的工资。他们的命运通常是负债累累而不是获利。因此，可自由支配的资本的多少也就决定了农业技术水平的高低。他们宁可使用人力和畜力而不使用机械设备，宁可以粪便作肥而不使用化肥，宁可使用传统的作物种子而不采用科学试验的栽培成果③。福兰德在这里所描述的劳动制

①　Patricio Meller. *The Latin American Development Debate: Neostructruralism, Neomonetarism, and adjustment processes*[M]. Boulder: Westview Press, 1991: 12.

②　Samucl A Morley. *The Income Distribution Problem in Latin America and the Caribbean*[Z]. Santiago, Chile, 2001: 51.

③　Michael P Todaro. *Economic Development in the Third world*[Z]. Second edition. New York and London, 1981: 259-260.

度和生产方式，在今日拉美发达地区可能有所变化，但种种迹象表明，拉美大部分地区，特别是边远地区，少地或无地农民的生活方式的基本格局尚未改变。与此对照，大庄园（拉美大地产制的一种形式）自建立之日起 400 多年来，其运作方式和经营性质虽然发生了很大变化，但是大地产制的核心内容，即土地高度集中及与小领地尖锐对立这种基本格局始终未变。这一点正是拉美地区和亚洲地区土地制度演变过程的不同之处，也就是国内外学者所说的，拉美地区的土地制度是"二元农业的模型"（the pattern of agricultural dualism）。福兰德在分析拉美土地制度特点时正确地指出，"在拉丁美洲，农民的灾害（Plague）是大庄园"①；而在亚洲，集中的土地已经过土地改革等方式被分割成小片土地，大大解放了农业生产力。

拉美地区土地二元结果的特征可以从表 5-2 中看清楚。

表 5-2　七个拉美国家土地结构中的小地产和大庄园

国别	小地产		大庄园	
	占农场百分数	占有土地百分数	占农场百分数	占有土地百分数
阿根廷	43.2%	3.4%	0.8%	36.9%
巴西	22.5%	0.5%	4.7%	59.5%
哥伦比亚	64.0%	4.9%	1.3%	49.5%
智利	36.9%	0.2%	6.9%	81.3%
厄瓜多尔	89.9%	16.6%	0.4%	45.1%
危地马拉	88.4%	14.3%	0.1%	40.8%
秘鲁	88.0%	7.4%	1.1%	82.4%

资料来源：Celso Furtado, *Economic Development of Latin America*, New York: University of Cambridge, 1970, p.54. 转引自 Michael P. Todaro, *Economic Development in the Third world*, Second edition, New York and London, 1981, p. 261.

拉美七国中，尽管每个国家小领地和大庄园分别所占土地比例不等，但各国都无一例外地显示小领地所占农场百分数大大高于大庄园百分数，而大庄园所占有的土地百分数又大大高于小领地。以表中的哥伦比亚为例，占全

---

① Michael P Todaro. *Economic Development in the Third world*[Z]. Second edition. New York and London, 1981: 259-260.

国农场数只有 1.3%的大庄园占有全国近一半的土地（49.5%），而占全国农场数 64%的小领地只占有全国土地的 4.9%。这里所说的小领地大多是规模最小的农场，充其量只能为单个家庭（两口人）提供就业机会。

另据联合国粮食及农业组织（FAO）估算，1970 年前后，拉美 7%的最大地主（一般拥有 100 公顷以上土地）占有 77%的土地，而 60%的最小土地所有者仅占有 4%的土地；同样，在亚洲，拥有 100 公顷以上的土地所有者只占全部土地的 1.6%，而 96%的农场规模都在 10 公顷以下，占有全部土地的 68%[1]。由此可见，亚洲的大地主同拉美比较不可同日而语。

拉美土地制度结构中并非全部都由大庄园和小地产所构成。由于土地都集中到特大庄园里（也包括种植园、畜牧场），使得中小农场的生存空间受到限制。例如，在土地改革初期的墨西哥，全国一号大庄园——在加利福尼亚南部的法森达·乌列尔（Fazenda Huller）庄园的面积竟达 13325650 英亩（1 英亩约为 4047 平方米，全书同）。在科阿维拉州，一个名叫德拉加尔萨（Licenciado De Garza）的退伍军人竟有 11115000 英亩的土地财产。在乌拉圭，根据 1956 年人口普查提供的材料，全国有 534 个大庄园，每个规模都超过 12250 英亩，总面积覆盖了全国 73.53%的土地；而面积在 25 英亩以下的小领地（minifundio）有 103633 个，仅占全国土地的 2.34%[2]。我们说土地制度二元结构不合理，并不是仅仅因为大庄园面积大，而是因为它被少数人所控制、垄断，造成生产资料与生产力相分离。事实上大片肥沃良田被闲置而不准许少地、无地农民去耕种，与其他形式的农场相比生产效益低下，阻碍了社会生产力的发展。众所周知，最初的收入分配是依据人们在提供社会资产、生产要素中所起的作用进行的。这里所说的"资产"包括四种，即土地、资本、熟练工、非熟练工。在欠发达的拉美国家，土地是最重要的社会资产。不合理的大地产制是不公正的收入分配、社会贫富两极分化的制度根源和社会根源。

（2）拉美国家独立以来，土地制度二元结构似乎沿着一条一成不变的模式发展，严重阻碍着拉美国家社会结构的变迁。

土地所有制二元结构，是殖民主义留下的一份遗产。取代殖民者的土生

① Cardoso and Helwege. 1992. appendix D See, Samuel A Morley. *The Income Distribution Problem in Latin America and the Caribbean*[Z]. Santiago, Chile, 2001: 63.

② Jacques Lambert. *Latin America: Social Structure and Political Intitutions*[M]. University of California Press, Berckley and Los Angelos, 1969: 62.

白人地主联合独立斗争中崛起的军官，通过掠夺印第安人的土地、没收教会占地，将大片土地据为己有，进一步挤压了中、小土地所有者和土生农民的生存空间。19世纪末20世纪初，他们还变本加厉地同国外资本结合在一起，大肆侵吞土地、扩展田宅，形成一种巨大的社会势力和难以治愈的痼疾。1910—1917年，墨西哥爆发了独立运动一百年来最大规模的革命运动，举起"土地与自由""墨西哥人的墨西哥"的旗帜[1]。在以农民为主力军的革命激流冲击下，墨西哥制宪会议最终通过了载有"分割大地产，发展小土地所有制"等条款的《1917年宪法》[2]。20世纪二三十年代，墨西哥历届政府都进行了土地改革，到卡德纳斯执政时达到了顶峰。但是，后来的事实证明："到1960年，甚至在墨西哥、玻利维亚和古巴进行激进的土地改革之后，以及在智利、哥伦比亚、厄瓜多尔和中美洲开始土地改革之后，仍有65%以上的拉美版图由面积超过2500英亩的大庄园所占据，而这些大庄园仅占全部农场数目的1.4%。"[3]

国内外学者对拉美国家土地改革成效问题评价不一。笔者的观点是：第一，拉美地区国家多，发展不平衡，土改方式深度、广度不一样。情况复杂，不宜简单肯定或否定，要具体国家具体分析。第二，做总体判断宜看拉美多数国家、主要大国、土改取向和实际效果。据此，可以认为，20世纪20—60年代，尽管拉美多数国家先后进行的土地改革方式不同，效果各异，但从土地制度二元结构变动的角度考察，总体上看没有发生根本性的质的变化（古巴除外）。"在大多数情况下，这些改革，既没有触动大部分地主，也不意味着平均地权（equalize Landownership）。那些被'革命'的土地或流入集体农场，如墨西哥的村社，或最终被新的买主出售。"[4]第三，土地制度二元结构，不仅是生产体系的主要组成部分，而且也是整个社会经济、政治组织的基本特征。大地产主同大工商业者的联盟左右着拉美国家的权力结构，构成了一股阻挡社会改革的顽固势力。当代拉美分配结构之所以不公正，社会贫富分

① Julio Duran, Ochoa, etc. *México: Cincuenta Años de Revolución*, II[M]. La Vida social, México, 1961: 251.

② THE CONSTITUTION OF 1917, Art.27. See *The Mexico Year Book* (1922-1924)[M]. Los Angeles, Times-Mirror Press, 1924: 127.

③ Jacques Lambert. *Latin America: Social Structure and Potitical Institutions*[M]. University of California Press, Berkeley and Los Angelos, 1969: 62.

④ Samuel A Morley. *The Income Distribution Problem in Latin America and the Caribbean*[M]. Santiago, Chile, 2001: 62.

化之所以走向极端化，人们自然能从土地制度二元结构的历史演进中找到它的历史根源。

（3）在拉美地区，尤其在那些本土居民稠密的国家，由于土地制度二元结构同种族二元结构重叠，导致社会深层断裂和贫富分化的加剧。

墨西哥前驻华大使塞尔西奥·雷伊·洛佩斯先生指出："在前哥伦布美洲社会，农业一直是人们生活的中心。土地产品不仅被视为经济支柱，而且象征着一种社会精神。……在此过程中形成的文化和社会遗产直到今天仍占主导地位。"[1]这就是说，农业、土地是拉美人民安身立命、赖以生存的根本。

500 多年前，西方殖民者闯入印第安人世代繁衍生息的新大陆之后，无视当地土著居民的主人身份和地位，不仅掠夺了大片土地为己有，而且还破坏了印第安人原有的土地制度和古老文明，武断地将一种所谓"保留地"制度强加给当地土著居民。由此开始造成的"历史断裂现象"把具有古老文明的社会分成两部分，即拉美土生白人—印欧混血人（el Criollo-mestizo）和土著农民（el Campesino-indígena）[2]。几百年来，随着各种族文化的交流、融合，拉美民族已经形成了统一的民族意识，但是殖民制度给人类文明社会带来的不公正、不合理的遗迹依然存在。从 20 世纪 60 年代土著居民掀起的土改高潮到 80 年代末 90 年代初，厄瓜多尔由"土著民族联盟"（Confederatión of Indigenous Nationalities）发起的声势浩大的"本土运动"，无一不是把争取土地问题摆在首位[3]。尤其那些本土居民稠密的国家，如厄瓜多尔、危地马拉、秘鲁等国，土地制度二元结构的矛盾十分突出。大庄园在这些国家全部农场数中所占比例不到 7%，而这些大庄园占有的农田用地多达 82%。在阿根廷，大庄园的平均规模是小领地规模的 270 倍。在危地马拉，大庄园规模大得无法想象，差不多等于小领地规模的 1732 倍。与此相对应，小地产十分普遍，

---

① 塞尔西奥·雷伊·洛佩斯. 序[M]//冯秀文. 拉丁美洲农业的发展. 北京：社会科学文献出版社，2002：1-2.

② Orlando Plaza. *Cambio Social y Desarrallo Rural*, (Introduccion)[M]. La originalidad de la copia: La CEPAL y La idea de desarrollo, Revista de la CEPAL, Santiago de chile: 211.

③ "土著民族联盟"包括说克丘亚语言的安第安人（Andean）与沿亚马孙河流域和沿海地区土著人公社农民。他们于 1990 年组织了一次全国性土著人起义，尤其以安第安省（Andean Provinces）最为激烈。数以万计的土著农民封锁了当地的公路，接管了省政府和一些城市的政府办公处。要求主要集中在土地问题上，同时要求改进农村基层结构（infrastructure）和承认他们的文化权利。详见 Tanya Korovkin. *Indigenous Peasant Struggles and the Capitalist Modernization of Agriculture*[J]. Chimborazo, 1964-1991. See Latin Ameican Perspectives, Volume 24, Number 3, May 1997: 25-46.

由于本土居民多且人口增长快，他们拥挤在贫瘠的狭窄的小块土地上操劳，被称为"微型片地"（microfundio），而那些饱尝无地之苦的人们常常用分成方式为大地产主干活，或到半封建的种植园、大型资本主义农场去打工，变成廉价的临时短工。这些人在贫困化的社会底层中生活，他们向现代社会贡献了一切，却得不到现代文明社会应有的回报，足见300年殖民统治留给拉美人民的"历史遗产"是多么根深蒂固。

（4）当代拉美社会城乡二元结构的扩大，源于土地制度二元结构和国际经济秩序不平等的存在和强化。

今日拉美，城市畸形发展，造成"过度城市化"，同300多年殖民统治和跨国资本"过度"掠夺紧密相关。500多年前，西、葡殖民者为了对广袤无际的新大陆实行统治，在各地先后建立起几个重要的统治中心和贸易集散地。当今拉美大都市和各国首府大多是在此基础上发展而来的。1989年的一份报告显示，拉美各地区、各个国家人口密度极不平衡。萨尔瓦多每平方公里有247人，相反在玻利维亚只有7人，在巴西有17人，玻利维亚和巴西的人口密度都在拉美地区平均数 21 人以下。这种不平衡在每个国家都存在。在巴西，2/3 的人口都集中在东南部，特别是里约热内卢、圣保罗等大城市，而在偏僻的地方，每平方公里还不到1个人。阿根廷全国人口的一半集中到占全国面积 1/10 的布宜诺斯艾利斯省。墨西哥全国 9000 多万人口的一半以上居住在占全国土地 1/7 的中央高原地区①。拉美国家及其各个地区人口密度上的这种不平衡，集中反映了城乡经济和社会发展的不平衡。有人把今日拉美农村落后于城市，农村贫困人口多于城市贫困人口的原因，归结为农村孤立于外部世界、交通运输困难、资金匮乏、因循守旧、拒绝变革等。这种看法没有抓住问题本质。他们忽略了殖民主义、资本主义制度演进在拉美地区造成的影响和后果，看不到是土地制度二元结构把大批无地、少地的农民推向了城市，是那些商品化了的大地产主（农业企业主）投资于大规模农业生产，以取代小农，减少了可供农民耕种的土地数量，把小农推向了城市；是跨国资本投资于资本密集的制造业，把大批农民吸引到城市里来。农民从农村流向城市，加入非正规就业队伍。他们这样做，当然是以降低城市非熟练工的工资为代价，这无异于扩大了隐性失业大军，加剧了贫富两极分化。

以上我们就拉美国家土地制度二元结构、种族二元结构、城乡二元结构

---

① Robert C Williamson. *Latin American societies in Transition*[M]. Westport Connecticut, London: 54.

及其相互关系与它们之间的互动所产生的历史效应进行了粗略分析，旨在探寻当代拉美社会贫富两极分化的历史根源。事实上，拉美社会的现实远比我们上述的粗略分析复杂得多。拉美地区有 30 多个独立国家，还有一些正在争取独立的国家，各类型国家之间差异性很大，本研究无意以偏概全。对拉美地区的国家群体进行综合性宏观研究是必要的，但只能是初步的。只有把国别研究深入发展起来，综合研究才能登堂入室进入新的境界。

三

进行一番初步考察后，笔者有以下几点思考：

（1）发展模式危机反映出现理论模式的危机。

初级产品出口发展模式，在 20 世纪 30 年代大危机打击下转换为进口替代工业化发展模式。第二次世界大战爆发和战后民族解放运动的高涨成为拉美国家进口替代工业化发展的动力，也促成了继西蒙·玻利瓦尔主义之后产生的以劳尔·普雷维什为代表的拉美本土发展主义思想。由于普雷维什在理解经济增长与社会发展的关系上存在着片面性，这种本土发展主义理论本身不够成熟，又缺少与时俱进的理论品格，加之新自由主义思想的乘机进入，导致拉丁美洲始终没有形成一种能排除各种干扰，始终如一起主导作用的发展理论。因而，造成发展模式调整、转换及模式的选择上出现了从一个极端走向另一个极端的现象。2004 年 9 月，在我国首都北京召开了高层次的世界社会学家大会。大会发表了权威性的《世界社会学家北京宣言》。该宣言指出："经济增长是社会发展的基础，但社会进步和人类福祉才是发展的终极目标和真正内涵。增长不等于发展，发展必须关注平民教育、医疗健康、就业、收入分配、社会保障、贫困救济、生态环境等社会价值。"①拉美发展模式出现危机绝非偶然。它是拉美本土发展主义思想还没有彻底摆脱西方发展理论导致的必然结果。其中，重要的经验教训是，在制定国家发展战略，选择发展模式上，决不能只注重"经济增长"，而忽略了"社会价值"。对发展中国家来说，所谓"现代化"，就是由农业文明向工业文明过渡。在这个过渡期间，如果舍弃社会进步和人类福祉这些本质的内涵而一味追求经济增长，那不仅是毫无意义的，而且也是无法实现的。20 世纪后 50 年，拉美社会经济发展历程及结果就充分证明了这一点。

---

① 世界社会学家北京宣言[N]. 社会科学报（上海），2004-9-23.

（2）消除贫困、实现社会公正是模式选择应有的价值追求。

"社会公正"是一个内涵十分丰富的历史范畴。从柏拉图的《理想国》，到我国儒家理想的"大同"社会，从马克思提出的社会公正观，到今天人们通常所说的社会公正平等，不同的时期、不同的阶级、不同的利益群体，甚至不同的人，对"公正"的理解都不一样。"社会公正"，这种内涵上的相对性并不否定它本质上的客观性。"公正"的本质要求是，能够促进一定生产水平上"效率"最大限度地提高，尽可能使"公正"与"效率"二者在动态中平衡。

市场经济体制下存在的贫富差别和社会分化现象不可避免，问题在于控制到怎样的一种程度，采取怎样相应的对策。在市场经济体制下，人们追求收入分配上的公正，是指在初次分配中要求国家能为每一个社会成员提供一种平等竞争的机会和条件及与此相适应的制度安排，在再次分配中要使每一个社会成员都能平等地享有国民收入的财富。事实上，在拉美各国，各阶层占有资本、土地、技术、信息等生产要素多少不同，它们之间在竞争起点、竞争机会、竞争条件方面是不均等的，这必然导致收入分配上差距的拉大；而选择以新自由主义为主导思想的经济改革模式，一方面使改革取向有利于富有阶层，另一方面又弱化了国家干预社会收入分配的职能，使各国政府难以采取断然措施进行分配制度的调整与改革，这就造成了拉美国家贫富分化的进一步加剧和发展模式危机的出现。这个教训值得认真总结。

（3）实现社会公正的关键是要妥善处理改革发展中的城乡关系。

2005年2月，法国《回声报》刊载一篇题为《中印经历另一场工业革命》的文章。作者明确指出："经济高速增长的国家不必为农村的贫困、城市的集中和不平等的加剧而扼腕叹息，因为这些现象都是工业革命的必然产物。……有得必有失，这是一条亘古不变的真理。"[①]任何人向发展中国家介绍经验，我们都要珍惜；然而，对于推广那种以牺牲农村和农民利益作代价来搞现代化的发展模式，人们不该苟同。

在现代化进程中，农民始终是一个弱势群体，是被改造的阶层。农民、农村这种地位是在历史上形成的。殖民统治时期的拉美地区，城市、农村被分割。农村是为城市、为宗主国服务的。独立后，为了取得民族经济独立不得不选择进口替代工业化的发展模式。长时期忽视农业的发展，造成农村经

---

① 出自《参考消息》（2005年2月15日）。

济落后，农民生活贫困，促使大批农民流向城市，投入非正规部门就业队伍，最终导致城市人口过度膨胀，形成城乡发展不均衡的二元社会结构。拉美国家现代化的过程，实质上是农民摆脱传统的农业生产方式，使农业转化为现代产业的过程，是从根本上消除城乡经济二元结构的过程。恰恰在这个根本问题上，拉美国家的决策者们过分强调了城市工业化而忽视了农业的发展和农民生活水平的提高。从思想根源上说，是他们没有同西方经济学家的"溢出论""滴漏论"彻底划清界限。值得欣喜的是，拉美各国社会科学工作者对此已有清楚的认识，并围绕农业、农村和农民问题开展了"思想理论上的辩论"。他们坦诚地承认，过去他们"忽视了对现实环境中农业社会和农民改造的建议的分析和研究，也忽视了对现行国际上模式的分析和研究"。①我们寄希望于拉美各国人民，在总结过去经验教训的基础上，在推进城乡协调发展、消除城乡差别，特别是消除农村贫困、促进城乡良性发展方面迈出新的步伐。

（4）拉美各国消除贫困、实现社会公正的制度化机制、完善发展模式任重道远。

面对拉美各国贫富分化加剧的趋势，国际社会和国内学者提出了许多对策构想，如"产权明晰论""改变权力结构论""构筑兼顾社会公平的发展模式论""道德回归论"等②。

多年来，拉美各国当政者为解决这一社会难题，在调整社会政策层面上做了多方有益的探索。比如，有一些国家建立了依法改革的工作机制，试图排除干扰，按照法律规定的程序推进社会政策的调整；有的国家健全了多种形式的社会保障、失业保障等制度化机制和社会利益协调机制；国家增大了对基础教育、医疗卫生等公共部门的资金投入等。但事实表明，要使这些措施真正收到实效，还有大量工作要做。拉美各国的经验教训告诉我们：要消除贫困、遏制贫富两极分化的势头，要稳定宏观经济增长，建立健全确保经济健康、较快、持续增长和社会稳定的工作机制；强化国家宏观调控职能，排除干扰，加大对社会领域财政投入的力度，建立向低收入阶层和弱势群体

---

① Orlando plaza. *Cambio Social y Desarrollo Rural*[M]. la originaldad de la copia: la CEPAL y la ided de desarrollo, Revista de la CEPAL, Santiago de chile: 223.

② 参《见世界银行 2003 年世界发展报告》；Thorp, Rosemary. *Progreso, Pobreza y exclusión. Una historia economica de America Latina en el siglo XX*[M]. Washington D.C, Banco Interamericano de Desarrollo y Unión Europea, 1998, EL último capítulo；苏振兴，袁东振. 发展模式与社会冲突——拉美国家社会问题透视[M]. 北京：当代世界出版社，2001；包恒新. 当今世界最大的道德挑战——关于贫富差距问题的道德思考[J]. 福建论坛·经济社会版，2002：7.

倾斜的分配机制；特别要向贫苦人提供平等受教育的机会等。这些举措都是十分必要的。然而，从效果上看，只能在某种程度上起缓解贫困程度的作用，而不可能从根本上解决社会贫困化问题。其直接原因是尚未探索出一种既符合多数平民百姓利益又能切实可行地从社会结构上克服贫困的政策体系和发展模式。著名学者罗斯玛丽在谈到解决这一难题的症结时明确地指出，当政者同传统的权力集团一味妥协，集中地说明了在这个问题上他们根本就没有想用直接分配的办法去解决问题，于是一个十分清楚、悬而未决的问题提出了议事日程："改革收入分配制度和改变权力结构。"①

　　历史已将解决社会贫困化这一时代性课题提到了世人面前。如何在促进经济增长、维护社会公正的前提下，通过社会改革和制度创新，使所有的人都能享受经济增长和社会文明进步的收益，这只能由拉美各国人民去实践、去探索、去解决。

当代拉丁美洲民族民主运动道路问题刍议
——兼论古巴革命的性质②

一、问题的提出

　　就马克思主义关于人类社会发展的五种形态的学说看，当今世界历史运动已进入从资本主义向社会主义过渡的历史阶段。然而，"历史的进程并不像范畴那样死板绝对"。③从拉美这一局部地区看，近几十年来，虽然一般地认为"拉美处于动乱之中，没有某一种模式可以在这个广阔的地区建立起来，因而要对一地区大量多样化的民族、经济及其发展前景做出判断是困难的"；④但是不容怀疑的事实是，这一地区的社会发展的基本趋向并非单向地

---

① Rosemary Thorp. *Progreso, Pobreza y exclusión, Una historia economica de America Latina en el siglo XX*[M]. Washing ton D.C, Banco Interamericano de Desarrollo y Union Europea 1998: 7.

② 1984 年 5 月 18 至 21 日，中国拉丁美洲史研究会和中国拉丁美洲学会联合主办的"当代拉美民族民主运动"学术研讨会在山东省烟台市举行，这一部分是提交给本次会议的学术论文，未发表。

③ 马克思恩格斯全集：第 4 卷[M]. 北京：人民出版社，1974：159.

④ John A Garrraty and Peter Gay. *The Columbia History of the World*[M]. New York: Dorset Press, 1983: 1095.

从资本主义向社会主义过渡，而是从半封建半殖民地社会向资本主义社会过渡和社会主义方向演变二者同步并行，而以前者为主要倾向。

如何认识现实生活中出现的这种历史进程与历史范畴之间的差异？这是需要认真研究、回答的课题之一。然而，要科学地回答上述问题并不容易。因为这不仅涉及马克思主义许多基本理论问题，涉及对当代拉美地区发展极不平衡的许多国家国情的基本评估问题，还由于现实生活本身所显示出的新现象的历史不算很长，某些本质问题已明朗化，某些特点尚在形成之中，历史运动还在继续。但是，在现有条件下，只要我们坚持以马克思主义的科学世界观为向导，从拉美地区历史、现实情况的总和出发（而不是从某种既定概念或模式出发），探讨一下当代拉美民族民主运动的特点、类型、性质及发展趋势不是不可能的。

二、当代拉美民族民主运动的特点

列宁指出："一切民族都将走到社会主义，这是不可避免的。但是一切民族的走法却不完全一样，在民主的这种形式或那种形式上，在无产阶级专政的这种或那种类型上，在社会生活各方面的社会主义改造的速度上，每个民族都会有自己的特点。"①列宁这一科学论断具有普遍意义。

从拉美民族民主运动的历史和现实情况看，确有自己的特点。所谓"特点"，在可比的意义上说，可分三个层次分析：

（一）与 19 世纪西方民族运动比较

这里的"比较"，不是从民族运动的范围和性质的一般意义，而是从民族运动发展道路的特殊意义上说的。二者发生的历史时代、社会特点、斗争目标、斗争胜利后所面临的任务都不一样。当代拉美民族民主运动发生在帝国主义时代，发生在落后的多种多样的半封建半殖民地社会，其斗争以反帝反封为主要内容，以建立民族独立国家为目标。它面对的是实力雄厚连成一片的帝国主义和根深蒂固的封建主义势力。斗争任务比过去艰巨、复杂。要取得政治上完全独立，还要取得经济上、社会上和文化上的彻底解放。拉美地区多样性的经济结构、阶级结构和阶级力量对比的不同，强大的世界性的革命潮流，霸权主义、新殖民主义的猖獗等因素影响着拉美地区民族民主运动的深度、广度和结果，决定着民族民主运动取得初步胜利后必然面临一个

---

① 马克思恩格斯全集：第 23 卷[M]. 北京：人民出版社，1974：64-65.

向何处去、选择什么道路的问题。这是 19 世纪西方民族运动不曾遇到，而如今拉美民族民主运动正面临的重大课题。

（二）与同时代亚洲、非洲民族运动比较

当代拉美民族民主运动，就政治革命的领导权而言，基本上是资产阶级、小资产阶级领导的单一型的资产阶级民族民主革命；无产阶级从未取得革命的领导权。这一特点是同拉美各国经济结构、阶级结构及阶级力量对比联系在一起的。

一战前后，拉美经济结构、阶级结构有了很大变化。就此有人说拉美开始了工业化进程，这种估计值得商榷。但是毕竟与过去不同了。从总体上看，社会阶级结构由战前的两极为主（即大庄园主、大资本家的上层和债农、工人的下层），向多极化发展。战后，随着民族经济的发展，上层势力的减弱，一个新型的民族资产阶级崛起，工人阶级也登上历史舞台。

工人阶级成长壮大主要表现在两个方面：

①工人队伍的扩大，工人组织的增多；

②工人阶级先锋队共产党、工人党诞生；

拉美各国共产党、工人党与亚非地区各国政党相比有明显的弱点：

①其前身多为社会党或社会民主党左翼，在动荡中产生，组织上和思想理论上较为软弱；

②建党后多受各种机会主义思潮影响，脱离群众，不能实现对工人运动和民族民主运动的政治领导。

相反，民族资产阶级的发展却有它自己的特点：

①资产阶级先后都建立了自己的政党；

②举起民族独立、民主改革的旗帜，提出了反帝反封建的政治、经济和文化纲领（如城市化、工业化、国家干预经济、土地改革，承认工会和社会立法、民族主义等）；

③善于协调与工农组织的关系，把工农运动纳入自己的轨道，这与有些共产党、工人党搞脱离群众的宗派主义的孤家寡人政策形成了鲜明的对照。

由于上述两大阶级及其政党成熟程度不同和由此引起的阶级力量对比的变化，使得当代拉美许多国家民族民主革命的领导权落到民族资产阶级手中。1910—1917 年墨西哥革命及其之后半个多世纪拉美地区发生的三次民族民主革命高潮的历史进程，是最典型的例证。

当代拉美民族民主运动，就斗争形式而言，多数国家采取了渐进式，且多分散进行，这是拉美民族运动的另一个特点。这一特点是同两次世界大战对拉美地区的影响密切相关的。两次世界大战对亚非拉美的影响具有双重性质，这是共同点。然而，对拉美各国来说，主要影响不是破坏性的；有某种破坏作用也主要不是政治性的、爆发性的。当一战中两大军事集团从其各自殖民地征调兵力、劳力、物力，把几百万人驱赶到战场，造成数千万人伤亡的时候，拉美 20 个国家中只有少数几个国家对德宣战，参战多为象征性的，很少直接参战。一战对拉美没有造成灾难性损伤。这是一战后初期没有像亚非那样出现集中的几乎连成一片的民族民主运动高潮的一个重要原因。

二战前，亚非许多国家都直接卷入了局部战争，二战期间世界三大战场有两大战场在亚非。亚非人民遭遇了巨大战争灾难。拉美多数国家没有直接卷入战争，直接卷入战争的墨西哥、巴西两国也基本上没遭到什么破坏。战争结局（英法遭到削弱，美国称霸）对亚非拉美的影响也不尽相同。亚非人民面临的国际形势比拉美有利得多。从"亚洲的觉醒"到二战后"非洲的觉醒"时经半个多世纪，殖民主义、帝国主义在亚非苦心经营长达三四百年的殖民制度就基本上崩溃了。事实上，亚非有 70 多个国家只用了大约 15 年的时间（40 年代末到 60 年代初）就赢得了政治独立，其势之猛烈、时间之集中、进程之迅速是拉美地区所没有的。

拉美地区的 33 个独立主权国家中的多数国家是在两个世纪前独立战争中赢得独立的。但是独立后不久，前门拒狼，后门进虎，许多国家很快沦为半殖民地半封建社会。从 1910 年墨西哥革命开始，拉美地区民族民主运动进入新阶段。半个多世纪来，绝大多数国家民族民主革命采取了渐进式，即资产阶级改革的方法，且分散进行，这是同亚非国家不同的地方。资产阶级、小资产阶级领导了民族民主运动，掌握了革命运动和国家的领导权是造成上述特点的内部原因；两次大战对亚非拉美产生的不同影响，形成了不同的国际形势是造成上述特点的外部原因。

（三）拉美各国在民族民主运动的历史道路上都经历着各自不同的发展阶段，有着自己的特点。

从总体上看，按照发展道路、社会经济政治制度、发展程度及发展方向，拉美国家大体可分为如下三种类型。

①沿着资本主义发展道路，已经或正在迈入民族资本主义国家的行列。如巴西、墨西哥、阿根廷、委内瑞拉、智利、哥伦比亚、秘鲁、厄瓜多尔和玻利维亚等，这些国家目前的经济结构虽存在着多种成分，但有的国家（如

前五国）资本主义生产关系已居于主导地位，资产阶级掌握着国家政权，正在为巩固民族独立、发展民族经济而努力，在国际社会中日益发挥重要作用。

②沿着小资产阶级民主主义道路前进。如尼加拉瓜和格林纳达。其特点是：民族民主革命领导权掌握在激进的小资产阶级民主主义者或民主派联盟中；广泛动员人民群众参加革命运动；夺取国家政权后依靠人民群众进行民主改革；推行公私混合经济体制，保护私人资本主义企业，发展国营经济，多种经济成分混合发展；其发展前途取决于国内民主统一战线的巩固和国际反帝统一战线的形成。格林纳达左翼政权已遭扼杀，尼加拉瓜也面临考验。

③沿着从小资产阶级民主主义向社会主义道路发展。古巴 1959 年取得反独裁斗争胜利后，在多种因素影响下正沿着这条道路发展。

当代拉美各国民族民主运动发展道路的这种多样性，是由于拉美地域广阔，各国经济、政治发展极不平衡，各国在国际社会中所处的地位不同，世界各种政治力量分化改组对各国影响不同等历史的、现实的多种因素造成的。

鉴于国内外史学界对前两种类型的国家性质的评论分歧不大，这里不再赘述。至于古巴革命的性质和发展道路大有进一步讨论的必要。

三、关于古巴革命的性质和发展道路

（一）关于 1959 年古巴革命的性质和发展道路，存在着不同的观点

①古巴革命的领导人菲德尔·卡斯特罗认为，古巴革命是"由贫苦人进行的、为了贫苦人的社会主义民主革命"。

②古巴人民社会党（其前身为古巴共产党）总书记布拉斯·罗加则强调，古巴革命是由激进的小资产阶级领导的"先进的人民革命"。

③苏联学者认为，古巴"首次走向科学社会主义的立场"，具有社会主义革命的性质。

④美国学者则认为，"古巴革命的结果是世界上最小的国家之一，正在建立社会主义"。

⑤中国拉美学界则普遍认为，古巴人民革命是一次民族民主革命。

（二）探讨古巴革命性质及其发展道路应遵循的理论前提

①从古巴革命进程的实际情况出发，不要从某种抽象的概念或固定的模式出发，更不能搞极左那套，"以我画线"。历史本来面目是怎样就是怎样。

②应把作为政治革命（以夺取国家政权为标志）的民族民主运动同作为社会革命（包括经济结构、阶级结构和文化思想的转变）的民族民主运动结

合起来，作为判断革命性质及其发展道路的内容规范，而不要把我们的视野仅限制在政治革命的范围之内。

（三）古巴革命性质及其发展道路

①古巴革命前所面临的社会矛盾决定了古巴革命的根本性质。革命前古巴依附于美国，大庄园制、单一作物经济受制于美国。反民主的巴蒂斯塔亲美军事独裁政权休现着帝国主义、封建主义的利益。争取民族独立、国家主权，摧毁大庄园制还田于民，发展民族经济，给人民以民主等革命的基本任务决定了古巴革命是一次资产阶级性质的民族民主革命。

②在资产阶级性质的民族民主革命的总的范畴内，古巴革命具有自己的特点：作为古巴革命第一步，即以夺取国家政权为主要标志的政治革命，既不是由无产阶级领导的，也不是资产阶级领导的，而是由激进的小资产阶级民主主义者为首的"七二六"运动领导的。"七二六"运动作为一个政党组织，它的阶级属性，正如菲德尔·卡斯特罗所说，"代表着组织在起义军周围的农民运动"，代表着"自由职业者、知识分子、青年、学生和小资产阶级知识分子"，其政治经济纲领是"结束暴力政权""建立民主政府"，实行土地改革，加速工业化。由此可见，古巴革命的第一阶段仍停留在资产阶级革命的范围内。然而，由于卡斯特罗发动和依靠了广大的农民工人及小资产阶级分子参加武装斗争，使革命具有了广泛的人民性，使古巴资产阶级未能夺得国家政权，这就为彻底打倒帝国主义、封建主义在古巴的势力，进而推行激进民主改革创造了条件。

③古巴革命在特定条件下沿着从小资产阶级民主主义向社会主义方向发展，经历着它自己独特的发展道路。

这些特定的条件包括：20世纪五六十年代初错综复杂的国际形势，加勒比海危机，美国对古巴的压力日益增大；苏联对古巴的影响日益增强；古巴人民反美情绪日益高涨；古巴革命主要领导人联合人民社会党（前身为古巴共产党）和"三一三"革命指导委员会成立了古巴共产党；坚持反美旗帜，进行大规模的土地改革，消灭私人资本主义经济，实行广泛的社会改造。

古巴经历了自己独特的发展道路，社会经济政治制度发生了重大变化：国内私人资本主义经济已被消灭，全部企业收归国有；国营农场和合作社已占农业用地83.4%；全民所有制和集体所有制占了绝对优势；实行按劳分配的原则；加入了苏联领导的"经互会"；参加苏联牵头召开的共产党和工人党国际会议，等等。毫无疑问，古巴革命的性质已突破了资产阶级民族民主革命的范畴，而向社会主义的方向发展。

四、拉美主要国家走上资本主义发展道路原因初探

研究拉美民族民主发展道路必须抓住主要国家的发展趋向。如前所述，巴、墨、阿、委、智等国占拉美地区面积、人口的 70%，工业生产的 8.0%。这些国家在战后走上了资本主义发展道路。原因何在？颇值得研究。我们的初步看法是：

①这些国家的民族民主革命的领导权掌握在资产阶级及其政党手中；独立后资产阶级掌握着国家机器，推行发展民族经济、巩固民族独立的国策，把国家引上资本主义道路，符合这些国家的历史发展逻辑。

②这些国家长期受帝国主义、封建主义压迫，民族经济没有得到充分发展。这些国家经历了以先进的资本主义生产方式代替落后的前资本主义生产方式的发展过程。资本主义生产方式在这些国家尚有一定的发展余地。走资本主义发展道路是这些国家生产力发展的需要，是历史发展的必然结果。

③战后资本主义的发展，尤其国家垄断资本主义的发展对建立在私有制基础之上的某些发展中国家的影响具有二重性。列宁说："资本输出总要影响到输入资本的国家的资本主义发展，大大加速那里的资本主义发展。"[①]1950—1978 年，美国对拉美地区的直接投资由 45 亿美元猛增到 325 亿美元，占它在亚非拉投资的 80%。这种影响不可低估。

④战后帝国主义之间矛盾的发展，帝国主义、霸权主义在这些国家的激烈争夺为这些国家民族资本主义的发展提供了缝隙。亚非拉民族解放运动迅速发展，第三世界各国人民团结反霸互相支持，为这些国家长期稳定的发展创造了良好的国际环境。

上述诸因素构成了这些国家走资本主义发展道路的合力。就可预见的将来看，这些国家将在民族资本主义发展的道路上走一段路程。

应该指出，这些国家，包括其他即将走上这条民族资本主义道路的国家，最终都将走上社会主义，这是不可避免的。对此，我们坚信不疑。然而，在未来的世界中，它们会以怎样的形式、怎样的速度走上社会主义？在这个问题上，谁企图预见勾画出一幅蓝图，即使是粗线条式的，那都是无意义的。只有这些国家的人民，只有实践，才能做出正确的回答。

---

① 列宁选集：第 2 卷[M]. 北京：人民出版社，1972：785.

因此，拉美地区当前社会发展的基本趋向，并非单向地从资本主义向社会主义过渡，而是从半封建半殖民地社会向资本主义社会过渡和向社会主义过渡同步并行，而且以前者为主要倾向。承认这种现实与承认社会主义最终要在全世界范围内取代资本主义的历史规律并不矛盾。历史进程是错综复杂的。我们的责任是尊重历史的辩证法并对其做出科学的解释。

拉美国家现代化进程中政府职能的定位①

现代化是一个具有明显动态特征的概念，是在科技革命推动下整个社会变迁的系统过程。今天，人们所说的现代化，对于发达国家来说，主要是指从工业经济社会向知识经济社会演进的过程；对于包括拉美国家在内的广大发展中国家来说，则主要是发挥后发优势，加快发展，调整二元经济结构，向现代经济转变，追赶发达国家的过程。

拉美各国在广泛接受新自由主义之后，其经济出现了增长。然而，占主导地位的发展模式并没有解决拉美各国的社会问题，特别是就业、贫困和边缘化问题。据墨西哥《全球化》月刊 2001 年 1 月号报道，目前拉美有 2.24 亿穷人，其中 1.17 亿是没有固定职业的 20 岁以下的青少年。这意味着拉美有将近一半的人口生活在贫困中。当然，各国情况有所不同，如尼加拉瓜贫困人口几乎占 2/3，萨尔瓦多占 1/2，而哥斯达黎加则不到 1/4。贫困化的存在，反映着社会贫富分化现象的存在。据统计，近年来，拉美占总人口 20% 的最富有者占有国民收入的 50%，而占总人口 20% 的最低收入者仅占有国民收入的 4%，两者相差极大。巴西的两极分化最严重，两者相差 33 倍。如此贫富悬殊状况，在其他发展中国家少有。这说明，拉美大多数人不仅未享受到现代化进程所带来的更多的财富，反而贫困化日趋严重。应该指出，贫困化问题并非始于现代化进程，早已有之，且不止在拉美国家和其他发展中国家存在，就是在正向知识经济社会演进的最发达的美国也存在（当然，各国的贫困线不同）。这说明，造成贫困化的原因不完全在于发展模式问题，也在于社会制度问题。

拉美社会普遍存在的贫困和财富分配不均等社会不公平问题，早已引起

---

① 这一部分原载于《拉丁美洲研究》2003 年第 1 期。

各界人士的广泛关注。这一制约"瓶颈"解决得好坏,与拉美现代化的成败有相当大的关系,这是众多学者业已达成的共识。而对于如何解决这一问题,则存在诸多不同的见解:有人主张,国际货币基金组织(IMF)、世界银行和世界贸易组织等应成为制定和管理地区经济政策的"主角",形成一种由国际组织主导的全球治理格局,从而可以更广泛地消除两极分化;有人主张,国家保持一定的经济领导和协调职能,通过变革或制定相关政策,以内化的方式来解决这一难题;拉美左派则认为,发展中国家应寻求重建社会主义的道路,以彻底解决社会不公正问题,等等。

从发展中国家多年来推进现代化的实践经验看,现代化进程如要不断获得巨大动力并保持持续、健康和快速的发展,就须奠定两块基石:一是先进的科学技术,二是先进的科学文化。人类历史告诉我们,现代化进程是由科技革命引发的,由科学文化引导和支持的。如果说,"科学技术是现代化的发动机",那么科学文化和由此支撑而产生的现代化发展战略就是现代化的方向盘。只有把"发动机"的马力开足,同时把准、把稳"方向盘",现代化的时代列车才能疾驰前进。拉美有些国家的决策层通常比较注重"发动机"的硬件建设,而总是漠视"方向盘"软件的作用,顾此失彼。这便是拉美国家在现代化进程中选择发展战略时往往易受各种思潮干扰而束手无策的主要原因。

从拉美地区整体来看,拉美现代化进程正处在十字路口。能否在继续保持经济增长的同时,通过强化国家的相关职能,认真解决社会分配不公等这些老大难问题呢?上述各种解决问题的方案,归纳起来主要是两种思路:一是有的放矢地强化国家政府的职能;二是强化国际组织的职权,弱化主权国家的政府职能。两种理论若付诸实践,必将导致产生两种不同的发展战略和发展前景。

在新自由主义盛行的拉美地区,关于要不要和怎样强化国家政府管理职能的问题,历来众说纷纭,我们在此暂且不议。值得人们认真研究和对待的是近些年来逐渐流行起来的以西方为中心的"全球治理论"①。从学术界的角度看,全球治理范式理论的主要创始人是美国学者罗西瑙,其代表作是1995年出版的《没有政府的治理》和《21世纪的治理》。其他代表人物还有劳伦斯·芬克尔斯坦、戴维·赫尔德、米·齐恩、马·奥尔布劳等。芬克尔斯坦解释道,"全球治理就是超越国界的关系,就是治理而没有主权","就是在国

---

① 周言. 以西方为中心的"全球治理论"[N]. 光明日报,2001-2-27.

际上做政府在国内做的事"。事实上，多年来，IMF 等许多有着利益集团背景的国际组织都在有形和无形地扮演着制定和管理拉美地区经济政策的角色。如果任凭这种趋势发展，某些经济实力强大的发达国家就可"超越"发展中国家的"国界"和"主权"，放手推行其经济自由和政治多元的治理模式，这无异于推行强权经济和霸权主义，哪里还有什么"主权平等"可言。美国前副国务卿罗斯曼在美国国务院国际信息网发表的题为《今后 10 年的全球趋势和美国对外政策的制定》的文章中指出，"全球化"是"影响未来世界的七大主题"之一。他强调："阿根廷的经济崩溃……日益扩大的贫富差距都让我们不得不进一步努力，使全世界都融入当前的经济和政治体系。"他还转引美国贸易代表佐利克的话："未来属于那些能够开放市场、降低关税和保持货币稳定，从而融入这个现代化自由世界的国家。"这就是说，阿根廷等拉美国家要解决"日益扩大的贫富差距"问题，就必须融入以美国为中心的这个"现代化自由世界"，听从它们的"治理"。饱尝几百年殖民主义和帝国主义统治的拉美人民深深体会到，融入这个"现代化自由世界"绝不会使他们获得自由，而只能使他们更加贫困。反全球化的民众动员和抗议活动的日趋扩大，从另一侧面折射出人们对"全球治理"趋势的不满。

经济全球化的实质是希图在世界范围内建立起现代经济结构。毫无疑问，这为发展中国家提供了实现现代化的某种机遇，问题在于发展中国家的决策者以怎样的国策来应对。第二次世界大战后，有些拉美国家由于对策失当而蒙受重大损失的沉痛教训值得汲取，尤其是在经济全球化大趋势下弱化国家政府职能的倾向应予以纠正。

弱化国家政府职能倾向的出现是两股力量对比，特别是新自由主义同新结构主义较量的结果。新自由主义作为全球化在经济范畴的表现，一味地强调市场的作用而排斥国家的职能，强调无节制地放宽经济社会生活中必要的规则而排斥必要的约束机制。事实上，在现代化进程中，国家的职能不仅在于"谋事"，而更在于"谋势"。所谓"谋势"，就是对形势、趋势和大局等战略性问题，要进行分析、研究和把握，并据此做出正确的决策。这是市场经济规律无法取代的。

最近 20 年，新自由主义思想在拉美越来越居于主导地位。我们主张不能弱化国家政府的职能，并不是主张重新回到过去国家过分干预经济的老路上去；而是主张正确总结新自由主义带来的偏差，由拉美各国决策者审时度势，有针对性地去强化必须强化的职能。

在国家对内职能方面，宏观管理与调控职能宜强化。现代化是一个庞大而复杂的系统工程，只靠市场经济规律是不完善的。在市场失灵的场合，没有政府干预是不行的。无序必然带来失控。政府通过经济杠杆、法律约束和必要的行政干预，对现代化进程中不可避免要发生的矛盾和冲突进行调解十分必要。对此，发展中国家主要应处理好以下三大关系。

一是经济改革内部各个环节的平衡关系。改革只有配套进行，才能收到事半功倍的效果。这是政府的职能，而非市场机制所能为。然而，配套改革并不意味着各项改革必须齐头并进。可以有先有后，但不能滞后和脱节，更不能谁拖谁的后腿。改革是利益关系的调整，必然会遇到阻力，而阻力主要来自既得利益集团和意识形态。财富分配不均和社会不公正，就是一个需要有政治远见和非凡魄力的有效政府来解决的重大现实课题。发展中国家的决策者、学者和各界人士都应为解决这一问题而做出自己的贡献。

二是经济改革同政治改革的平衡关系。实现现代化是一场深刻的社会变革。经济改革首当其冲是自然的。随着经济改革的不断深入，政治、文化和道德等各领域都将发生深刻的变革。借鉴外国先进经验十分必要，但必须结合本国国情。在改革模式的选择上，那种简单的"拿来主义"的方式不可取。联合国开发计划署（UNDP）发表的 2000 年发展报告中提出的人类发展模式的 4 个基本成分值得发展中国家参考：（1）生产率。必须使人们能够增加其生产率并充分参与产生效益和有报酬的就业过程。因此，经济增长是人类发展模型的一个子集。（2）公正。人们必须获得相等的机会，所有对外经济和政治机会的壁垒必须被消除，以便让人民能参与并从中受益。（3）持续性。必须保证不仅这一代，而且以后各代都能得到机会。所有形式的资本——物质的、人文的、环境的——都应得到补足。（4）权能授予。发展必须是"由人民"而不是"为他们"而进行。人民必须充分参与形成他们生活的决策和过程。UNDP 所提出的人类发展必备的这四大要素启示人们，要实现现代化必须把提高生产率、发展经济和实现经济增长置于首位；必须坚持经济增长和公正分配相结合；必须使这代人和以后各代人都得到公平的机会，即实现持续发展；必须使各阶层人民有充分参与社会生活决策的权利。笔者认为，UNDP 的 2000 年发展报告，是继联合国 20 世纪 60 年代以来通过的《经济、社会、文化权利国际公约》及有关发展权、集体人权的文件之后的又一带有指导性的主要国际文件。发展中国家有必要也有可能通过一定的国内法律程序使其主要精神在本国得以实施，这或许能够为解决社会财富分配不均和社会不公正问题提供思路和有力武器。

三是改革、发展和社会稳定三者之间的平衡关系。政治改革题中应有之义是转换政府职能，实行政企、政事分开。但这并不意味着政府在宏观管理上无能为力，无所作为。政府决策者从思想上必须明确：现代化的核心是实现发展，要发展就必须改革，要改革和发展就必须有一个稳定的环境；同时，要注意实行积极稳定的方针，防止追求暂时的稳定而忽视改革的倾向。目前，拉美地区贫富分化已发展到极其严重的地步，矛盾和冲突终有一日会爆发出来。针对这种情况，加大社会改革的力度，实行积极稳定的方针，乃为上策。

外交政策是内政的延伸。当前形势下，国家在外交方面的职能只能强化，不能弱化。在国家对外职能方面，要坚持国家"主权平等"原则，敢于和善于反对强权政治、强权经济和霸权主义。"主权平等"原则是《联合国宪章》所确认的一项最重要的基本原则。一个国家在处理对外关系时没有主权，或主权残缺不全，谈何国家独立；一个国家没有独立主权，只能任人欺辱和宰割，没有国家主权，谈何经济主权和经济发展。在当前的国际关系中，特别是在有人大肆鼓吹"全球治理论"的情况下，发展中国家一定要高举联合国确认的"主权平等"旗帜，反对以大欺小，以强凌弱，尤其要反对借口"全球治理"干涉别国内政；要倡导国家不论大小、贫富和强弱，不论社会经济制度、政治制度、意识形态、文化背景和宗教信仰如何，每个国家都是国际社会中平等的一员，不存在一个"独大国家"领导其他国家的问题，也不允许一个超级大国或大国集团漠视联合国权威，随意炮制所谓"全球治理"的游戏规则。依靠全世界人民，首先是广大发展中国家的人民，充分利用经济全球化带来的机遇发展自己，同时迎接挑战，打破国际关系中极不合理的权力格局，建立主权平等、和平共处、团结合作、共同发展的世界新秩序。这是广大发展中国家实现现代化不可缺少的外部条件。

新自由主义是全球化在经济领域的表现，"全球治理论"是全球化在政治领域的反映。拉美国家和其他地区发展中国家的决策者、学者及一切关注现代化进程的人士，在对"全球治理论"保持清醒头脑、采取相应对策的同时，要对接受新自由主义思想存在的成效弊端予以总结，从各国国情出发制定出适应新形势需要的发展战略，从体制、制度、政策和机制等层面上强化国家政府的职能，沿着正确的方向把现代化进程不断引向深入，重点解决好社会财富分配不均和社会不公正等问题，以确保国家现代化持续、健康和快速发展。

20世纪拉丁美洲社会变迁的路径及思考[①]

　　20世纪，在拉丁美洲历史上是极不寻常的一个世纪。从1910—1917年墨西哥革命到50年代的古巴革命，从30年代卡德纳斯改革到80年代以来在拉美全面推开的以新自由主义为主导思想的经济改革，社会变革一波接一波，充分体现出拉美各国人民要求发展、追求进步的强烈愿望和果敢行动。尽管拉美各国人民所选择的发展道路、发展模式、改革的力度和成效都有所不同，但都在积极探索融入国际社会的路径和方法。考察20世纪拉美国家改革发展的轨迹、探寻从"特例"向"通例"扩展的规律，借鉴拉美各国的经验教训，对于正在深化改革、扩大开放的发展中国家具有重要理论意义和现实意义。

一、变革与发展：贯穿20世纪的一条主线

　　现代文明中的"发展"一词，是在第二次世界大战后开始出现并被广泛使用的。"发展经济学"作为研究发展中国家的经济如何发展的一门学科，也是第二次世界大战后始创的。然而，"发展"的理念与实践早已有之。发展问题是人类社会的永恒主题。

　　拉丁美洲的历史是拉美各族人民挑战自我、不断变革和发展的历史。拉美大部分国家赢得政治上独立比大多数亚洲、非洲国家早一个多世纪。19世纪晚期，部分拉美国家已进入其早期工业建设阶段；20世纪中期，大多数拉美国家先后进入工业化、现代化发展阶段；20世纪80年代后期开始全面推进经济改革。可以认为，拉美地区多数国家在发展本国经济、推进社会变革方面走在了发展中国家的前列。

　　从宏观史学角度观察，20世纪拉美地区社会变迁呈现出三波势不可挡的改革潮流。第一波改革发生在20世纪上半叶的墨西哥，第二波发生在20世纪下半叶的古巴，第三波发生在20世纪晚期拉美地区多数国家。可以说，拉美地区这块尚待"发展"的"新大陆"，在20世纪改革潮的洗礼下，焕发出潜在的活力，在改革与发展的道路上已经取得了令世人瞩目的成效。当然，

---

① 这一部分原载于《世界近现代史研究》第一辑（南开大学世界近现代史研究中心，2004）。

由于长期的历史积淀和全球化的挑战，时至今日，拉美国家也还存在着一些社会边缘化现象，相对落后的社会状况远未得到解决。正如《进步、贫困与排斥：20世纪拉丁美洲经济史》一书作者罗斯玛丽·索普在书末总结时指出的：这是一个"充满阳光和阴影的世纪"。[①]

20世纪上半叶的墨西哥改革以1910—1917年革命为先导，首先由资产阶级立宪派夺取国家政权，制定《1917年宪法》[②]，以法律的形式确认了革命成果。这是继19世纪初墨西哥独立运动和19世纪中期胡亚雷斯改革之后墨西哥人民开展的第三次革命运动。革命中诞生的《1917年宪法》，体现出墨西哥人民几个世纪以来所追求并为之奋斗的目标——"土地与自由""墨西哥人的墨西哥"。[③]革命的继承者们以宪法为依据，将政治革命逐步引向社会经济领域，从革命后第一任总统卡兰萨开始，历届政府都程度不同地推动了社会改革，至卡德纳斯执政时期（1934—1940年），将第一波改革推向高潮，在土地改革和资产国有化方面取得巨大进展。革命前大约1%的人口拥有大部分土地的那种土地高度集中、国际资本任意侵吞墨西哥土地和地下矿产资源、把持国有资产的局面结束了。进入20世纪40年代之后，尽管土地改革不再受到重视，甚至对《1917年宪法》第27条进行了修改，放宽了对小地产规模的限制，后又出现土地相对集中的趋势，但20世纪上半叶第一波改革潮流毕竟为墨西哥农业资本主义发展打下坚实的基础。

第二波改革发生在20世纪下半叶的古巴。20世纪50年代初，以菲德尔·卡斯特罗为首的一批受马克思列宁主义和马蒂主义影响的古巴激进的年轻人，不满美国支持的巴蒂斯塔独裁统治，以攻打蒙卡达兵营的军事行动为起点举起武装起义的旗帜，经过艰苦卓绝的斗争于1959年1月1日推翻了巴蒂斯塔的独裁统治，建立起革命政权。革命胜利后的古巴，在人民的支持下，在特定的国际环境影响下，选择了社会主义的发展道路，进行了激进的土地改革和资产国有化运动，在社会主义改造和建设道路上艰难地探索。20世纪60年代以来，古巴人民以非凡的勇气和果断的行动回击了美国封锁、制

---

① Rosemary Thorp. *Progreso, pobreza y exclusion: una historia econimica de America Latina en el siglo XX*[M]. Washington: Banco Interamericano de Desarrollo, 1998.

② "La Constitución de 1917"，参见 Jesús Silva Herzog. *Breve Historia de la Revolución Mexicana. 2, La Etapa constitucionalista y la lucha de Facciones*[M]. Mexico-Buenos Aires: Fondo de Cultura Economica, 1965: 267.

③ Ochoa Julio Duran, etc. *México: Cincuenta Años de Revolución, tomo II, La Vida social*[M]. Mexico, D. F.: Fondo de Cultura Economica, 1961: 251.

裁古巴的种种阴谋，赢得了世界人民的同情和支持。然而，由于革命前形成的单一经济结构及革命后参与苏联阵营形成的计划经济体制，给古巴经济发展造成巨大的依赖性。这种经济上的脆弱性，在20世纪90年代初苏联解体和东欧剧变的冲击下暴露无遗，致使古巴陷入了革命胜利30多年来最困难的境地。在这种腹背夹击的险恶环境中，古巴人民顶住了国内外的巨大压力，没有选择苏联、东欧的改革模式，也没有选择多数拉美国家新自由主义的改革模式，而是从古巴国情出发，坚持以马克思列宁主义、马蒂主义思想为指导，进行了有古巴特色的社会主义改革。1991年10月，古共"四大"确立了改革开放的基本国策，从此对经济体制、政治体制和思想文化体制进行了慎重的改革，逐步建立起以公有制为主体的混合所有制经济和对外开放的格局。与此同时，古巴积极开展了以打破美国封锁为战略重点的多元化外交，为改善国内外环境、克服"特殊时期"的困难赢得了更大的生存空间。

第三波改革开始于20世纪70年代的智利、阿根廷和乌拉圭，80年代后在墨西哥等拉美大多数国家全面展开。第三波改革与第一、二波改革的不同之处，不仅在于改革突破了一个国家的范围，更重要的是改革的国内外环境和指导思想发生了重大变化。改革的动力和改革所涉及的领域及它所产生的后果，都远比前两波要广泛得多、深刻得多，因而引起世人的极大关注。

主导第三波改革的根本指导思想，是近20年来在西方国家居于主导地位的意识形态——新自由主义。从本质上看，它是一种宣扬全球化决定论、维护发达国家跨国公司企业利益的意识形态。它在经济领域的表现是用世界市场排挤或取代政治行为，在政治领域是企图用"全球治理"弱化或取代主权国家政府行为。应当承认，从客观存在且不可逆转的全球化需要建立健全必要的制度和游戏规则方面看，这种观点有其历史逻辑上的合理性；但残酷的现实是，有人利用新自由主义推行其强权政治和霸权主义战略，这不能不引起人们的警觉。这也就是新自由主义在拉丁美洲各国实行20多年来受到严峻挑战的原因所在。

可以说，拉美第三波改革和第一、二波改革所处的国内外环境不同，是指第三波改革的形成不仅具有拉美各国现实的需要，而且具有外源性的动因。具体说，可以归纳为三大因素：（一）"高度保护的、几乎仅以有限的国内市场为依托的拉美'模式'出现了已被广泛承认的困难"。内部面临经济发展资金几近枯竭，集中暴露出进口替代工业化模式的弊端；外部面对债权国及国际组织的压力，形势极其严峻。（二）与此形成对比，许多欧亚国家"工业制成品出口达到高潮，显示了参与世界经济的灵活性和能力"。（三）苏联和东欧各国"已显出从计划经济走向市场经济的现象"。①由此可见，20 世纪 80 年代拉美发生债务危机之后，各国先后选择、引进"新自由主义"，并以此作为经济改革的主导思想绝非偶然。确切地说，这是全球化背景中拉美出现债务危机的形势下一种难以规避的选择。

20 世纪 80 年代，拉美经历了一个"失去的十年"，正如联合国拉丁美洲经济委员会（以下简称拉美经委会）在许多不同的研究报告中指出的，"这一事实反映出尚未完全显露的危机在增长中，后来就启动了剧烈的经济改革进程，这一进程在一些国家始于 20 世纪 70 年代，而后在 80 年代中期及 90 年代初在拉美各国普遍推开"。②这波改革在新自由主义指导下，拉美国家开始被动地进行经济结构调整改革和模式转换。客观地说，自此之后拉美各国在开放市场、金融改革、税制改革、私有化改革等方面出台了不少政策措施，尽管各国改革有先有后，改革的广度、深度有所不同，但从总体上看，新自由主义改革在稳定宏观经济、促进经济增长方面显示出它相当强的刺激作用。然而，20 多年来的改革实践表明，经济增长不等于经济发展，更不意味着社会进步。相反，新自由主义主导的经济改革所带来的负面效应正在被越来越多的人所认识。中国学者苏振兴、袁东振在新著《发展模式与社会冲突》中指出，拉美国家经济调整和改革的负面影响反映在不同的层面上。从宏观经济层面来看，经济改革导致社会公正的倒退；改革政策的设计与实施过程考虑社会的承受力不够；有一部分改革举措明显地维护资本、有产者、高收入阶层的利益，同时损害劳动、无产者、低收入阶层的权益。凡此种种，"不能不承认改革过程存在着失误和偏差"。③这种判断是在全面考察拉美改革进程、具体分析改革得失基础上做出的，是客观的、公正的。

以上我们对 20 世纪拉美呈现出的三波改革潮的发展进行了简要回顾，人们会发现，其间存在着资本主义和社会主义两种不同性质的改革。资本主义类型的改革，由于主导思想不同，改革动因不同，所造成的结果和影响也

---

① Patricio Meller. *The Latin American Development Debate: Neostructruralism, Neomonetarism, and Adjustment Processes*[M]. Boulder, Colo: Westview, 1991: 60；参见弗兰西斯·福山. 历史的终结[M]. 呼和浩特：远方出版社，1998：130.

② Jose Antonio Ocampo, and Juan Martin. *Globalización y Desarrollo: una reflexión desde América Latina y el Caribe*[M]. Brasilia: 2002: 80.

③ 苏振兴，袁东振. 发展模式与社会冲突：拉美国家社会问题透视[M]. 北京：当代世界出版社，2001：259-263.

各异。对于 20 世纪拉美出现的这种错综复杂的现象，人们应该怎样去理解？在不到一个世纪的时段里，墨西哥从高举革命旗帜到进行社会改革搞资产国有化，再到进行新自由主义改革搞私有化、自由化直至融入北美自由贸易区，这种改革发展的轨迹是偶然发生的吗？能否将墨西哥这一"特例"看作具有"通例"性质的典型吗？这些新的课题，有待于我们深入研究解决。

二、强权与主权：两条发展路径冲突的焦点

如前所述，20 世纪拉美地区呈现出三波改革，都是特定的国际环境和各国不同的历史条件互动、结合的产物，是拉美各国人民发挥首创精神而做出的历史选择。不管世人对他们改革的取向抱有怎样的态度，都应该理性地看到，三波改革都具有其存在的合理性和正当性。

考察改革得失成败，要求将其置于 20 世纪世界历史发展的整体中去把握，必须摒弃非此即彼的两极思维模式，必须从全球化发展大趋势的动态中把握拉美社会变迁的轨迹，从拉美国家改革发展的特殊性中找出带有普遍性的规律，这是探讨 20 世纪拉美国家改革发展问题的方法论前提。

从 20 世纪世界历史发展的角度看，拉美第一波改革大体上与"亚洲的觉醒"和 20 世纪初的革命高潮相呼应。第二波改革大体上同社会主义运动受到挫折、社会主义国家的人民积极探索经济体制转轨的形势相吻合。而第三次改革是在 20 世纪 80 年代以来加快发展的经济全球化的大潮冲击下展开的。从中我们清楚地看到，在拉美各国推进改革、谋求发展的道路上并非一片坦途。这是因为：（一）拉美多数国家的改革，是在资本主义体系大环境中进行的，尤其要看到，在新自由主义主导下的经济改革是通过国家与外国资本的结合来实现的。（二）拉美国家的北方邻居——美国是地缘理论的发源地之一。早在拉美多数国家赢得政治独立后，美国就以美洲"老大"自居，先后提出"门罗主义""泛美主义"，企图将美洲人的美洲变为"美国人的美洲"。这种服务于强权政治的思维方式往往与现实主义理论相结合，对拉美改革构成严峻的挑战。（三）拉美地区的改革进程是活跃在这块广阔的土地上的各种发展主义理念、理论倡导下各种发展模式实验的过程。各种思想流派，如拉美经委会主义、依附理论、发展主义、新自由主义、新结构主义等，都经受了或正经受着社会实践的检验和选择，也经受了多层次而又有交叉的地区主义的洗礼和选择。总之，拉美改革与发展是在特定的国际环境、区域环境和国别环境等各种因素互动中展开的，各国之间、地区之间发展不够均衡，因而呈

现出一种拉美特有的复杂性和艰巨性。

　　当今时代有各式各样的改革主张，其性质既不取决于改革领导者的身份，也不完全取决于参加改革的社会阶层，而主要是看改革的实际结果维护的是哪些人的利益，按照怎样的价值观来改造社会面貌。事实上，在 20 世纪拉美改革和发展的进程中，自始至终贯穿着时隐时现的两条并行且时有交叉的改革发展思路：一条是以本土主义理论为主导的改革发展思路，另一条是以泛美主义为主导的改革发展思路。无论是墨西哥改革、古巴改革，还是新自由主义主导下的各国改革，尽管它们的改革性质有所不同，然而它们都不能不受到这两条思路的制约；而这两条思路在不同时期又不能不受到时代主题的制约。20 世纪上半叶，资本主义世界处于激烈的动荡之中，帝国主义国家之间为争夺世界霸权，发动了两次世界大战，各国人民经受了战争的考验和洗礼，懂得了求解放的道理。社会主义革命、民族民主革命风起云涌，形成被压迫人民、被压迫民族革命运动的高潮。战争与革命相互交织，构成了这个时代的主题。在此期间，美国对拉丁美洲推行"大棒政策""金元外交""睦邻政策"，并在 1948 年召开的第九届美洲国家会议上成立了"美洲国家组织"。墨西哥革命及以此为先导的墨西哥改革、古巴革命及以此为先导的古巴改革都是在这种国际背景下对美国强权外交的回应。

　　20 世纪下半叶，虽然局部战争时有发生，但形势发生了很大的变化，和平与发展成为时代的主题，这无疑为改革创造了良好的环境。20 世纪 50 年代，正当拉美各国全面推行"进口替代工业化"发展战略之时，以美国为首的西方发达国家向非西方和西方的不发达国家推销"西方化"模式，并具体实施以西方"现代化理论"为基础的联合国"两个发展十年"（即 1960—1970年、1970—1980 年）计划。实施结果表明，西方发达国家所追求和崇尚的国内生产总值（GDP）增长的纯经济发展观，解决不了发展中国家的发展问题。拉美的左翼学者挑战西方现代化理论，提出了依附理论，反对"现代化理论"的内因论，对于非西方社会本土理论的形成和发展具有重要意义。

　　冷战期间，古巴革命胜利打破了西半球意识形态铁板一块的局面，向美国地区霸权提出挑战。"菲德尔·卡斯特罗登上权力的舞台，特别是自 1961年以来公开采取社会主义措施，对于拉美来说造成了难以估量的政治灾难。这个事件动摇了整个青年一代拉美知识分子的注意力。"①此时的美国总统

---

① Patricio Meller. *The Latin American Development Debate: Neostructruralism, Neomonetarism, and Adjustment Processes*[M]. Boulder, Colo: Westview, 1991: 62.

肯尼迪，为了阻挡古巴式的革命在拉美地区蔓延，维护美国私人资本在本地区的利益，对拉美的政策做出第二次世界大战后第一次重大调整，遂于 1961年打出"争取进步联盟"的旗号，决定在 10 年内多方筹集 1000 亿美元的资金以帮助拉美各国解决普遍存在的社会问题。20 世纪 90 年代初，面对冷战时期两极格局瓦解的新形势，美国为了在未来世界经济格局中取得优势地位，布什总统对拉美的政策又做出战后第二次重大调整，向拉美各国提出了"开创美洲事业倡议"，构想建立一个以债务、投资和贸易问题为"三大支柱"的美洲自由贸易区。战后美国第一次政策调整被视为一套带有"理想主义"色彩的"社会改革的手段"，第二次政策调整的重点是促使拉美各国开放市场。两次调整虽然内容有所不同，但都是根据美国对外战略需要，从维护美国国家利益出发而做出的推动拉美改革发展的重大决策。其最终目标是，在经济上推动拉美地区向自由资本主义市场经济转型，在政治上全面建立资产阶级民主制度，从而在西半球建立起美国主导的美洲新秩序。

以上内容简略地考察了美国和拉美国家在拉美改革发展战略上的演变轨迹。从中看到，拉美国家改革发展的目标是通过深刻的社会变革实现"共同的目标和价值：经济民主、政治民主和社会民主"；而美国的目标是"在这一地区建立美国的经济和地缘政治统治区，建立美洲堡垒，使拉美国家经其政府同意处于对美国新的和更大程度的依附地位"。①在美国看来，上述两种发展目标是一致的，拉美作为发展中国家只有接受美国的政治经济发展模式，才能达到自己的既定目标。在拉美国家看来，一方面由于南北经济失衡而给拉美国家造成的弱势地位，希望得到美国经济上的支持；另一方面又对美国以"老大"自居，采取种种手段迫使拉美国家处于受支配的被动地位深为不满。这在主权国家构成的国际舞台上，出现主权与强权之间的矛盾与冲突就不可避免了。这种矛盾和冲突不仅体现在第二次世界大战前拉美人民对美国"大棒政策""金元外交"的抵制和斗争上，也体现在第二次世界大战后拉美各国对美国战略的调整上。"争取进步联盟"的宏大计划曾赢得拉美各国的欢迎，但由于联盟文件字面上所确认的目标和美国实际追求的战略目标之间存在着深刻的矛盾，所谓支持社会改革、经济发展、政治稳定和社会进步都成了有名无实的空谈。"争取进步联盟"计划中的援助资金大部分都拨给了坚持

---

① 出自《墨西哥宣言》（1991.6.12），载于委内瑞拉《新社会》（1991 年第 116 期），见中国社科院拉丁美洲研究所《拉美问题译丛》（1993 年第 2 期，第 3-4 页）。

军事独裁者或军人控制的文人政府。顺美国意志者，可以得到美国的援助，逆美国者或稍有不服美国指挥者，非但要中止对他们的援助，还会招致美国的暗算和颠覆，难怪拉丁美洲人讥讽美国的"争取进步联盟"实际上是"争取倒退联盟"。

至于"美洲倡议"，我们从其出台的时间和时机上即可了解美国的真正意图。当然，进入20世纪90年代，美国不必也不大可能再挥舞"大棒"，逼迫拉美国家做什么、不做什么，而是巧妙地利用两极世界格局趋于瓦解的新形势，提出了与拉美国家建立"新的伙伴关系"的倡议，组建北美自由贸易区以抗衡来自欧共体和东亚经济圈的挑战。显然，这样的"倡议"对美国来说，可以达到既能巩固美国在"后院"的地位，又能对付来自大陆之外的竞争的双重目的。对于急需美国市场的拉美各国来说，也颇具吸引力。十多年来，美拉双方采取了不少合作行动，尽管步履维艰，应该说，还取得了一定进展。然而，我们不能仅仅看到美拉双方在筹建美洲自由贸易区问题上存在着共同需要，在发展经济、开放市场、扩大贸易方面出现了利益上的汇合点，就忽视他们在战略目标、实施步骤和经济利益上的差异和矛盾。事实上，美国在拉美推行强权政治和经济霸权主义，妄图支配西半球进而主宰全世界的战略目标是不会改变的。由此决定了在今后美拉双方合作中出现矛盾和冲突是不可避免的。在过去一个多世纪中，拉美各国人民积累了以斗争求合作、以合作谋发展的丰富经验，一定会在经济全球化的大潮中不断拓宽改革开放、加快发展的空间，开辟国际合作的新局面。

三、"共同利益"和"新安全观"：墨西哥道路的时代意义

恩格斯在1890年9月21—22日给约·布洛赫的信中有一段十分精辟、充满历史唯物主义的话语："我们自己创造着我们的历史，但是第一，我们是在十分确定的前提和条件下进行创造的。……第二，历史是这样创造的：最终的结果总是从许多单个的意志的相互冲突中产生出来的，而其中每一个意志，又是由许多特殊的生活条件，才成为它所成为的那样。这样就有无数互相交错的力量，有无数个力的平行四边形，而由此就产生出一个总的结果，即历史事变，这个结果又可以看作一个作为整体的、不自觉地和不自主地起着作用的力量的产物。因为任何一个人的愿望都会受到任何另一个人的妨碍，

而最后出现的结果就是谁都没有希望过的事物。"①认真理解恩格斯在这里提出的"历史合力论"原理，对于深刻认识 20 世纪的墨西哥所走过的道路及其时代意义大有裨益。

在过去一个多世纪里，墨西哥人民从进行 1910—1917 年革命，到搞社会改革，进而加入北美自由贸易区，可以认为，墨西哥在融入国际社会的道路上迈出重要一步。无疑，这在墨西哥历史上是一个重要的"事变"。如果说，在拉美，墨西哥走过的这条道路是个"特例"的话，人们综观经济全球化和区域一体化加速发展的趋势②，似乎看到了墨西哥道路表象背后潜藏在世界范围内的某些"十分确定的前提和条件""许多单个的意志的相互冲突"和"无数互相交错的力量"。可以预料，所有这些要素一旦在其他发展中国家形成"合力"，其他发展中国家或早或迟也会出现类似的"历史事变"，即主权国家将以"共同利益"和"新安全观"相统一的原则，以不同的条件、不同的方式融合到国际社会中去，以实现"全球协调、平衡、普遍发展"。墨西哥道路所具有的时代意义就在于此。

现在有待深入研究的问题是，什么样的"确定的前提和条件"促成墨西哥成为发展中国家改革发展的"特例"，以及墨西哥道路为发展中国家提供了哪些有益的启示。

"确定的前提和条件"之一是时代主题的发展变化。时代主题，由时代的主要矛盾和时代的根本任务所决定。20 世纪前半叶，帝国主义国家之间为争夺世界霸权发动了两次世界大战。战争与革命构成了这个时代的主题。1910—1917 年革命后的墨西哥，"经济民族主义"色彩浓厚。面对外国资本的威胁和民族资本的薄弱，墨西哥历届政府实施以国家分配资源为基础的经济发展战略，对外国资本及其在墨西哥的代理人占有的大片土地和自然资源实行国有化，国家全面介入经济生活，维护国家经济独立。应该承认，这对 20 世纪前半叶的墨西哥的经济和社会发展具有积极的意义。然而，时至 20 世纪后半叶，世界形势开始发生一系列重大变化。两次世界大战先后席卷了欧、亚、非大陆，32 亿人口被卷入战争的漩涡，1.2 亿人伤亡。帝国主义国家为了争夺财富和资源而发动的世界战争，给许多国家的经济、社会造成极其大的破

---

① 弗里德里希·恩格斯. 恩格斯致约·布洛赫（1890 年 9 月 21—22 日）[M]//马克思恩格斯选集：第 4 卷. 北京：人民出版社，1972：477-478.

② 据世界贸易组织统计，1948—1994 年世界上先后出现 109 个地区经济合作组织，其中 2/3 是 1990 年之后出现的。参见《世界经济》1996 第 8 期。

坏。战争教育了人民，人民赢得了战争，人民要求和平。战后冷战格局的形成，又使人民饱尝了"东、西"对立之苦。随着东欧的剧变和苏联的解体，美苏之间的军事、意识形态的对抗被全球范围的经济竞争所取代。人民要和平、国家要发展、社会要进步，已经成为不可抗拒的时代潮流。邓小平同志敏锐地看到了这种巨大的变化。他在会见希腊总理帕潘德里欧时深刻地指出："世界形势错综复杂，但我们应该看到两个根本性的问题：东西问题和南北问题。……南北问题不仅是落后国家的发展问题，实际上是整个人类的发展问题。……不解决南北问题，人类的发展将遇到困难，这将是一个全球性和长期性的问题。"[①]世界上许多政治家对这种形势的巨大变化都给予极大关注，在"和平与发展"成为"时代主题"问题上形成了广泛共识，并据此都先后调整了本国的发展战略。在拉丁美洲有"新墨西哥的建筑师"誉称的墨西哥总统卡洛斯·萨利纳斯就是其中的一位代表。

"确定的前提和条件"之二是 20 世纪 80 年代在拉丁美洲爆发了 20 世纪第二次最严重的金融危机，由此墨西哥原有的经济、政治模式的弊端暴露无遗。这次严重的金融危机是以 1982 年墨西哥暂停支付外债为标志开始的，它不仅决定了拉美地区在 20 世纪 80 年代经济发展的特征，也标志着墨西哥此前 30 年经济扩张的结束。[②]时至 20 世纪 80 年代，债务危机及由此带来的金融危机，促使墨西哥人重新估价过去几十年实施的具有保护主义性质的"进口替代工业化"发展战略方针，"在这种战略下养成的趋势是扩大了国家对经济的控制、经济平民主义及其天然具有的财政松弛的状况，结果是国家和市场都一概屈从于处在支配地位的社会行为主体的利益。全球范围的改革过程则进一步使这些问题恶化"[③]。20 世纪 80 年代是墨西哥战后经济增长最低的时期。经济萎靡不振，外债负担沉重，通货膨胀指数居高不下，人民实际生活水平下降。1987 年爆发了百余次较大规模的罢工。执政近 60 年之久的墨西哥革命制度党内部开始分化，墨西哥全国上下要求变革的呼声日益高涨。

"确定的前提和条件"之三是具有政治远见和魄力的萨利纳斯登上了墨西哥总统的宝座。萨利纳斯于 1948 年 4 月 3 日生于墨西哥城。其父亲是墨西

①　邓小平会见希腊总理安德列亚斯·乔治·帕潘德里欧时的谈话，见《人民日报》(1986 年 4 月 10 日)。

②　Patricio Meller. *The Latin American Development Debate: Neostructruralism, Neomonetarism, and Adjustment Processes*[M]. Boulder, Colo: Westview, 1991: 8.

③　弗里德里希·J.韦尔施，何塞·V.卡拉斯格罗. 对拉丁美洲国家改革的评论[J]. 国际社会科学杂志（中文版），2001（1）：33.

哥著名的经济学家、政治家。母亲是师范学校的教师，也是经济学家，还是一个相当激进的民族主义者。严厉的父亲、宽容可敬的母亲给了他很大的影响。①年轻时，父母带他周游欧美各国和他在美国哈佛大学获得的博士学位的经历，为他后来从政奠定了良好的基础。他在担任德拉马德里总统助手期间（1982—1988 年），为对付 1982 年以来的债务危机，协助德拉马德里总统采取了许多应急的举措。1988 年，萨利纳斯当选总统之后，国际政治经济格局面临着冷战以来最深刻的变化。此时，萨利纳斯先后出访亚太地区和欧洲，期盼能够得到欧共体和日本的帮助，然而结果令他大失所望；相反，他目睹了那些经济实力较弱的国家加入欧共体后受益的景象，使他深受触动。冷战格局的结束对国际关系产生的巨大影响，国内经济衰退、政局不稳造成的巨大社会压力，把萨利纳斯推上了改革开放的最前沿。面对这种新的形势，萨利纳斯为墨西哥提出了被人称为"社会自由主义"的理论。正如《萨利纳斯传》作者托马斯·博尔赫所指出的，"作为经济学家、政治家的萨利纳斯总统，试图以这样的理论来回应国际社会的挑战，回应全球化和互相依存的现实，回应对形势持盲目乐观和悲观主义两极态度的人，回应世界三大经济区的涌现，回应理论范式的危机，以期在国家与市场之间、在一个观望的社会和忙于公开辩论的社会之间找到新的交叉点"②。

应该指出，几个世纪以来，墨西哥人民一直生活在强大的"北方邻居"——美国的阴影下。在墨西哥人民的心目中，维护民族独立和国家主权是十分神圣的事业。墨西哥《1917 年宪法》以根本大法的形式将这一崇高的使命肯定下来，成为历届总统确立内政外交的根本原则，由此而赢得拉美各国和全世界人民的赞誉。在这种历史文化背景下，墨西哥人民包括政府中的一些官员，对加入美国主导的北美自由贸易区心存疑虑是很自然的。然而，严酷的国内外现实、巨大的经济政治压力、墨美之间特有的地缘关系及双方市场的互补所产生的"共同利益"，使他们处于进退两难的境地。萨利纳斯针对这种情况，在各种场合阐述他的观点，指出：面对全球化的挑战，把国家看作施主，搞中央计划经济和保护贸易主义，"是一种傲慢的态度"。要使自己的思想适应国内外出现的新形势，树立新的安全观。在一个相互依赖的世界里，要保持国家主权独立，就不能关上大门，发展对外经济贸易与维护主权并不矛盾。

---

① Tomás Borge Martínez. *Salinas: Los dilemas de la modernidad*[M]. México: Siglo veintiuno, 1994: 24, 55.

② Tomás Borge Martínez. *Salinas: Los dilemas de la modernidad*[M]. México: Siglo veintiuno, 1994: 175.

他还向议员们和全国百姓阐释，应该怎样纠正过时的观念，以适应新形势需要："经过 75 年，墨西哥革命已经建成了一个新的社会，现在面临着与过去不同的环境，……为了将进一步改善民主和社会公正的根本任务继续下去，为了维护墨西哥革命的原则及制度的生命力，为了使《1917 年宪法》中体现的社会契约得以恢复，就要重新唤起墨西哥革命的精神，保持过去那种革命的冲动和能力，以修正和确定由革命本质所标定的方向。"[①]

"确定的前提和条件"之四是墨美关系互动中"共同利益"的出现。墨美之间受地缘政治经济影响极大。20 世纪 60 年代，崛起于美墨边界墨西哥一侧的客户工业，早已进行着"悄悄的一体化"。虽然发展规模有限，但事实表明，客户工业的形成对墨西哥经济发展起了积极作用。随着形势的变化，尤其冷战的结束，经济全球化和区域经济一体化的迅速扩展，对以美国为主导的北美经济带构成严峻挑战。新形势下，美墨双方不仅存在着扩大经贸关系的必要性，也存在着经济互补性。对墨西哥来说，美国市场、资金、技术具有极大的吸引力；在美国看来，墨西哥不仅是最有利的生意伙伴，而且可以以此为基地向中南美洲扩展，形成西半球大市场，以应对欧共体和亚太地区的挑战。萨利纳斯出任墨西哥总统，坚持改革开放，一方面对国内经济结构和对外经济战略果断地进行改革和调整；另一方面，在具体操作上又正确地把握改革的力度，注意人们对改革的承受力，把经济改革当作优先解决的问题，而对政治改革持谨慎态度并有节奏地进行，同时开动宣传机器配合工作，从而避免了社会的动荡，为美墨签订自由贸易协定铺平了道路。美、墨、加三国之间的自由贸易谈判从 1991 年 6 月 12 日开始，于 1992 年 8 月 12 日结束，历经 14 个月。协议的签订符合美国全球战略的需要，也适应了新形势下墨西哥改革发展的需要。协议执行十年来的实践表明，墨西哥加入北美自由贸易区有利有弊，利大于弊。这是国际社会多数人公认的事实。

从以上分析中，我们不难看出，墨西哥之所以走在拉美乃至发展中国家改革发展的前列，成为融入国际社会的"特例"绝非偶然，是在以"和平与发展"为主题的大背景下，由地缘政治、历史文化因素形成的墨西哥对美国市场的依赖和美国全球战略需要，以及萨利纳斯总统能以审时度势、坚持改革开放等这样一些"无数互相交错的力量"构成的一个"总的合力"促成的。

[①] Tomás Borge Martínez. *Salinas: Los dilemas de la modernidad*[M]. México: Siglo veintiuno, 1994: 175, 186-187.

其中，美墨双方互动中产生的"共同利益"和墨西哥"新安全观"的形成起了关键性的作用。

四、20 世纪拉美国家社会变迁留给世人的思考

20 世纪拉美国家的社会变迁，围绕着变革与发展这条主线伸展，场景波澜壮阔，内涵丰富多彩，它留给世人的启示是多方面的。

（一）它启示我们，发展中国家要摆脱落后状况、跟上迅速发展的时代，就必须把发展国家经济当作第一要务。充分认识殖民主义留下的历史遗产、新殖民主义和霸权主义的边缘化政策、经济全球化的强势发展与国际经济秩序中"游戏规则"的不对称性等因素给发展中国家发展经济带来的不利条件。同时，要认识到，在现有条件下，发展中国家不是无能为力的，是大有作为的。要充分看到，经过 20 世纪的奋斗，尤其 20 世纪下半叶的发展，多数发展中国家已经奠定了进一步发展的有利条件。要坚持改革开放，坚持科学的全面发展观，扫除一切妨碍改革开放的旧思想、旧观念，坚持学习外国先进经验和本国实际相结合，坚持经济与社会全面同步发展。

（二）面对经济全球化大潮，发展中国家要勇于迎接挑战，不断拓宽改革开放、加快发展的空间。20 世纪 90 年代，随着冷战格局的结束，经济全球化已进入一个新的发展阶段。世界各国越来越紧密地联系在一起，各国之间的共同利益明显增多，各种文明之间的碰撞和交流不可避免。机遇和挑战同时存在。对发展中国家来说，谁能及早抓住机遇、加快发展，谁就能赢得主动。墨西哥当政者面对国内外巨大压力，面对参与美国主导的北美自由贸易区可能带来的风险，没有畏缩不前，没有回避矛盾，正确认识并处理了发展国家经济与维护国家主权的关系，在全民中确立新的国家安全观念，在与美、加谈判中维护了国家的主权和尊严，促成《北美自由贸易协定》的通过，拓展了墨西哥发展的空间，赢得了国际合作的主动权。

（三）发展中国家融入国际社会的任务是加强自身能力建设，为实现各国共同发展、共同繁荣的经济全球化而努力。"资产阶级，由于开拓了世界市场，使一切国家的生产和消费都成为世界性的了。"170 多年前，马克思、恩格斯在《共产党宣言》中所预言的这种经济全球化的发展趋势，如今已经成为时代的潮流。这股潮流的本质，正如马克思、恩格斯指出的："过去那种地方的和民族的自给自足和闭关自守状态，被各民族的各方面的互相往来和各方面的互相依赖所代替了。……一句话，它要按照自己的面貌为自己创造出一个

世界。"①故此，广大发展中国家，一方面要积极参与全球化，以利于促进资本、技术、知识等生产要素在世界范围内的优化配置，为己所用；另一方面又必须对全球化带来的负面效应有所认识，切不可抱盲目乐观态度，切不可把全球化理解为西方发达国家会就此放弃强权政治和掠夺政策。正如拉美经委会指出的："全球化不仅导致了日趋增强的相互依赖，而且也引发了明显的世界发展的不均衡……世界经济实质上是不在同一水平上的游戏战……这种世界秩序的不对称的性质构成国际上极端不均衡，最终是收入分配不均衡的基础。"②发展中国家融入国际社会、参与经济全球化，要趋利避害，为己所用，而不能随波逐流、无原则地"一体化"。我们要积极参与国际经济生活中各种游戏规则的修订、完善工作，使其体现平等、公正、互惠的价值取向，"促进经济全球化朝着实现共同发展繁荣的方向演进"。③

关于拉美左派上台执政的一些思考④

对拉美左派思潮的复兴，尤其左派上台执政对拉美政局可能产生的影响应继续给予极大关注和深入研究。

今天观察、判断拉美地区的形势特点，不能不谈拉美左派执政。约有 1/3 以上由左派当政掌权的国家活跃在拉美政治舞台上，这在拉美历史上极为罕见。自 20 世纪墨西哥革命爆发以来至今，各国激进左派、中左派和保守派彼此力量互有消长，斗争互有起伏，体现出不同社会阶层的不同诉求、构成拉美地区民族民主运动、现代化改革进程和经济发展模式转换互有交叉，形成一浪推一浪的波澜壮阔的历史图景。受各种思潮影响的左派活动，在过去一个世纪里虽说有起有伏，可说未曾间断过，但像目前如此广泛地在各国上台执政是不曾有过的事。当然，就左派执政而言，各自国情不同，执政党构成有别，改革的方向和力度也不完全一样，情况十分复杂。这就向人们提出，

---

① 卡尔·马克思，弗里德里希·恩格斯. 共产党宣言[M]//马克思恩格斯选集：第 1 卷. 北京：人民出版社，1972：254-255.

② Jose Antonio Ocampo and Juan Martin. *Globalización y Desarrollo: una reflexión desde América Latina y el Caribe*[Z]. Brasilia: 2002: 77.

③ 胡锦涛在南北领导人非正式对话会议上的讲话[N]. 人民日报，2003-6-2.

④ 这是 2008 年 1 月 20 日在外交部拉美司召开的形势务虚会上的发言稿。

为什么过去一个世纪不曾有的如此大范围的左派上台执政的现象出现在 21世纪初？对打出"21 世纪社会主义"旗帜进行改革的左派该怎么看，可能有怎样的发展前景？左派改革的时代意义何在？

对于上述问题的回答，我的看法是要多考察、多研究，下结论要谨慎。但这并不排斥对具体问题分析时作一些写实性描述。例如，对左派改革的性质的判断，有人认为"新左派"（nueva izquierda）是"民粹主义的再兴起"，是"新民众主义的激进改革"；有人认为是"资本主义经济体制、政治体制内的改革"；还有人认为是 21 世纪社会主义运动的一部分；有人认为查韦斯的"21 世纪社会主义"不是社会主义，"光靠石油建不成社会主义"；查韦斯的政治反对派则认为查韦斯搞的是"乌托邦的理想社会"，行不通，等等。

以上判断哪种更接近事实真相？我们不妨以查韦斯改革为例试作描述性分析：1. 经济改革采用非暴力但具有强制性的方式对不公正的财富占有进行一定的分割，为改善低收入阶层人们的生活创造了经济前提。2. 政治改革指向被弱化了的国家权力。通过修宪强化国家行政机关和总统的权力，提出"人民权力"概念，为民众政治参与创造了前提。3. 思想领域通过倡导乃至强制的办法向人们"灌输"查韦斯"21 世纪社会主义"思想。4. 查韦斯将其政府财政收入支出相当一部分投向各类社会项目，用以改善提高低收入阶层和弱势人群的生活水平，受到人们的欢迎。由此可以初步推断，其改革已超出了拉美历史上一般的民众主义运动的水平，也有别于企图完善现行体制的某些改革措施，是试图冲破现存的体制性障碍，把改革推向新的境界，使社会更趋公正的一种新的尝试。据此，能否将其看成具有某些资本主义叛逆思想、追求社会进步的小资产阶级领导的民主改革，似乎是个可以讨论的问题。

从左派激进思潮形成的背景上看，查韦斯的"21 世纪社会主义"思想显然不是单纯的反新自由主义的产物，而是三大冲击波（苏东解体的教训；新自由主义改革产生的负面效应；以中越为代表的具有本国特色社会主义发展模式的初步成功）在委内瑞拉先进知识分子思想上的反映。

查韦斯是靠"选票"上台的。然而，人们把选票投给查韦斯并非偶然，20 世纪 80 年代末，委内瑞拉民众对新自由主义改革的不满情绪到处蔓延。1989 年新左派开展的秘密行动（称之为 caracazo 行动）动员贫穷的民众发动了第一次民族暴动（La primera Insurrección nacional），沉重打击了当政的统治阶级。1992 年，时年 38 岁的年轻军官领导反佩雷斯总统的政变失败后被关进监狱，在民众强大压力下两年后获释。查韦斯由一名不为人知的陆军中校成长为一个极富社会意义的革命进程中的代表人物，人们推崇他的思想为"查韦斯主义"（Chavismo）或称之为"玻利瓦尔主义"（Bolivarianismo）。正是由于 20 世纪末，以查韦斯为代表的激进左派，在各种场合各种形式的斗争中，始终同广大民众站在一起，最终使得大选选票投向了左派，查韦斯在大选中获胜。正如一位委内瑞拉资深记者所记述的那样，查韦斯主义的胜利，不仅仅是靠选票，而是通过最激烈的斗争、行业罢工、街头动员取得的，其斗争激烈程度是委内瑞拉当代史上前所未有的。由此可以看出，查韦斯能成为 21 世纪初拉美地区新左派激进改革派的代表人物不仅有着国际国内时代的背景，也同他本人在斗争中成长的阅历不无关系。

以查韦斯为代表的拉美激进左派所推动的改革，能在多大程度上冲破现存的资本主义体制性障碍、满足大多数民众自由平等、社会公正和人类尊严的诉求，既取决于广大民众忍受贫富不均的限度和支持改革的力度，又取决于资本利益集团忍受改革现存体制的深度和反抗改革走向深入的强度，同时也取决于经济全球化条件下的国内外诸多因素。对此进行主观上的臆测不可取。相信拉美各国人民经过若干长时段的积极探索，总会找到一条适合他们本国国情的发展道路。

170 多年前，马克思在《共产党宣言》中曾提出过"工人革命"的原则之一是剥夺剥夺者，即"对所有权和资产阶级生产关系实行强制性的干涉"。马克思接着又指出，"这些措施在不同的国家里当然会是不同的"。[①]在当代拉美，即使是激进左派掌权的国家，也不存在马克思当年说的"工人革命"的条件和形势，但却存在着民众选择左派执掌政权的条件和现实。事实告诉我们，在当代拉美，我们不能再用过去传统的经典式的社会主义概念和革命模式去简单地套用 21 世纪拉美地区出现的活生生的现实，而应从 21 世纪拉美国家的实际出发，用发展了的马克思主义思维方式去思考新世纪的新问题，否则就极有可能犯削足适履的错误。

世界各国改革成功的实践告诉我们，改革、发展没有现成的路可走，只能以科学的思维和正确的理念去指导改革，只能"摸着石头过河"，去大胆地闯，去探索，对查韦斯在"21 世纪社会主义"旗帜下进行的改革，可先不必问其姓"资"、姓"社"，也可不必问其信仰马克思主义还是信仰玻利瓦尔主义，只要进行的改革有利于解放生产力、发展生产力，有利于实现社会公正

---

① 马克思恩格斯选集：第 1 卷[M]. 北京：人民出版社，1972：272.

和人类尊严，有利于改善、提高广大民众的生活水平和生活质量，缩小贫富差别，促进社会和谐发展，这就是进步的，我们应予肯定和支持。

诚然，我们肯定查韦斯改革措施中有进步的成分，并不意味着承认他的某些讲话、声明中某些非科学的东西和过激的言行。作为世界上成熟的马克思主义大党、崛起的大国，我们对以查韦斯为代表的拉美左派推行的改革及其在国际政治舞台上的活动，既不能无原则地支持他们的一切言行，也不能冷漠他们。因为他们是我们争取团结的对象。

查韦斯、莫拉莱斯和科雷亚等拉美左派领导人都无一例外地举起"社会主义"旗帜，同时注意结合本国国情去积极探索改革发展的途径，充分表明"社会主义"对各国人民的吸引力，这是一件好事。只要他们不是打着"社会主义"旗帜作着反社会主义的事情，我们就不必过于苛求他们。世界上不存在天生的马克思主义者和百分之百的社会主义者。古巴老卡 1953 年攻打蒙卡达兵营时只是何塞·马蒂主义的追随者，而今他在坚信马克思主义、科学社会主义的同时，也将何塞·马蒂主义奉为指导思想的一部分，这并没有妨碍他在国内外诸因素推动下成长为一位坚定的马克思主义者。古共成立、发展的历史同样告诉我们，人和事物都是可变化的，关键取决于一定的环境和条件。

以上所说，无意为拉美左派改革和哪位左派人物定框框或预设其发展前景，只是想进行一点历史性描述，旨在说明，拉美左派所推动的改革是"现在进行时"，有待进一步观察，作深入研究。过早作结论，不仅条件尚不充分，而且容易给我们的工作带来被动。

学术无禁区，对外宣传有纪律。我赞同这一提法。从这点出发，似乎还可以思考、研究一下当代拉美左派上台执政的现实意义及其在世界历史上的地位。以查韦斯、莫拉莱斯、科雷亚等左派领袖为代表的拉美左派，其思想理念的核心是追求自由平等、社会公正和人类尊严；认为集体主义高于个人主义，社会主义优于资本主义；改革取向是用"21 世纪社会主义"取代在拉美地区曾盛行一时的"新自由主义"。他们站在发展中国家改革最前列，为创建一个公正的进步社会而积极探索。进行并完成这一时代性任务，可能需要几十代人的艰苦奋斗，其中挫折失败在所难免，有时还要付出极大的代价。可贵的是，他们迈出了重要的第一步。这些左派中的某些人，如果在今后的斗争实践中不断抛弃空想的成分和过激的行动，并逐渐成熟起来，就有可能把改革引向深入，为拉美人民闯出一条新路。厄瓜多尔总统科雷亚认为，当今世界各国可选择三种不同的政治道路：资本主义、社会主义和"21世纪社会主义"。他在这里所说的"21世纪社会主义"，究竟其社会结构是怎样一副面孔？这只能用事实来回答，也只能由拉美国家人民自己来决定。

第六章 拉美史学科建设问题

发展中拉关系与拉美史学科建设[①]

进入 21 世纪以来，我国现代化建设和中拉关系快速发展的新形势与拉美史教学和研究趋于落后的现状，形成了鲜明的对比。不少学者已经注意到了这个问题，多次呼吁加强拉美史的研究[②]。今天，我们认为有必要从中拉关系的角度强调拉美史学科建设的重要性和必要性，并呼吁有关部门从战略高度重视拉美史学科的建设。

一、拉美史学科建设对促进和发展中拉关系意义重大

拉美史学科具有促进和加强中拉关系的功效。这是由于加强中拉关系，重在增进双方的相互了解，而学习和研究拉美历史是认识和了解拉美各国国情最基本的方法和途径。加强中拉关系，人才是关键。无论是发展与拉美国家的政治关系还是经贸关系，都需要有一大批熟悉拉美国情和精通相关专业

---

① 原文刊载于《拉丁美洲研究》2009 年增刊，署名是洪国起和韩琦。
② 王晓德，雷泳仁. 中国拉丁美洲史研究回顾[J]. 历史研究，2000（5）；曾昭耀. 进一步加强拉丁美洲史研究——纪念中国拉美史学科创建 40 周年[J]. 拉丁美洲研究，2000（6）；曾昭耀. 加强拉丁美洲史研究刍议[J]. 历史研究，2000（6）；程洪. 新世纪中国拉美研究振兴管见[J]. 拉丁美洲研究，2000（3）；林被甸. 当代视野下的拉美史学新探索——近 10 年来我国拉美史研究概述[J]. 世界历史，2005（3）；冯秀文. 对我国拉美史研究现状与问题的若干思考[J]. 史学月刊，2007（1）；王晓德. 对国内拉美史研究现状的几点想法[J]. 史学月刊，2007（1）；董经胜. 挑战与对策：谈我国拉美史研究[J]. 史学月刊，2007（1）；洪国起. 30 年改革开放与中国拉丁美洲史研究的走向[J]. 世界历史，2008 年增刊；郝名玮. 30 年研究，30 年成就——中国拉丁美洲史研究及其前沿动态纪实[M]//于沛，周荣耀. 中国世界历史学 30 年（1978—2008）. 北京：中国社会科学出版社，2008.

技能的人才，而拉美史的教学与研究在培养熟悉拉美事务的人才中发挥着不可或缺的作用。拉美史是拉美政治、拉美经贸、拉美文化、西班牙语和葡萄牙语等专业的基础课程，拉美史研究的成果是党和国家制定对拉美国家乃至整体外交政策的重要依据。历史研究面向现实是近年来国内外拉美史研究发展的一个重要趋势，因此许多拉美史的研究成果（包括经济史、政治史、社会史、文化史、国际关系史）就成为我国政府开展与拉美国家国际合作、制定对拉美国家国际交流计划的基础。拉美史不仅是我们了解拉美的一把钥匙，而且还是我们认识自身的一面镜子。在第三世界国家中，拉美国家在争取民族解放和国家现代化建设方面，起步最早，历时最长，道路也极为曲折复杂。它们的历史为中国现代化建设提供了重要的经验借鉴，有益于中国现代化进程的健康发展；吸收包括拉美国家在内的世界上其他国家的先进经验，了解其他民族的文明与传统，既是贯彻对外开放基本战略、提高我国国民世界认知和文化素养的重要举措，也是一个面向世界、把握未来的民族所必备的胸怀与气度。经过 30 多年的改革开放，中国与世界的关系发生了历史性变化，中国的前途命运同世界的联系更加紧密。我国已经处在从大国走向强国的关键时期，此时重视包括拉美史在内的世界史的研究和普及，必将有助于推动这种转变顺利进行，这也是一个民族屹立于世界民族之林的必要条件之一。

拉美史学科是在中国人民要求加强与拉美国家关系的背景下建立起来的。1959 年古巴人民反对巴蒂斯塔独裁政权的革命取得胜利，1960 年 9 月中古建交，中国人民要求更多地了解古巴和拉美各国。因此，加强对古巴和拉美各国历史与现状问题的研究，就成为中国学者的一项重要任务。1960 年北京大学历史系率先设立了拉美史研究班，并由罗荣渠先生开设拉美史课程，罗先生成为我国拉美史学科的主要奠基人。此后中国人民大学、北京师范大学、复旦大学、南开大学等校的历史系也先后开设了拉美史课程或专题课，或是编译拉美史著作等。1961 中国科学院哲学社会科学部拉丁美洲研究所正式成立。1964 年，在毛泽东、周恩来等老一辈国家领导人的关注和倡导下，中国建立起一批专门从事拉美历史与现状问题研究的学术机构，其中包括南开大学拉丁美洲史研究室、复旦大学拉丁美洲研究室、武汉师范学院（即今日的湖北大学）巴西研究室。此外，中国科学院哲学社会科学部世界历史所内也设置了拉丁美洲史研究室。但是，正当各单位着手有计划地开展科研工作时，1966 年爆发的"文化大革命"迫使各高校和科研单位的教学与科研工作中断。

党的十一届三中全会以后，拉美史学科得到了长足发展。1978 年十一届三中全会的召开，重新确立起实事求是的思想路线，开启了改革开放的历史新时期。我国的拉美史学科与其他学科一样，迎来了"科学的春天"。北京大学、复旦大学、南开大学等 10 余所高校恢复或增设了拉美史课程，原来的研究机构也以新的面貌开始了正常运转。在老一代拉美史研究开拓者的积极筹划下，1979 年中国拉丁美洲史研究会成立，其宗旨是"学习和研究拉丁美洲史，开展学术讨论，互通科研情报资料，促进中国人民与拉丁美洲人民之间的相互了解与友谊，为实现我国的社会主义现代化服务"。研究会的成立，开创了我国拉美史研究新局面。一方面，研究会通过每两年召开一次的全国性（或国际性）学术讨论会，推动拉美史学科重点问题的研究；另一方面，通过会刊《拉美史研究通讯》促进会员之间的信息和学术交流。1979—2009 年，拉丁美洲史研究会（有时与中国拉丁美洲学会等国内有关学会联合）已经成功地召开了 15 次学术讨论会，研究和讨论的主题分别为："拉美独立战争和民族解放运动"（1979 年 11 月于武汉）；"拉美独立战争的性质和拉美国家的社会性质"（1982 年 9 月于济南）；"西蒙•玻利瓦尔的大陆联合思想、民主共和思想及其评价"（1983 年 6 月于北戴河）；"当前拉美民族民主革命的任务及其发展"（1984 年 5 月于烟台）；"拉美各国资本主义的发展以及拉美国家与美国关系的演变"（1986 年 5 月于宜昌）；"哥伦布远航美洲"（1988 年 5 月于桂林）；"拉美民族理论"（1990 年 6 月于北京）；"哥伦布远航美洲及其带来世界范围内的变革"（1991 年 9 月于大连）；"纪念哥伦布航行美洲 500 周年"（1992 年 10 月于北京）；"拉丁美洲现代化和对外关系"（1994 年 9 月于武汉）；"20 世纪拉美的重大改革和发展"（1999 年 11 月于国防大学）；"全球视野下的拉美发展"（2001 年 4 月于曲阜）；"20 世纪拉美的变革和发展"（2003 年 10 月于庐山）；"拉美现代化模式"（2005 年 10 月于郑州大学）；"拉美现代化进程"（2007 年 10 月于山东师范大学）。概括地讲，这 15 次学术讨论会一方面是围绕两大世界性的纪念活动（"纪念西蒙•玻利瓦尔诞生 200 周年"和"纪念哥伦布首航美洲 500 周年"）展开的历史人物和历史事件的研讨，其中有一次是国际会议，直接加强了与国际同行的学术交流；另一方面围绕国家发展的现实需要，会议主要研讨的是拉美的民族民主革命和 20 世纪拉美国家的改革、发展与现代化问题。30 年来，拉丁美洲史研究会的协调和组织工作，促进了全国拉美史研究的深入开展，拉美史学界实事求是、思想活跃，呈现出百花齐放、生动活泼的崭新局面。总的发展趋势是，研究领域不断拓宽，研究视角日趋多样，研究重心逐渐下移，研究方法日趋综合，研究成果丰富多彩。在拉美通史、经济史、政治史、社会史、文化史、外交史领域都出现了一大批高质量的科研成果。其中，拉美通史方面的代表作有李春辉主编的 3 卷本《拉丁美洲史稿》；中国社会科学院拉丁美洲研究所分别组译和主编的 10 卷本《剑桥拉丁美洲史》和《拉丁美洲历史词典》；中国拉丁美洲史研究会主编的《中国大百科全书·世界史》卷中的拉美史部分（近千条辞目，30 余万字）。这些成果不仅对于我国年轻一代拉美史研究人员和教学人员健康成长、我国拉美史学科建设起了直接的推动作用，而且对我国公众了解拉美、认识拉美，以及发展中拉友好关系也发挥了重要的作用。

党的十一届三中全会以后，我国高级研究人才的培养开始与世界接轨，硕士和博士学位制先后成为国内培养人才的主要形式。拉美史学科在这方面也抓住了机遇，国家先后批准中国社会科学院和北京大学、复旦大学、南开大学、湖北大学、山东师范大学等高校招收攻读拉美史方向的硕士生。这些学位点培养了百余名研究生，他们中的许多人成为活跃在国内拉美史学界的一支有生力量。在 20 世纪 90 年代中期，中国社会科学院、北京大学和南开大学开始招收拉美史方向的博士生。截至 2009 年，已经有 10 余名博士生毕业，他们或留在高校，或被分配到党政机关或经贸单位，对促进拉美史研究和加强中拉关系的交流正在发挥着重要的作用。

总之，在 20 世纪 60 年代之前，我国对拉美是比较陌生的，当时只有少数书刊对拉美历史文化有过一些比较零星的介绍。即使在学术界，研究人员对拉美的了解也是非常肤浅的，抽象的概念多于具体的知识，模糊的印象多于确切的体验。随着 20 世纪 60 年代拉美史学科的建立，特别是党的十一届三中全会之后，拉美史学科的复兴、拉丁美洲史研究会的成立、高等院校拉美史硕士和博士研究生学位点的设立，拉美史学科一度出现了较为兴旺的新局面，不仅有大量新的科研成果问世，而且为国家培养了一批拉美史专门人才，而这两个方面的突出成绩都直接或间接地促进了中拉关系的发展。

二、拉美史学科建设远不能适应国家发展战略和中拉关系新形势的要求

改革开放 30 多年来，中国经济飞速发展，国内生产总值持续年均增长近10%，外汇储备自 2006 年来居世界第一，截至 2009 年已经超过 2 万亿美元；钢产量自 1996 年至今稳居世界第一，2008 年突破 5 亿吨，比美国、日本、俄罗斯产量总和还要多。中国的经济总量于 2008 年突破 30 万亿元，成为世

界第三大经济体。中国正在从大国走向强国。

当 2003 年中国人均 GDP 超过 1000 美元大关的时候，人们意识到，这标志着中国现代化建设进入了一个新的阶段。随着现代化建设速度的加快，中国的能源、原材料需求与日俱增，同时也需要扩大制成品的出口市场。拉美国家伴随着它们在国际舞台上地位的提升，以其丰富的自然资源和广阔的市场前景吸引了国际社会越来越多的关注。对中国而言，拉美的战略地位日益凸显出来。2004 年，中国国家主席胡锦涛出访拉美 4 国（巴西、阿根廷、智利、古巴），中国出现了空前的"拉美热"，这一年被称为中国外交的"拉美年"。2005 年，胡锦涛主席再次踏上拉美的土地，对墨西哥进行了友好访问。2008 年 11 月 5 日，中国政府发表了《中国对拉丁美洲和加勒比政策文件》。这是中国政府制定的第一份对该地区的政策性文件，提出了对该地区的政策目标和今后一个时期中拉各领域合作的指导性原则，表明了中国政府对发展中拉关系的高度重视。该年 11 月 17—26 日，胡锦涛主席第 3 次出访拉美，对哥斯达黎加、古巴和秘鲁 3 国进行了国事访问。在中国最高领导人频访拉美期间，2005 年 5 月全国政协主席贾庆林访问了墨西哥、古巴、哥伦比亚和乌拉圭 4 国；2006 年 9 月全国人大常委会委员长吴邦国对巴西、乌拉圭、智利和拉美议会进行了友好访问。中国高层领导频访拉美，凸显了中拉关系受到空前重视。

在这种高层领导频繁出访拉美、不断推动中拉关系向前迈进的时候，我国拉美史学界深深感到拉美史学科不仅越来越不能适应新形势发展的需要，而且还面临着新的危机。最突出的表现是拉美史研究和教学队伍在一些高校和科研单位有进一步萎缩的趋势。如 20 世纪 80 年代末中国社会科学院世界历史所下设的拉丁美洲史研究室，原有研究人员 10 人，现在只有 1 人；20 世纪 70 年代末复旦大学拉丁美洲研究室拥有的研究人员近 30 人之多，现在仅有 1 人；湖北大学巴西研究室鼎盛时期有 7 位研究人员，现在也只剩 1 人；我国第一任拉丁美洲史研究会会长李春辉先生所在的中国人民大学已经无人从事拉美史研究；第二任拉丁美洲史研究会会长罗荣渠先生所在的北京大学历史系，从事拉美史研究的现职人员也只有 1 人。另外，原来拉美史教学活动比较活跃的山东师范大学、河北大学、郑州大学也都只余教师 1 人，福建师范大学、江汉大学尚有 2 人。南开大学虽稍多一点，目前有专职研究人员 4 人、兼职研究人员 2 人从事拉美史教学和科研工作，但其发展趋势也不无令人担忧。中国社会科学院拉丁美洲研究所过去曾有一批专门从事拉美历史研究的人员，他们出版和翻译了《中国和拉丁美洲关系简史》《剑桥拉丁美洲史》等一批很有影响的成果，但这批老同志现在大都已经退休。中国拉丁美洲史研究会会员在 20 世纪 90 年代初统计时为 300 余人，现在已经减少了 2/3。拉美史教学和研究人员的严重减少导致了令人担忧的后果。一是许多原来开设拉美通史及相关课程的高校，现在已经停止开设这类课程。据不完全统计，在全国 185 所设有历史学专业的高校中，为本科生开设拉美史选修课的高校仅有 5 所，招收拉美史方向硕士生的高校仅有 4 所，招收拉美史方向博士生的高校只剩下 1 所，一些原来招收拉美史方向硕士生和博士生的高校因为导师退休而停止了招生。二是高水平的科研成果越来越少。在中国历史学研究的顶级刊物《历史研究》和中国世界史研究专业性刊物《世界历史》上，很少能够见到登载拉美史的论文。有学者统计，在 2001—2005 年，《历史研究》总共刊登世界史的论文 56 篇，其中美国史 14 篇、英国史 9 篇、俄国史 4 篇、日本史 4 篇、法国史 3 篇、德国史 2 篇，其余为古代中世纪和近现代史，而拉美史的论文竟一篇也没有；《世界历史》这一时期共刊登拉美史的论文为 7 篇，而美国史为 57 篇、英国史为 35 篇、俄国史为 15 篇、日本史为 13 篇、德国史为 11 篇、法国史 10 为篇。[①]可见拉美史在中国世界史学科中的研究现状并不令人乐观，与国内世界史的其他学科相比存在着明显差距。

　　导致这种危机出现的原因应该说是多方面的。一是受市场经济大潮的冲击，许多人不愿意继续坐冷板凳；二是拉美史没有像欧美史那样受到应有的重视；三是研究拉美史不仅要求掌握英语，还要求掌握西班牙语或葡萄牙语，与其他的历史学科相比，要在科研上取得突破性进展难度较大；四是 20 世纪 90 年代中期以来一大批老同志陆续从拉美史研究和教学岗位上退了下来。此外，还有一个十分重要的专业管理体制上的原因，即 1997 年教育部对历史学学科目录的重新调整。在此之前，世界史学科属于历史学科门类所属的一级学科，拥有世界古代中世纪史、世界近现代史和世界地区国别史 3 个二级学科，而拉美史隶属于世界地区国别史。但是，1997 年调整学科目录时将具有重要意义和影响的"世界史"学科降格为"历史学"一级学科所属的一个二级学科，与中国古代史、中国近现代史、考古学、历史文献学、历史地理学、专门史等其他 7 个二级学科并列。结果，作为二级学科的"世界史"成了一个"大肚子"，其中包括了大量不适宜统合为一个二级学科的研究方向，例如

---

① 王晓德. 对国内拉美史研究现状的几点想法[J]. 史学月刊，2007（1）.

英国史、俄国史、法国史、德国史、美国史、拉美史、日本史、古罗马史、古希腊史、中世纪史等。这些学科各有其独特的研究对象和方法，在国内外已经成为独立发展的学科门类，在人才培养方面也形成了自己的特点。由于这次调整，此后的世界史学科建设和发展受到极大冲击，其教学与科研也都受到极大限制，世界史学科发展呈现明显的萎缩和下滑趋势。随着一批老教师和研究人员的退休，一些原有的编制也就自动地被取消了，不再增加新人。因此，1997 年学科目录调整不仅直接损害了世界史学科的发展，而且给拉美史分支学科以致命的打击。

据调查，在欧美的大学中，拉美史和拉美问题的研究与教学被摆在一个较为重要的位置上。如在美国，设有拉美研究所或研究中心的大学不少于 30 个。美国拉美史协会（The Conference on Latin American History）的注册会员将近 800 人，拉美研究协会（Latin American Studies Association）的会员更多达 6000 人（其中 45% 为国外会员）。英国大学中的拉美研究机构至少有 9 个，英国的拉美研究协会（Society for Latin American Studies）有会员 400 多人。欧美国家对拉美史和拉美问题的研究已经达到了很高的水平，每年都有大量的研究成果问世。当然，欧美国家的拉美史研究起步早，时间长，中间没有中断，而且这些国家与拉美都有着密切的历史渊源。但是，就中国台湾淡江大学的拉美研究所而言，其办得有声有色，也很值得大陆高校学习。该所 9 名教师中，有 4 名是毕业于西班牙马德里大学的博士，其他 5 人分别是毕业于西班牙纳瓦拉大学、墨西哥国立自治大学、阿根廷布宜诺斯艾利斯大学、秘鲁国立圣马科大学、美国克莱蒙大学的博士。除了西班牙语过硬外，其专业结构也合理，政治学、经济学、社会学、历史学都有。不仅老师有机会直接参加国际学术交流，而且他们的每一届研究生都有机会到拉美国家的大学中学习、进修一段时间。大陆高校拉美史研究重镇南开大学拉美研究中心与之相比，尽管现在的 4 名在职教师都具有博士学位，但在知识结构组合、参与国际交流的机会和培养研究生的条件方面，都相差不少。

2008 年，中国社会科学院拉丁美洲研究所的同志作了一件很有意义和值得称道的事情，即以"中国人心目中的拉丁美洲"为主题进行了一次全国性的问卷调查，①掌握了有关中国民众对拉美的了解程度和对中拉关系看法的

---

① 参见郑秉文，刘维广，等. 中国人心目中的拉丁美洲——中国社会科学院国际问题舆情调研结果分析[J]. 拉丁美洲研究，2008（5）.

第一手资料。这项调查显示，中国民众对拉美基本情况的认知程度整体上偏低。中国民众了解拉美的主要渠道是大众媒体，在要求填写的"获知拉美信息的来源"一栏中，选择电影和电视（57.63%）、互联网（50.04%）、报刊（42.64%）的人数约占一半，选择书籍的人数不多（28.47%）。在"你想了解拉美的最大困难"一栏中，选择"信息来源少"的占 55.10%。①调查报告提到，"2/3 以上的受访者认为，在我国现行教科书中应增加更多的关于拉美的内容"。②并在"政策建议"部分指出，"元首外交"在推动中拉关系方面发挥了重要作用，但是正如调查所发现的，普通人对拉美所知甚少，这显然是不利于中拉关系向纵深发展的。建议在高校中增设拉美的课程，在初中和高中的有关教材中也要增加拉美的内容。③应该说，这项调查真实地反映了我国存在的情况，调查报告的建议也是非常中肯的。我国现有高校 2380 所，开设有关拉美历史、政经或文化等专门课程的学校寥寥无几，仅在世界历史、世界经济和国际关系等主干课程中涉及很少的部分。如目前文科高等院校通行的吴于廑和齐世荣主编的《世界史》（现代史）卷中，20 世纪上半叶的拉美历史只提到了尼加拉瓜桑地诺抗美游击斗争、墨西哥护宪运动及卡德纳斯改革，所占内容为十一大章 48 节中的 2 个小节，而对拉美乃至世界具有重要影响意义的墨西哥革命居然被省略了，巴西的瓦加斯主义、阿根廷的庇隆主义更没有提到。20 世纪下半叶的历史只提到了古巴革命和导弹危机、巴拿马收回运河主权、尼加拉瓜革命、加勒比各国独立、经济发展和政治民主化趋势，所占的内容不足 2 个小节。由于各高校课时安排少，教材内容多，在实际授课中，教师们往往选择所谓重要内容讲授，仅有的少量的拉美史内容就被略而不讲了。如前所述，在全国 185 所设有历史系的高校中，开设拉美史选修课的仅有 5 所。如果说中学教育对中国普通公众认知拉美的影响比较大的话，那么高等教育则会对中国知识精英产生直接影响。上述情况显然不利于中国知识精英对拉美的认知，其造成的不良后果之一就是调查报告中所提到的某些媒体对拉美宣传的"简化、误解，甚至谬传"，有损于"人民外交""人文

---

① 郑秉文，刘维广，等. 中国人心目中的拉丁美洲——中国社会科学院国际问题舆情调研结果分析[J]. 拉丁美洲研究，2008（5）：36.

② 郑秉文，刘维广，等. 中国人心目中的拉丁美洲——中国社会科学院国际问题舆情调研结果分析[J]. 拉丁美洲研究，2008（5）：38.

③ 郑秉文，刘维广，等. 中国人心目中的拉丁美洲——中国社会科学院国际问题舆情调研结果分析[J]. 拉丁美洲研究，2008（5）：39.

外交"的顺利开展。

中国的现代化建设已进入快车道，中国正在从大国走向强国。中国政府从战略高度看待同拉美的关系，致力于同拉美和加勒比国家建立和发展平等互利、共同发展的全面合作伙伴关系。然而，我国拉美史学科建设和发展的现状极不适应我国对外关系新形势发展的需要。这种现状既无法与 13 亿人口的大国地位相匹配，也与我国日趋繁荣昌盛的学术发展和思想文化建设的新形势不相称。因此，对拉美史学科的"抢救"已经刻不容缓了。

三、对加强拉美史学科研究的几点建议

进入 21 世纪后，我国"和平发展"战略的实施、建设"和谐世界"理念的提出，标志着我国正在成为国际社会中一支重要的建设力量。世界史学科建设如何适应新形势发展的需要，已成为人们十分关注的问题。作为世界史学科分支的拉美史学科，同样面临着适应中拉关系快速发展需求的问题。鉴于近年来拉美史学科建设落后于形势发展要求，以及学科萎缩的困境，我们认为必须采取有效措施迅速扭转这种局面，为此提出以下三点建议。

第一，建议国家主管学科建设的业务管理部门转变思维方式，用科学发展观指导，以适应国家对外关系发展战略的开放眼光，重新科学地审视包括拉美史在内的世界史各分支学科在历史学科体系中的定位，并对拉美史这一年轻的分支学科建设与发展予以必要的扶持。

近半个多世纪拉美史学科建设曲折发展的历程提示我们，只有上下两个积极性结合起来，学科建设才能健康发展。20 世纪 60 年代初，我国开始创建的拉美史学科发展进程曾一度被"文化大革命"打断；1991 年原国家教委正式下文宣布成立的"高等院校拉美重点课题研究协调小组"，在运作几年之后因故而遭夭折。值得庆幸的是，我国高校有志于从事拉美史教学和科研的同志们并没有因此而放弃"阵地"，他们继续艰难地坚持着工作。然而，事实再次证明，在中国没有国家主管部门的认可和支持，学科建设是万万做不成的，国家的重视程度大小在某种意义上决定了一个学科兴衰的命运。

历史进入 21 世纪，战略资源和工业原料短缺已经成为制约世界各国经济发展的重要瓶颈。作为地大物博、资源丰富的地区，拉美在世界格局中的战略地位将日益突出。拉美国家有过长期遭受殖民主义者压迫的历史和长期遭受美国不平等对待的现实，同中国没有根本的利害冲突，没有种族隔阂，没有边界纠纷，这些因素都是我国和拉美国家建立密切合作关系的坚实基础，

我国同拉美国家的合作出现了广阔的发展前景。尽管目前我们对拉美各国历史的研究尚处于比较初级的阶段，但从事这项工作前途光明。我们一定要通过各种渠道锲而不舍地继续向国家主管学科建设的业务管理部门积极呼吁，要求他们从国家最高利益和需求出发，以前瞻性的战略眼光对待拉美史学科的建设问题。我们也相信随着学习和实践科学发展观活动的深入展开，我国高校学科的建设和发展一定会迎来新的曙光。

第二，建议从事拉美史研究的同仁要坚定信心，充分估计和把握住近年来新一轮调整专业目录工作所带来的新机遇，胸怀全局，立足本职，促使本单位积极做好拉美史学科自身的基础性建设工作。

当前，我国正处于从开放大国向开放强国转变的关键时期。在这一转变过程中，国家有关部门正在对学科建设的布局进行调整，总的趋势是有计划地下放办学自主权。首先，我们一定要抓住当前这个有利的时机，不等不靠，根据需要和可能，积极、主动地做好拉美史学科自身的基础性建设工作，特别是一些国家重点建设的大学和科研单位，要力争在有条件的历史系、所，开设拉美史或相关的选修课程；在一般院校，也尽可能争取在本科生课程体系内适当增加一些拉美史方面的内容。只有基础扎实的本科生，才有可能培育出高素质的研究生和创新型研究人才，这是改变目前拉美史学科处于弱势地位的根本出路。其次，以课题带动科研的趋势将会加强。因此，拉美史学科要整合好研究团队，积极申报国家和省部级课题，通过课题研究带动成果的产出和人才的培养。再次，在学术研究中，要从长计议，艰苦奋斗。在目前学术界存在某种浮躁情绪的情况下，要善于不受短视的功利主义左右，耐得住寂寞，沉下心来走自己的路；要进一步解放思想，开阔研究视野，改善研究方法，提高研究水平；要适应经济全球化和宏观整体史学发展的新趋势，将拉美史同美洲史、世界史结合起来研究，作为一个整体来把握。同时，也要做一些个案研究、国别研究和比较研究。要在历史唯物主义思想的指导下，多吸收经济学、政治学、社会学等学科的研究方法，以便更准确地揭示拉美史在世界历史上的地位和作用，更科学地反映历史的真实和本质。

第三，建议在条件具备的情况下，尽可能多地开展与拉美国家同行的学术交流，定期选派年轻教师出国研修，不断提升语言和专业水平。在有条件的学校，积极为研究生创造"联合培养"的条件，为他们提供更多的出国学习机会；学科带头人和青年学术骨干要争取多参加一些相关学科的国际会议，争取在国际学术界享有一定的话语权；要经常、广泛地组织有关拉美地区历史问题的报告或讲座，扩大拉美史学科在国内的影响。

以上一些看法，仅是我们个人的一点粗浅认识，提出的目的在于交流思想，动员各方力量继续呼吁上级主管部门，深入基层加强调查研究，加快管理体制改革步伐，采取切实可行的措施，加强包括拉美史在内的世界史学科建设，真正建立起符合科学发展规律、适应我国对外开放发展战略、有益于学科建设的管理体制和运行机制，为更好地发挥历史学科的社会功能而努力。

30 年改革开放与中国拉丁美洲史研究的走向[①]

人类历史上任何一次重大的社会变革，或迟或早地要引起文化结构及其形态上的变化。人文社会科学，作为以社会现象和文化艺术为研究对象的一门科学，从我国改革开放中获得了快速发展的前提条件和发展动力，这深深地影响着包括我国拉丁美洲史（以下简称拉美史）研究在内的人文社会科学的发展方向。在举国上下纪念我国改革开放 30 周年之际，思考一下我国拉美史学科建设走过的路径，总结一点经验教训，对于未来把拉美史这样一个年轻的弱势学科提升到一个新水平、更好地发挥史学的社会功能具有重要现实意义。

一、改革开放促成了我国拉美史学科的重建

拉美史，在欧洲、美洲各国都属于比较年轻的学科。最早关注拉美历史研究的是欧洲人，这与欧洲人"发现"美洲、向美洲殖民、布道、进行几百年殖民统治有关。例如，西班牙传教士佩德罗·巴托洛梅·德拉斯卡萨斯（Pedro Bartolomé de las Casas）的文集《墨西哥和新西班牙的印第安人》（Los Indios de México y Nueva España），就是描述印第安人古文明和西班牙殖民统治的具有代表性的极其珍贵的历史文献之一。[②]然而，无论在欧洲、美洲，抑

---

① 2008 年，《世界历史》编辑部组织了"纪念改革开放 30 年暨《世界历史》创刊 30 年"活动，本节是本次活动的约稿，刊载于《世界历史》2008 年增刊。

② 参见 Pedro Bartolomé de las Casas. *Los Indios de México y Nueva España: Antologia*[M]. Primera edición, México: Editorial Porrúa, 1966. 此文献为纪念佩德罗·巴托洛梅·德拉斯卡萨斯逝世 400 周年在墨西哥出版。该文献根据 1958 年马德里阿波洛赫蒂卡（Apologetica）第二版，并经由墨西哥国立自治大学历史研究院用珍藏在皇家马德里历史科学院图书馆的原始手稿的复制件核实、修订而成，是十分珍贵的历史文献。再例如，坐落在西班牙瓜达尔河东畔的"印第安人档案馆"收藏着哥伦布登上新大陆至 19 世纪有关美洲大陆的各种档案资料，是当今世界上收藏美洲大陆殖民时期史料最多的档案馆。

或是苏联，即使到了 20 世纪有越来越多的学者关注拉美史研究，有一批拉美史论著问世，先后也建立了一些拉美研究机构，但世界各国真正出现系统地研究拉美历史的热潮还是在第二次世界大战之后，特别是 1959 年古巴人民推翻巴蒂斯塔独裁政权、走上社会主义发展道路之后。①

在我国，拉美史学科是中华人民共和国建立后逐渐形成的。1952 年，我国进行了高等院校院系调整，少数综合性大学和师范大学历史系相继开设了世界史课程，亚洲、非洲、拉丁美洲民族解放运动史是其中的重要内容。1959 年古巴革命胜利和 1960 年 9 月中古建交，推动了中国学者对古巴和拉美各国历史与现状问题的研究。1960 年后，北京大学、中国人民大学、北京师范大学、复旦大学、南开大学等校的历史系先后开设了拉美史课程、专题课，或者编译拉美史著作等。中国科学院哲学社会科学部于 1961 年和 1964 年先后成立了拉丁美洲研究所、拉丁美洲史研究室。1964 年，高教部在南开大学、复旦大学分别设立了拉丁美洲史研究室和拉丁美洲研究室。武汉师范学院（即今日的湖北大学）随后也建立起巴西研究室。令人遗憾的是，我国刚刚起步的拉美研究工作因"文化大革命"被迫中断。

1978 年 12 月召开的十一届三中全会，彻底批判了"四人帮"的极左路线，重新确立起实事求是的思想路线，扭转了十年浩劫造成的国家经济濒临崩溃的严重局面，开启了改革开放的历史新时期。文教战线同其他各条战线一样也迎来了学术界的春天，实现了共和国历史上具有根本意义的大转折。在高校，被压制多年的广大师生员工的积极性像"井喷"一样涌动出来。他们迅速恢复了被"文化大革命"中断的教学和科研工作，开始在学术领域正本清源，学界同仁们获得了思想上的解放。经过李春辉、罗荣渠、程博洪、乔明顺、沙丁、黄邦和等老一辈拉美史学家多次酝酿和精心筹划，1979 年 12 月在武汉召开了有 30 余位代表出席的中国拉丁美洲史研究会第一次代表大会，大会一致推举李春辉先生为中国拉丁美洲史研究会第一届理事会理事长。中国拉丁美洲史研究会是十一届三中全会召开之后中国学术界率先成立的全国群众性学术团体之一，其成立标志着我国拉美史研究力量第一次在全国范围内得到了初步整合，为推动我国恢复被"文化大革命"中断了的拉美史研

---

① 例如，德国 1917 年在汉堡建立了第一个拉美研究机构；美国 1941 年在得克萨斯大学建立第一个拉美研究所；苏联 1961 年在科学院组建了拉丁美洲研究所，并在历史研究所中建立了"拉美各国历史组"；英国 1964 年选定在剑桥、伦敦、牛津等五所名牌大学开展拉美问题研究；1965 年日本成立了"日本—巴西研究中心"，后又成立了"日本拉丁美洲研究协会"等。

究和教学工作创造了良好的外部环境。我国拉美史学科建设工作由此进入了一个新的阶段。

在这次成立大会上，来自全国各地从事拉美史研究和教学工作的同行们，都从不同的视角畅谈了十一届三中全会在共和国历史上具有的重大意义和自己思想获得解放的喜悦，同时严肃批判了"四人帮"鼓吹的唯心史观在史学领域造成的思想混乱和恶劣影响。北京大学罗荣渠教授应邀在大会上所作的《关于世界史研究中的若干问题》的报告，集中代表了与会者的心声。

在讲到"什么是历史规律"问题时，罗先生针对极左思潮的错误论调尖锐地指出："有人把历史规律看成铁一样的公式，把历史纳入公式，把人名地名换一下就可以了。这不行！大自然尚可变迁，社会现象就更复杂了。"在讲到"历史发展动力"问题时，他针对"四人帮"鼓吹的"一切以阶级斗争为纲"的唯心史观，揭露了这种思潮在史学领域的表现是"三个突出"：即在人类社会的一切斗争中，突出阶级斗争；阶级斗争中，突出被压迫人民的斗争；被压迫人民的斗争中，突出暴力革命。为了揭示这种唯心史观的理论本质，他还就马克思主义的暴力论同杜林的暴力论的区别、马克思主义同布朗基主义的区别进行深刻剖析，鲜明地指出了这种唯心史观的危害性："它把人们的主要精力引向阶级斗争，而忽视了经济战线和教育文化战线的主要任务，这样就把丰富多彩的历史纳入了一个死板的公式圈，……对国家、对人民危害极大。"其理论本质是，"从极左的方面修正了马克思主义的阶级斗争学说，亦即从极左的方面修正了马克思主义方法论"。此外，他还就如何科学地评价近代资产阶级的历史地位等问题阐述了自己的见解。[①]在十一届三中全会召开后不久，罗先生能够旗帜鲜明地就当时史学界最关注的敏感性问题发表自己的看法，表现出他的政治勇气和实事求是的科学态度，令与会者耳目一新，给大家极大的启发和鼓舞。

中国社会科学院拉丁美洲研究所副所长沙丁在会上做了《拉美之行》的报告。他结合自己在拉美各国的实地考察情况，重点就重新评价西蒙·玻利瓦尔这一历史人物的问题提出了自己的看法，引起与会者极大的兴趣。西蒙·玻利瓦尔是世界公认的 19 世纪初拉丁美洲独立战争的著名领袖，在拉美赢得"解放者""国父"的赞誉，但"文化大革命"前的大学教材中只是几笔

---

① 参见《罗荣渠在武汉世界史学术讨论会上的报告（1979 年 11 月 29 日）》。此报告记录稿复印自洪国起笔记本，该记录稿复印件已交由罗荣渠先生的夫人周颖如先生惠存。

带过，对其历史地位未予充分肯定。"文化大革命"期间，山东师范学院（即今日的山东师范大学）历史系王春良先生撰写的《拉美独立运动的几位英雄人物》的书稿送出版社审稿时，在极"左"的思潮影响下，玻利瓦尔这位拉美独立战争中的一号英雄，竟出人意料地从书稿中被删除掉。[①]大家从这一典型事例的讨论中深刻认识到，十一届三中全会提出的"解放思想，实事求是"思想路线的重大意义与学术界拨乱反正、正本清源的必要性和紧迫性。

　　1979 年武汉会议之后，拉美史学界以重新评价西蒙·玻利瓦尔为典型事例，开展了正本清源的学术大讨论。1980 年正值玻利瓦尔逝世 150 周年，《世界历史》发表了中国社会科学院世界历史研究所萨那的纪念文章——《论西蒙·玻利瓦尔及其政治思想》。该文明确指出，玻利瓦尔是"拉丁美洲共和主义和民主政治的奠基者，是杰出的资产阶级民主主义革命者"，"爱国主义旗帜举得最高的英雄人物"。[②]洪国起、吴宏甫在《南开史学》上发表了题为《拉丁美洲民族独立解放斗争的一面旗帜——纪念西蒙·玻利瓦尔逝世一百五十周年》一文，对玻利瓦尔爱国思想的形成进行了初步探讨，并从拉美独立战争杰出的军事家、资产阶级民主政治的思想家和拉美第一代外交家三个侧面予以积极评价。[③]1983 年是玻利瓦尔诞辰 200 周年，世界各国人民都以各自的方式纪念这位伟大的民族英雄，中国也不例外。这是改革开放后中国第一次同世界各国人民一起隆重举行的纪念活动之一，把研究、宣传玻利瓦尔的活动推向高潮。[④]1983 年 6 月，中国拉丁美洲史研究会在北戴河召开了玻利瓦尔学术讨论会，这是研究会成立以来第一次主办的专题学术讨论会。会议收到 14 篇论文，来自全国 18 个单位的 35 名代表，围绕拉美独立战争的性质、玻利瓦尔民主共和思想、玻利瓦尔的军事贡献、大陆联合反殖政策及

---

　　① 1858 年，马克思曾应邀为《美国新百科全书》撰写了题为《玻利瓦尔-伊-庞特》的词条，认为玻利瓦尔在独立战争初期"拒绝"参加起义，战斗中"不战而逃"，胜利后"贪图功名"，实行"独裁"，是"最怯懦、最卑鄙、最可怜的恶棍"。（参见《马克思恩格斯全集》第 14 卷和第 29 卷，人民出版社出版）。大概受马克思这篇文章（据后来了解，马克思误用了玻利瓦尔政敌的材料）的影响，改革开放之前我国对玻利瓦尔的研究几乎成了"禁区"，没有给拉美独立运动一号英雄人物以应有的历史地位。

　　② 萨那. 论西蒙·玻利瓦尔及其政治思想[J]. 世界历史，1980（2）.

　　③ 参见洪国起，吴宏甫. 拉美民族独立解放斗争的一面旗帜——纪念西蒙·玻利瓦尔逝世一百五十周年[J]. 南开史学，1980（2）.

　　④ 例如：我国政府第一次应邀派代表出席在委内瑞拉首都加拉加斯举行的为时两周的纪念活动；我国对外友协在全国政协礼堂隆重召开有首都各界群众一千多人参加的集会，纪念委内瑞拉杰出的民族英雄、南美独立战争著名领导人西蒙·玻利瓦尔诞生 200 周年；举办玻利瓦尔生平事迹展览；出版发行纪念玻利瓦尔的学术论文集（西文版）；编译出版玻利瓦尔文件集，等等。

其在世界历史上的地位、作用等问题展开了热烈讨论。讨论中尽管有不同的意见，但大家都坚持了人民群众自己解放自己和个人在历史上的作用相统一的唯物史观，坚持从历史实际出发，注意从历史人物所处的具体环境和历史条件中去把握，在拉美独立战争的斗争实践中动态地去考察，在同时代历史人物的比较中为玻利瓦尔定位，"一分为二"地评论玻利瓦尔的功过是非，因而取得了广泛的共识。大家一致认为，玻利瓦尔"不仅是拉美历史造就的最伟大的人物之一，而且也是世界历史上出类拔萃的人物；在他之前，欧洲和北美的许多民族革命领袖都是本民族的巨人，而唯有玻利瓦尔才是第一位当之无愧的跨越国界的洲际巨人"。[①]虽然玻利瓦尔也有其阶级和时代的局限性，但这并不影响他在世界历史上应有的地位。这次讨论会的研究成果，会后在中国社会科学院拉丁美洲研究所学术刊物《拉丁美洲丛刊》上以专辑的形式刊出。[②]

应该指出的是，西蒙·玻利瓦尔这位拉美民族英雄在改革开放之后的中国得以正名，恢复其在中国拉美学界和中国人民心目中应有的历史地位，同我国改革开放总设计师邓小平同志的关心息息相关。1981 年 4 月，即纪念玻利瓦尔诞生 200 周年的前两年，玻利瓦尔的祖国委内瑞拉派出基督教社会党（Partido Social Cristiano）最高领导人卡尔德拉·罗德里格斯（Caldera Rodríquez）访华，向邓小平赠送了纪念玻利瓦尔逝世 150 周年纪念册，同时提出，1983 年 7 月 24 日是玻利瓦尔诞生 200 周年纪念日，届时将在整个拉美和世界各地隆重纪念，相信中国政府也将会对此做出重要贡献。邓小平当即表示："好！"并对在座的中国同志说："记住这件事。"邓小平这一肯定的答复给委内瑞拉人民以极大鼓舞。委内瑞拉驻华大使雷古洛·布雷利·里瓦斯（Régulo Burelli Rivas）为奥古斯托·米哈雷斯（Augusto Mijares）撰写的权威性新著——《解放者》在中国出版作序选用的题目是《解放者来到了中国》。序言指出："在中国，学者、教授、作家、历史研究工作者、舞台艺术活动家、青年学生等西蒙·波利瓦尔（原文如此，作者注）的友人，现在不仅在纪念这位解放事业的天才方面，而且也在研究波利瓦尔事业的内容和波

---

① 这是罗荣渠先生在玻利瓦尔专题讨论会上作总结发言时讲的一段话。参见罗荣渠. 论西蒙·玻利瓦尔的世界历史地位——为美洲第一革命巨人诞生二百周年而作[J]. 拉丁美洲丛刊，1983（3）.

② 纪念西蒙·玻利瓦尔诞生 200 周年专辑刊载了罗荣渠、张虎生、黄邦和、洪国起、曾昭耀、王春良、徐文渊、李在芹等人撰写的文章。参见《拉丁美洲丛刊》1983 年第 3 期。

利瓦尔主义的含义方面，在同我们一起工作。"[1]有关中国各界为恢复玻利瓦尔在中国应有的地位所进行的工作，我曾于 1993 年 6 月在北京召开的第一届中拉大学校长会议上向拉美高校校长和拉美学者们作了介绍，受到他们的普遍称赞。[2]

在整个 20 世纪 80 年代，我国拉美史学界还对拉美史上许多重要问题本着"解放思想，实事求是"的科学态度进行重新审视，先后多次举办全国性学术讨论会，涉及的主要问题有：印第安古文明的起源及其对世界文明的贡献；哥伦布开辟新航路及其对世界历史进程的影响；拉美独立运动的性质；当代拉美民族民主革命的任务及其发展；拉美各国资本主义的发展；美拉关系；中拉关系等。讨论中，大家畅所欲言，各抒己见，呈现出百花齐放、百家争鸣的生动局面，推出一批内容鲜活、视角多样的论文，[3]极大丰富了拉美史教学和研究。拉美史这门年轻的世界史分支学科，历经十年磨难之后，乘着改革开放的春风，不仅建立起全国性的学术团体——中国拉丁美洲史研究会，而且通过群众性的"正本清源"活动，彻底清除了唯心史观在拉美史领域里的影响，使拉美史学科建设走上健康发展的道路。

二、改革开放拓展了我国拉美史研究的领域和方向

我国拉美史学科建设，不仅从改革开放中获得了新生，而且从不断深化改革、扩大开放、融入世界的大变革中获得了快速发展的动力，这深深地影响着拉美史研究的走向。总的发展趋向是，研究领域不断扩展，研究视角不断多样，研究方法不断综合，研究成果丰富多彩。

特点之一：基础研究受到重视，推出一批为拉美史学科奠基的代表性论著。

建设一门年轻学科犹如兴建一座大厦，夯实基础至关重要。在当今中国，拉美史这个世界史的分支学科，既不像美国史、日本史那样有较好的研究基础，受到人们普遍的关注，也不像拉美学那样日益成为一门直接为国家现代化建设服务的时代"显学"，这种特点就决定了学科建设的难度。首先遇到的难题是开展研究的第一手原始资料匮乏。500 多年前，欧洲殖民者对美洲新大陆进行了征服性的殖民战争，毁掉一大批古代印第安人文化遗产（包括文

---

① 雷古洛·布雷利·里瓦斯. 解放者来到了中国[M]//奥古斯托·米哈雷斯. 解放者. 杨恩瑞，陈用仪，等译. 北京：中国对外翻译出版公司，1982：viii.

② 参见洪国起. 拉丁美洲研究在中国[J]. 高校理论参考，1993（8）.

③ 参见中国拉丁美洲史研究会. 拉丁美洲史论文集[M]. 北京：东方出版社，1986.

物、文字资料），后人收集、整理、积累的材料多出自欧洲人之手（包括早期殖民者、官员、牧师、学者等）。近代拉美各国培养了一批自己的学者，他们多在欧美大学攻读学位，虽说其中涌现出不少进步的史学家，但也有不少学者受"欧洲中心论"影响，写出的论著带有一定的偏见。因此，中国学者能够直接利用的第一手资料和可供借鉴、参考的论著有限，加之语言（多数拉美国家通用西班牙语，巴西通用葡萄牙语，还有一些国家使用英语、法语等）、地缘乃至活动经费等方面的困难，也给开展科学研究带来一定影响。尽管如此，通过我国拉美史学界同仁们共同努力，白手起家，潜心研究，克服重重困难，仍然推出一批具有中国特色的力作。

《拉丁美洲史稿》（三卷本）由中国留美学者、中国人民大学教授、中国拉丁美洲史研究会第一任理事长李春辉先生在多年从事拉美史教学和潜心研究基础上，经多次修订而成，是中国学者以马克思主义为指导撰写的第一部拉丁美洲地区通史性力作，实为奠基之作，至今仍是国内拉美史教学和科研的必读参考书。

此书写成于 1973 年，最初在内部发行。后经李先生修订于 1983 年由商务印书馆分上下两册正式出版，下限止于 1956 年。1988 年，在李先生主持下，由中国社会科学院拉丁美洲研究所苏振兴、徐世澄等同志协助，将下限延伸至 1989 年。作者补充了大量新材料，吸收了国内外不少新的科研成果，1993 年由商务印书馆出版了第三卷，与前两卷一起形成了一部比较系统、完整的拉美地区通史。[①]其特点是全书分总论、分论两大部分叙述，较好地处理了拉美地区史上地区综述与国别分析、统一性与多样性的关系；重视前哥伦布时期印第安人古代文明的历史地位，在编写体例上将其作为一个历史阶段来处理，突破了西方史学"欧洲中心论"的局限，还历史以本来面目。

提到中国学者研究拉丁美洲历史的奠基之作，不能不提及北京大学教授罗荣渠先生及其宏富著述。《中国人发现美洲之谜——中国与美洲历史联系论集》就是罗先生的一部代表作。关于世界历史上谁最早发现美洲问题的研究，是几个世纪来国际学术界争论不休的重大历史课题。最早由一位法国汉学家提出，有法、美、俄、德、英、意、荷兰、日本和印度等国学者参加讨论，仅在 1761—1921 年，国外就出版了 30 多部著作论证这一问题。进入 20 世

---

① 参见李春辉. 拉丁美洲史稿：上、下册[M]. 北京：商务印书馆，1983；李春辉，苏振兴，徐世澄. 拉丁美洲史稿：第三卷[M]. 北京：商务印书馆，1993.

纪之后，该问题引起中国学者的兴趣。正如罗先生指出的，"大致平均每隔 20 年要引起一次讨论"。①从北大著名哲学家朱谦之到著名学者邓拓无不赞同中国人最早发现美洲的假说。而罗先生凭借他学贯中西的深厚功力，运用历史文献学、考古学、古人类学、历史地理学和气象学等方面的广博知识，对这一有争议的历史课题进行了全面、系统的潜心研究，并于 1962 年写出《论所谓中国人发现美洲的问题》，得出与众多权威学者不同的结论。②20 世纪 80 年代初，针对美国加利福尼亚州海下发现"石锚"，被视为中国人最先到达美洲的"新物证"所引发的新一轮争论，罗先生又赴美考察，并依据科学的方法辨析了所谓"扶桑国猜想"的新考证和新发现，撰写了《扶桑国猜想与美洲的发现——兼论文化传播问题》一文，③以无可辩驳的事实彻底否定了扶桑即墨西哥的假说，并从理论上批判了西方汉学研究中宣扬的某些"欧洲中心论"的错误观点，对文化的传播、融合、发展提出了许多独到的见解。此文发表后，受到国内外学界的重视，产生了广泛的影响，为拉美史、美洲史研究奠定了一块无懈可击的基石。著名学者李慎之评价道："荣渠以特别深厚的功力一一批驳，应当说已经一言定谳，南山可移，此案不可改了。"④此文发表之后不久，随即获国家一级学术刊物《历史研究》第一届优秀论文奖。

1991 年，罗先生接替年事已高的李春辉先生担任中国拉丁美洲史研究会理事长。1992 年，经过精心筹备，拉丁美洲史研究会同国内兄弟学会在北京召开了"纪念哥伦布航行美洲 500 周年国际学术讨论会"，罗先生为此撰写了《为什么不会有中国的哥伦布？——15 世纪中西航海发展取向的对比与思索》一文。⑤他在郑和、哥伦布和达·迦马三大航行的对比中，从地理到历史、从政治到经济、从考核名物到研究心理的多视角、多层面的分析中，提出为什么不会有中国哥伦布的深层次原因。这样就在否定"扶桑即墨西哥"假说的基础上科学地回答了"所以然"的问题，从而对这一国际学术界争论近两

---

① 罗荣渠. 自序[M]//中国人发现美洲之谜——中国与美洲历史联系论集. 重庆：重庆出版社，1988：3.

② 参见罗荣渠. 论所谓中国人发现美洲的问题[J]. 北京大学学报，1962（4）.

③ 参见罗荣渠. 扶桑国猜想与美洲的发现——兼论文化传播问题[J]. 历史研究，1983（2）.

④ 李慎之. 一位有世界眼光的爱国者[M]//北京大学世界现代化进程研究中心. 罗荣渠与现代化研究——罗荣渠教授纪念文集. 北京：北京大学出版社，1997：4.

⑤ 参见罗荣渠. 为什么不会有中国的哥伦布？——15 世纪中西航海发展取向的对比与思索[M]//黄邦和，萨那，林被甸. 通向现代世界的 500 年——哥伦布以来东西两半球汇合的世界影响. 北京：北京大学出版社，1994.

个半世纪的重大历史课题作了令人信服的权威性总结。这是罗先生为我国拉美史、美洲史和世界史研究做出的一大杰出贡献。

此外，罗先生在拓展拉丁美洲史、美拉关系史、中拉关系史领域方面都做出了重要贡献。《美洲史论》（中国社会科学出版社，1997 年版）中收集的 20 多篇论文和《现代化新论——世界与中国的现代化进程》（北京大学出版社，1993 年版）中有关拉丁美洲现代化发展趋势的论断，都有许多精辟、独到的见解，显示出罗先生是真正具有世界眼光的人。"这样的文章，在今天的中国，是没有几个人可以写得出来的"。①

在古代印第安文明的研究方面，虽说国内现存文献资料有限，开展研究有许多困难，但是学者们知难而进，开展了攻坚战，也取得了一些进展。例如，蒋祖棣《玛雅与古代中国：考古学文化的比较研究》（中国社会科学出版社，1993 年版）、胡春洞《玛雅文化：论玛雅与华夏文化同源》（复旦大学出版社，1997 年版）、朱伦等《印第安世界》（广西人民出版社，1992 年版）等著作的问世就有一定的代表性。值得注意的是，蒋祖棣与胡春洞两位先生不仅对玛雅文化进行了比较深入的研究，同时还就玛雅文化和古代中国华夏文化进行比较研究，从不同视角、运用不同方法研究得出不同的结论。有关古代印第安文明的问题，不少学者还从不同侧面开展了研究工作，并以不同形式发表了自己的成果。②

对西葡殖民统治问题的研究也取得新的进展。孙家堃《印第安人的保护者拉斯·卡萨斯》（商务印书馆，1994 年版）、韩琦《拉丁美洲经济制度史论》（中国社会科学出版社，1996 年版）就是这方面的代表作。年轻学者韩琦所著《拉丁美洲经济制度史论》，以拉美被征服以来一系列经济制度为研究对象，对其制度的演进变化、性质、影响作了较为系统的研究，提出了自己的一些看法。特别是作者还就南北美洲发展道路的差异作了一些比较，初步探讨了同处于美洲的美国与拉美各国最终走上不同发展道路的原因，这是难能可贵的。学者们对拉美早期的开拓、发展及殖民地时期宗教等问题也从不同侧面

---

① 李慎之. 痛失良史悼荣渠——《美洲史论》序[M]//罗荣渠. 美洲史论. 北京：中国社会科学出版社，1997：2.

② 参见方迥澜. 古代巴西印第安人历史新探[J]. 历史研究，1990（1）；龚缨晏. 从村落到国家：墨西哥瓦哈卡谷地研究[J]. 世界历史，1992（3）；万秀兰. 印加帝国雅纳科纳阶层刍议[J]. 世界历史，1993（2），等等。

进行了探讨，发表了不少论文。[①]拉丁美洲独立运动及其领袖人物是学者们颇为感兴趣的课题，先后发表过不少论文，也出版过一些小册子。1990 年，商务印书馆将其汇成合订本《多洛雷斯的呼声——拉美民族解放风云录》出版，书中收录了金重远、王春良、周世秀、方幼封、张铠、陆国俊等人撰写的有关独立运动和民族解放斗争中的重大历史事件和重要领袖人物的文章，为人们展现了拉美人民争取民族独立和解放斗争的壮烈场面及领导人的风采。陆国俊、郝名玮主编的《新世界的震荡——拉丁美洲独立运动》（上海社会科学院出版社，1991 年版）一书体现出这一时期我国学者对拉美独立运动整体研究深入的程度。该书综述了独立运动广阔的历史背景和各个地区独立运动的进程，并就运动的领导权、斗争性质、成果及运动期间的国际关系等问题进行了比较深入的分析和阐述，把独立运动这一重要课题的研究向前推进了一步。王春良先生的《拉丁美洲民族民主运动史论》（中国地图出版社，1992 年版）一书，对拉美民族民主运动相关的重大事件也做了很好的分析和阐述。

中国拉美学者对拉美国际关系问题的研究起步并不晚，中国拉丁美洲史研究会曾组织会员就拉美国际关系问题进行专题研讨，并有相关论者发表。其中内容比较综合，有代表性的著作包括：沙丁、杨典求等著的《中国和拉丁美洲关系简史》（河南人民出版社，1986 年版），洪国起、王晓德著《冲突与合作：美国和拉丁美洲关系的历史考察》（山西高校联合出版社，1994 年版），徐世澄、张文峰、焦震衡著《美国和拉丁美洲关系史》（社会科学文献出版社，1995 年版），洪育沂主编《拉美国际关系史纲》（外语教学与研究出版社，1996 年版），冯秀文编著《中墨关系：历史与现实》（社会科学文献出版社，2007 年版），朱鸿博、江时学、蔡同昌主编《国际新格局下的拉美研究》（论文集）（复旦大学出版社，2007 年版）等。这些著作是学者们在多年教学和科研积累基础上撰写而成，比较系统地阐述了中拉、美拉和拉美国家与世界其他各国之间关系的历史发展，是中国学者编著的第一批拉美国际关系的史书。

此外，拉美史学界还翻译了十余部有代表性的拉美史著作，其中最重要的是中国社会科学院拉丁美洲研究所组织翻译的共计 10 卷（第 9 卷因原文

---

① 参见周世秀. 巴西的发现与开拓对欧洲的影响[J]. 历史研究，1992（1）；金计初. 新大陆的发现与巴西早期的发展[J]. 世界历史，1993（1）；冯秀文. 也谈殖民地时期墨西哥资本主义萌芽问题[J]. 世界历史，1992（2）；陆国俊. 论独立运动前夕拉丁美洲资本主义因素及其特点[J]. 世界历史，1997（2）；刘承军. 拉斯卡萨斯的基督教人道主义思想[J]. 拉丁美洲研究，1997（4），等等。

尚未出版而暂缺）的《剑桥拉丁美洲史》。①②这部巨著由英国伦敦大学拉丁美洲研究所所长莱斯利·贝瑟尔教授主编，有来自美国、加拿大、英国、欧洲和拉丁美洲各国的学者参加撰稿，成为本门学科的权威性著作。中国拉美史学者由于这部巨著的中译本出版，可以大体知晓当代拉美史学术前沿的基本状况，使我国拉美史教学和科研工作的开展及年轻的拉美史学科建设得以有新的基础。这是中国社会科学院拉丁美洲研究所为拉美史学科建设做出的一大贡献。

不久前，我有幸拜读了北京大学林被甸教授、董经胜副教授合作撰写的新作《拉丁美洲史》一书的书稿。此书稿已送交出版社，不久即可面世。这是我国学者适应新形势需要撰写的一部颇具新意的简明通史，作者在书稿中吸纳了国内外一些最新的研究成果，采用地区性综述与代表性国家个案剖析相结合的方法，既较好地展现出每一个时期历史的整体面貌，又使有代表性的国家历史不断线，从而体现出历史发展的脉络主线清晰，内容重点突出，可以说在尝试地区史编写体例和内容上的创新方面向前迈进了一大步。

特点之二：唯物史观的回归，促成学术思想日趋活跃、研究领域不断扩展。

改革开放之前，我国拉美史研究受"以阶级斗争为纲"的唯心史观影响。总体上看，研究范围比较狭窄，研究的问题比较单一，主要局限在政治领域，实际上只局限在政治斗争方面，尤其是人民群众开展革命斗争推动历史前进方面。例如，讲授或研究拉美史的重点主要集中在拉丁美洲独立运动、民族民主运动、反殖民主义、帝国主义斗争、墨西哥革命、古巴革命等专题问题上。自然，这同 20 世纪六七十年代国内外斗争形势发展特点相联系，也是当时斗争形势发展的需要。改革开放之后，随着我国工作重点的转移和对外开放政策的实施，随着史学界正本清源活动的深入展开和学者眼界的扩展，拉美史研究领域逐渐从单一的政治领域向经济、社会、文化、教育等方面扩展，出现了学术思想空前活跃、学术著述丰富多彩的局面。

① 参见乔治·C.瓦伦特. 阿兹特克文明[M]. 朱伦，徐世澄，译. 北京：商务印书馆，1999；诺曼·哈蒙德. 寻找玛雅文明[M]. 郑君雷，译. 杭州：浙江人民出版社，2000；维克托·布尔默-托马斯. 独立以来拉丁美洲的经济发展[M]. 张凡，吴洪英，韩琦，译. 北京：中国经济出版社，2000；塞尔索·富尔塔多. 巴西经济的形成[M]. 徐亦行，张维琪，译. 北京：社会科学文献出版社，2002，等等。

② 参见莱斯利·贝瑟尔的《剑桥拉丁美洲史：全 10 卷》，中国社会科学院拉丁美洲研究所组译，高铦、徐壮飞、张森根总校对，1991 年以来陆续出版，除第 9 卷外，其余卷本于 2003 年出齐。

就政治领域而言，也突破了过去只研究各国革命和帝国主义的范围。关达等编著的《第二次世界大战后拉丁美洲政治》（中国社会科学出版社，1987年版）在概述拉丁美洲政治史的基础上，就二战后拉美政治体制、军队、政党和工会、思潮、民族民主运动、天主教会、对外关系等方面多角度地进行了系统阐述。肖楠等撰写的《当代拉丁美洲政治思潮》（东方出版社，1988年版）和祝文驰、毛相麟等撰写的《拉丁美洲的共产主义运动》（当代世界出版社，2002年版）对在拉美有代表性的各种思潮作了较为全面、客观的综述和评价。徐世澄编著的《墨西哥政治经济改革及模式转换》（世界知识出版社，2004年版）和袁东振、徐世澄编著的《拉丁美洲国家政治制度研究》（世界知识出版社，2004年版）都从制度层面及发展进程方面对拉美政治进行了阐述和评价。

诚然，这一时期面世的政治领域方面的著作，大多把重点放在了当代和专题研究方面，研究内容有待进一步扩展，但是在体现唯物史观的回归方面有了一个好的起点，人们期待着不久的将来，能有一部内容较为系统、全面的《拉美政治史》问世。

消除"以阶级斗争为纲"的唯心史观的影响，并不意味着唯物史观的自然回归。要客观地反映历史的真实面貌，既不能把研究的视野停留在政治层面上，也不是简单地"做加法"，把政治、经济、社会、文化层面上的内容相加即可，而是要揭示它们之间内在的本质联系，做到整体把握，具体分析，从中找出规律性的东西。在这方面，拉美史学界的同仁做了一些探索，注意到经济因素在历史发展中的基础性作用，开始把研究视野扩展到经济领域，写出一批相关论著。例如，陆国俊、金计初主编《拉丁美洲资本主义发展》（人民出版社，1997年版）一书，从经济、政治和发展等不同角度对拉丁美洲资本主义萌生、演变和发展，直至前景进行了比较全面、系统的阐述，旨在总结发展中国家发展本国经济、实现现代化和发展科学技术等方面的经验教训，以资借鉴。郝名玮、冯秀文、钱明德著《外国资本与拉丁美洲国家的发展——历史沿革的考察》（东方出版社，1998年版）一书，从世界历史形成、发展的整体性上把握资本国际化的成因、特点及其活动方式，重点对外国资本在拉美国家的活动及其影响和拉美国家引进、利用外资的思想、理论与实践进行历史考察，从中分析了拉美国家在其长期发展进程中引进外资的利弊得失，发展中国家从中可得到许多有益的启示。苏振兴主编的《拉丁美洲的经济发展》（经济管理出版社，2000年版）一书，系统阐述了拉美殖民地时期直到当代经济发展的全过程，总结了三种经济发展模式转换的经验教训，并对影响经济发展的各种经济理论做出了客观的评价，颇具启发意义。冯秀文的《拉丁美洲农业的发展》（社会科学文献出版社，2002 年版）一书，从拉美历史和社会发展的角度系统考察拉美国家农业发展所走过的道路，从中总结经验教训，以事实阐明发展中国家发展农业、解决农民问题的重要性。青年学者董国辉著《劳尔·普雷维什经济思想研究》（南开大学出版社，2003年版）一书，对普雷维什经济思想的渊源、形成、发展过程、在历史上起的作用及其局限性等问题作了比较系统深入的论证，提出并论证了普雷维什的一些经济理论在经济全球化和知识经济飞速发展的今天仍具有一定的现实有效性的新观点，由此将普雷维什经济思想研究向前推进了一步。另外，肖枫的《西方发展学和拉美的发展理论》（世界知识出版社，1990 年版）和高铦的《第三世界发展理论探讨》（社会科学文献出版社，1992 年版），都系统地评述了拉美学者从拉美实际出发突破西方经济学传统观念而创立的拉美发展主义理论，对于从理论层面上认识拉美发展战略和拉美发展动因具有启迪作用。陈芝芸等著《拉丁美洲对外经济关系》（世界知识出版社，1991 年版）和《北美自由贸易协定——南北经济一体化的尝试》（经济管理出版社，1996 年版）及王晓德著《挑战与机遇：美洲贸易自由化研究》（中国社会科学出版社，2001 年版）等，均就拉美对外经济关系中几个重要问题、北美自由贸易区形成的国际背景和美加墨经济关系的新发展、主要特点及其对世界经济的影响等问题进行了较为深入的历史考察，做了许多基础性研究工作，把拉美对外经济关系的研究向前推进了一步。王萍著《走向开放的地区主义——拉丁美洲一体化研究》（人民出版社，2005 年版），在对拉美一体化思想产生的国际背景、理论渊源进行深入考察的基础上，对拉美当代一体化演进中若干重要理论、现实问题，特别对全球化与拉美"开放的地区主义"理论的探索及其发展的意义进行了系统的阐释和辨析，从中总结出的一些经验教训，对我国如何应对经济全球化和区域一体化挑战大有裨益。

　　除此之外，近 20 年来还有许多地区国别经济和经济类专题研究成果问世。如张森根、高铦的《拉丁美洲经济》（人民出版社，1986 年版），复旦大学拉丁美洲研究室的《拉丁美洲经济》（人民出版社，1986 年版），苏振兴等人的《巴西经济》（人民出版社，1983 年版），徐文渊等人的《阿根廷经济》（人民出版社，1983 年版），张文阁等人的《墨西哥经济》（社会科学文献出版社，1987 年版），徐世澄等人的《秘鲁经济》（社会科学文献出版社，1987

年版），石瑞元等人的《委内瑞拉经济》（社会科学文献出版社，1987 年版），毛相麟等人的《中美洲加勒比国家经济》（社会科学文献出版社，1987 年版）等。这些地区国别经济问题的研究及其成果，对于从整体上深入研究拉美地区经济发展的历史，准确把握当代拉美经济发展特点，具有重要意义。

拉美文化教育的研究越来越受到重视。20 世纪 80 年代主要集中在古代印第安文化研究方面，有任雪芳编《印第安人史话》（商务印书馆，1981 年版），刘明翰等编《美洲印第安人史略》（三联书店，1982 年版），景振国编《古代美洲的玛雅文化》（商务印书馆，1983 年版），刘文龙编《古代南美洲的印加文化》（商务印书馆，1983 年版），虞琦编《阿兹特克文化》（商务印书馆，1986 年版）等。同时也有相关论文发表。到 20 世纪 90 年代，开始出现综合研究拉美文化的科研成果。刘文龙先后出版的《墨西哥：文化碰撞的悲喜剧》（浙江人民出版社，1990 年版）、《拉丁美洲文化概论》（复旦大学出版社，1996 年版）和郝名玮、徐世澄著《拉丁美洲文明》（中国社会科学出版社，1999 年版），代表了这一时期的研究水平，为拓展拉美文化史研究领域打下了一个好基础。有关拉美教育问题的研究也出版了几部著作，陈作彬等人编写的《拉丁美洲国家的教育》（人民教育出版社，1985 年版），曾昭耀等人编著的《战后拉丁美洲教育研究》（江西教育出版社，1994 年版）和《当今墨西哥教育概览》（河南教育出版社，1994 年版）等，不仅较为系统地阐述了拉丁美洲教育发展的历史和现状，难能可贵的是，作者通过对拉美教育功能的考察研究，提出若干对我国教育体制改革具有借鉴意义的新见解，填补了我国对外国教育研究在拉美地区的空白。

特点之三：历史学关心民族和人类的命运，体现历史科学存在的价值及其对社会的责任。

拉丁美洲史研究会第二任理事长罗荣渠先生生前经常告诫我们"历史学必须与时代同呼吸共命运"[①]，"在伟大的变革时代，古老的历史学也要面向未来，关心民族和人类的命运"。[②]拉美史学界同仁们在我国改革开放这一伟大的社会变革实践中切身体会到，历史研究必须立足于繁荣学术和现实生活的需要，这是历史这门古老的基础学科焕发青春的生命力所在，也是拉美史这个世界史的分支学科赖以生存并发挥其社会功能的基础。

① 罗荣渠. 罗荣渠自述[M]//北大岁月. 北京：商务印书馆，2006：3.

② 林被甸，周颖如. 求索者足迹——罗荣渠的学术人生[M]. 北京：商务印书馆，2010：181.

拉丁美洲史研究会自 1979 年成立以来，已经举办了 10 多次全国性学术年会和专题研讨会，与国内世界史各兄弟学会联合召开，特别是多次同拉丁美洲学会联合召开学术讨论会，对于促成历史研究与现状研究有机结合起了至关重要的作用。1992 年，拉丁美洲史研究会同拉丁美洲学会、美国史研究会、世界中世纪史研究会、世界民族学会等联合举办以"纪念美洲发现——两个世界文明汇合 500 周年"为主题的国际学术讨论会，就是一个典型的例证。这次联合举办的讨论会，不仅开阔了我们研究拉美史的视野，在历史研究与现实问题研究的结合上也取得了进展，而更重要的是促进了学科间的交流，提升了研究层次，发挥了史学应有的社会功能。

哥伦布"发现"新大陆问题，是一个非常古老、几乎人人皆知的课题。多年来，国内学界对哥伦布其人其事的认识、评价不一，甚至存在根本对立的学术观点。[①]面对哥伦布首航美洲 500 周年这一值得纪念的历史性日子的到来，如何重新认识哥伦布航行的意义，引起国内拉美史学界的关注。通过拉美史学者的认真准备，特别是先后于 1988 年在桂林、1991 年在大连召开的学术讨论会，大家认识到尽管这是一个古老的历史课题，但是深入研究哥伦布航行所具有的时代意义及其展示出的向人类未知领域勇于挑战的拼搏精神和由此引发的东西两个半球不同文化的汇合对世界历史进程产生的重大影响，却是一个具有重大国际现实意义的全新课题。由此，拉丁美洲史研究会最先在国内学界倡议重新研究哥伦布航行美洲的世界意义问题，并得到热烈响应。经过近五年的精心筹备，在国内学术界大力支持下，1992 年五个全国性学术团体在北京联合举办了"纪念美洲发现：两个世界文明汇合 500 周年学术讨论会"。这是有中国、墨西哥、哥伦比亚、秘鲁、美国、俄罗斯等国家学者参加研讨，涉及历史学、经济学、考古学、民族学、海洋学、地理学等多学科，体现综合研究的一次国际学术盛会。这次国际学术会议讨论的中心不局限于研究哥伦布的个人身世及其实践活动，而是着眼于当时的整个时代，重点揭示东、西两个半球文明汇合 500 年来在世界范围内引发的深刻变化，从面向未来的新视角去透视这一重大世界历史事件。此次会议开得很成功，

---

① 参见严中平. 殖民主义海盗哥伦布[J]. 历史研究，1977（1）；朱寰. 应该怎样评价哥伦布——与严中平同志商榷[J]. 世界历史，1979（2）；严中平. 关于哥伦布其人答朱寰同志[J]. 世界历史，1979（4）；朱寰. 再论哥伦布的评价问题——与严中平同志再商榷[J]. 东北师大学报，1981（2），等等。

其相关研究成果，由黄邦和、萨那、林被甸主编成一本论文集。[①]全书收录了28 篇中国学者的论文和部分外国学者的论文提要，体现出历史与现实的有机结合，读后给人以强烈的历史感和时代感，由此把哥伦布及其相关的几个重大问题的讨论推进到一个新的境界。

今天读到这本论文集，我们不禁会想起 1892 年为纪念哥伦布首航美洲400 周年而召开国际会议时的情景。当时我国只有一位学者撰写文章参加此次国际学术交流，那就是著名的启蒙思想家王韬先生，其撰写的《哥伦布传赞》曾被编入意大利出版的国际纪念文集。而今，我国主办了有多个学会、众多学科、一支庞大学术队伍参加的国际学术讨论会，并出版了中文版的纪念文集。这充分反映出我国拉美史学和相关学科一个世纪以来的巨大进步，也反映出改革开放之后的中国在学术水平上有了很大提高。

如果说，中国学者纪念哥伦布首航美洲 500 周年的活动，使一个古老的课题焕发了青春，我们就不能不特别提及罗荣渠先生所起的学术带头作用。他向大会提交的论文《为什么不会有中国哥伦布？——15 世纪中西航海发展取向的对比与思索》和他为论文集撰写的序——《面向探索新世界航程的第二个 500 年——为纪念哥伦布首航美洲 500 周年而作》[②]为我们做出了榜样。从他选题视角的高大、思路的缜密、论证的深度中，我们看到了一位善于考古论今、追求真理的大学者的风范。正如他在纪念文集的序中指出的："500周年的纪念活动并不仅仅是纪念哥伦布的第一次远航美洲，而是在更广泛的意义上，把这次远航作为象征东西两半球诸文明大会合的一个历史性起点来进行纪念。这样，才有可能对发生在 500 年前的这次从西欧远航美洲的壮举，取得超越民族、超越国界、超越 15 到 16 世纪的时代局限性的共识，并对它做出具有当代世界历史意义的新评价。"[③]

罗先生带领拉丁美洲史研究会，联合国内兄弟学会主持召开纪念哥伦布

---

① 参见黄邦和，萨那，林被甸. 通向现代世界的 500 年——哥伦布以来东西两半球汇合的世界影响[M]. 北京：北京大学出版社，1994。

② 参见罗荣渠. 为什么不会有中国哥伦布？——15 世纪中西航海发展取向的对比与思索[M]//黄邦和，萨那，林被甸. 通向现代世界的 500 年——哥伦布以来东西两半球汇合的世界影响. 北京：北京大学出版社，1994：331-356；罗荣渠. 面向探索新世界航程的第二个 500 年——为纪念哥伦布首航美洲 500 周年而作（序一）[M]//黄邦和，萨那，林被甸. 通向现代世界的 500 年——哥伦布以来东西两半球汇合的世界影响. 北京：北京大学出版社，1994：1-7.

③ 罗荣渠. 面向探索新世界航程的第二个 500 年——为纪念哥伦布首航美洲 500 周年而作（序一）[M]//黄邦和，萨那，林被甸. 通向现代世界的 500 年——哥伦布以来东西两半球汇合的世界影响. 北京：北京大学出版社，1994：1.

首航美洲 500 周年国际学术讨论会，扩大了我国史学界在国际上的影响，也凝聚了国内同行的力量。1996 年 4 月 4 日，正当罗先生引领我国史学界，特别是引领我国拉美史研究进入新阶段，达到他的学术事业顶峰之时，他不幸因常年积劳成疾离我们而去，使我们失去了一位德高望重、无人能替代的导师。

罗先生的早逝，是我国学界的重大损失。然而，他留下来的学术遗产和治史理念永远值得我们学习。20 世纪 80 年代初，他赴美学术考察归来，面对中国社会主义现代化大潮的兴起，毅然放弃准备撰写《美国的历史与文明》一书的计划，开始转向现代化研究这一全新领域。经过重新学习，罗先生围绕"现代化理论和现代化世界进程"这一重大课题进行了全方位多层次的潜心研究，先后发表了一系列充满新见解的重要论著，把我国现代化理论研究和实证研究不断推向新的境界，初步形成了建立马克思主义现代化理论的中国学派的基本架构。特别是把中国现代化的进程放在世界大变革的背景中进行了新的研究，对旧的理论、方法与结论都有所突破，为我国现代化研究做出了开创性的重要贡献。拉美史学界同仁们一致认为，对罗先生去世的最好纪念，就是坚定地沿着他倡导的"历史学必须与时代同呼吸共命运"的治史道路走下去，并将其孜孜不倦、求真务实的治学品格体现在我们的教学和科研工作之中。

1999 年 11 月，中国拉丁美洲史研究会在京郊的中国人民解放军国防大学举行了第五届全国代表大会暨"20 世纪拉美的重大变革"学术讨论会。大会郑重决定，将"20 世纪拉丁美洲的变革与发展"确定为今后一个时期全国拉美史研究的重点领域。此后，每两年召开一次的全国拉美史学术年会和不定期举行的"青年论坛"都围绕这一主题进行。近十年来，通过比较集中地开展专题研究，大家在以下几个问题上取得了共识或某些进展：改革与发展是贯穿 20 世纪拉美历史的一条主线；结构主义、民众主义和新自由主义与拉美改革的关系；如何评价 20 世纪拉美的变革与发展；20 世纪拉美发展面临问题的历史根源；关于拉美工业化的启动时间问题；全球化与拉美现代化的关系；拉美国家现代化发展模式和社会转型问题；拉美国家社会转型中的经济、政治与文化，等等。一批以 20 世纪拉美的变革与发展、拉美国家现代化为中心内容的颇有特色的论著先后问世。例如，曾昭耀《政治稳定与现代化——墨西哥政治模式的历史考察》（东方出版社，1996 年版）及《现代化战略选择与国际关系——拉美经验研究》（社会科学文献出版社，2000 年版）；

苏振兴、袁东振《发展模式与社会冲突——拉美国家社会问题透视》（当代世界出版社，2001 年版）；江时学等《拉美与东亚发展模式比较研究》（世界知识出版社，2001 年版）；徐世澄《墨西哥政治经济改革及模式转换》（世界知识出版社，2004 年版）。这些论著都是作者从国别研究或从地区综合研究的不同视角对拉美国家发展模式和现代化进程中的热点问题进行深入研究的基础上写成的，具有重要参考价值。吴洪英《巴西现代化进程透视——历史与现实》（时事出版社，2001 年版），周世秀《巴西历史与现代化研究》（河北人民出版社，2001 年版），张宝宇《巴西现代化研究》（世界知识出版社，2002 年版），吕银春《经济发展与社会公正——巴西实例研究报告》（世界知识出版社，2003 年版）等论著，都专门对拉美大国巴西进行了个案研究，具有历史研究与现实研究相结合的特色，对具体理解巴西现代化进程及其特点具有重要参考价值。苏振兴主编的《拉美国家现代化进程研究》（社会科学文献出版社，2006 年版）一书，以马克思主义唯物史观为指导，对拉美国家 130 多年错综复杂的现代化历史进程进行了系统的阐述，在对现代化进程中人们普遍关注的若干重大理论问题进行深入研究的基础上提出了作者的见解，并在实证研究的基础上总结出有益的经验教训，是国内现代化研究中带有综合性特点、反映最新研究水平的代表作。以上论著（这里只是举例说明，恕我不能一一列出），都体现出作者们关心民族和人类命运的社会责任感，理所当然地受到社会各界的好评。

三、改革开放加速了新一代年轻学者的成长

学科建设是以学术性为核心的建设活动，而学术性的载体是教学科研队伍。没有一支知识结构、学缘结构合理、生机勃勃的教学科研队伍，学科建设就是无源之水。改革开放之前，全国拉美史学界不仅势单力薄、队伍趋于老化，而且受极左思潮影响不同程度上存在着唯书、唯上的教条主义，非此即彼的形而上学及自我封闭的思想僵化现象。国家的改革开放政策打开了国门，搭建起我国与国外学界开展学术交流的平台，为拉美史学科建设和人才培养创造了良好的条件和发展的机遇。

就拉美史学界来说，改革开放最初几年，有条件出国进修、考察的人不多，罗荣渠先生是幸运者之一。当时，他已年过半百。后来他回忆这段生活经历时曾写道："我很幸运，在 80 年代初就获得机会跨出国门，睁眼看世界。我刻了一方图章：'求知识于世界'。这是日本明治维新的口号。我在美国密

歇根大学历史系做了一年半的访问学者，并利用机会到各地访问，探寻美国兴盛发达的历史活力之所在。美利坚人在短短两百年时间中在北美荒原上建立了一个富饶而美丽的国家，给我留下了深刻印象。1989 年我又第二次出国，在英国萨塞克斯大学发展研究所做了半年的研究工作。加上其他一些零星的出国访问，使我对世界史的研究从封闭走向开放，这对我的现代世界意识的形成和新的历史发展观的形成发生了决定性的影响。"①罗先生从美国考察归来后，改变了他自己有多年科研积累的研究方向，放弃了"写一部新的美国史"的计划，转身投入"现代化问题研究"，最终提出"一元多线"历史发展的新史观。他的这一理论贡献及从中体现出的求真务实的学术品格对我国现代化理论研究、世界史研究和世界史学科建设已经产生了并将继续产生深远的影响。罗先生这段非凡的经历，生动而深刻地告诉人们，改革开放的国策对中国知识分子的思想行动产生了怎样的深刻影响，对于知识分子开阔眼界、确立现代世界意识、更新知识结构、跟上时代步伐是何等的重要。

整个 20 世纪 80 年代，罗先生每次出访归来都应邀在拉丁美洲史研究会年会上谈他的经历和收获体会。他亲自招收，指导研究生，鼓励有条件的青年学子出国深造学习；严格要求他们独立思考问题，求真务实，尤其在写文章时，既不能把马克思主义术语随便自以为是地套用，也不必跟着外国学者的术语走。②我从多次聆听罗先生的学术报告和接触中深深地感受到，是他才气过人而半生坎坷的学术经历，锻造出他那鲜明的学术个性；是他那从不受学科边界所局限、博通古今、学贯中西的学术素养，铸就了他史学大家的风范；是他善于理性地进行独立思考、从不被传统的学术观点所束缚的思维方式，使他具有开拓创新的学术品格；也正是他具有献身科学事业的博大情怀和新时代史学家的使命感，使他能站在时代的高度提出现代化问题研究这一重大历史性课题，并把现代化理论研究和实证研究不断推向新的境界。罗先生这种治史思想、治史方法，尤其是他孜孜不倦、求真务实、为了追求真理不怕冒风险、勇于提出自己观点的治学品格，给予拉美史学界的同仁们特别是青年学子极大的启发和影响。

进入 20 世纪 90 年代后，特别是近 10 年来，随着我国深化改革、扩大开放的进程加快，中外学术交流日趋频繁。国内部分高校不仅培养出一批以拉

---

① 罗荣渠. 罗荣渠自述 [M]//北大岁月. 北京：商务印书馆，2006：2-3.

② 参见罗荣渠. 对一篇博士论文选题报告中理论性问题的意见（1992 年 2 月 18 日）[M]//北大岁月. 北京：商务印书馆，2006：732-733.

美史为研究方向的硕士生、博士生，充实了研究队伍，而且有越来越多的从事拉美史研究的中青年教师被派往国外进修学习，还有在学的研究生被派往国外学习或攻读学位。据不完全统计，仅就拉美史分支学科已有 20 多人到国外大学、相关科研院所留学、进修、进行学术访问或参加国际会议。其中有 10 多位年轻学者先后到墨西哥、哥伦比亚、巴西、西班牙、美国、加拿大、英国、荷兰、韩国等国的大学去学习、进修或作短期访问。在国外，他们通过听课、讨论、访问、参观、查阅资料，不仅开阔了眼界，熟悉了专业，攻克了语言难关（除掌握了英语外，一般都学习了西班牙语，并通过了所在国西班牙语五级考试），还结识了许多拉美史专家、学者，掌握了国外最新的研究动态和史学流派，搜集到一批国内看不到的第一手原始档案资料。有的访问学者还利用国外丰富的材料和有利的条件同国外同行进行深入的专题讨论、合作研究或撰写论文。通过以上方式，这些在国外学习进修的人员提高了业务素质，知识结构更趋合理，学术思想更加活跃。他们回国后，大多承担起国家或省部级重点课题研究项目，成为我国拉美史和拉美问题研究队伍中一支骨干力量。

为了更有效地发挥这支骨干力量在队伍建设中的作用，拉丁美洲史研究会与拉丁美洲学会近十年来先后联合举办了四次"拉美研究青年论坛"，旨在为立志从事拉美研究事业的年轻学子搭建一个交流思想、切磋学术的平台。利用这个平台，一方面鼓励青年同志开展学术信息交流，另一方面也是老、中、青三代学人交流工作体会、沟通思想的好场所。2006 年 5 月，借助第三届全国拉美研究青年论坛的平台，两个学会联合举办了"缅怀罗荣渠先生学术成就——纪念罗荣渠先生逝世 10 周年"的活动，中年学者也在会上介绍了治学经验。2008 年 7 月，在北京召开的题为"当前拉美改革与调整对中拉关系的影响"的第四届青年论坛上，青年同志做主题发言，中老年学者给予点评。这些活动都收到了传、帮、带的良好效果。

2007 年 10 月，由拉丁美洲史研究会和山东师范大学历史与社会发展学院联合主办的"中国拉丁美洲史研究会第七次会员代表大会暨'拉丁美洲现代化研究学术讨论会'"在济南举行，来自全国政协外事委员会、全国各高校、科研院所和新华社、《世界历史》编辑部等单位的 70 多位代表、专家、学者参加了大会。会上，通过民主讨论、广泛听取各方意见，推选出新一届拉丁美洲史研究会理事会领导班子。新当选的 8 位理事长、副理事长和 4 位秘书长、副秘书长几乎全部是改革开放后期培养出来的博士和出国进修回国人员，他们平均年龄在 40 岁上下。这样一批学有所长、年富力强、思想活跃、愿为大家服务的同志走上拉丁美洲史研究会理事会的领导岗位，不仅标志着研究会实现了领导班子年轻化，也标志着我国拉美史研究队伍完成了新老交替，拉美史学科建设和队伍建设进入了一个新阶段。我们深信，有这样一个年轻化的领导班子和正在迅速成长中的新一代青年学子，有正在崛起中的强大国家的好政策，新一届拉丁美洲史研究会理事会一定会铁肩挑重担，迎接新挑战，带领全国同仁开创拉美史学科建设和教学科研工作的新局面。

四、开创我国拉美史研究新局面的几点思考

改革开放 30 年后的今天，中国同世界的关系发生了历史性变化，中国前途命运同世界紧密联系在一起。我国"和平发展"战略的实施、建设"和谐世界"理念的提出，标志着我国正在成为国际社会大家庭中一支重要的建设力量。世界史学科建设如何适应这一新形势发展的需要，已成为人们十分关注的问题，也是一切有责任感的史学工作者需要用行动回答的问题。

30 年的改革开放，促成了我国拉美史学科的重建，拓展了拉美史研究领域和方向，实现了学术队伍的新老交替，一批中青年学术骨干脱颖而出，一批颇具特色的学术著作相继问世。站在这一新的起点上，我们必须清醒地看到，在拉美史研究和拉美史学科建设问题上，我们还远远不能适应迅速发展的新形势的需要。我们一定要有忧患意识，一定要抓住当前难得的历史机遇，以新的姿态开创拉美史学科建设和拉美史研究的新局面。

（一）要开创新局面，就要进一步解放思想，用科学发展观规划、指导拉美史教学和科研工作。当前，我国正处于由开放大国向开放强国转变的关键时期。在这一转变过程中，国家有关部门正在对学科建设的布局进行调整，总的趋势是有计划地下放办学自主权。我们一定要抓住当前这个有利的时机，不等不靠，根据需要，积极、主动地做好拉美史学科自身的基础性建设工作，特别是国家重点建设的大学，要力争在有条件的历史系所，为本科生开设拉美史或相关的选修课程，这是拉美史学科建设最基础性的工作，也是改变拉美史学科目前处于弱势地位的根本出路。随着我国国力的增强和国际地位的提高，可以预见拉美史这个暂时处于弱势的分支学科一定会渐渐强势起来。在科研工作中要进一步肃清教条主义的影响。从几千年小农社会走过来的中国，教条主义根深蒂固。如果说，改革开放以前拉美史研究受极左的思潮影响，存在某种程度的"唯书、唯上"的教条主义倾向；那么时过境迁，30 年

之后的今天，在少数急功近利的青年学生当中又有某种程度的"洋"教条主义苗头出现。他们往往找到一部新书、看到一种新观点，就不加分析地"转引""转述"。这种"洋"教条主义很值得我们警觉。两种教条主义表现形式有所不同，但本质上都是思维方式上的僵化和惰性化，最终导致自觉或不自觉地陷入保守而不思进取，习惯性地追随别人而难以坚持独立思考、开拓创新。要创新就要掌握第一手原始资料，在去粗取精、去伪存真上下功夫，应用科学理论指导，全面审视、吸收前人先进的科研成果，进行创造性劳动，从中得出自己的结论。在研究方法上，也要进一步解放思想，适应经济全球化和宏观整体史学发展的新趋势，扩展研究视野，将拉美史同美洲史、世界史作为一个整体来把握，多做一些个案研究、国别史研究和比较研究，多吸收经济学、政治学、社会学等其他学科的研究方法，以便更准确地揭示拉美史在世界历史上的地位和作用，更科学地反映历史的真实和本质。

（二）要开创新局面，就要着眼长远，凝聚一支品学兼优的学术梯队。学科建设的核心是学术梯队建设，即人的素质、事业心、学术水平和团队精神建设。过去改革开放30年中，我们在学科建设上能取得一些进展，其根本原因是，拉丁美洲史研究会凝聚了一支有志于从事拉美史研究的基本队伍。目前，我国拉丁美洲史研究会理事会已实现了新老交替，但是已有的学术骨干队伍远远不能适应新形势的需要。我们希望有志于终身从事拉美史研究和拉美研究事业的年轻学子，在目前国内拉美史教学和科研生态环境有待改善、学界中存在着某种浮躁情绪的形势下，一定要坚定信心、埋头苦干、团结奋进，不被一时的困难所阻隔，不受短视的功利主义所左右。要像老会长罗荣渠先生那样热爱祖国、忠于职守、对人坦荡、对事认真、对学生严格、对工作认真负责；在做学问上，也要像罗先生那样孜孜不倦、求真务实、博通古今、学贯中西、追求真理、开拓创新。30年改革开放中锻炼成长起来的新一代学人，已经形成了一个新的团队核心，只要他们高瞻远瞩、脚踏实地、艰苦创业、迎难而上，我国拉美史学科建设和拉美史研究一定会在新的起点上再登上一个新台阶。

（三）要开创新局面，还需要国家有关业务主管部门深入基层调查研究，切实加强拉美史这一基础学科的整体规划和建设工作。从全国高校系统整体上看，设有世界史专业的历史系寥寥无几，这种局面和我国成为开放大国的现实需要和崛起大国的国际地位极不相称。改革开放以来，与其他人文社会科学学科相比，世界史学科建设发展缓慢。拉美史作为世界史的一个分支学科，是 20 世纪 60 年代初经由毛主席和周总理亲自倡导建立起来的，不久便遭"文化大革命"破坏。后虽于 1979 年建立起全国群众性的学术组织（中国拉丁美洲史研究会），但从全国高校历史学科建制上看，拉美史不但没有得到恢复，反而在一些重点大学呈现被边缘化的趋势。改革开放 13 年之后的 1991 年，当时的国家教委适应国际形势发展需要，专门在广州召开了拉丁美洲科研工作研讨会。会议回顾总结了高校解放思想以来对拉美地区研究所取得的成绩和存在的问题，并针对存在的问题研究制定了改变现状的有效措施。会上，国家教委宣布成立了由南开大学和北京大学相关负责人任正、副组长，由复旦大学、中国人民大学和北京外国语大学为组成单位的"高等院校拉丁美洲重点课题研究协调小组"，并确定了该小组的三项工作职责。[①]会后，协调小组在国家教委社科司领导下积极开展工作，先后在南开大学、北京大学召开了三次全国高校拉美重点课题研究协调小组会议，对社科司交办的工作进行部署和检查。1994 年 11 月，协调小组还协助国家教委社科司在南开大学召开了第二次全国高校拉美科研工作会议，负责起草、落实高校人文社会科学"九·五"研究课题指南，[②]并参加了重点课题的评审工作。此后，我们多次到国家教委向有关部门请示汇报相关工作，但因故未得到回答，国家教委宣布成立的协调小组未能发挥其应有作用。1997 年，国家教委颁布修订后的《授予博士、硕士学位和培养研究生的学科、专业目录》，又将一级学科"历史学"下设的二级学科由原来的 15 个压缩为 8 个，原有的"世界地区国别史"（原代码为 060114），竟从修订后的学科、专业目录中被删除掉，这无异于令拉丁美洲史这一世界史的分支学科自生自灭了。幸运的是，改革开放初期，由老一辈学者自发创建的全国群众性学术组织——中国拉丁美洲史研究会，在中国社会科学院世界历史研究所的关心、指导下，在全国拉美史同仁全力支持下，一直自强不息、坚守阵地，并沐浴着改革开放的阳光发展到如今的规模。然而，需要强调指出的是，这种现状极不适应我国新形势发展的战略需要，尤其不适应近年来我国与拉美国家关系发展的新形势。要改变这种局面，首先需要国家有关业务主管部门负责人有更开放的世界眼光，更长远的打算，更开拓的创新精神，去思考并解决好世界史各分支学科的建设问题。在高校人文社会科学重点研究基地布点、科研编制的设定、课题指南的

---

① 参见《关于印发〈拉美问题科研工作研讨会纪要〉的通知》。
② 参见《高校人文社会科学"九·五"科研规划咨询报告选》。

导向及科研经费的分配等问题上，要有计划、有步骤地把世界史分支学科的建设纳入工作视野。对于国家急需的人才和急需的分支学科（即使有些分支学科眼下条件尚不完全成熟），也要尽早动手做出建设规划；同时，要不断健全、完善各种宏观调控机制、监控机制和激励机制，排除非学术因素的干扰，使人尽其才，财尽其用；另外，在国家逐步扩大高校办学自主权的新形势下，各院校在深化教学科研体制改革过程中，对专业结构的设定、课程体系的设置、教学科研人员编制的分配（尤其承担教学和科研双重任务的重点院校）等方面，也都应根据国家需要和本单位现有条件，统筹规划，从长计议，妥善处理发展基础学科与应用学科、强势学科与弱势学科、教学与科研等诸多方面的关系。对本单位基础好的重点学科予以强化、大力发展是十分必要的，对那些基础一时较为薄弱但国家十分需要又有发展前景的非重点学科，也应从长计议、予以扶持，并作必要的、适度的政策倾斜。如果学校负责人对于看准了的、在全国颇具特色的、国家急需的弱势学科能予以有力度的扶持、有计划的巩固和提高，使之逐渐成长为本单位乃至全国的强势学科，那将是领导者的明智选择。

20 世纪拉丁美洲史学研究与中国社会的变迁[①]

纵观中外宏观史学，大家都认同一个基本事实：任何一次社会变迁（社会革命、社会变革或科技革命）都会或早或迟引起文化结构及其形态的变化。人文社会科学作为以社会现象和文化艺术为研究对象的一门科学，自然和社会变迁密切相关。

20 世纪，在中国几千年历史上是一个极不寻常的时期，是中国社会急速转型的一个重要时期，是由新民主主义走向社会主义、由革命走向建设、由计划经济走向市场经济、由积贫积弱走向中华民族伟大复兴的时期。在这风风雨雨的一个世纪里，拉丁美洲史学研究与其他人文社会科学一样，同中国社会的变迁同命运、共呼吸。她伴随着中华人民共和国的诞生而产生，在"文化大革命"的冲击下惨遭夭折，又在改革开放中获得新生和发展。当然，拉

---

① 本节原载于冯尔康，常建华. 二十世纪社会科学研究与中国社会[M]. 台北：财团法人馨园文教基金会出版社，1999：231-253.

丁美洲史作为世界地区史的一个分支，其产生、发展的历程也有其特殊性，它是历史大学科中最年轻的一个分支学科，是尚待开垦的一片处女地。今天，我们从社会变迁与拉丁美洲史学研究关系的角度，简略地勾画一下拉丁美洲史学研究走过的历程，从中可以看到拉丁美洲史学研究的历史轨迹和历史经验，更可以感悟到我们史学工作者的社会责任和时代使命。

一、战后国际格局的变动促成中国拉丁美洲史研究机构的建立

拉丁美洲历史悠久、源远流长，是光辉灿烂的印第安人古文化构成人类文明的发祥地之一。然而，中国有组织机构专门从事拉丁美洲史研究工作是最近 30 多年的事。我国著名学者、中国社会科学院原副院长李慎之在《剑桥拉丁美洲史》中文版前言中指出："拉美研究这门学问确立于本世纪 30 年代，而中国之正式搜罗人才，组织机构，专门从事拉美学研究，到 60 年代也已开始了"。①可见，拉美学（包括拉美历史）较其他学科说来，确是一门年轻的学科。

在世界范围内，拉丁美洲历史研究受到重视，也是在 20 世纪 60 年代以后。但是这不意味着在 60 年代以前，没有人研究拉美历史，没有拉美史著作问世。世界上最早研究拉美史的是欧洲人，这自然与欧洲殖民者最先到达美洲有关。他们是从征服战争、布道、传教及殖民统治需要出发而开始研究美洲土著人语言和印第安人历史的。如西班牙传教士佩德罗·巴托洛梅·德拉斯卡萨斯（Pedro Bartolomé de las Casas，1474—1566）的文集《墨西哥和新西班牙的印第安人》（Las Indios de Mexico y Nueva España），就是研究印第安人和殖民历史极其珍贵的历史文献之一。②

进入 20 世纪，相对于美国崛起而言，欧洲势力在拉美逐渐减弱而把更多的精力放在亚洲和非洲，美国取代英国成为对拉美开展贸易和投资活动的主要国家；加之巴拿马运河的通航、30 年代睦邻政策的推行和两次世界大战的进行，美国对拉美这块富饶的土地越来越感兴趣，从美国政府到私人财团投入拉美问题研究的经费日益增多，这一期间有一批拉美史著作问世。

---

① 李慎之. 加强地区研究，赶上世界学术研究趋势——《剑桥拉丁美洲史》中文版前言[M]//莱斯利·贝瑟尔. 剑桥拉丁美洲史. 中国社会科学院拉丁美洲研究所，译. 北京：社会科学文献出版社，1991：1.

② Pedro Bartolomé de las Casas. *Los Indios de México y Nueva España: Antologia*[M]. Primera edición, México: Editorial Porrúa, 1966.

但是，无论是在欧洲还是在北美，真正出现拉美史研究的热潮还是在第二次世界大战之后。随着世界人民反法西斯战争的胜利、战后殖民体系的瓦解，亚、非、拉美民族民主运动走向高潮，特别是 1959 年古巴人民通过武装斗争推翻了巴蒂斯塔亲美独裁政府，走上社会主义道路，这引起以美国为首的西方国家的极大不安。美国精心策划导演的猪湾事件和加勒比海危机先后爆发，由此把美苏在拉美的对抗推向高峰。一时间，革命胜利后的古巴向何处去，拉美这个美国的"后院"会不会受到民族解放斗争的冲击，便成了国际社会普遍关注的热点，成为各国政府开始加大对古巴和拉美各国历史、现状问题研究力度的契机。①

苏联的拉美史研究始于 20 世纪 20 年代末，在 1924 年苏墨建交互访时，就有拉美史著作面世。正式建立拉美史研究机构，有计划、有组织地开展研究始于 1961 年苏联科学院内设"拉丁美洲研究所"，出版学术刊物《拉丁美洲》（America Latina），在历史研究所内专设"拉丁美洲历史组"。此外，莫斯科大学、圣彼得堡大学、基辅大学和明斯克大学也建立了相应的研究机构。

在中国，作为世界地区史的组成部分，拉丁美洲史是中华人民共和国建立后逐渐发展起来的。起初，拉美史是作为高等院校开设的世界史课程中的一部分出现的。1952 年高等院校院系调整后，少数综合性大学和师范院校历史系相继开设了世界史课程，亚洲、非洲、拉丁美洲民族解放运动史是其中重要的内容。但是，由于当时缺少专门从事拉美史研究的人才和史料，严格意义上的拉美史研究工作难以深入开展。

1959 年古巴革命的胜利极大地鼓舞了亚、非、拉各国人民，毛泽东代表中国人民发表祝词："古巴人民革命的伟大胜利，为拉丁美洲各国人民的民族民主运动树立了光辉的榜样，并且大大鼓舞了世界上一切被压迫民族争取解放的斗争。"1960 年 9 月中古正式建交，中国人民要求更多地了解古巴和拉美各国。因此，加强对古巴和拉美各国历史与现状问题的研究，就成为中国学者的一项重要任务：20 世纪 60 年代初，北京大学、中国人民大学、北京师范大学和复旦大学等校历史系先后开设了拉丁美洲史课程。1963—1964

①　例如，美国的一些大学在政府或私人财团资助下都先后建立了拉丁美洲研究中心，一般采取教学与科研相结合的方式，有一支可观的研究队伍和有特色的图书馆，同时出版自己的丛书和学术刊物。1965年，美国拉丁美洲学会成立并出版"Latin American Research Review"。20 世纪 60 年代英国在剑桥、牛津等一些名牌大学建立拉美研究机构，并出版"Revista America Latina"等刊物。日本也在 20 世纪 60 年代成立了"日本—巴西研究中心"，后又建立了"日本拉丁美洲研究协会"等。

年，在毛泽东、周恩来等老一辈国家领导人关注和倡导下，中国建立起第一批专门从事拉美历史与现状问题研究的学术机构——南开大学拉丁美洲史研究室、复旦大学拉丁美洲研究室、武汉师范学院（即今日的湖北大学）巴西史研究室，中国科学院哲学社会科学部世界历史研究所内也设置了拉丁美洲史研究室。

在南开大学，与拉丁美洲史研究室同时建立的还有美国史研究室和日本史研究室，号称历史系"三个研究点"，分别由梁卓生教授、杨生茂教授和吴廷璆教授挂帅。国家教委同时批准在一个学校成立三个研究室，这在当时高校中是少有的一件事。而今，南开大学地区国别史成为国家级重点学科，走在全国高校前列，绝非偶然。

南开大学拉丁美洲史研究室的建立体现出艰苦创业精神。当时一无专职研究人员，二无研究资料，一切需要从头做起，可以说是白手起家。1964—1966 年为初创时期，当时首要的任务是"招兵买马"，包括我自己在内共选调了 6 位教师参与筹建工作，购置了一批俄文、英文和西班牙文图书资料，在拉美一些主要国家都选订了一批具有代表性的西文期刊和报纸，开始了对拉美国家的调查研究和资料积累工作。经过近两年紧张的筹建工作，正当着手起步要开展有计划的研究工作之时，1966 年 6 月一场史无前例的"文化大革命"的祸水从天而降，研究室主任梁卓生教授受到极左思潮的冲击，其创建研究室时提出的"三原则"（即外语第一、业务第一、研究成果第一）遭到无端的批判，苦心经营的研究室遭到严重破坏，梁先生本人身心也受到巨大打击，研究室工作蒙受难以估量的损失，拉美史研究工作被迫中断。"文化大革命"十年浩劫之后，南开大学美国史研究室、日本史研究室先后恢复了原建制，重新开始了研究工作，而唯独拉美史研究室由于人员流失无法再重振旗鼓。一段时间里，我被安置在历史系世界现代史教研室工作，但我没有放弃拉美史这个研究方向。出于拉丁美洲史研究在南开大学不能"断香火"这一朴素愿望，多年来，我一直在这块尚未开垦的处女地上艰难跋涉。

二、改革开放迎来拉美史学研究的春天

1978 年 12 月召开的十一届三中全会，彻底扭转了十年内乱造成的严重局面，冲破了极左的错误路线的严重束缚，批评了"两个凡是"的错误方针，重新确立起实事求是的思想路线。这是共和国历史上具有深远意义的伟大转折。

十一届三中全会结束后，文教战线同其他各条战线一样，也进行了正本清源的工作。随着邓小平"解放思想，实事求是"思想的深入人心、拨乱反正工作的开展，拉美史学界也迎来了自己的春天。我们说迎来了拉美史学的春天，可以列举许多事实，但最重要的是有两大标志：一是，"粉碎四人帮"之后的第三年，即建立起全国性学术团体，迅速恢复了被"文化大革命"中断的拉美史教学和科研工作；二是，在学术领域正本清源的基础上开创了实事求是进行学术研究的新局面。

十一届三中全会的召开，使拉美史学界同仁获得思想上的解放，大家迫切希望把"荒废的十年"尽快抢回来。经过老一代拉美史学家的酝酿和筹备，李春辉、罗荣渠、程博洪、黄邦和、乔明顺、梁卓生、沙丁、萨那等一批学者于 1979 年 12 月在武汉聚会，召开了全国拉美史研究工作者第一次代表大会，宣告中国拉丁美洲史研究会成立。大会一致推举李春辉先生为第一届研究会理事长，程博洪、沙丁、罗荣渠为副理事长，黄邦和担任秘书长。拉丁美洲史研究会是十一届三中全会召开之后，中国学术界率先成立的全国群众性学术团体之一。它的成立为在中国迅速恢复、发展被"文化大革命"破坏的拉美史研究和教学工作奠定了群众性的组织基础。从此，拉美史研究工作进入一个新阶段。

1979 年 10 月，在中国拉丁美洲史研究会成立前夕，中国西班牙、葡萄牙拉丁美洲文学研究会成立，1984 年 5 月中国拉丁美洲学会也组建起来。在这些全国性研究机构成立前后，北京大学、复旦大学、南开大学、中国人民大学、武汉师范学院（即今日的湖北大学）、山东师范大学等十余所院校恢复或新增设了拉丁美洲史课程，拉美史教学和科学研究工作从此步入了正轨。

拨乱反正、正本清源的工作如阵阵春风吹拂着中国大地，在拉美史这块学术园地重新播下的种子已深深扎下了根，虽然发芽、成长需要一些时日，但她在阳光雨露的哺育下一定会迎来百花盛开的那一天。

下面以对西蒙·玻利瓦尔这一历史人物的评价问题为典型事例进行案例分析。

西蒙·玻利瓦尔是世界公认的 19 世纪初拉丁美洲独立战争的著名领袖、新型的资产阶级民主主义思想政治家，率领军队转战南美 5 个共和国，指挥了 472 次战役，最终取得拉美独立战争胜利，赢得"解放者"的赞誉。对于这样一位重要的历史人物，我国学术界在"文化大革命"前缺乏深入研究，大学教材中论及玻利瓦尔这一独立战争领袖时只是几笔带过，未予充分肯定。"文化大革命"期间，山东师范学院（即今日的山东师范大学）历史系王春良先生撰写的《拉丁美洲独立运动的几位英雄人物》一书，曾把玻利瓦尔列入其中并做了充分肯定的历史评价。当此书稿被送到出版社审稿时，玻利瓦尔这位拉美独立战争中的头号英雄竟出人意料地从书稿中被删除掉。此书1977年正式出版时，保留了圣马丁、莫雷洛斯等6位英雄人物，而唯独没有玻利瓦尔其人。究其原因是受马克思对其评价的影响。①由于马克思当时依据的材料有限，分析不全面，对玻利瓦尔本人基本上持否定态度。十一届三中全会恢复了"解放思想，实事求是"的思想路线之后，拉美史学界对玻利瓦尔的研究开始活跃起来。在1979年武汉召开的拉丁美洲史研究会成立大会上，中国社会科学院拉美所副所长沙丁在"拉美之行"的学术报告中首先提出重新评价玻利瓦尔的问题，中国社会科学院世界历史研究所萨那、山东师范学院（即今日的山东师范大学）王春良等都发表了肯定玻利瓦尔的意见。会后第二年正值玻利瓦尔逝世150周年，《世界历史》发表了萨那的纪念文章，指出玻利瓦尔是"拉美共和主义和民主政治的奠基者，是杰出的资产阶级民主主义革命者"，"爱国主义旗帜举得最高的英雄人物"。②笔者和吴宏甫也发表了题为《拉丁美洲民族独立解放斗争的一面旗帜——纪念西蒙·玻利瓦尔逝世一百五十周年》一文，对玻利瓦尔思想的形成作了探讨，并从拉美独立战争杰出的军事家、资产阶级民主政治的思想家和拉美第一代外交家三个侧面予以评价。③在中国学界共同努力下，玻利瓦尔得以正名，玻利瓦尔的历史地位开始受到肯定。

1981年4月，委内瑞拉基督教社会党（Partido Social Cristiano）最高领导人卡尔德拉·罗德里格斯（Caldera Rodriquíz）访华时，向邓小平赠送了纪念玻利瓦尔逝世150周年纪念册，同时提出，1983年7月24日是玻利瓦尔诞生200周年纪念日，届时将在整个拉美和世界各地隆重纪念，相信中国政

---

① 1858年马克思曾应邀为《美国新百科全书》撰写题为《玻利瓦尔-伊-庞特》词条，对玻利瓦尔作了基本否定的评论。参见马克思恩格斯全集：第14卷[M]. 北京：人民出版社，1965：225-241.

② 萨那. 论西蒙·玻利瓦尔及其政治思想[J]. 世界历史，1980（2）.

③ 洪国起，吴宏甫. 拉丁美洲民族独立解放斗争的一面旗帜——纪念西蒙·玻利瓦尔逝世一百五十周年[J]. 南开史学，1980（2）.

府也将会对此做出重要贡献和努力。邓小平当即表示："好！"并对在座的中国同志说："记住这件事。"邓小平代表中国人民第一次在国际社会上对玻利瓦尔做了肯定的评价，这给玻利瓦尔的祖国——委内瑞拉以鼓舞。委内瑞拉驻华大使雷古洛·布雷利·里瓦斯（Régulo Burelli Rivas）为奥古斯托·米哈雷斯（Augusto Mijares）撰写的权威性新著，即名为《解放者》的玻利瓦尔传作序，它在中国出版作序所选用的题目令人深思——《解放者来到了中国》。序言指出："中国友人正日益关心博利瓦尔（原文如此，笔者注），日益熟悉他的形象，熟悉他以自己的生活给予人们的教诲，熟悉他的全部活力以及他伟大的思想和理想，……在中国，学者、教授、作家、历史研究工作者、舞台艺术活动家、青年学生等西蒙·博利瓦尔的友人，现在不仅在纪念这位解放事业的天才方面，而且也在研究博利瓦尔事业的内容和博利瓦尔主义的含义方面，在同我们一起工作。"①

1983 年是玻利瓦尔诞辰 200 周年，世界各国学者以不同方式纪念这位伟大的民族英雄，中国也不例外。这是改革开放后的中国第一次同世界各国人民一起隆重举行纪念活动。其间，我国政府应邀出席在委内瑞拉首都加拉加斯举行的历时两周的纪念活动；我国对外友协主持召开由王炳南会长出席的纪念大会；举办玻利瓦尔生平事迹展览；出版发行纪念玻利瓦尔的学术论文集（西文版）；编译出版玻利瓦尔文件集；委内瑞拉驻华使馆和我国出版单位举行互赠书籍仪式等。与此同时，中国拉丁美洲史研究会于 1983 年 6 月在北戴河举行玻利瓦尔专题学术讨论会。会上围绕玻利瓦尔民主共和思想、教育思想、军事贡献、大陆联合反殖政策及其在世界历史上的地位、作用等问题展开热烈讨论，其主要研究成果在社科院拉美研究所学术刊物《拉丁美洲丛刊》上以专辑形式刊出。研究会理事长李春辉先生评价说："玻利瓦尔是资产阶级民族运动的伟大领袖，是世界第一革命巨人。"副理事长罗荣渠先生评价道："在他之前，欧洲和北美的许多民族革命领袖都是本民族的巨人，而唯有玻利瓦尔才是第一位当之无愧的跨越国界的洲际巨人。"②此外，张虎生、黄邦和、洪国起、曾昭耀、王春良等都从不同侧面对玻利瓦尔做出积极、肯定

---

① 雷古洛·布雷利·里瓦斯. 解放者来到了中国[M]//奥古斯托·米哈雷斯. 解放者. 杨恩瑞，陈用仪，等译. 北京：中国对外翻译出版公司，1982：vii，viii.

② 罗荣渠. 论西蒙·玻利瓦尔的世界历史地位——为美洲第一革命巨人诞生二百周年而作[J]. 拉丁美洲丛刊，1983（3）.

的评价。①

厄瓜多尔历史学家冈萨雷斯在其新著《西蒙·博利瓦尔》（原书名如此，笔者注）一书中评价道："在十九世纪第一个四分之一的时间里，拿破仑就是欧洲，博利瓦尔就是美洲。但是，拿破仑躺在过去的荣誉上再也无所作为；而博利瓦尔还活着，仍然在活动。"②的确，玻利瓦尔为拉美民族解放而奋斗的精神永远存在世界人民的心中。在改革开放之后的中国，他同样受到中国人民的尊敬，赢得了他应有的历史地位。

拉美史学界同仁以研究、评价和纪念玻利瓦尔为突破口，以解放思想、实事求是的科学态度为准则，在拉美史学各个方面展开了正本清源的大讨论。自 1979 年中国拉丁美洲史研究会建立之日起至 1994 年，先后举办了十次全国性拉美史学术讨论会，涉及面之广是前所未有的，主要有：拉丁美洲印第安古文明的起源及其对世界文明的贡献；哥伦布开辟新航路及其对世界历史进程的影响；独立运动的性质和拉美社会性质；当代拉美民族民主革命任务及其发展；拉美各国资本主义的发展和美拉关系；拉美民族理论问题；拉美现代化问题等。讨论中学者们思想活跃，畅所欲言，不唯书，不唯上，只唯真。拉美学界呈现出百花齐放、生动活泼的崭新局面。

三、近 20 年来拉美史研究的发展趋向和特点

对拉美史学界来说，近 20 年来可谓是科学的春天，是百花争艳、繁花似锦的春天。总的发展趋向是伴随着改革开放和时代发展的步伐，研究领域不断扩展，研究视角日趋多样，研究重心逐步下移，研究方法日益综合，研究成果丰盛多彩。

近 20 年来，拉美史学研究的一大特点是：基础研究受到重视，推出一批为拉美史研究奠基的代表性著作。

建设一门年轻学科犹如兴建一座大厦，夯实地基至关重要。然而，实现这一目标谈何容易。首先遇到的难题是原始资料匮乏。500 多年前，欧洲殖

---

① 参见张虎生. 论玻利瓦尔倡导拉美团结思想的重大意义[J]. 拉丁美洲丛刊，1983（3）；黄邦和. 论玻利瓦尔废除奴隶制的思想形成与历史作用[J]. 拉丁美洲丛刊，1983（3）；洪国起. 玻利瓦尔坚持大陆团结联合反殖的对外政策[J]. 拉丁美洲丛刊，1983（3）；曾昭耀. 玻利瓦尔——拉美资产阶级教育改革运动的先驱者[J]. 拉丁美洲丛刊，1983（3）；王春良. 从拉美独立战争看玻利瓦尔的军事贡献[J]. 拉丁美洲丛刊，1983（3），等等。

② 冈萨雷斯. 西蒙·博利瓦尔[M]. 齐毅，译. 北京：新华出版社，1980：1.

民者对拉美进行征服性的殖民战争，毁掉一大批古代印第安人文化遗产（包括文物、文字数据），而后收集、积累的材料多出自欧洲人之手（包括早期殖民者、官员、牧师、学者等）。20 世纪，拉美各国培养出一批自己的学者，他们多在欧美大学中攻读学位，其中一些人受欧美史观影响较深。因此，中国学者能直接引用的第一手资料有很大局限性，加之语言、地缘乃至经费方面的困难也给学术交流带来一定影响。尽管如此，近 20 年来，由于拉美学界同仁共同努力，潜心研究，仍然推出一批力作。

《拉丁美洲史稿》是由中国留美学者、中国人民大学教授、中国拉丁美洲史研究会第一任理事长李春辉先生在多年从事拉美史教学、潜心研究基础上，历经多次修订而成，是中国人以马克思主义为理论指导撰写的第一部拉丁美洲地区通史性力作，也是中国拉美史研究奠基之作，是国内拉美史教学的必读参考书。

此书写成于 1973 年，最初在内部发行。后经李先生修订于 1983 年由商务印书馆分上下两卷正式出版，下限止于 1956 年。后来，为适应战后世界史教学和科研工作的需要，在李先生主持下和中国社会科学院拉丁美洲研究所苏振兴、徐世澄等同志协助下将下限延伸到 1989 年，1993 年由商务印书馆出版了第三卷，这一卷与前两卷一起形成了一部比较系统、完整的拉丁美洲地区通史。其特点是，作者重视前哥伦布时期印第安人古代文明的历史地位，在通史编写体例上将其作为一个历史阶段来处理，突破了"欧洲中心论"的局限，还历史以本来面目；全书分总论、分论两大部分叙述，较好地处理了拉丁美洲地区史上共性与特性、统一性与多样性的关系等。

提到中国学者研究拉丁美洲史和美洲史的奠基之作，不能不介绍北京大学教授罗荣渠先生及其宏富著述。

罗荣渠先生 1927 年出生在四川省成都市一个知名的书画世家，自幼受到中国传统文化的熏陶，学生时代受到良好的教育，1945 年考入昆明西南联大，1949 年从北京大学历史系毕业后在中苏友好协会总会工作了几年，于 1956 年重新回到北大历史系任教，直至 1996 年去世，在北大历史系整整工作了40 个年头。[①]著名史学家周一良先生在吊唁辞中指出："罗荣渠同志才气纵横，而半生坎坷，改革开放后，其价值才受到应有的认识与尊重，我一直深感欣

---

① 参见林被甸. 上下求索，大胆创新——罗荣渠教授的学术探索与学术成就[M]//北京大学世界现代化进程研究中心. 罗荣渠与现代化研究——罗荣渠教授纪念文集. 北京：北京大学出版社，1997：99-100.

慰。他在教学与研究两方面都做出突出成就，正当更大有作为之际，遽尔化去，实我们历史系以至整个史学界不可挽回的损失！他的工作将永远留在我国广大史学界的记忆之中。"[①]

罗荣渠先生作为中国美洲史研究奠基人，他研究工作的最大特色是怀着对科学的献身精神，站在学术前沿和时代的高度，把握历史的脉搏，研究重大历史课题，不受传统观念之束缚，善于在潜心研究、苦苦求索的基础上提出自己的独到见解，发前人之所未发，不断拓展新的研究领域，把学术水平推向新的境界。《中国人发现美洲之谜——中国与美洲历史联系论集》（重庆出版社，1988 年出版）一书体现出这种科学的治史精神。

关于中国人最早发现美洲问题的研究，即先于哥伦布 1000 年就有中国僧人发现了美洲，是 200 多年来国际学术界争论已久的重大历史课题。这个问题最早是由一位法国汉学家提出的，有法、美、俄、德、英、意、荷、日和印度等各国学者参加讨论，仅在 1761—1921 年的 160 年间，国外就出版了 30 多种论著论证这一问题。这个重大历史课题从 20 世纪初传到中国之后，引起了人们的兴趣。正如罗先生指出的，"大致平均每隔 20 年要引起一次讨论"。[②] 20 世纪 20 年代初，有人在《地学杂志》上提出《美洲为古幡木地说》；40 年代初，朱谦之教授出版《扶桑国考证》（香港商务印书馆，1941 年出版）；60 年代初，马南邨引起"谁最早发现美洲"的新一轮讨论（《北京晚报》，1961 年 9 月）；80 年代初，由于美国加利福尼亚州"石锚"的出水，又引发一次讨论的热潮。就国内学界而言，上述几个回合的讨论，从著名哲学家朱谦之到著名学者邓拓无不赞同中国人最早发现美洲的假说。而罗先生凭借他学贯中西、通古今之变的深厚功力，运用历史文献学、考古学、古人类学、历史地理学和气象学等方面的知识，对这一有争议的重大历史课题进行了全面、系统的研究，并于 1962 年发表《论所谓中国人发现美洲的问题》一文，[③]得出与众多权威学者不同的结论。针对美国加利福尼亚州海下发现"石锚"，被人视为中国人最先到达美洲的"新物证"这一新一轮争论的再起，罗先生又亲自赴美考察，依据科学的方法辨析了所谓"扶桑国猜想"的新考证和新发

①　北京大学世界现代化进程研究中心. 罗荣渠与现代化研究——罗荣渠教授纪念文集[M]. 北京：北京大学出版社，1997：1.

②　罗荣渠. 自序[M]//中国人发现美洲之谜——中国与美洲历史联系论集. 重庆：重庆出版社，1988：3.

③　参见罗荣渠. 论所谓中国人发现美洲的问题[J]. 北京大学学报，1962（4）.

现，撰写了《扶桑国猜想与美洲的发现——兼论文化传播问题》一文，①以无可辩驳的事实彻底否定了扶桑即墨西哥的假说，并从理论上批判了西方汉学研究中宣扬的某些"欧洲中心论"的错误观点，还对文化的传播、融合、发展提出了许多独到的见解。此文发表后在国内外学界受到重视，产生广泛的影响。诚如李慎之评价道："荣渠以特别深厚的功力一一批驳，应当说已经一言定献，南山可移，此案不可改了。"②后来此文获国家一级学术刊物《历史研究》第一届优秀论文奖。

1992 年，在北京召开了"纪念哥伦布航行美洲 500 周年国际学术讨论会"，罗先生为此撰写了《为什么不会有中国的哥伦布？——15 世纪中西航海发展取向的对比与思索》一文。③他从对郑和、哥伦布和达·迦马东西方三大航行的对比中，在从地理到历史、从政治到经济、从考核名物到研究心理的多视角、多层面的分析中，揭示了为什么不会有中国哥伦布的深层原因。这样就在否定"扶桑即墨西哥"假说的基础上科学地回答了"所以然"的问题，从而对这一国际学术界争论 200 多年的重大历史课题作了令人信服的权威性的总结。

自然，如此重大的历史性课题不会因此而中止争论。罗先生在《中国人发现美洲之谜——中国与美洲历史联系论集》一书的"自序"中坦诚地指出："科学研究需要百家争鸣，而百家争鸣又必须以科学研究为基础。科学研究愈充分，百家争鸣才愈加深入，愈接近探索的真理。……这个集子中所提出的这样那样的论点很可能在不久的将来被推倒，但只要这些论证所坚持的实事求是的探索态度得到肯定，严谨的科学的历史方法引起重视，这些探索的主要目的就算达到了。"④作为一位严肃的学者，罗先生对待学术争论的问题所抱定的这种极其严肃负责的态度值得我们认真学习。

罗先生学识渊博，思路开阔，在拓展拉丁美洲史、美拉关系史、中拉关系史领域方面都做出了重要贡献。《美洲史论》（中国社会科学出版社，1997

---

① 参见罗荣渠. 扶桑国猜想与美洲的发现——兼论文化传播问题[J]. 历史研究，1983（2）.

② 李慎之. 一位有世界眼光的爱国者[M]//北京大学世界现代化进程研究中心. 罗荣渠与现代化研究——罗荣渠教授纪念文集. 北京：北京大学出版社，1997：4.

③ 参见罗荣渠. 为什么不会有中国的哥伦布？——15 世纪中西航海发展取向的对比与思索[M]//黄邦和，萨那，林被甸. 通向现代世界的 500 年——哥伦布以来东西两半球汇合的世界影响. 北京：北京大学出版社，1994.

④ 罗荣渠. 自序[M]//中国人发现美洲之谜——中国与美洲历史联系论集. 重庆：重庆出版社，1988：5.

年版）中收集的 25 篇论文和《现代化新论——世界与中国的现代化进程》（北京大学出版社，1993 年版）中有关拉丁美洲现代化发展趋势的论断，都有许多精辟、独到的见解，充分显示出罗先生是真正具有世界眼光、历史眼光的人。"这样的文章，在今天的中国，是没有几个人可以写得出来的。"①

实事求是地说，在拉美史这个尚待开发的领域开展科研工作有许多困难。然而可贵的是，学者们都能知难而进，对许多有待深入研究的问题展开攻坚战，取得了重要进展。其中，有对古代印第安文明研究的一些著作面世，最具代表性的有蒋祖棣所著的《玛雅与古代中国：考古学文化的比较研究》（中国社会科学出版社，1993 年版）、胡春洞的《玛雅文化：论玛雅与华夏文化同源》（复旦大学出版社，1997 年版）、朱伦等著《印第安世界》（广西人民出版社，1992 年版）、林大维的《玛雅的智慧：浪漫神奇的文化隐喻》（浙江人民出版社，1993 年版）等。值得注意的是，蒋祖棣与胡春洞二位先生不仅对玛雅文化进行了比较深入的研究，同时还就玛雅文化和古代中国华夏文化进行了比较研究，从不同视角、运用不同方法研究得出不同的结论。蒋先生认为，玛雅文化与古代中国华夏文化各有源头，彼此独立完成了各自的发展过程，在界定的时间范围内没有发生过文化传播的联系；而胡先生则认为，玛雅文化与华夏文化同源。有关古代印第安文明的问题，不少学者还从不同侧面开展了研究工作，并以不同形式发表了自己的成果。②

对西葡殖民统治和拉美独立运动问题的研究也取得新的进展，发表（出版）了不少有见解的论著。年轻学者韩琦所著《拉丁美洲经济制度史论》（中国社会科学出版社，1996 年版）具有一定代表性。此书虽以拉美自被"征服"以来的一系列经济制度为研究对象，但作者立意在于探讨同处于美洲的美国与拉美各国走上不同发展道路的原因。这是一个极富学术价值又具有现实意义的重大历史课题。为寻找答案，韩琦从拉美体制结构入手对拉美各个时期的经济制度进行了较为系统的研究，不仅提出了一些新见解，而且还就南北美洲发展道路的差异做出了初步比较。乔明顺关于委托监护制的研究，张铠关于秘鲁米达制的研究，张镇强关于巴西种植园制的研究，林被甸关于独立战争前夕西属美洲资本主义因素的研究等，都较早地涉及殖民地时期许多根

---

① 李慎之. 痛失良史悼荣渠——《美洲史论》序[M]//罗荣渠. 美洲史论. 北京：中国社会科学出版社，1997：2.

② 参见方迴澜. 古代巴西印第安人历史新探[J]. 历史研究，1990（1）；龚缨晏. 从村落到国家：墨西哥瓦哈卡谷地研究[J]. 世界历史，1992（3），等等。

本性的重要问题。他们发表的一批论文，把殖民地问题的研究向前推进了一步。[①]除此之外，学者们对拉美早期的开拓、发展、传教士佩德罗·巴托洛梅·德拉斯卡萨斯（Pedro Bartolomé de las Casas）的评价及殖民地时期的宗教等问题也都从不同侧面进行了探讨，发表了不少好的文章。[②]拉丁美洲独立运动及其领袖人物是学者们颇为感兴趣的课题，先后发表过许多论文，也出版过一些小册子。1990年，商务印书馆将其汇成合订本《多洛雷斯的呼声——拉美民族解放风云录》出版，其中收入金重远、王春良、周世秀、方幼封、张铠、陆国俊等人撰写的有关独立运动和民族解放斗争中的重大历史事件和重要领袖人物的文章，为人们展现了拉美人民争取民族独立和解放斗争的壮烈场面及领导人的风采。陆国俊、郝名玮主编的《新世界的震荡——拉丁美洲独立运动》（上海社会科学院出版社，1991年版）一书，体现出这一时期我国学者对拉美独立运动整体研究深入的程度。该书综述了独立运动广阔的历史背景和各个地区独立运动的进程，并就运动的领导权、斗争性质、成果及运动期间的国际关系等问题进行了比较深入的分析和阐述，把独立运动这一重要课题的研究向前推进了一步。王春良先生的《拉丁美洲民族民主运动史论》（中国地图出版社，1992年版）一书，对拉美民族民主运动相关的重大事件也进行了很好的分析和阐述。

　　中国拉美学者对拉美国际关系问题的研究起步并不晚，中国拉丁美洲史研究会曾几次组织会员就拉美国际关系问题进行专题研讨，并有相关论著发表。其中内容比较综合、有代表性的著作包括：沙丁、杨典求等著的《中国和拉丁美洲关系简史》（河南人民出版社，1986年版），洪国起、王晓德著《冲突与合作：美国和拉丁美洲关系的历史考察》（山西高校联合出版社，1994年版），徐世澄、张文峰、焦振衡著《美国和拉丁美洲关系史》（社会科学文献出版社，1995年版），洪育沂主编《拉美国际关系史纲》（外语教学与研究出版社，1996年版）等。这些著作由学者们在多年教学和科研积累基础上撰写

　　① 参见乔明顺. 从委托监护制的推行看西属拉美殖民者和宗主国矛盾的发展[J]. 河北大学学报，1987（3）；张铠. 秘鲁历史上的米达制[J]. 世界历史，1982（6）；张镇强. 巴西种植园制的形成和特点[J]. 世界历史，1987（3）；林被甸. 独立战争前夕西属美洲资本主义因素问题考察[M]//中国拉丁美洲史研究会. 拉丁美洲史论文集. 北京：东方出版社，1986：108-132，等等。

　　② 参见金世秀. 巴西的发现与开拓对欧洲的影响[J]. 历史研究，1992（1）；金计初. 新大陆的发现与巴西早期的发展[J]. 世界历史，1993（1）；冯秀文. 也谈殖民地时期墨西哥资本主义萌芽问题[J]. 世界历史，1992（2）；金计初. 拉美早期资本主义的探索[J]. 世界历史，1996（1）；陆国俊. 论独立运动前夕拉丁美洲资本主义因素及其特点[J]. 世界历史，1997（2），等等。

而成，比较系统地阐述了中拉、美拉和拉美国家与世界其他各国之间关系的历史发展，是中国学者编著的第一批拉美国际关系的史书。

此外，拉美史学界还组织力量翻译了 10 多部有代表性的拉美史著作。其中最重要的是中国社会科学院拉丁美洲研究所推出 9 卷本译著《剑桥拉丁美洲史》，约 800 万字。这是由世界上研究拉美历史的权威学者集体编著的一部权威性的拉美通史。全书重点突出，采取总论和分论相结合，分别考察殖民地时期、独立战争—1870 年、1870—1930 年、1930 年以后的拉丁美洲经济、政治、社会、思想和文化状况，每章都附有一篇书目评论。这些译著代表了当今世界研究拉美史的主流学派的观点，是我们从事拉美史教学与研究工作的重要参考书。

近 20 年来，拉美史学研究的另一特点是，研究领域不断拓展，学术思想日益活跃。

20 世纪 70 年代以前，即改革开放之前，拉美史研究的问题比较单一，主要局限在政治方面，实际上只局限在政治斗争、革命运动等方面。例如拉丁美洲独立运动、民族民主革命运动、反殖民主义和反帝国主义斗争、墨西哥革命、古巴革命。当然，这同 20 世纪六七十年代国际斗争形势发展特点相联系，也是当时斗争形势发展的需要。改革开放之后，随着我国工作重点的转移，中国社会对外开放程度日趋扩大，随着中国人民了解世界的需求日益增多和拉美史学者眼界的扩展，研究领域不断拓宽，逐渐向经济、文化和社会思潮等方面扩展。

就政治领域而言，也突破了过去只研究革命和反帝国主义的范围。关达等编著的《第二次世界大战后拉丁美洲政治》（中国社会科学出版社，1987 年版）在概述拉丁美洲政治史的基础上，就二战后拉美政治体制、军队、政党和工会、思潮、民族民主运动、教会、对外关系等多方面进行了多角度的系统阐述，内容较为全面、精简，是研究二战后拉美政治史的必读参考书。肖楠等编撰的《当代拉丁美洲政治思潮》（东方出版社，1988 年版）对当代拉美有代表性的多种思潮进行了较为全面、客观的综述和评价。曾昭耀著《政治稳定与现代化——墨西哥政治模式的历史考察》（东方出版社，1996 年版）一书，专门就墨西哥政治制度的发展进行了系统论述，并从墨西哥这个典型国家中总结出政治稳定与现代化过程的关系，是一部难得的史论结合的佳作。当然，这一时期公开出版的研究拉美政治方面的著作不仅是这几本，但多集中在二战后，人们期待不久的将来能有一部通史性《拉美政治史》问世。

在经济领域方面，学者们不仅研究历史问题，更重视当代经济问题的研究，而且有重点后移的发展趋势。自然，这与二战后国际格局变化和中国改革开放以后工作重点转移到以经济建设为中心的轨道上来有直接关系。陆国俊、金计初主编《拉丁美洲资本主义发展》（人民出版社，1997 年版）一书，从经济、政治和发展等不同角度对拉丁美洲资本主义萌生、演变和发展及前景作了比较全面、系统的阐述，旨在总结发展中国家发展本国经济、实现现代化和发展科学技术等方面的经验教训，以资借鉴。郝名玮、冯秀文、钱明德著《外国资本与拉丁美洲国家的发展——历史沿革的考察》（东方出版社，1998 年版）一书，从世界历史形成、发展的整体性上把握资本国际化的成因、特点及其活动方式，重点对外国资本在拉美国家的活动及其影响和拉美国家引进、利用外资的思想、理论与实践进行历史考察，从中分析了拉美国家在其长期发展进程中引进利用外资的利弊得失，发展中国家从中可得到许多有益的启示。以上介绍的两部有关拉美经济方面的著作和此前介绍的韩琦的《拉丁美洲经济制度史论》，这三部著作各具特色，虽然它们尚不能替代一部通史性的《拉丁美洲经济史》，但在目前为我们勾画出一个粗线条的拉美经济发展线索，也算难得了。

有关拉美发展战略的著作以苏振兴、徐文渊主编的《拉丁美洲国家经济发展战略研究》（北京大学出版社，1987 年版）为代表，该书是在对二战以来拉美经济发展战略、发展模式和发展道路进行了较为深入综合研究基础上撰写出的一部具有重要理论意义与现实意义的力作，深受学界的重视。肖枫的《西方发展学和拉美的发展理论》（世界知识出版社，1990 年版）和高铦的《第三世界发展理论探讨》（社会科学文献出版社，1992 年版）系统地评述了拉美学者从拉美实际出发突破西方经济学传统观念而创立的拉美发展主义理论，对于从理论层面上认识拉美发展战略和拉美发展动因具有启迪作用。陈芝芸等著《拉丁美洲对外经济关系》（世界知识出版社，1991 年版）和《北美自由贸易协定——南北经济一体化的尝试》（经济管理出版社，1996 年版）就拉美对外经济关系中几个重要问题和北美自由贸易区形成的国际背景与美加墨经济关系的新发展、主要特点及其对世界经济的影响等问题进行了较为深入的历史考察，做了许多基础性研究工作，把拉美对外经济关系的研究向前推进了一步。除此之外，近 20 年来还有许多地区国别经济和经济类专题研究成果问世。如张森根、高铦的《拉丁美洲经济》（人民出版社，1986 年版），复旦大学拉丁美洲研究室的《拉丁美洲经济》（上海人民出版社，1986 年版），苏振兴等人的《巴西经济》（人民出版社，1983 年版），徐文渊等人的《阿根廷经济》（人民出版社，1983 年版），张文阁等人的《墨西哥经济》（社会科学文献出版社，1987 年版），徐世澄等人的《秘鲁经济》（社会科学文献出版社，1987 年版），石瑞元等人的《委内瑞拉经济》（社会科学文献出版社，1987 年版），毛相麟等人的《中美洲加勒比国家经济》（社会科学文献出版社，1987 年版）等。这些地区国别经济问题的研究及其成果，对于从整体上深入研究拉美地区经济发展的历史，准确把握当代拉美经济发展特点具有十分重要的意义。

拉美文化教育的研究越来越受到学者的重视。20 世纪 80 年代主要集中在古代印第安文化研究方面，有任雪芳编《印第安人史话》（商务印出馆，1981 年版），刘明翰等编《美洲印第安人史略》（三联书店，1982 年版），景振国编《古代美洲的玛雅文化》（商务印书馆，1983 年版），刘文龙编《古代南美洲的印加文化》（商务印书馆，1983 年版），虞琦编《阿兹特克文化》（商务印书馆，1986 版）等。同时也有相关论文发表。到 90 年代，开始出现综合研究拉美文化的科研成果。刘文龙先后出版的《墨西哥：文化碰撞的悲喜剧》（浙江人民出版社，1990 年版）、《拉丁美洲文化概论》（复旦大学出版社，1996 年版），龙芳等著的《拉美文化璀璨之谜》（解放军文艺出版社，1995 年版），代表了这一时期的研究水平，为拓展拉美文化史研究领域打下好基础。有关拉美教育问题的研究也出版了几部著作。陈作彬等人编写的《拉丁美洲国家的教育》（人民教育出版社，1985 年版），曾昭耀等人编著的《战后拉丁美洲教育研究》（江西教育出版社，1994 年版）和《当今墨西哥教育概览》（河南教育出版社，1994 年版）等，不仅较为系统地阐述了拉丁美洲教育发展的历史和现状，难能可贵的是，作者通过对拉美教育功能的考察提出若干对我国教育体制改革具有借鉴意义的新见解，填补了我国对外国教育研究在拉美地区的空白。

近 20 年来，拉美史学研究体现的第三个特点是，将历史问题同现状问题研究结合起来。

随着改革开放的不断深入和扩大，拉美史教学与科研人员有了这样的共识：研究历史不是为了研究而研究，即使是纯学术性的基础研究，例如释读玛雅文字等，其终极目的也是繁荣历史科学、追求历史真理、阐发历史规律。研究历史问题不考虑历史的连续性和现实的关系，就会失去研究方向，必然丧失其生命力；研究现实问题而不去追究其历史的源头，就失去了根基，就必然使所论及的问题显得苍白无力。拉美史研究工作者基于这种认识，在改革开放后不仅扩展了研究领域，而且还大大推进了历史与现状结合的研究。

中国拉丁美洲史研究会和中国拉丁美洲学会等兄弟学会联合开展学术研讨、合作研究问题，对于促进史论结合、历史与现状问题结合起了重要作用。拉丁美洲史研究会从1979年建立以来至今，已成功地举办了10次全国性学术讨论会，其中有4次是和兄弟研究会联合举办的。例如，1984年在烟台与中国拉丁美洲学会联合举办，以"当代拉美民族民主运动的任务及其发展"为主题的学术讨论会；1990年在北京与中国世界民族学会、中国拉丁美洲学会联合举办，以"拉美民族理论"为主题的学术讨论会；1991年在大连与中国世界中世纪史研究会、中国拉丁美洲学会联合举办，以"哥伦布航行美洲及其对世界变革的影响"为主题的学术讨论会；1992年在北京与中国拉丁美洲学会、中国美国史研究会、中国世界中世纪史研究会、中国世界民族学会等联合举办，以"纪念美洲发现：两个世界文明汇合500周年"为主题的国际学术讨论会等。这些联合举办的讨论会都体现出拉美历史、现状和理论的有机结合，收到良好效果。

以哥伦布航行美洲"发现"新大陆问题为例，这是一个非常古老、几乎人人皆知的课题。几百年来，对哥伦布其人其事的认识、评价不一，甚至存在根本对立的学术观点。①随着哥伦布首航美洲500周年这一值得纪念的历史性日子的到来，如何重新认识、评价哥伦布航行的意义，引起拉美史研究工作者的思考。通过拉美史学者的精心研究，特别是先后于1988年在桂林、1991年在大连召开的学术讨论会，大家认识到尽管这是一个古老的历史课题，但是深入研究哥伦布航行所产生的时代影响及其展示出的向人类未知勇于挑战的拼搏精神和由此引发的东西两个半球不同文化的汇合对世界历史进程产生的重大影响，却是一个具有重大国际现实意义的全新课题。由此，拉丁美洲史研究会最先在国内学界倡导重新研究哥伦布航行美洲的世界意义问题，并得到热烈响应。经过近五年的精心筹备，在国内学术界大力支持下，1992年五个全国性学术团体在北京联合举办了"纪念美洲发现：两个世界文明汇合500周年学术讨论会"。这是有中国、墨西哥、哥伦比亚、秘鲁、美国、

---

① 参见严中平. 殖民主义海盗哥伦布[J]. 历史研究，1977（1）；朱寰. 应该怎样评价哥伦布——与严中平同志商榷[J]. 世界历史，1979（2）；严中平. 关于哥伦布其人答朱寰同志[J]. 世界历史，1979（4）；朱寰. 再论哥伦布的评价问题——与严中平同志再商榷[J]. 东北师大学报，1981（2）；洪国起. 哥伦布"发现"美洲价值判断体系初探[J]. 拉丁美洲研究，1988（5），等等。

俄罗斯等国家学者参加研讨，涉及历史学、经济学、考古学、民族学、海洋学、地理学等多学科，体现综合研究的一次国际学术盛会。这次国际学术会议讨论的中心不局限于研究哥伦布的个人身世及其实践活动，而是着眼于当时的整个时代，重点揭示东、西两个半球汇合 500 年来在世界范围内引发的深刻变化，从面向未来的新视角去透视这一重大世界历史事件。作为这次会议的研究成果，由黄邦和、萨那、林被甸主编、出版了一部著作《通向现代世界的 500 年——哥伦布以来东西两半球汇合的世界影响》（北京大学出版社，1992 年版）。全书收录了 28 篇中国学者的论文和部分国际学者的论文提要。该书分为三个部分：第一部分主要评析哥伦布航行及其背景，第二部分主要评析东西两半球汇合引发的世界影响，第三部分专门论及新世界与中国。全书体现出历史与现实的有机结合，读后给人以强烈的历史感和时代感，是发人深省的一部论文集，由此把哥伦布及其相关的几个重大问题的讨论推进到一个新的境界。

今天读到这本论文集，我们不禁会想起 1892 年为纪念哥伦布首航美洲400 周年而召开国际会议时的情景。100 年前，当时我国只有一位学者撰写文章参加此次国际学术交流，那就是著名的启蒙思想家王韬先生，其撰写的《哥伦布传赞》曾被编入意大利出版的国际纪念文集。而今，我国主办了有多个学会、众多学科、一支庞大学术队伍参加的国际学术讨论会，并出版了中文版的纪念文集。这充分反映出我国拉美史学和相关学科的研究一个世纪以来的巨大变化和巨大进步，也反映出新中国的学术水平在世界上地位的提高。

如果说，中国学者纪念哥伦布首航美洲 500 周年的活动使一个古老的课题焕发了青春，体现出历史与现实的结合，我们就不能不特别提及罗荣渠先生所起的学术带头作用。他向大会提交的论文《为什么不会有中国哥伦布——15 世纪中西航海发展取向的对比与思索》和他为论文集撰写的序（《面向探索新世界航程的第二个 500 年——为纪念哥伦布首航美洲 500 周年而作》）把这一特点体现得淋漓尽致。从他选题视角的高大、思路的缜密、论证的深度中，我们看到了一位善于考古论今、追求真理的大学者的风范。他明确指出："500 周年的纪念活动并不仅仅是纪念哥伦布的第一次远航美洲，而是在更广泛的意义上，把这次远航作为象征东西两半球诸文明大会合的一个历史性起点来进行纪念。这样，才有可能对发生在 500 年前的这次从西欧远航美洲的壮举，取得超越民族、超越国界、超越 15 到 16 世纪的时代局限性的共识，并对它做出具有当代世界历史意义的新评价。"①中国纪念哥伦布 500 周年的国际学术讨论会，正是在罗先生这一主导思想的设计下进行的，因而能够把中国学界关于哥伦布的研究水平推向与国际学术水平接轨的新阶段。

四、挑战机遇并存，拉美史研究任重道远

拉美史这一年轻的分支学科，经过几代人努力拓荒、建设，至今已初具规模，取得了可喜成绩，其科学价值和社会功能，在中国改革开放的宏伟事业中正日益显露出来。

面对 21 世纪的新挑战，拉美史学研究工作要向前发展，再上一个新台阶，就要正视和认真解决在深化哲学社会科学管理体制改革中所存在的问题，统一规划，健全机制，加强科研队伍建设和资料建设，为发展学科、繁荣学术创造必要条件。

令人鼓舞的是，我们有了过去 20 年老一辈学者辛勤耕耘的工作基础，有改革开放、中拉关系日益发展的良好学术环境，特别是经国务院学位委员会批准，中国社会科学院和北京大学、复旦大学、南开大学、湖北大学、山东师范大学等一批高校从 20 世纪 80 年代中期开始就先后获得了拉美史研究方向的硕士学位授予权，培养了一批硕士研究生；从 90 年代中期开始，中国社会科学院、北京大学和南开大学又可以招收攻读拉美史方向的博士生。一批有硕士、博士学位的中青年学者已脱颖而出，其中许多人已成为国内拉美史教学和科研的骨干力量。他们出国进修，加大了国际学术交流的力度，视野更为开阔，思维更加敏捷，不仅开拓了新的研究领域，也采用了新的研究方法，一批颇具特色的高质量的论著已经问世或即将出版。他们是拉美史研究繁荣昌盛的未来和希望。

曾任教于美国纽约州立大学宾厄姆顿分校的著名教授伊曼纽尔·沃勒斯坦在其名著《现代世界体系》一书导言中指出："我不认为存在什么不具有责任感的社会科学，……往事只能是按照现在而不可能是按照过去的真实性加以叙说。因为叙说往事是当前人们的社会行动，并且影响着当前的社会体系。"②看来，对人类命运的关注和对真理的追求，是一切对历史和现实有责

① 罗荣渠. 面向探索新世界航程的第二个 500 年——为纪念哥伦布首航美洲 500 周年而作 [M]//美洲史论. 北京：中国社会科学出版社，1997：251.

② 伊曼纽尔·沃勒斯坦. 现代世界体系：第 1 卷 16 世纪的资本主义农业与欧洲世界经济体的起源 [M]. 尤来寅，等译. 北京：高等教育出版社，1998：8.

任感的人文社会科学工作者的神圣使命。中国的拉美史学研究工作者要迎接新世纪的挑战，就要认真思考和充分估计当前经济全球化和区域一体化这一不可逆转的发展大趋势对社会变迁、变革可能产生的影响，以及社会变迁、变革对人文社会科学研究（包括拉美史学研究）可能产生的影响。人们很难预计，21 世纪人文社会科学的发展会成为什么样子，但有一点可以肯定，21世纪必然迎来一个人文社会科学更加美好的春天。只有把史学从书斋中解脱出来，使史学更加贴近社会现实生活，史学工作者才有可能对人类历史和现实中的重大问题做出科学的阐释和回答。

牢记罗荣渠先生的教诲　以科学的方法研究历史[①]

罗荣渠先生是我国著名的史学大家，是我国社会转型时期世界现代化理论和世界现代化进程新史观的创始者，是我国美洲史研究的奠基人，是中国拉丁美洲史研究会的创建者之一，也是我们研究会的老会长。他的逝世，是我国学界的一大损失。

十年前，著名史学家、北京大学周一良教授在吊唁辞中曾十分恳切地指出："罗荣渠同志才气纵横，而半生坎坷，改革开放后，其价值才受到应有的认识与尊重，我一直深感欣慰。他在教学与科研两方面都做出突出成就，正当大有作为之际，遽尔化去，实我们历史系以至整个史学界不可挽回的损失！他的工作将永远留在我国广大史学工作者的记忆之中。"[②]周先生这段话，说出了我们广大史学工作者的心声。罗先生离去的时光越久远，越使我们感受到他的人生价值的珍贵和意义的重大。

我同罗先生见面相识，是 1979 年 12 月 29 日在武汉召开的全国世界史学术讨论会上。那是我们党 1978 年 12 月召开的共和国历史上具有里程碑意义的十一届三中全会之后迎来的改革开放第一年。以邓小平同志为核心的党的第二代中央领导集体，彻底扭转了"文化大革命"内乱造成的严重局面，冲破了极左错误路线的严重束缚，批判了"两个凡是"的错误方针，重新确

---

① 本节原载于《回首再望罗荣渠：罗荣渠教授诞辰 90 周年纪念文集》（北京大学世界现代化进程研究中心，2021）。

② 北京大学世界现代化进程研究中心. 罗荣渠与现代化研究——罗荣渠教授纪念文集[M]. 北京：北京大学出版社，1997：1.

立起实事求是的思想路线，给学术界带来了科学的春天。当时学界都感到这是一次思想大解放，迫切希望把"文化大革命"荒废的时光尽快抢回来。经过老一代史学家们的酝酿和筹划，全国世界史学术讨论会于 1979 年 12 月 28 日在武汉隆重开幕，这是被"文化大革命"中断了十三年后召开的第一次全国性世界史学界的盛会。会议由著名史学家吴于廑先生主持，国内知名的老一辈学者大都出席了这次会议。大会只开了半天，然后分为世界史、美国史和拉美史三个组召开小会。由李春辉先生（中国人民大学）、程博洪先生（复旦大学）、沙丁同志（中联部拉美所）、罗荣渠先生（北京大学）和黄邦和先生（武汉师范学院，即今日的湖北大学）领衔主持召开了中国拉丁美洲史研究会第一次代表大会，出席会议的代表共 32 人（据大会筹备组负责人黄邦和先生在会上介绍，大会筹备组在会前发出邀请函 35 份）。当时，我随从梁卓生先生受南开大学委派出席会议，时年 42 岁。大会一致推举李春辉先生为拉丁美洲史研究会理事长，程博洪、沙丁、罗荣渠为副理事长，黄邦和为秘书长。中国拉丁美洲史研究会就此宣告成立。

在拉丁美洲史研究会成立大会上，罗先生应邀作了题为《关于世界史研究中的若干问题》的学术报告。鉴于他所谈的都是当时史学界最具敏感性的史学理论问题，罗先生开场白讲的第一句话就是："我讲的言责自负。"这充分体现出罗先生在重大史学理论问题面前敢于正本清源的政治勇气和科学阐释马克思主义基本理论的自信。

在讲到"什么是历史规律"问题时，他有针对性地指出："有人把历史规律看成铁一样的公式，把历史纳入公式，把人名地名换一下就可以了。这不行！大自然尚可变迁，社会现象就更复杂了。"他还结合马克思《资本论》中相关论述，着重指出历史规律有两大要素。所谓规律，"一是指人类历史一般的、正常的、典型的历史概括；二是指人类历史的一种趋向，一个平均数，一个近似值"，"如果把历史规律绝对化，看成铁一般的公式就不妥了"。在理论层面上阐述了什么是历史规律的基础上，罗先生还结合世界历史事实具体分析了人类社会历史的复杂性、多样性。"所谓世界历史的全局，就是对世界各种矛盾的总和进行分析。如果用一个矛盾代替各种矛盾的总和，那就把复杂的历史简单化了。事实上，人类历史都具有原型和亚型、不变性和变性的特点，不能用一个模子来刻画历史。例如，英法资产阶级革命是原型的；日本是自上而下的改良，即为亚型；中国新民主主义革命从性质上看是资产阶级性质的革命，但与旧民主主义革命不同，属于变型。事实表明，历史规律不是绝对不变的公式。"罗先生还就马克思主义的五种生产方式，即五种社会形态理论进行了历史的、深入的分析，明确指出："马克思的这个思想作为一把钥匙打开了我们观察问题的大门。"同时，罗先生还十分明确地告诫我们："马克思以往阐明了人类历史发展的总规律，但马克思没有写一部世界史，这个任务交给了我们后代。"从这一精辟的论述中，我们深切地体悟到一位史学大家所具有的马克思主义的情怀和对世界史学科建设的责任感。讲到这里，他针对史学界多年来围绕中国封建社会的起源、分期及社会性质问题上的学术争论明确指出："出现分歧的根源不是史料问题，而是对马克思主义理论的理解问题。"他还说道："马克思主义没有结束真理，马克思主义不够用，我们应该解放思想，结合历史事实，引出新的结论。"从这些话语中，我们仿佛听到了他立志高远的心声，看到了他要从中国学者的视角为世界史学的发展做出新贡献的决心。

为了使与会同志更好地理解人类历史的复杂性，罗先生还从哲学的层面上、从认识论的高度阐明人类对世界事物的认识是逐步深化的。他指出："自然科学对物质的认识有个过程，开始只知道有分子，后来知道还有原子、电子、中子、质子等，人们对社会历史的认识也一样。……除了五种生产方式之外，历史上是否存在半奴隶制、半殖民地、半君主制、半国家？是否存在过渡性的社会现象？……难道除了马克思、列宁、毛泽东提出过概念以外，就不能再提新的概念吗？"在这个报告中，罗先生以阐述历史规律为主线，广泛涉猎古今中外历史事实，纵谈中外史学流派，充分显示了他面对中外学术争论中的重大史论问题，进行严密的科学论证和真理辨析，从中揭示事物本质的原创性研究的能力。当时，罗先生虽然尚未提出"一元多线"的历史发展观，但是他对马克思的社会形态学说及五种生产方式理论的深刻理解和精辟阐述，已经令与会者耳目一新。报告中展示的巨大理论勇气和机敏的历史眼光，已经预示着随着我国改革开放、思想解放的深入展开，他必将在史学理论和世界史学科建设上有新的建树、做出新的贡献。此后，经过多年潜心研究，他在20世纪80年代提出"一元多线"历史发展观绝非偶然。

罗先生报告中讲的第二个重点，是在历史发展动力问题上的正本清源。在极左思潮泛滥时，"四人帮"竭力渲染"阶级斗争一抓就灵"和"一切以阶级斗争为纲"。罗先生把这种思潮在史学研究中的影响概括为"三个突出"：在人类社会的一切斗争中，突出阶级斗争；阶级斗争中，突出被压迫人民的斗争；被压迫人民的斗争中，突出暴力革命。罗先生指出："这就是世界史中的阶级斗争史观，它对国家、对人民危害极大。它把人们的主要精力引向阶级斗争和政治斗争，而忽视了经济战线和教育文化战线的主要任务，这样就把丰富多彩的历史纳入了一个死板的公式圈。"为了揭示阶级斗争史观的唯心主义本质，罗先生还就马克思主义的暴力论同杜林的暴力论的区别、马克思主义同布朗基主义的区别进行了深入的剖析。他对马克思主义暴力论学说进行了系统的阐释和解读，着重指出了以下五点：（1）马克思主义暴力论必须从经济中去寻找，历史上典型的资产阶级革命是以经济成熟为前提，旧国家经济成熟的程度决定着新阶级施用暴力对旧国家打击的程度，决定着新国家建立后适应经济的程度；（2）资产阶级革命中的暴力作用主要是解决夺取国家政权问题，而不解决财产剥夺问题，靠财产剥夺不能解决新生产方式产生的问题；（3）资产阶级除夺取政权集中施用暴力以外，他们不无限制地强化资产阶级国家，拿破仑政权的弊端之一就是强化了暴力；（4）资产阶级进行政治革命的同时伴随着经济革命，而且只有进行工业革命后才有巩固的政权；（5）仅仅有政治革命，单凭政权的力量不能发展经济。为了把上述观点阐释得更清晰，罗先生还用法国拿破仑过度使用暴力和进行没完没了的战争最终导致失败、英国进行了较为彻底的经济革命并最终赢得革命胜利的历史事实加以说明。这样，罗先生就为我们划清了唯物史观与唯心史观的根本界限。他指出："如果把阶级斗争无限夸大，就从极左的方面修正了马克思主义的阶级斗争学说，亦即从极左的方面修正了马克思主义方法论。"今天，我们重温罗先生这些闪光的思想，对于深刻认识阶级斗争史观的唯心主义本质及其危害性，对于揭示当今某些历史虚无主义者鼓吹的"告别革命论""马克思主义过时论"都具有十分重要的理论意义和现实意义。

罗先生在报告中讲的第三个问题是，如何评价近代资产阶级的历史地位。他对有人解释《共产党宣言》时把马克思、恩格斯指出的"资产阶级在历史上曾经起过非常革命的作用"一段话中"非常"二字去掉，有人贬低法国大革命的历史地位而将巴黎公社作为整个世界史的转折点，提出了批评。罗先生指出："马克思主义者认为，资本主义必然灭亡，但不是说立即可以灭亡。像赫鲁晓夫曾指着尼克松总统的鼻子说，我相信你的孙子一定是生活在共产主义社会里。"为了说明这点，罗先生就资本主义社会的特征作了具体分析。他指出："我们既要看到资本主义生产资料私人占有与生产社会化的矛盾决定了它必然灭亡，也要看到随着人类认识的发展，资产阶级也会不断通过上层建筑的反作用对资本主义生产关系作某些局部调整。"他还结合20世纪资本主义发展的历史，从统治阶级和被统治阶级两个层面上，列举"国家垄断资本主义代替自由资本主义""凯恩斯主义和罗斯福新政""人民资本主义""终身雇佣制""社会福利制""普选制"等历史事实，阐明一个道理：资产阶级不会承认资本主义生产方式的过渡性，也不承认资本主义必然灭亡的规律性。但这不是说，资产阶级对其生产方式中这个问题或那个问题都一概认不清。随着人类认识的发展，特别是随着人民群众对历史的影响力的增强，资产阶级也会认识到一部分，对其生产关系作某种局部调整是可能的。他继续谈道："这样就不能不影响到资本主义社会阶级斗争形式的改变，使其采取了渐进的斗争方式。从 1848 年《共产党宣言》发表至今，在欧洲先进的资本主义国家中，除了 1918 年德国十一月革命和英国 1928 年大罢工发生之外，其余国家一直是比较平稳发展的。"在阐明不排除资本主义还会有所发展的同时，罗先生还指出了资本主义社会形态不稳定性的一面。这样就为我们全面认识当代资本主义的发展，理性对待社会主义发展的长期性、复杂性和曲折性提供了理论上和事实的依据。

1982 年 9 月 5 日至 10 日，在山东济南召开的拉美史学术年会上，我有幸再次聆听罗先生就"历史研究方法"作专题报告。这次报告主要讲了两方面的问题：一是如何学习马列著作的问题；二是如何阅读西方史学家著作的问题。

在讲到如何学习马列著作时，罗先生讲了三点意见：（1）学习马克思主义理论一定要认真读原著。他十分坦率地说，"听说武汉编了经典作家论拉丁美洲，我没看，也不想看"，"马恩的活动中心在欧洲，马恩直接论述拉美历史的文章很少"，"我不读语录，也不赞成读语录"。罗先生如此直率地指出编经典作家语录不够科学，令我当时大吃一惊，但仔细一想，感觉颇有道理，读原著有助于我们全面系统准确地把握马克思主义的精神实质。（2）读原著，重点应放在学习马克思主义经典作家分析问题和解决问题的立场、观点与方法上。他曾针对"文化大革命"期间出版书籍扉页上要选印一段语录、写文章大段地引用语录的现象尖锐地指出："马克思主义理论遗产非常丰富，以致我们有些人靠这个过日子，致使有些人编的世界近代史变得非常刻板、非常教条、非常单调，至今没有一本具有新的观点、新的概念、新的理论的书籍。"他多次明确强调："学习马列，最重要的是学习和掌握马克思主义的立场、观点和方法。"（3）研究拉美历史要坚持唯物史观，从拉美社会实际中总结出规律性的东西。他形象而简洁地指出："我们的大脑不能分泌观点，一定要论从史出。"为了使大家对唯物史观有个了解，他简明扼要地梳理了马克思经典作家关于民族和殖民地问题理论的基本线索。他从马克思《资本论》最后一章关于殖民地理论问题谈起，直到 1920 年以列宁名义发表的共产国际"二大"文件《民族和殖民地问题提纲》，逐一作了言简意赅的导读和点评。在此基础上，他还就亚洲、非洲和拉美地区各自的社会结构、生态环境、殖民方式及民族解放运动的特点进行了比较分析，着重指出："要研究它们的共性，也要研究它们的特性，从中总结出规律性的东西。"

罗先生在谈研究历史的方法时所强调的另一个问题是，阅读西方史学著作的必要性和重要性。1980—1982 年，罗先生赴美国实地考察了多所著名大学。在这次年会上，他重点介绍了得克萨斯大学拉丁美洲研究所的情况，并对中美学界研究拉美的现状进行了比较：得克萨斯大学始建于 1883 年，这在美国说来并不算早，但是该校于 1941 年设立拉美研究所，这在美国是最早设立拉美研究机构的学校。1961 年我国建立拉美研究所，美国建立拉美研究机构并不比我国早多少。因此，可以说拉美学在世界上是最年轻的学科。得克萨斯大学的拉美研究所，并不是把拉美作为主体来研究，而是作为西方殖民的附属来研究，分文学、历史、地理等多科进行研究。该所图书馆有 33 万册书籍，还有数量可观的文物和微缩胶卷。除了招收大学生之外，该所还招收研究生。研究生主要来自拉美各国，也有日本、英国和欧洲其他国家的。从研究人员、图书资料、招收研究生和研究成果等方面看，得克萨斯大学都优于我们。我国拉美史研究尚处于起步阶段，因此要建设、发展这一年轻学科，有必要学习、借鉴美国等西方国家先进的研究成果和先进的工作经验。罗先生特别强调了两点：（1）"要读西方的史书，了解西方史学的流派。不要认为西方的书都是反动的，左派的、右派的书都要看，左派的书也有受极左思潮影响的，各种派别的书都要看。"（2）"要看到西方史学理论的局限性，比如他们宣扬的'西欧中心论'等。对西方史学家的观点不要机械地搬用，要采取分析、鉴别的态度。"

以上，我就聆听罗先生在拉美史年会上所做的两次学术报告中关于学者如何治学、如何坚持实事求是的科学态度问题作了点滴回忆，这只是罗先生学术生命大海中的一粟。然而今天，当怀念我国学界这位不可多得的史学大家时，我们深深地感到，是他才气纵横而半生坎坷的学术经历，造就了他那鲜明的学术个性；是他立志高远、从不被学科的学术边界所局限、博通古今、学贯中西的学识，铸就了他史学大家的风范；是他善于科学地进行理性思考、从不被传统学术观点所束缚的思维方式，使他具有与时俱进、勇于创新的学术品格；正是他忧国忧民、具有献身科学的博大情怀和新时代史学家强烈的使命感，使他能站在时代的高度提出"世界现代化理论和现代化进程"这一重大历史性课题，潜心研究、苦苦求索，发前人所未发，把现代化理论和实证研究不断推向新的境界。今天，我们缅怀罗先生的业绩，深深感到他留下的学术遗产的珍贵和早逝的可惜。可以设想，如果罗先生健在，他撰著的精品之作一定更加丰富多彩，我国学界和拉美史研究也将会是另一番景象。

诚然，历史是不会走回头路的。今天，我们回首往事不仅仅为了纪念，更重要的是激励我们自己，要倍加珍惜罗先生的思想遗产，深刻认识其价值所在，悉心体会罗先生做人、做学问的真谛，把他开创的世界史、拉美史研究阵地传承下来，拓展开去，做出我们自己应有的贡献。

拉美史是世界史中一个比较年轻的分支学科。40多年来，拉美史研究、拉美学研究有了长足的进展，取得了丰硕的成果。但是坦诚地说，与迅速发展的形势相比，与人民的期望相比，与其他兄弟学科相比，我们拉美史研究还存在诸多困难和问题，拉美史在世界史中占有的分量有限。拉美史在全国综合性重点大学中很少被列为选修课程，甚至以前不少名牌大学一度开设的拉美史课程也由于修改专业目录而断档停开，更不用说其他高校了。形成这种局面的原因是多方面的，其中根本原因与办学理念和办学体制有关。这种现状与正在崛起的中国的大国地位极不相称。历史经验告诉我们，建设、发展拉美史这个年轻学科，既不能靠天，也不能靠地，只能靠有志于从事拉美事业的人的长期努力和奋斗，尤其应该寄希望于年轻一代，他们是建设这个年轻学科的主力军、生力军。

值得我们欣慰的是，一代决心献身于拉美史教学和研究事业的年轻学者与研究生正在茁壮成长。随着我国改革开放不断深入发展，年轻学子通过计算机网络获取新资料、新观点的能力大大增强，信息渠道增多，学术思想活跃。在这样的新形势下，我们一定要像罗先生那样，立志高远，脚踏实地，潜心研究，实事求是。面对当今强势的西方文明和西方史学，我们一定要坚持马克思主义的唯物史观，学习国外先进的史学理论，用科学的方法审视历史资料，取其精华，去其糟粕，独立思考，深入研究，勇于攀登学术高峰；在重大理论问题、学术问题上力争取得国际学界的话语权，把世界史研究、拉美史研究和世界现代化理论、实证研究不断引向深入，为我国全面建设小康社会做出新贡献，这就是我们对学术前辈罗荣渠先生最好的纪念。

附　录

怀念梁卓生先生[①]

　　2004 年是历史系美国史、日本史、拉丁美洲史三个研究室创建 40 周年。纪念活动筹备组的同志约我为拉美史研究室纪念册写篇小序，使我惶恐不安。因为在南开大学历史系众人皆知，梁卓生先生是三个研究"点"的创建人之一，是拉美史研究室的奠基人。此序应由梁先生撰著。然而，梁老年事已高，疾病缠身，无法执笔，我也就不能再拒绝了。

　　梁先生是引领我走入历史学科的启蒙老师之一，是我学习、研究拉美史的指导老师。还在我上大学期间，或许是因为我听梁先生的课比较认真，课堂笔记写得比较清楚，曾引起梁先生的注意，他常常抽查我的笔记并予以指正。1963 年我毕业留校任教，1964 年调入拉美史研究室工作。梁先生深厚的理论功底、严谨的治史态度及他筹划拉美史研究室工作的执着精神给我留下深刻的印象。

　　40 年前，梁先生领衔创建拉美史研究室可谓白手起家，既缺人又缺图书资料。除梁先生、周基堃先生外，黄若迟、丁朝弼、梁吉生和我都是从各教研室抽调的教师或毕业留校的新人，都未曾专修过拉美史。梁先生常对大家说，我们搞拉美史研究不同于另外两个"点"，一切要从头做起。我们研究拉美史，光使用俄文、英文资料还不够，只有把西班牙语拿下来，才能更好地占有第一手资料，才能出高水平的研究成果和高质量的人才。基于此认识，梁先生本人虽然精通俄语、英语，但他还带头自学西班牙语，派我去上海外

---

　　① 本文原载于南开大学拉丁美洲研究中心编《南开拉丁美洲史学四十年（1964—2004）》。

国语学院西班牙语系学习，派丁朝弼、梁吉生去校外进修英语。研究室建立初期，图书资料也十分匮乏，除有限的中文书籍外，仅有俄文书 34 本，西文（含英、德、西班牙文）书 182 本。在购置图书资料上，由于外汇有限，只能在订阅图书目录上精心挑选主要国家最具代表性的报刊和原始资料。例如，当时订阅的西班牙文杂志有《波希米亚》周刊（*Bohemia*）、《古巴》月刊（*Cuba*）、《永久》周刊（*Siempre*）、《拉丁美洲经济评论》（*Panarama Economica Latinoamericana*）等；英文杂志有《拉丁美洲报告》（*Latin American Report*）、《西班牙美洲历史评论》（*The Hispanic American Historical Review*）、《美洲研究杂志》（*Journal of Inter-American Studies*）等；西班牙文报纸有古巴的《今日报》（*Hoy*）、《革命报》（*Revolución*）、《格拉玛报》（*Granma*），委内瑞拉的《国民报》（*La Nación*），墨西哥的《至上报》（*Excelsior*），秘鲁的《纪事报》（*La Cronica*），哥伦比亚的《无产阶级之声报》（*Voz Proletaria*）和危地马拉的《中美洲日报》（*Diaria de Centro América*）等。学习外语、收集整理图书报刊、翻译、校阅原始资料、编写拉丁美洲大事记、讨论研究室的主攻方向和科研计划、建立各项规章制度等，就成为建室初期的主要工作内容。

不幸的是，"文化大革命"开始后，三个研究室的上述工作被迫中断。"文革"结束后的初期，美国史、日本史研究室的老师们在老先生的带领下不畏挫折，重振旗鼓，翻开那尘封了多年的书刊资料，又开始了第二次创业，但拉美史研究室又因梁先生调离南开，其他几位同仁变动工作或调出学校，迟迟未能恢复。

值得庆幸的是，拉美史研究室的"香火"并没有因为研究室停办而泯灭、中断。随着邓小平"解放思想，实事求是"的思想深入人心，学术界也迎来了自己的春天。建立全国性学术研究团体提上了日程。1979 年 12 月，经过老一辈史学家们的酝酿、筹备，中国世界史学术讨论会在武汉召开。杨生茂、张友伦、梁卓生和我作为代表出席了会议。吴玉廑先生主持大会开幕式。大会发言后，分世界史、美国史和拉美史三个组进行学术讨论并各自举行第一次代表大会。学者们在会上做的报告使我大开眼界，坚定了我从事研究拉美历史的志向。伴随着学术春天的到来，历史系老师们以时不我待的急切心情投入到教学科研工作中去。当时我被分配在世界现代史教研室从事教学工作。我除了讲授世界现代史外，仍坚持以拉美史为科研主攻方向，为本科生和研究生讲授有关拉美史专题课程。1987 年和 1997 年分别开始招收拉美史硕士和博士研究生。1991 年 12 月 6 日，南开大学第十九次校长办公会做出建立"拉丁美洲研究中心"的决定，从此掀开南开大学拉美史研究工作新的一页。

人们自然会问，曾在 1964 年建立、后被"文化大革命"狂风打得支离破碎的拉美史研究室为什么停办 15 年之后能得以复生呢？这里我想多说几句。我始终认为 40 年前历史系建立三个研究"点"是 20 世纪 60 年代初国内外形势发展的产物，是我国哲学社会科学战线根据党中央国务院决策、主动适应新形势需要而采取的一项具有重大意义的战略举措。中国人民要对国际社会多做贡献，不仅要研究大国、强国，也要研究发展中国家，学习世界上一切先进的东西。这一点就决定了拉美史研究同其他地区、国别研究一样具有巨大的生命力。

1991 年 8 月 27—29 日，国家教委（即今日教育部）在广州主持召开了有北大、人大、复旦、南大、南开等有关高校和中央有关研究机构等 16 个单位参加的拉美科研工作会议。原国家教委滕藤副主任、社科司王茂根司长、国际合作司赵永魁副司长等同志出席会议。滕藤同志在长达三个小时的主报告中，阐述了国际形势、哲学社会科学战线的任务、开展国际学术交流的方针政策，以及加强拉美等国际问题研究的重大意义和将采取的措施。在三天的深入讨论中，滕藤同志找了一些与会者进行个别谈话，并就高校系统进一步加强拉美史这一分支学科建设、推动拉美研究等问题谈了国家教委的设想，提议成立由南开牵头、由北大协助，包括人大、复旦和北外等五所院校的老师组成的高校拉美研究协调小组。会后，国家教委通知我校："小组设在南开（或以南开为中心）。希望南开能充实有关拉美地区的研究力量，并对'协调小组'的工作给予支持。"1991 年 12 月 10 日，我校校长办公会议关于建立"拉丁美洲研究中心"的决定，就是根据国家教委上述指示精神，结合我校的实际情况做出的。

"拉丁美洲研究中心"是 1964 年建立的"拉丁美洲史研究室"的延续和发展。拉美研究中心建立以来的十余年，是继承和弘扬拉美史研究室白手起家、艰苦奋斗、锲而不舍、自强不息精神的十余年，是沿着拉美史研究室开辟的务实、求真、致用的学术道路重新建设、继续前进的十余年。今天，当我们纪念拉美史研究室成立 40 周年，回顾她走过的曲折道路所留下的宝贵的精神财富之际，我们没有忘记当年参与创建研究室的梁卓生、周基堃、黄若迟、丁朝弼、梁吉生等各位先生做出的贡献，在此，我们向他们深表敬意和感谢。其中周基堃先生和黄若迟老师已作古归真，在此，表示沉痛的悼念。

历史是一面镜子。回顾过去，目的是更好地认识拉美研究中心的历史责任，抓住机遇迎接新的挑战，在继承过去优良学风的基础上勇于开创拉美史研究的新局面。（1）要坚持以人为本、为中青年优秀人才脱颖而出创造条件。这是进一步提高教学、科研质量、开创拉美研究新局面的关键所在。培养、聚集、吸引人才要靠正确的政策、灵活的机制和情感的投入，正确认识和处理做学问与做人、个人与团队、使用与培养的关系，这是一个学术群体永葆青春活力的保证。（2）要坚持研究历史同研究现实问题有机结合。这是拉美史这个年轻学科的生命力所在，也是拉美研究中心赖以存在并发挥其社会功能的基础。在经济全球化和宏观整体史学越来越引起世人关注的新形势下，只有把拉美历史同美洲史、世界史作为一个整体来把握，才能科学地体现拉美史的地位和作用，也只有把拉美史学同经济学、政治学、社会学、民俗学等学科结合起来进行研究，才能更准确地反映历史的真实面貌，总结出有益的历史经验和教训。（3）要坚持开门搞研究，积极开展校内外和国际学术交流。我校是全国拉美史研究会理事长单位，承担着研究会秘书处的重任，要善于团结校内外一切同行，积极而有计划地开展校际的学术交流，继续办好青年学者论坛。要在"走出去，请进来"的基础上，全方位地创造条件，深入开展国际学术交流与合作研究，把我校拉美研究工作推上一个新的高度。

以上把我参与南开历史系拉美史研究室建设工作的一点经历和所了解到的一点情况写出来，并谈了点粗浅想法，除了完成筹备组交予我为纪念册写序的任务之外，也算是对40年前建立的拉美史研究室和11年前建立的拉美研究中心做个"交待"。作为南开学子，我已在她的怀抱里学习、生活了46个春秋。南开不仅哺育了我学术生命，也教会了我做人应有的信仰和追求。遗憾的是，自己对南开拉美史研究室的回报甚少，而感到欣慰的是，40年来，南开没有让拉美史研究断了"香火"。喜见今日拉美研究中心的年轻博士们，个个意气风发，活跃在教学科研第一线。尽管拉美研究的宏观环境和主观条件还有许多不尽如人意的地方，但是，可以预计，拉美研究中心在王晓德教授带领下一定能够在拉美研究的史册上谱写出新的篇章，为史学的繁荣发展做出新的贡献。

曲折发展五十年 守正纳新追梦圆

——纪念拉丁美洲史研究室建立 50 周年[①]

　　正当全国人民全面深化改革为实现中华民族伟大复兴的中国梦而奋发前进之时，南开大学历史学院师生迎来了美国史、日本史、拉丁美洲史三个研究室建立 50 周年纪念日。这是南开大学历史学科发展史上的一件盛事，也是我国史学界同仁的一件大事。可喜可贺。

　　50 年前，根据中央指示精神，教育部决定在南开大学设立美国史、日本史和拉丁美洲史三个研究"点"。时任校长杨石先任命杨生茂为美国史研究室主任，吴廷璆为日本史研究室主任，梁卓生为拉丁美洲史研究室主任。这是继中华人民共和国成立、高等院校院系调整之后南开大学历史学科发展史上又一件大事。1963 年我毕业于南开大学历史系并留校任教。1964 年我有幸调到拉丁美洲史研究室工作。梁卓生先生宽阔的学术视野、严谨的治学态度及他带病坚持筹建拉丁美洲史研究室工作的敬业精神给我留下了深刻的印象。

　　拉丁美洲史研究室建立初期，可说是白手起家，既缺人手又缺图书资料。当时，除了梁卓生先生、周基堃先生已是学有所成之外，其他四位同志，都是从各教研室抽调出来的青年教师，都未曾专修过拉美史。根据这种情况，梁先生强调指出："我们虽说是'三点'之一，但要清醒地看到，建立拉丁美洲史研究室比建立另外两个研究'点'困难得多，拉丁美洲地区国家多、需要的语种多，我国研究基础薄弱，我们人手又少，一切都要从头做起。"鉴于这种情况，他本人虽然已经精通俄语、英语，但他自己还坚持利用"灵格风"原版教材挤时间自学西班牙语，并派我去上海外国语学院学习西班牙语，派另外两位青年教师去校外夜大进修英语。研究室建立初期，图书资料十分匮乏。根据梁先生的意见，最初我们只预订购置了拉丁美洲地区主要国家最有代表性的西班牙文和英文杂志、报刊与图书资料。那时，大家白天都

---

① 本文原载于南开大学拉丁美洲研究中心编《南开拉美史学科五十年（1964—2014）》。

按时上班，晚上加班加点，主要的任务是攻克外语、收集整理图书报刊、翻译、校阅原始资料、编写拉丁美洲史大事记、研讨主攻方向和科研计划、建立各项规章制度等。当时，我在上海外国语学院每每从通信中得知家里的老师们日夜奋战的消息，都感动不已，并将其化作我在外学习的动力。

然而，1966 年开始的"文化大革命"中断了我们的研究工作。

20 世纪 70 年代后期，随着全国形势的发展变化，美国史、日本史研究室先后恢复了研究工作，而拉美史研究室由于诸多原因一时未能恢复。1979年 12 月，中国世界史学术讨论会在武汉召开。杨生茂先生、梁卓生先生、张友伦先生和我应邀出席。大会开幕式后，分世界史、美国史和拉美史三个组别进行学术讨论。在拉美组讨论会上，各单位代表通过讨论酝酿成立了中国拉丁美洲史研究会。大会选举产生了以李春辉先生为理事长的中国拉丁美洲史研究会第一届理事会。大会的召开和专家们做的学术报告开阔了我的眼界，坚定了我从事拉丁美洲史研究的志向。1982 年，梁先生赴北京工作。1987 年，我开始招收拉美史硕士研究生。1997 年，我开始招收拉美史博士研究生。1991年 8 月 27—29 日，国家教委（即今日教育部）在广州主持召开了有关高校和中央有关研究机构等 16 个单位参加的拉美科研工作会议。时任国家教委副主任滕藤同志在报告中，阐述了国际形势的发展和加强拉美等国际问题研究的重大意义及国家将采取的措施。经过两天的讨论，会议决定成立由南开大学牵头，由北大协助，包括人大、复旦和北外等五所院校同志组成的高校拉美研究协调小组。会后，国家教委下发文件，通知我校，"高校拉美研究协调小组设在南开，希望南开能充实有关拉美地区的研究力量，并对'协调小组'的工作给予支持"。1991 年 12 月 6 日，时任校长母国光同志主持召开南开大学第十九次校长办公会。会议根据国家教委关于拉美问题科研工作研讨会及国家教委社科厅的文件精神，并考虑了我校具备的基础条件，决定建立"南开大学拉丁美洲研究中心"。该中心为实体性的研究机构，并任命我为中心主任。此后，经过近两年的筹备，在学校有关部门、院系，特别是在杨生茂等老一辈先生的鼎力支持下，于 1993 年 11 月正式挂牌成立了"南开大学拉丁美洲研究中心"。"文化大革命"后一直主张保留拉美史研究室建制的老校长滕维藻教授、副校长朱光华教授、校党委副书记王荫庭教授、国家教委社科司代表阚延河处长、南开大学拉美研究中心特聘学术顾问杨生茂教授等及兄弟院系研究中心的代表出席了成立大会。自此，掀开了南开大学拉美史学科建设新的一页。

拉丁美洲研究比拉丁美洲史研究的范围扩大了许多，除了研究拉美历史之外还涵盖了西班牙、葡萄牙语系国家和地区的政治、经济、文化与国际关系等。从南开大学学科建设发展全局看，1993 年建立的"南开大学拉美研究中心"（建立初期研究中心挂靠学校教务处，后来回归历史学院），实际上是 1964 年建立的历史系"拉丁美洲史研究室"的延续和发展。当今，我们回顾拉美史学科建设 50 年所走过的曲折道路，深感这个曾一度被中断了 27 年的拉美史分支学科能在南开大学恢复、重建并发展到今天，是一件值得庆幸的事。我们要倍加珍惜当年拉丁美洲史研究室给我们留下的宝贵财富，充分认识时代赋予我们拉美研究中心的历史使命和面临的挑战，抓住当前难得的历史机遇开创拉美研究的新局面。

开创新局面，要坚持以人为本，为青年学术骨干健康成长创造良好的条件。在我国，与其他国别史相比，拉美地区史、国别史研究起步较晚、基础薄弱、研究力量分散，这就需要我们具有下大工夫长期从事基础性研究的思想准备，需要有一批专门从事拉美研究的人去做。为此，我建议：从本科生抓起，鼓励他们选学拉丁美洲史；对已经在岗的青年学术骨干，我们要关爱他们，帮助他们解决生活上的后顾之忧，鼓励和带领他们多争取科研项目，多参加国内外高层学术论坛，有计划地安排他们出国进修，全面提高他们的综合素质；在当前学科竞争十分激烈的新形势下，拉美史和拉美问题研究这个暂时处于弱势的分支学科，要想免于被边缘化，要想有大发展，唯一的途径是拉美研究中心全体同志，要在现有的基础上，进一步凝聚力量，心心相印、团结奋斗，加强同兄弟院校、系所同行的大团结与密切合作，创造良好的学术生态环境，互相学习，共同提高；要建立、健全一套科学、高效的工作制度，妥善处理好业务与政治、科研与教学、个人与集体、使用与培养的关系。我认为，这是新形势下，南开拉美研究中心这个学术团队永葆青春活力、走在全国同行前列、确保多出人才和多出高质量科研成果的关键所在。

开创新局面，要坚持研究历史，与时代同呼吸，与人民共命运。这是拉美史这个年轻学科的生命力所在，也是拉美研究中心赖以存在并发挥其社会功能的基础。我体会到，研究拉美历史和现实问题都需要有科学的理论思维和人文思考，把握历史发展规律的内在联系，在方法论上要守正纳新，与时俱进，善于借鉴、吸收国内外各学术流派中科学的史学理论和方法，善于独立思考，摒弃唯心主义的历史虚无主义。要科学地认识史学存在的价值及其所具有的社会功能，不搞学术上的实用主义和与现实保持距离的"超俗主义"。在经济全球化深入发展和宏观整体史学越来越引起世人关注的新形势下，只有把拉美地区历史同整个美洲历史、世界史作为一个整体来把握，才能科学地揭示出拉美历史的发展规律及其在世界历史上的地位和作用，也只有把拉美史学同经济学、政治学、社会学、民俗文化学等相关学科结合起来进行综合研究，才能更准确地反映历史的真实面貌，总结出有益的历史经验和教训，从而发挥拉美研究应有的社会功能。

开创新局面，要坚持开门搞研究，积极开展校内外和国际学术交流。50年前，我们对外开展学术交流条件不够充分。今天，我们在人、财、物诸多方面已具备了基本条件。这不仅是国内外形势发展的要求，也是创办高水平大学和拉美研究中心自身建设、发展的需要。我校是中国拉丁美洲史研究会秘书处所在地，也是国内拉美青年学者论坛的首倡者，南开拉美研究中心多数成员都不止一次出国访问、进修，担当着团结、带领我国拉美史同行开展校际、校所及国际学术交流的重任。我认为，拉美问题研究是一项需要长期坚持进行的巨大系统工程，不是少数人在短时期内可以完成的。建议以本次50周年纪念活动为新起点，从长计议，搞好"二次创业"的中长期发展规划，减少零敲碎打的短期行为和一般性学术交流活动，力求能够紧密围绕学科建设和国家急需的重大课题项目开展有重点、有计划的国内外学术交流与合作研究，经过若干年的集体奋斗形成南开特色，把我校拉美研究工作推上一个新台阶，把研究中心建设成为能够代表我国高校拉美学研究水平、能够培养出适应国家需要的高端人才、能够不断推出高质量系列科研成果的学术团队。

以上，我写就了一点自己的亲身经历、感受和建议，就算是我对50年前建立拉丁美洲史研究室的一点纪念吧！一个人长期从事自己热爱的事业总会对它产生感情的。虽然我已经退休多年，但是我永远不会忘记，是南开大学教会了我做一名教师和科研人员应有的信仰和追求。深藏在我心目中的拉美情结是无法割断的。在拉美史教学、科研岗位上，我不过是一名忠诚的"游击队员"，对南开拉美史学科建设与发展回报甚微。南开拉美研究要开创新局面，归根结底要靠年轻一代人的努力和奋斗。令人欣慰的是，今天历史学院拉美研究中心的老师们和一批年轻的硕士、博士们个个意气风发，活跃在教学科研第一线，发展势头很好，令人鼓舞。我深信，通过此次纪念拉美史研究室建立50周年的活动，拉美研究中心的同志们一定能够在新的起点上，为我国拉美史学科建设和拉美研究事业的繁荣发展谱写出新的篇章，为发展我国和拉丁美洲各国人民的友谊、团结、合作，做出新的更大的贡献。

南开哺育了我的学术生命①

　　1958 年，我慕名考入南开大学历史系。时至今日，我在南开这个温暖的大家庭已经学习、工作了 46 个春秋。40 多年来，南开以其博大精深、绵延百年的文化底蕴哺育了我的学术生命，教会了我做人应有的信仰和追求。南开是我的家。我以自己为"南开人"而自豪。

　　20 世纪 50 年代的南开历史系，荟萃海内外名师，是一个融北大、清华、西南联大各校优良学术传统于一体、形成自己独特风格的学术重镇。从北京一所中学来到这样一座高等学府，使我大开眼界。大学 5 年间，我有幸聆听了著名学术大师郑天挺、雷海宗两位先生讲课，尽管二老讲课风格各异，但他们的共同之处是详细占有历史资料，在学术前沿不断推出新材料、考证新资料，不断提出新见解、论证新见解，凸显出他们博通古今、学贯中西的大家风范。他们的课程、讲座常常吸引许多外校同行前来旁听。他们严谨的治史态度和以理性去探索未知领域的科学创新精神给我留下了极为深刻的印象。此外，我还聆听了众多名师如杨志玖、王玉哲、杨翼骧、魏宏运、吴廷璆、杨生茂、梁卓生、辜燮高等先生讲授的通史、断代史、专史、地区史、国别史等课程。正是这些各具特色的高水平课程，为我学习、掌握古今中外历史的基本知识打下坚实、深厚的基础；也正是这些严师"诲人不倦"的高尚道德风操教会我做人的学问，把我引进史学殿堂的大门。

　　20 世纪 50 年代的南开历史系，对学生要求十分严格，强调要在基本理论、基本知识和基本技能上下工夫。著名经济学家滕维藻教授讲授的"政治经济学"、吴廷璆先生讲授的"历史学概论"等基础理论课程，大大提高了我的理论思维能力，使我终身受益。作为系主任的郑老，他在全系大会上多次指出，要详细占有材料，尤其占有第一手原始材料，必须攻下古文和外文"两座大山"。雷老也语重心长地说："不会外语不能搞世界史。"提起学习外语，还有一段令我永生难忘的美好回忆：那是 1960 年 11 月 24 日深冬的夜晚，我任助教不久，有幸应系主任郑先生之约到他家里谈话。一个年仅 23 岁的年轻助教第一次迈进著名教授的家，说实话，当时心里很激动，又有几分惶恐。

---

　　① 本文原载于《南开学人自述》（第 1 卷）（2004 年）。

然而见面之后，郑老那种和蔼可亲的谈话，很快就使自己的心平静下来。郑老详细地询问了我的学习、工作情况，如数家珍地告诉我要读哪些最基本的书，掌握哪些基本功。他知道我过去学习俄语，还学过一点阿拉伯文，就叮嘱我不要放弃阿拉伯文的学习，要把它当作一门外语来自修。郑先生说，他已经同高教部说好了，准备派我去埃及艾兹豪尔大学学习阿语，为在系里研究亚非史作准备……那天晚上的谈话使我兴奋不已，我深深地为郑先生那种深谋远虑的办学思想和对青年教师的关怀、期望所打动。此事，尽管后来因故未果，但郑先生关心青年教师成长、要求抓基本功训练的教育理念，至今仍铭刻在我心中。

我提前毕业，留在中国古代史教研室工作期间，王玉哲先生给了我精心指导。他要求我边学习边工作，要有计划地读些书，先博后深；读书要有重点，要下苦功夫，要动脑筋、勤思考；他特别叮嘱我要善于在读书中发现问题，发现不了问题就是读书中的问题，就是不会读书。王先生为了督促我学习，还把辅导德国（德意志民主共和国）留学生马振东（中国名）学习范文澜著《中国通史简编》（上）的任务交给我。1960年11月21日下午，我带着教研室老师们的委托来到芝琴楼204房间开始了每周两次的辅导工作。马振东是我校中文系一年级同学，来我校前已在北大学习了两年汉语。他操着流利的汉语向我讲述了阅读《中国通史简编》时遇到的困难，我作了解答。从他满意的神色中我第一次体悟到当一名教师的重大责任。

20世纪60年代初，我国遇到了严重的经济困难，对外进行着国际共产主义大论战。在那样的年代，我们每一个人都把自己同国家的命运紧紧联系在一起，随时听从组织上的召唤和安排。1960年底，我按学校的要求赴河北省内丘县参加农村整风整社工作；1961年6月，回原班继续学习；1963年正式毕业后，留在中国近现代史教研室工作；1964年被调入新建立的拉美史研究室，随即被派往上海外国语学院西班牙语系学习、进修。

1964年10月3日，我乘火车离开天津，于5日下午抵达上海外国语学院。第二天上午，我被安排在西班牙语系新生一班上了三节课。尽管此前我作了一点准备，但由于我报到比新生开学晚了一个月，语音课已基本结束，又是外籍教师授课，听课十分困难，三节课下来好像在发热的头上泼了一盆冷水。那天晚上，说不清是两天旅途的疲劳还是学习上的压力，我躺在寝室的床上久久不能入睡。

第二天，使我没有料到的是，西语一班那些比我小八九岁的新同学都热情、主动地为我补课，智利老师佩德罗·帕切科（Pedro Pacheco）也鼓励我。经过一个多月的苦练，基本扭转了上课"坐飞机"的被动局面。

我学习西语遇到的第二个拦路虎是会话上不了口。说来也巧，正值南开外文系主任李霁野先生到上海外院参加会议，我有幸在一个晚上前往住所拜访。我叙说了学校派我来沪学习西语的目的和所遇到的困难。他老人家十分热情和直率地告诉我：你在上外学习，不能满足于能阅读、翻译历史材料；你应充分利用这里良好的学习条件和语言环境，勇于上口说，多听录音、广播，多与同学会话，力求做到"四会"。李老一席话，胜读十年书。那个晚上我十分兴奋，当即写信向拉丁美洲史研究室主任梁卓生先生汇报。后来很快就收到了梁先生的回信，得到了肯定的答复和鼓励。从一年级第二学期开始，我就练习着用西文给梁先生写简信、写日记；梁先生也常常把他在学校用"灵格风"原版教材自学西班牙语的情况告诉我，勉励我一定要把西班牙语攻下来。

进入二年级之后，西语系主任邬孝先同意我利用不上二年级政治课、体育课的时间到三年级听翻译课、精读课，这对提高我对外报、外刊的阅读和理解能力有很大好处，同时也使我有机会多参加一些高年级的课外活动，和他们进行外语交流，学到更多"活的语言"。同学们知道我是南开历史系的青年教师，将来要研究拉丁美洲历史，这引起他们极大的兴趣。苏联赫鲁晓夫下台的原因、我国第一颗原子弹爆炸成功的影响、古巴卡斯特罗和格瓦拉的关系等，都成了我们交谈的话题。

1966 年 6 月 24 日晚，上海外国语学院西班牙语系党总支为我进修学习做了鉴定。6 月 30 日，我恋恋不舍地告别了那些热心帮助我的老师、同学，搭乘火车踏上归途。7 月 1 日早晨，回到我阔别近两年的南开大学，结束了一段让我难以忘怀的学习生活。

7 月初的历史系，正常的教学科研秩序已不复存在，拉美史研究室这棵原本就"先天不足"的稚嫩幼芽，已到了奄奄一息的境地。"文化大革命"结束后，梁卓生先生被调到北京工作，室里有几位同仁也先后变动了工作岗位或调出了学校。此时，要想完全恢复拉美史研究室的建制，已无回天之力。

值得庆幸的是，拉美史研究室的"香火"并未因此而泯灭、中断。"文化大革命"之后，教育战线同其他战线一样，立即开展了正本清源的工作，学术界也迎来了自己的春天。1979 年 12 月，中国世界史学术讨论会第一次代表大会在武汉召开，杨生茂、张友伦、梁卓生三位先生和我作为南开大学代表出席了会议。在拉丁美洲史分组会议上，学术前辈李春辉（中国人民大学）、程博洪（复旦大学）、罗荣渠（北京大学）、沙丁（中联部）、黄邦和（湖北大学）、梁卓生（南开大学）等先生的发言，大大开阔了我的眼界，坚定了我从事拉美史研究的志向。此后，虽然拉美史研究室尚未恢复建制，梁先生和我也被分配在世界现代史教研室从事教学工作，但我个人的科研方向始终在拉美史。在此期间，我先后为历史系本科生开设了"世界现代史""世界当代史""经典著作选读""拉丁美洲史"等课程。1987 年，我开始招收拉美史硕士研究生，开设"拉美史专题""美拉关系史""多种文明的汇合和拉丁美洲的发展""西班牙语基础"等课程。1997 年，开始招收拉美史博士生，并开设"玻利瓦尔主义和拉丁美洲一体化专题研究""20 世纪拉丁美洲变革专题研究"等课程。从 1987 年开始至今，我先后指导硕士生 13 名、博士生 8 名，他们中的大部分都在高校或国家科研单位从事教学科研工作，有的已经成为学术骨干，有的在实际工作部门正在为两个文明建设贡献力量。

1991 年 12 月 6 日，南开大学第十九次校长办公会做出建立"拉丁美洲研究中心"的决定，从此掀开了南开大学拉美史研究工作新的一页。

1991 年 8 月 27—29 日，原国家教委（今教育部）在广州暨南大学召开了有关重点高校和中央有关研究机构等 16 个单位参加的拉美问题科研工作研讨会。原国家教委滕藤副主任、社科司王茂根司长、国际合作司赵永魁副司长等同志出席会议。滕藤副主任就国际形势、哲学社会科学战线的任务、加强拉美地区等国际问题研究、教委将采取的措施等问题作了报告。在为期三天的讨论中，我就"中国台湾地区在拉美的活动和我们应有的对策"问题发了言。会议期间，王茂根司长约我个别谈话，并就高校系统如何加强拉美问题研究谈了国家教委的设想，并征求我们的意见。暨南会议结束不久，国家教委通知：为推动全国高校拉丁美洲问题的研究，国家教委提议成立由南开牵头、北大协助，包括人大、复旦和北外五所院校组成的全国高校拉美重点课题研究协调小组。"这个小组由洪国起同志任组长，北京大学的林被甸同志任副组长。小组设在南开（或以南开为中心）。希望南开能充实有关拉美地区的研究力量，并对'协调小组'的工作给予支持。"（摘自国家教委 1991 年 9 月 6 日上午 8：30 电话记录）1991 年 12 月 10 日，南开大学校长办公会议据此做出了关于在南开大学建立"拉丁美洲研究中心"的决定。会议决定：该中心为实体性的研究机构，挂靠教务处，由洪国起同志任中心主任。人员编制设若干人，实行按需设岗，按岗聘任。会议要求，该中心要立足学科建设，把科研任务纳入南开大学"八五"学科建设规划，力争一段时间内把该中心建设成为能够反映、代表南开大学高校拉美学研究水平，在委属院校拉美研究工作中起牵头和中心作用，培养为现实斗争服务的国际问题研究人才的科研集体。

根据学校要求，我很快落实了人员编制，先后调入了三位研究人员。经过一年多的紧张筹备，1993 年 11 月，"拉美研究中心"正式挂牌成立。成立大会在学校工会会议厅举行。老校长滕维藻、校党委副书记王荫庭、副校长朱光华、教委社科司处长阚延河、拉美研究中心学术顾问杨生茂及兄弟院、系、所的代表出席了成立大会和揭牌仪式。

拉美研究中心建立后，继承和发扬了拉美史研究室艰苦奋斗、自强不息的优良传统，研究领域不断拓展，研究范围由最初的拉美历史、现状问题逐步扩展为以拉美地区为主阵地的跨地区的综合性研究。2000 年 10 月，在学校专业学院管理体制改革中，拉丁美洲研究中心归属历史学院，成为世界史专业的一部分。

回首自己 46 年的学术生涯，"拉美"就是一根贯穿始终的主轴，尽管其间遭遇了十年"文化大革命"的巨大干扰，风雨坎坷也不能一一尽数，但拉美历史和现状问题一直是我从事教学和科研的主攻方向。我主要在三个方面进行了比较系统、深入的研究：

（一）开展拉丁美洲国家对外关系大背景研究。这里遇到的首要问题是，拉丁美洲国家作为一个国家群体，有没有群体外交的存在，有没有国家群体外交形成的前提和动因。一般说来，任何一种类型的外交政策都是一个主权国家或国家群体民族利益的体现，是对内政策的延伸。凝聚一个民族国家或国家群体利益趋向一致的条件，便构成了外交政策形成的基础和前提。我从拉美国家群体外交形成的经济前提、民族意识的形成、新兴独立国家的诞生和国家群体外交理念、战略及其实践等诸多层面进行了考察，确认了拉美地区国家群体外交的客观存在。在此基础上，我考察了拉美国家对外关系史上所具有的一般地区史的共性及其特殊性，认为，今日美洲文明是世界多种文明在美洲地区汇合、碰撞、融合而成的。不研究这一特点就无法理解拉美地区的历史和现状，更无法理解拉美国家对外关系史上的诸多特点和在当今世界的地位、作用。鉴于此，我选编了中西文拉美历史参考资料，给硕士生开设了"多种文明在美洲的汇合和拉美的发展""美拉关系史"等必修课，撰

写了《中美洲政局和美国的政策》[①]、《哥伦布开辟新航路的历史考察与思考》[②]
等 5 篇论文,并针对长期以来国内外史学界在哥伦布评价问题上的分歧,从
价值判断的理论体系层面上进行了论证,提出了自己对历史人物评价的价值
概念、价值判断目标的选择、价值判断尺度的确定及价值判断方法等问题的
看法。尽管对哥伦布其人功过有各种各样的评价,但我认为:"实际上存着
两种价值判断目标和两种价值判断尺度:其一是,以全人类社会为主体需要
的综合目标;其二是,以被征服民族为主体需要的单一目标。前者主张从历
史人物所依存的(非自己所能随意选择的)客观历史条件出发,对历史人物
进行全面的、历史的、阶级的分析,凡能在一定程度上满足人类社会发展需
要的思想行动都应予以肯定;反之应予否定。"结合历史实际分析后指出,"分
歧的理论实质是价值判断目标和判断尺度的差异"。对中外学者争论的焦点,
即如何评价哥伦布在美洲探险和征服活动中杀戮印第安人的问题,我的看法
是:"对于哥伦布的'杀人'行为,无论以怎样的标准衡量,都不能视其为人
道的、进步的行为。因为它丧失人性、残害生产力的主体——人,也就破坏
了发展生产力的动力和手段。"今日美洲印第安人,对哥伦布以刀杀人、以道
杀人、以疫杀人予以严厉谴责、全盘否定,是理所当然的。然而,作为史学
工作者,如果把研究视野仅仅停留在道德层面的善恶是非上是不够的。我们
"不能只限于'从纯粹的人的感情上''感到悲伤',还应该认真研究造成那
场悲剧的原因及其历史地位"。在阶级对抗的社会,任何一种剥削制度和剥削
阶级的出现都有其历史的必然性。哥伦布作为资本主义原始积累时代的代表
人物,他的背后是跃跃欲试的新兴资产阶级,他的面前是发展极不平衡的新
旧两个世界;他的行动反映了那个变革时代新兴资产阶级的意志和利益,而
支配其阶级意志和利益的则是任何人都无法控制的经济发展规律。正如恩格
斯指出的:"生产的每一进步,同时也就是被压迫阶级即大多数人的生活状
况的一个退步。对一些人是好事的,对另一些人必然是坏事,一个阶级的任
何新的解放,必然是对另一个阶级的新的压迫。"[③]因此,"只有从多角度上
对哥伦布屠杀印第安人问题进行辩证唯物主义和历史唯物主义的分析,才能
理解早期殖民者恶行产生的历史必然性及其对历史发展所起的杠杆作用",而

---

① 详见洪国起. 中美洲政局和美国的政策[J]. 南开史学, 1989(1).
② 详见洪国起. 哥伦布开辟新航路的历史考察与思考[J]. 拉丁美洲研究, 1991(6).
③ 参见家庭、私有制和国家的起源[M]//中央编译局. 马克思恩格斯选集:第 4 卷. 北京:人民出版
社, 1975:173.

"拉丁美洲人民只有打碎殖民主义枷锁才能收获新社会因素结下的果实"。[①]

（二）开展在拉美史上具有重大影响的专题研究。例如，拉美印第安人古文化中心对世界文明的贡献，西葡殖民帝国统治下拉美地区政治经济特征及其影响，拉美独立战争的性质，西蒙·玻利瓦尔等。西蒙·玻利瓦尔是世界公认的 19 世纪初拉美独立战争的著名领袖。他曾率领军队转战南美 5 个共和国，指挥过 472 次战役，最终赢得拉美独立战争的胜利，被拉美众多国家称为"解放者""国父"，堪称拉美独立运动的一代伟人。然而，对这样一位重要的历史人物，我国学术界在"文化大革命"前受极左思潮影响未予充分肯定；"文化大革命"后，邓小平"解放思想，实事求是"的思想路线深入人心，学术界对玻利瓦尔的研究开始活跃起来。1980 年，正值玻利瓦尔逝世 150 周年，《世界历史》发表了社科院世界史研究所萨那研究员的纪念文章，指出玻利瓦尔"是拉美共和主义和民主政治的奠基者，是杰出的资产阶级民主主义革命者"，是"爱国主义旗帜举得最高的英雄人物"。我在查阅了国内现存的英文、西班牙文材料，尤其在认真阅读了北图馆藏的西班牙文版《玻利瓦尔全集》的基础上，先后撰写了《拉美民族独立解放的一面旗帜——纪念玻利瓦尔逝世 150 周年》[②]、《西蒙·玻利瓦尔》[③]、《玻利瓦尔坚持大陆团结联合反殖的对外政策》[④]、《玻利瓦尔主义与拉美一体化》[⑤]等论文，对其民族主义政治、经济、军事、外交及其拉美一体化思想产生的背景、内涵、意义进行了较为全面、系统的阐释，对其在近代拉美史上的地位给予了积极评价：西蒙·玻利瓦尔及其思想是资产阶级大革命时代的产物。他凭借资产阶级大革命和民族独立运动的大舞台，学习当时最先进的思想，勇于参加革命斗争实践，善于总结实践经验，创造性地提出一系列适合拉美国家的建国、治国方略和地区一体化设想。由于复杂的历史原因和他本人的局限性，他的许多设想当时未能实现，但是他的思想体系和执着追求的精神为拉美人民留下了宝贵的思想遗产。他是为拉美民族独立而自觉战斗的英勇战士，是高举武装斗争旗帜反对异族统治的杰出军事家，是善于结合本土实际、勇于探索实现民主政治的资产阶级政治家，是主张大陆团结、实现地区一体化的思想先驱。

---

① 洪国起. 哥伦布"发现"美洲价值判断体系初探[J]. 拉丁美洲研究，1988（5）：36.

② 详见洪国起. 拉美民族独立解放的一面旗帜——纪念玻利瓦尔逝世 150 周年[J]. 南开史学，1980（2）.

③ 详见洪国起. 西蒙·玻利瓦尔[J]. 世界历史，1983（5）.

④ 详见洪国起. 玻利瓦尔坚持大陆团结联合反殖的对外政策[J]. 拉丁美洲丛刊，1983（3）.

⑤ 详见洪国起. 玻利瓦尔主义与拉美一体化[J]. 南开学报，1999（5）.

玻利瓦尔主义不仅在历史上占有重要地位，至今它仍然广泛地影响着拉美国家人民的生活。西蒙·玻利瓦尔是拉丁美洲地区当之无愧的民族英雄。

（三）开展综合性比较问题研究。在上述研究的基础上，我结合教学科研任务进行了综合研究和比较研究。这种类型的研究不仅是将研究工作引向深入的需要，也是提高教学质量的要求。这类研究，我是从研究墨西哥革命和《1917年宪法》开始的。1910—1917年，墨西哥爆发了独立运动100年来第三次伟大的革命运动，即墨西哥革命。革命中诞生的《1917年宪法》体现出墨西哥人民为之奋斗的目标："土地与自由""墨西哥人的墨西哥"。这成为一面斗争的旗帜和基本纲领，构成墨西哥宪政史上一个里程碑。由于它诞生在俄国十月革命前夕，社会主义类型的宪法尚未问世，因而它也是当时世界上最进步的一部宪法。对于这样一部宪法，苏联学者在肯定其进步意义的同时却认为它是"一纸空文"。美国学者甚至认为，它在思想上和理论上存在"重大错误"。国外学者的不同评价引起我极大的兴趣。墨西哥独立以来爆发的三次革命高潮，其动因的形成、革命动力的构成和革命的广度、深度及其结果都与土地制度的变化相关，其实质都是"为土地、自由而斗争"。为此，我在通读西班牙文版《1917年宪法》的基础上，重点考证了宪法起草者对土地产权含义的全新解释："国境域内所含土地与水流之所有权原本属于国家。国家过去和现在都有权将这些土地与水流的产权让予平民，构成私有财产。"这就是说，作为国家根本大法，《1917年宪法》宣布国家拥有土地与水流的所有权，"原本"（西班牙文用"originariamente"一词，英文用"originally"一词）就属于国家；正因为如此，从法理上说，国家"过去和现在都拥有"（西班牙文用"ha tenido y tiene"，英文用"has had, and has"）让予权。"这就从法律上重新确认了国家对这些财产所有权的历来合法性及其'不可侵犯性'（imprescriptible）。从根本上否定了迪亚斯独裁统治时期得到恶性发展的大地产所有制的"神圣不可侵犯性"，否定了依仗迪亚斯政权而发财致富的国内外大庄园主侵占土地的合法性，也是事实上肯定了墨西哥革命以来农民开展夺地斗争的正义性，从而为新政权进行土地改革提供了法律依据。"[①]在做这样一番考证和研究之后，我撰写了《略论墨西哥〈1917年宪法〉的特点和意义》一文，于1982年在《拉美史研究通讯》上发表，后被收入拉美史研究

---

① 洪国起. 略论墨西哥《1917年宪法》的特点和意义[M]//中国拉丁美洲史研究会. 拉丁美洲史论文集. 北京：东方出版社，1986：196.

会《论文集》。

在完成对墨西哥革命及《1917 年宪法》特点的研究之后，我深知，要想将研究引向深入，必须将其置入 20 世纪初国际大背景中去考察，有比较才有鉴别。有比较有鉴别，才能对历史做出客观评价。墨西哥革命和中国辛亥革命在发生的时代、面临的任务、革命的阶级基础及革命纲领等方面都有许多相近之处。作为两大革命的重要成果，墨西哥《1917 年宪法》和《中华民国临时约法》，具有一定的可比性。

《1917 年宪法》全文九编十章 136 条。《中华民国临时约法》全文七章 56 条。两部宪法篇幅、结构不尽相同，但都是资产阶级共和国方案的具体实现。我具体比较了两部宪法的异同，指出宪法在宣布"主权在民"，否定"君权神授""君主立宪"；主张资产阶级民主共和，否定封建专制主义；确认公民权利，否定封建特权制度等方面所具有的进步意义。同时对两部宪法在反对帝国主义、反对封建主义倾向和确认公民权利方面的区别也作了考察，指出，两部宪法有共性，也有差异。"共性反映出它们共有的时代特征，反映出中墨两国革命发展的主流方向"；差异则"反映着两国革命发展水平的不同，反映着两国革命领导阶级——资产阶级政治上成熟程度的不同，归根结底是两国资本主义发展水平和阶级力量对比关系的反映"。为了揭示两部宪法存在差异性的深层原因，我考察了两国资本主义萌芽产生的不同历程和民族资本主义发展状况，指出中国资产阶级革命派在思想上、政治上和组织上准备不足而由此造成在革命实践中出现的三大失误，即对革命政权的重要性认识不足，导致革命进程中没有牢牢掌握领导权；对中国农民问题的重要性认识不足，没有依靠农民这支主力军把革命不断引向深入；对帝国主义缺乏本质认识，对列强抱有不切实际的幻想等。三大失误，集中反映出中国民族资产阶级的软弱性。这是中墨两国革命发展水平不同、两国宪法深刻程度不同的重要原因。

对中墨两国 20 世纪初爆发的革命和革命中诞生的两部宪法进行比较，加深了我们对民族民主革命领导权与革命发展道路的理解。"当初，墨西哥的发展水平，显然高于中国辛亥革命。在实现民族民主革命任务、推动社会发展问题上，当时的墨西哥走在中国的前面。然而，历史的曲折并没有延缓中国革命的进程；相反，国内外尖锐的民族矛盾、阶级矛盾的合力，把无产阶级推上政治历史的舞台。中国共产党人汲取了包括辛亥革命在内的近代革命的经验教训，把马列主义应用于中国实际，领导人民大众奋战 28 年，终于闯出一条适合中国国情的从半殖民地、半封建社会过渡到社会主义的道路，进而为中国走上社会主义道路打开了大门。而在墨西哥，夺得国家政权的资产阶级，利用手中的权力，按照自己的面貌改造国家，从而走上民族资本主义的发展道路。这一历史事实告诉我们，近代民族民主运动发展道路，并非都是单向地沿着前资本主义向社会主义发展，而是沿着从前资本主义向社会主义和民族资本主义两条不同的道路发展。至于那些已经赢得民族独立、走上民族资本主义发展道路的国家，今后将沿着怎样的道路、以怎样的方式和速度继续向前发展，这只能由各国人民将来的实践来回答。"①

开展综合性比较研究，不仅要从横向上进行，也应从纵向上考察社会变迁的路径。20 世纪拉丁美洲的历史是拉美各国人民挑战自我、不断变革发展的历史。考察其变革得失成败，必须摒弃非此即彼的两极思维模式，从全球化发展大趋势的动态中把握拉美社会变迁的轨迹，从拉美国家变革发展的特殊性中找出带有普遍性的规律，这是探讨 20 世纪拉美国家变革发展的方法论前提。

人类历史进入 21 世纪使我们有条件这样做。2003 年 10 月，我出席拉美史研究会第六届代表大会暨"20 世纪拉丁美洲变革与发展"学术讨论会，提交了《革命·改革·融入国际社会——20 世纪拉丁美洲社会变迁的路径及思考》一文，对贯穿 20 世纪的一条主线——变革与发展、两条发展路径冲突的焦点——强权与主权、墨西哥道路的时代意义及 20 世纪拉美国家社会变迁留给世人的思考等问题进行了阐释，试图探寻墨西哥人民在过去一个多世纪里，从进行 1910—1917 年革命到搞社会改革，进而加入以美国为主导的北美自由贸易区的时代意义。我在论文中指出："如果说，在拉美，墨西哥走过的这条道路是个'特例'的话，人们综观经济全球化和区域一体化加速发展的趋势，似乎看到了墨西哥道路表象背后潜藏在世界范围内的某些'十分确定的前提和条件''许多单个的意志的相互冲突'和'无数互相交错的力量'。可以预料，所有这些要素一旦在其他发展中国家形成'合力'，其他发展中国家或早或迟也会出现类似的'历史事变'，即主权国家将以'共同利益'和'新安全观'相统一的原则，以不同的条件、不同的方式融合到国际社会中去，以实现'全球协调、平衡、普遍发展'。墨西哥道路所具有的时代意义就在于

---

① 洪国起. 墨西哥《1917 年宪法》和《中华民国临时约法》的比较与思考[J]. 南开学报，1986（6）.

此。"①以上我列举式地勾画了几笔我 40 多年来从事教学科研工作的轨迹。尽管是粗线条的，她本身并不美丽；然而，说句心底的话，我对工作是认真负责的。即使在我主要精力从事学校管理工作的 17 年中，我也一直坚持利用别人休息的时日读书、备课、搞科研，在拉美史这个年轻的学科领域艰难地跋涉，不知丢弃了多少现代人认为应该属于自己的东西。然而，至今我无怨无悔。相反，是我指导过的学生的业绩给了我极大的欣慰。当然，实事求是地说，在那忙忙碌碌的 17 年中，我没有，也不大可能像其他专事教学科研工作的老师那样按部就班地完成一个教师应该完成的工作，常常由于外出有事而停课、倒课，有时不得不利用同学们周末休息时间上课。当我得到他们的理解和尊敬时，我从内心里感到无限的快活，那是一种他人难以体悟的酸甜苦辣"中和"了的快活。正因为如此，当我从学校管理工作岗位退下来之后，有来自京津地区我曾指导过的 22 位南开学子（有的已当上了副教授或管理骨干）在事先未征得我同意的情况下，怀着真挚的情感聚会南开，要为我举办庆祝执教 40 年暨 65 寿辰活动。那天，真叫我激动！不知怎么地，我这个笨拙的手也感动得写起打油诗来，并在摆满鲜花的宴席上读了一番，以表达我发自内心的对他们的感激、歉意和期望：

> 人说六十有五入半土，
> 吾悟人生征途正当午。
> 未觉春夏秋冬风雨过，
> 只留酸甜苦辣铭心骨。
> 纵有春花秋实多憾事，
> 喜见南桃北李植沃土。
> 沃土，沃土，
> 根深"新大陆"，叶茂正当午；
> 待到世纪花开时，
> 笑看南开学子"拉丁舞"。

多年的工作实践使我认识到，做一名合格的重点高校的教师，必须正确

---

① 洪国起. 革命·改革·融入国际社会——20 世纪拉丁美洲社会变迁的路径及思考[M]//王晓德. 世界近现代史研究：第 1 辑. 北京：中国社会科学出版社，2004.

认识和处理好教学与科研的关系。首先要以对学生高度负责的态度搞好教学工作，教书育人，为人师表，将自己掌握的最新材料、最新研究的成果和自己的学术体会毫无保留地传授给学生，既教知识又教获取知识的方法，敢于从严要求，善于因材施教，又要发挥学生的主体意识，做学生们的良师益友。其次要不断提高教学质量，就要把教学与科研结合起来。在重点高校，没有科研做基础的教学是"无源之水"；而只搞科研不搞教学，无异于"单腿走路"，对非专任科研人员来说，就失去了搞科研的意义。只有将二者有机结合起来，才能摆脱教学目前面临的困境，使科研成果发挥出它应有的功能。

多年的工作实践还使我认识到，要做一个适应新形势需要的史学工作者，必须不断拓展自己的研究视野和研究领域，正确认识和处理好广博与专深的关系。在处理广博与专深的关系上，学术大师和老辈学者给我们做出了榜样。要切实担负起自己的历史责任，瞄准学术发展前沿，打开认识视野，开拓思维空间，大力推进学术观点创新、学科体系创新和科研方法创新。要坚持把马克思主义的立场、观点、方法贯穿到科学研究工作中去，用发展着的马克思主义科学理论指导研究工作，发扬理论联系实际的优良学风，勇于提出新问题。要独立思考、求真务实，不搞不加分析的拿来主义和客观主义。要戒骄戒躁、勇于创新，不搞学术上的虚无主义和形式主义。要科学地认识史学存在的价值和功能，不搞实用主义和所谓远离现实的"超俗主义"。享誉西方学术界的《现代世界体系》的作者伊曼纽尔·沃勒斯坦，在其名著导言中指出："我不认为存在什么不具有责任感的社会科学。但这并不意味着社会科学不可能是客观的。"[①]我国著名史学家周谷城先生也指出，"史学成立的经过，当在求真；其存在的理由，则为致用"[②]。研究历史要立足于繁荣学术和现实生活需要，"致用"是题中应有之义。理论、历史和实际的有机结合，是历史学科建设的生命力所在，也是历史科学赖以存在并发挥其社会功能的基础。

多年的工作实践也使我认识到，学术传统、学术环境对一个人成长的重要性。我们应该像学术前辈对待我们那样，对待今天的年轻学者，把优良的学术传统代代传承下去，尽最大努力为他们营造宽松、健康的学术环境。我们要对新形势下培养和引进优秀人才的重要性有充分的认识。作为年逾花甲

---

① 伊曼纽尔·沃勒斯坦. 现代世界体系：第1卷[M]. 罗荣渠，等译. 北京：高等教育出版社，1998：导言，8.

② 周谷城. 周谷城学术精华录[M]. 北京：北京师范学院出版社，1988：300.

的教师，在培养和引进优秀人才问题上要有宽广的胸怀和甘为人梯的奉献精神。要鼓励后学超越前人，鼓励学生超越自己。在著书立说、职务晋升、出国进修、参加国际会议、担任学术职务等诸多方面，尽可能为优秀人才脱颖而出、人尽其才创造条件。与此同时，要以身作则、平等相处，帮助他们正确认识和处理好做学问与做人、个人与团队、索取与奉献的关系，把本单位建成一个民主、平等、充满关爱、永葆青春活力的学术群体，造就一批理论功底扎实、勇于开拓创新的学科带头人。

历史是一面镜子。回顾过去，目的在于总结经验教训，认识自己的历史责任，更好地做好明天的工作。解放前，我出生在一个信仰伊斯兰教的回族家庭。北京城的解放（那年 12 岁）使我有机会开始读小学。1952 年我考入北京回民学院（现北京市回民学校）读初中。1953 年加入共青团。1956 年加入中国共产党。1958 年高中毕业，考入南开大学，从此与南开结下不解之缘。没有共产党就没有我的今天，没有南开就没有我的进步。回顾过去 67 年的风风雨雨，我经历了从接受"有神论"教育到接受"无神论"马克思主义教育的转变过程，从年幼无知的孩子成长为一个史学工作者，是党和人民赋予了我新的政治生命，是南开大学哺育了我的学术生命，为我提供了为人民服务的舞台。我从内心里感激党和人民，感激南开大学的老师和同志们。百年南开，沧桑巨变。我们要十分珍惜南开人已取得的巨大成就，更要以百倍的努力去迎接新的挑战，创造更加美好的明天。

恩师杨生茂先生永铸我心中

1958 年，我考入南开大学历史系，当我第一次聆听杨先生讲授世界近代史时，就深深地被他的博学和认真态度所吸引。在以后的 52 年里，我虽然没有专攻美国史，但杨先生一直是我学习世界历史的启蒙老师，也是我专攻拉丁美洲历史的导师。当我搞业务和搞社会工作发生时间上的矛盾而产生思想困惑时，是杨先生为我指出了努力方向。当我从学校回到历史学院工作后，时间宽裕了许多，我时常到杨先生家去请教，杨先生有时也打电话约我去。我十分理解人到老年想往事、愿意交流思想的心情，所以只要杨先生来电话，我就会立即去他家。有时他把自己写的诗篇和散文复印一份送给我，令我十分感动……而今，我再也无法如约去杨老家请教谈心了。

　　杨老的去世使我们南开大学失去了一位德高望重的史学前辈，也使我国史学界失去了一位美国史大家，这是无法弥补的巨大损失。然而，他老人家留给我们的遗产，是极其丰厚的。我个人认为至少有四个方面：一是追求真理、实事求是、自强不息、淡泊名利的学术品格；二是独具特色，特别是他研究美国史和美国外交史独具中国学者风格的学术著作；三是独辟蹊径、独树一帜的史学思想；四是忠诚于教育事业、强调教书育人、凝聚他一生精华而写下的人生感悟。杨老是一部巨著，值得我学习一辈子。

　　同杨老接触，耳濡目染且使我受教育最深刻的，是已经融入他学术生命中的那种强烈的爱国情怀和科学精神。这也是他能成为一位马克思主义史学家最深厚的思想根源。他的童年、少年是在军阀混战、国破家亡的环境中度过的。1938 年他考入燕京大学。从他开始选学理工到转而选学文史，时局的发展起了重要的作用。他不肯毕业后留在北平为日本人做事，就于 1941 年赴美国学习。在美国学习期间，他时刻关注着国内抗战局势的发展。1946 年，他学成回国后，写信给他的美国导师，对其主张的扩张主义史观直言不讳地提出怀疑，并将这一思想贯穿到此后他一生所写的著作和教学当中。

　　杨老研究美国史、美国外交史，不仅牢牢把握住中国学者在国内外史学界的话语权，而且还用他的治史思想教育我们这些后学者。2006 年 1 月 18 日，杨先生把我叫到家里谈起他最近阅读报刊文章的印象："我看当前学界的浮躁情绪有两种表现：一是'小红书式'的教条主义，二是'黄香蕉式'的教条主义。"杨先生看我显出不够理解的神态就解释说，前者是指过去中国学习苏联模式时形成的、对马克思主义采取的教条主义态度；后者是指有人学习西方不加分析，他们属于"皮肤是黄色的、内心是白色的"洋教条主义。这两种倾向都不科学，都是浮躁的表现。他特别反对"全盘西化论"，主张对外来文化采取"鉴别筛选择优而从的态度"。2006 年初，4 月份的《南开大学报》连载了杨先生的学生王玮博士撰写的《杨生茂先生及其学术思想》的长文。杨先生看了后，当月 2 日把我叫到他家，告诉我王玮这篇文章写了一年多，下了功夫，写得不错。接着话锋一转说："但是，他回避了一个重要问题，即没有深入触及我在《美国外交史》中所揭示的美国的霸权主义本质问题。"他还说："作者照顾到当前中美关系的大局，这样写是可以理解的。""实际上，美国霸权主义是历史上形成的，是根深蒂固的，是美国外交史中最本质的问题，这点思想上必须清楚，不容忽略，"杨老还语重心长地说，"我很想写点东西，但力不从心写不了了，愿意跟你聊聊。"杨先生如此相信我，令我很感动。我当天晚上就把他老人家的话全部追记下来，本应该写点什么以完成他老人家的愿望，但我未能做到，我只做到一点，即把杨老的这些史学观点在我自己的教学科研中尽可能地体现出来。

杨生茂先生青年时在美国求学成才，但他没有丝毫的洋腔洋调，有的是宝贵的爱国情怀和科学精神，他是我国传统文化所推崇的知识分子的先进典型。他善于学习，能与时代同行，善于思考，敢于挑战唯心史观，牢牢把握中国学者研究美国史的话语权，他是一位杰出的马克思主义史学家。他心地善良、善解人意、教书育人、淡泊名利。学生反映，聆听杨先生讲课是一种极大的享受，堪称一代教育大师。

杨生茂先生，您安息吧！您永远活在我们的心中。

后　记

《拉丁美洲史若干问题研究》一书得以面世，使我想起许多往事，一种难以忘怀的感念之心油然而生。

我要感念引领我进入拉丁美洲史研究领域的梁卓生先生。梁先生早年留学美国，是筹建南开大学历史系拉丁美洲史研究室的首位主任。他严谨治学的态度，以及他创建拉美史研究室的忘我精神给我留下深刻的印象。57 年前，创建拉美史研究室时可谓白手起家。梁先生说："拉美史研究室的建立不同于美国史和日本史研究室，我们既缺人又缺图书资料。仅就语种来说，只看英文、俄文资料还不够，还应该把西班牙语和葡萄牙语拿下来，才能占有第一手资料、出高水平的研究成果。"梁先生不满足于他自己已经精通俄语和英语，他还坚持自学西班牙语，并派我赴上海外国语大学西班牙语系专修西语。令人难以想到的是，由于"文化大革命"的冲击，刚建立不到两年的拉丁美洲史研究室的人员即被冲散。1982 年，梁先生调往北京外交学院工作。我被分配到世界现代史教研室从事教学工作。直至 1991 年底学校决定重建拉丁美洲研究中心时，我才得以归队。梁先生获知此信息后深感欣慰，并将他早年在美国购买的几箱珍贵的图书资料赠送给南开。当我们前往北京梁先生寓所接受这批图书而后合影留念时，大家那种师生间难以割舍的情怀溢于言表。2014 年 4 月，为纪念南开拉美史研究室建立 50 周年，研究中心的几位同志前往北京看望梁先生时，他勉励我们："研究拉美问题要紧跟时代、心系国家，为实现中国梦做出新的贡献。"今天，想想梁先生多年的谆谆教诲，回头看看半个多世纪南开拉美研究中心走过的曲折道路，我们深感责任重大。值得欣喜的是，今日的南开大学拉美研究中心的一批年轻学者正在勇挑重担，向着拉美研究新的更高的目标——世界一流学科迈进。我深信，只要大家不忘初心、勇于担当，团结奋斗几十年，南开人定会为我国拉美研究做出令人刮目相看的新贡献。

我还要感念指导我们重建南开拉美研究中心的杨生茂先生。早在 20 世纪 40 年代，他留学美国主修美国外交史，是我国著名的美国史专家。他对我国世界史学科建设做出的杰出贡献及其从实践中总结出的史学工作者应有的治史与做人的原则，对我个人说来是一部最好的教科书。他曾对我谈起，在美国留学期间，1945 年联合国在旧金山举行成立大会时，他如何巧妙地以"华侨记者"的身份找到了参加联合国大会的中国代表团成员董必武进行采访的情景；也曾谈起他留学美国时日月思念故乡，以及当他回到祖国怀抱踏上中国大地时的那种激动心情；他还谈起自己接受党组织长达十年的考验最终加入了中国共产党的归宿感，以及"文化大革命"期间我们一起到大苏庄参加劳动锻炼的收获体会。"文化大革命"过后，我写就的有关哥伦布航行美洲的第一篇习作就是他老人家动笔给我修改的。我还清楚地记得，1992 年 9 月 18 日那天晚上，我受学校委托负责筹建南开大学拉美研究中心工作遇到困难时，正是杨先生从建立拉美史研究中心的指导思想、研究方向和重点及应该注意的问题等方面给予我细心的指导。他还把他培养的优秀博士生推荐给我，令我兴奋不已。在那个难忘的夜晚，他在自家卧室里找出他不久前在《天津晚报》发表的《咏忆》诗作读给我听：

> 聪明人，不应沉浸于已经逝去的一切，
> 从苦水中吮吸些香醇吧，
> 哪怕是点滴，为了明天，为了来人。
> 至于个人，毕竟是沧海中一粟。
> 过去，让它过去吧。
> 今天才是长青的，
> 永远可从现在、从脚下迈出新步伐。

杨先生那种"汇治学与做人于一体、熔学术与爱国于一炉"的学术品格和他那"研究历史源于民族忧患意识，面对现实从不计较个人得失"的崇高风范，对我接受学校交办的筹建南开拉美研究中心的任务是极大的鼓舞力量。那天深夜，我回到家中心情久久不得平静。我再一次重读和体会杨先生诗作的内涵，随即在其诗稿的背面信手写下了我自己的读后感"敬读恩师杨生茂先生诗作《咏忆》感怀"。其中最后的一句是："杨老，您是中国知识分子的杰出代表，我们为有您这样的导师而自豪。南开有您这样的学术前辈是幸运，中华有您这样的史学大家是骄傲。"2016 年 1 月 28 日，当我获知纪念杨先生百年诞辰筹备组在征集杨先生生前的文稿时，我随即将 24 年前杨先生赠予我的诗作《咏忆》手稿原件和我当年写就的读后感一并寄给了杨先生女儿杨令侠教授。作为一个南开人，我有机会接受像杨生茂先生这样的一批学术老前辈的教诲和熏陶深感幸运。当下，杨老已经驾鹤西去多年，然而他老人家的音容笑貌令我刻骨铭心、永生难忘。杨生茂先生是我们学习、效法的榜样。

　　以上，我写就的这些文字，目的在于，期待南开大学这种优良的学风和校风及亲密的师生关系能够世代相传、发扬光大。同时，这也就是我同意整理自己的手稿并希望把南开大学拉美研究中心发展曲折的亲身感受写出来和大家共勉的原因所在。

洪国起
2022 年秋于南开大学西南村寓所